疯狂与深情

[英国] 艾伦·里克曼 著

张文婧 译

艾伦·里克曼日记

Madly, Deeply

THE DIARIES OF
ALAN RICKMAN

译林出版社

图书在版编目（CIP）数据

疯狂与深情：艾伦·里克曼日记 /（英）艾伦·里克曼（Alan Rickman）著；张文婧译 .—南京：译林出版社，2024.8

书名原文：Madly, Deeply: The Diaries of Alan Rickman

ISBN 978-7-5753-0072-8

Ⅰ.①疯… Ⅱ.①艾… ②张… Ⅲ.①艾伦·里克曼-日记 Ⅳ.①K835.615.78

中国国家版本馆 CIP 数据核字（2024）第 046000 号

著作权合同登记号 图字：10-2023-110 号

疯狂与深情：艾伦·里克曼日记 ［英国］艾伦·里克曼／著 张文婧／译

责任编辑 陆晨希
特约编辑 陈秋实 韩 萌
装帧设计 韦 枫
校 对 王 敏
责任印制 董 虎

原文出版 Henry Holt and Co., 2022
出版发行 译林出版社
地 址 南京市湖南路 1 号 A 楼
邮 箱 yilin@yilin.com
网 址 www.yilin.com
市场热线 025-86633278
排 版 南京展望文化发展有限公司
印 刷 南京爱德印刷有限公司
开 本 652 毫米 ×960 毫米 1/16
印 张 38.75
插 页 9
版 次 2024 年 8 月第 1 版
印 次 2024 年 8 月第 1 次印刷
书 号 ISBN 978-7-5753-0072-8
定 价 128.00 元

目录

序

Foreword

艾玛·汤普森*

在艾伦去世后的头几天，最令人印象深刻的事，莫过于许多演员、诗人、音乐家、剧作家和导演纷纷向他致敬，感恩艾伦曾给予他们的帮助，人数之众，令人称叹。

在这个行业里，相当多怀抱表演梦想的人都曾多少受到过艾伦的提携；他识人很准，在许多优秀演员成名前即能慧眼识珠。后来，很多人都坦言，他们始终没能鼓足勇气当面感谢他——他们认为他难以亲近。

慷慨热忱，却又沉静克制，这或许是我这位友人身上最矛盾的特质。

他绝非遥不可及，他始终都在那儿。外人所见的高深莫测，某种程度上是他的自我保护。倘若有人真的试着靠近他，无论是为了致谢，还是为了讨教，他的温和善意或许会让他们始料不及。当然，他也不是时时处变不惊。我若挑衅起他来，也是毫无顾忌，他则从来都是以牙还牙，决不让我讨到半分好去。

* 艾玛·汤普森（Emma Thompson，1959—　），英国知名演员、剧作家，首位荣获奥斯卡最佳改编剧本奖的奥斯卡影后，艾伦·里克曼的挚友。

他慷慨而不失威严，危险却不乏幽默；他性感迷人，又兼具柔情。他果敢强势，行为乖张。有时喜怒无常，有时慵懒怠惰；有时一丝不苟，有时又不拘小节。

这样的双面性在他身上不胜枚举。我敢肯定，诸位还能再补充一二。

他身上有种圣贤之气。倘若他再自信些，再入世些，他或许可以自立门户，收获一众信徒——毕竟在我看来，不论挑选香肠还是家具，他的品位都无懈可击。

艾伦生性慷慨，无人能及，对人从不吝惜自己的时间，以至于我都怀疑他没有足够的休息时间，或属于自己的时间。

有一个词不太常和艾伦搭上边，那就是欢快。可当他真的开怀大笑时，你会从他身上看到最纯粹、最本真的欢愉。他会先憋着笑，让情绪酝酿，然后整个人忽然前倾，身体一颤，顽皮地咧开嘴，有时还会蹦出一串含糊的笑声。似乎就连他自己也被这反应怔住了。而逗他如此这般笑上半刻，也算得上我的毕生功课之一了。

我记得有一回，伊梅尔达·斯汤顿同他分享了一件关于我母亲的倒霉事，他笑得差点儿背过气去。我从未见过他笑得如此开怀——只有那么一次——有点儿像是有人在给斯芬克斯挠痒痒。

有一年圣诞夜，我在家中挂了一枝槲寄生。正当我在这枝槲寄生下面晃悠时，艾伦探过身来，朝我弯下了腰。我满怀希望地抬起下巴。他微笑着靠近我。我噘起嘴。他也钻到了槲寄生的枝条下，表情却忽地变了；他的眼睛开始发光，鼻翼微微颤抖——然后朝我伸过手来，从我的下巴那儿拔掉了一根“胡子”。

“嗷！”我痛叫。

“这胡子刚长出来不久。”他将那根汗毛递给我，然后转身走了。

这就是艾伦。你永远不知道他下一刻会亲吻你还是和你捣蛋，而你却乐此不疲地期待着每个下一刻的到来。

然而，死亡却意味着不会再有未来，有的只能是回忆。这回忆，既让我欣慰，又让我心碎。

我和艾伦一起做的最后一件事，是在他的病房给一盏落地灯换插头。整个过程与我们惯常的相处别无二致。我先做尝试，接着他让我换一种法子，我试了，还是不行，于是换他来。我逐渐失去了耐心，从他手里拿过了插座再试，还是不管用。我们俩都有点儿生气了。最后，是他耐心地将各个配件逐一拆开，将正确的导线对准了正确的孔洞，再由我来上紧螺丝。我们一起抱怨这麻烦的琐事，又一起喝了杯茶。就这么件小事，至少花了我们半个钟头。最后他说："好吧，还好我当年决定不当电工。"

艾伦的离去，仍旧让我心碎，好在这些日记唤起了我对他的许多回忆。这其中，有我所提到的他的善良，也有他的慷慨，他对他人的鼓励，他严格审视的目光，他的睿智，他的幽默。

无论在生活、艺术，还是在政治观点上，艾伦都是我最好的盟友。我毫无保留地信任他。

最重要的是，生而为人，他是多么难得，多么不凡。

世间再无艾伦。

前　言

Introduction

艾伦·泰勒*

影迷初识艾伦·里克曼，大多是在1988年上映的动作惊悚片《虎胆龙威》中。电影里，艾伦所饰演的德国恐怖分子汉斯·格鲁博在洛杉矶的摩天大楼里劫持了多位人质。出演这一角色时，艾伦已经42岁，依照好莱坞的标准，早已过了黄金时期，却还籍籍无名。外界对于《虎胆龙威》期待平平，电影首映后，评论也是毁誉参半。然而，影片不甚叫好却相当叫座，经影迷口口相传，票房大获成功。虽然在《虎胆龙威》中，大反派格鲁博不过是给布鲁斯·威利斯饰演的纽约警探做配角，却让全世界的观众记住了才华横溢的里克曼先生。他在片中将一个变态的可怖诠释得淋漓尽致，大出风头，收获好评无数。《纽约客》的一篇影评曾这样评价艾伦的表演，“（格鲁博）西装革履，爱看杂志，喜欢引用普鲁塔克，虽然总是用错场合。从没见过谁像他一样，开枪杀人时，漫不经心得恰到好处。里克曼塑造的格鲁博似乎带着一种诡异的宿命感，就好像他一

* 艾伦·泰勒（Alan Taylor），本书英文版编者。

心求败，只身赴死”。

诗人拜伦勋爵曾笑称，前一天他的诗作《恰尔德·哈洛尔德游记》才发表，第二天一觉醒来，他就成了名人。对于艾伦·里克曼和《虎胆龙威》，境况似乎同样如此。在此之前，艾伦主要在英国国内发展，事业重心集中在皇家莎士比亚剧院。1985年，他凭借《危险关系》等戏剧作品崭露头角。不过早在1982年，他就曾参演过BBC根据安东尼·特罗洛普的小说《巴塞特郡纪事》改编的电视剧集，在剧中饰演奥巴迪亚·斯洛普牧师，一个谄媚的伪君子，脸上总是挂着让人难堪的假笑。艾伦用实力证明，无论在银幕上，还是在舞台上，他的表演总是张弛有度，收放自如。虽然此时距他蜚声国际还需一段时日，但他的大器晚成，早已注定。

艾伦是个天生的演员。他的表演风格不疾不徐，不紧不慢，且他生就一副好嗓子，哪怕是“股市行情”这种与性感绝缘的字句，一经他口说出，也总会生出几分别样的魅力。对于艾伦来说，表演与其说是一种职业，不如说是一种使命。那些看轻表演的人，令他愤慨；那些为表演奉献一生的人，得他敬畏。正如他在日记中所写的，表演不仅是一种逃离的方式——表演本身就是件美好的事——更为他打开了一扇门，让他更好地了解生而为人的意义。

话虽如此，表演却并非艾伦首选的职业。1946年，艾伦·西德尼·帕特里克·里克曼出生于伦敦的一个工人街区——阿克顿。里克曼家育有三儿一女，艾伦排行第二。父亲伯纳德是一名工人，在艾伦8岁那年便撒手而去。因此，一家人全靠母亲玛格丽特做电话接线员维持生计。艾伦先是在当地一所小学接受教育，随后升入拉蒂默中学就读。除他之外，这所中学还出过两位演员，一位是休·格兰特，另一位是梅尔·史密斯。

16岁那年，艾伦结识了小他一岁的瑞玛·霍顿。彼时，两人都对课外戏剧表演产生了浓厚的兴趣。1970年，多年的朋友结为爱侣。两人于2012年完婚，相伴直至艾伦生命的尽头。

中学毕业后，艾伦进入切尔西艺术与设计学院学习，并于1968年毕业。毕业后，他先做了几年平面设计师，然后拿到了英国皇家戏剧艺术学院（RADA）的奖学金。他在RADA的表现出类拔萃，也正是这段时光，塑造了他今后的人生。他曾在1974年写过这样一段话："好的表演就如同一枚炮弹，瞄准观众，致命一击——那种冲击，观众只有在当时当下才能体验。至于炮弹的构造或是它所造成的破坏等等，只能留待体验过后再慢慢研究了。"

艾伦在剧团的巡演中度过了见习期。正是通过在谢菲尔德、伯明翰、诺丁汉和格拉斯哥这些地方的演出，他才得以打磨演技，积累经验。就像是少女在步入社会前远赴瑞士女子精修学校学习社交礼仪，这段剧团经历为他打下了坚实的表演基础。这也意味着，即便是在成名后，他也从未脱离自己的根系，从未丧失对事物的感知。《虎胆龙威》之后，艾伦片约不断。最先邀请他的一部是《侠盗王子罗宾汉》，他在片中饰演的诺丁汉郡长令人印象深刻："就这样吧。不许再给麻风病人和孤儿发剩饭了，该砍的脑袋绝不轻饶，圣诞节也不用过了。"

艾伦总是避免重复饰演同一类角色，尤其不想总演反派。因此，他的下一部电影是爱情喜剧《未了阴阳情》，与他演对手戏的是茱丽叶特·斯蒂文森。艾伦一生与多位女演员结下了深厚友谊，她便是其中一位。1995年，他参演了两部电影，一部是根据贝丽尔·班布里奇小说改编的电影《新爱情乐园》，另一部是艾玛·汤普森根据简·奥斯汀的经典小说改编的《理智与情感》。在《惊爆银河系》中，他扮演了一个外星人，这部影片虽然是《星际迷航》的拙劣仿作，却为他在这种邪典电影中赢得了一席之地。在《怒犯天条》中，他化身天使，为上帝发声。艾伦的角色是百变的。他塑造过的角色还包括：拉斯普京、安东·梅斯梅尔、爱尔兰革命者埃蒙·德·瓦莱拉、纽约朋克摇滚俱乐部CBGB的传奇老板希利·克里斯托。本世纪头十年里，艾伦则全身心投入《哈利·波特》系列电影中，共参演了8部影片。他饰演的才华横溢而脾气不佳的西弗勒斯·斯内普教授深入人心，为他赢得了一大批年轻影迷。我孙女今年8岁，在得知我正在编辑的是艾伦的日记后，她几乎对我肃然起敬——这可真是难得，却又合情合理。

从艾伦的日记可以看出，他不懈地挑战自我，极少走捷径。他将标准定得很高，因此蠢人只会令他咬牙切齿。他严于律己，也对他人有所要求。这一点从他参演《安东尼和克娄巴特拉》的过程中便可窥见端倪。这部戏由英国国家剧院于1998年制作，海伦·米伦饰演妖艳性感的埃及女王，艾伦饰演的安东尼则是女王最痴心的爱慕者，终日沉湎爱情，醉生梦死。除了演戏，艾伦还投身于戏剧导演事业。他执导了莎曼·麦克唐纳德的戏剧《冬天的访客》，不论是舞台版本，还是电影版本，这部戏都是他最引以为豪的作品之一。《我的名字是蕾切尔·科里》则是他导演生涯中的又一亮点。这部戏根据同名女主人公蕾切尔·科里的真实日记和信件改编而成，由艾伦和记者凯瑟琳·维纳联合执笔。蕾切尔·科里在抗议以色列强拆巴勒斯坦居民区的过程中，死在了以军的武装推土车下。这部戏在纽约首演当晚“被迫延期”，原因是所谓反以色列倾向。艾伦对这一指控表示强烈抗议。相比之下，他执导的电影《小混乱》则争议较少，影片讲述了凯特·温斯莱特饰演的园丁受雇于艾伦饰演的路易十四的故事。不过，这部影片差点儿难产，直到2014年才终于上映。

鉴于这样的履历，人们或许会认为，对事业的投入会让艾伦在其他方面黯然失色。恰恰相反，他交友广泛，友善、诚恳、慷慨，全心全意地对待家人和朋友。若是有人和他抢着买单，他总会用一句台词打消他们的念头：“哈利·波特。”他永远都在与人聚餐，不是在伦敦，就是在纽约（在那里，他和瑞玛有一间公寓），或者在他位于托斯卡纳的度假屋。每逢假期，他最喜欢去加勒比海地区和南非。没有工作时，他便去给朋友的新戏捧场。做笔记，提建议，这是他的习惯。这些建议大多都被原样接受了。据布莱恩·考克斯回忆，20世纪80年代，他们曾共同出演过一部由左拉的《戴蕾斯·拉甘》改编的同名电视剧。艾伦曾说考克斯“接戏接得太慢”。“艾伦，”考克斯回答说，“你知道你这句话说得有多迟吗？你还说我慢。你——你才是慢速大师。”

许多人都能证明，艾伦曾真诚地爱着他们。读者朋友需牢记一点：艾伦若是在日记中批评了哪位朋友，那正是出于爱。同时，我们能够笃定地说，他在日记中怎么写，当着朋友的面就会怎么说。

艾伦为何坚持写日记，我们不得而知。日记的形式众多，日记主人记录生活的原因也各有不同。有些人写日记，是为了记录那些惊天动地的大事。有些人则乐于记录那些微不足道的生活琐事，而时间的流逝会赋予细节恒久的意义。我们并不确定艾伦是否愿意看到这些日记发表，不过，他的确收到过书写自传的邀约，如果他动笔，这些日记也将成为素材。我们所能确定的是，他一写起日记来便停不下笔。自1972年起，他就随身带着一个小本子，随时记录下重要的会面、纪念日、首演日和各种致辞。共有27本日记保留了下来。自1992年起，他便开始从附近的文具店买来那种每日一页的日记本，更全面地记录生活和工作。这一时期的日记共有26本，其中一部分配有精美的彩色插画。另外，还有一本特殊的笔记本，从20世纪70年代中期到80年代中期，每当有记录什么的冲动，他都会在上面写上几笔。他的最后一条日记写于2015年12月12日，那一天，他得知自己已时日无多。

艾伦留下的文字超过数百万字（英文单词），本书摘录了其中最精华的部分。从时间上看，这些日记横跨千禧年前后的两个十年，讲述了世上最受人敬爱的演员之一的人生故事。艾伦一路走来，演艺生涯有起有伏，评论界对他不吝溢美之词，批评起他来也从不留情。他在舞台上有过酣畅淋漓的表演，而失控也在所难免。当掌声和要求加演的呼声逐渐平息，夜色正浓，艾伦总会和同事以及前来道贺的朋友三五结伴，去他的老地方放松片刻。在那里，他会逐渐打开自己，回顾已经结束的表演，默默期待下一场的到来。阅读这些日记，我们得以近距离地认识最真实的艾伦·里克曼。得他相伴，幸甚至哉。

Diary

1993

—— 日记

2015

中文版编写说明

本书体裁为日记体，风格较为自由随意，文字中存在较多省略之处，以及少量前后矛盾之处。为表示对作者的尊重，本书尽可能保留原作原貌，采用以下注释方式：

1. 随文注：以“[ ]”形式出现在正文中，为英文原版编者所加，中文版保留了这一格式。
2. 脚注：位于正文每页底部，每页以“*”重新编号，同为英文原版编者所加。
3. 章末注：位于每一年日记结尾处，为中文版译者、编辑和影迷所加，为正文内容做相关补充说明，便于读者更好地进入作者的世界。

1993

— 帕特里克·考菲尔德

— 理查德·威尔逊

— 湖区

— 萨塞克斯电台

— 柏林

— 河畔工作室

— 《疯狂游戏》

— 萨尔茨堡，彼得·塞勒斯的《波斯人》

— 尼尔·金诺克

— 维也纳

— 斯蒂夫·莱奇

— 《西雅图不眠夜》

— 维也纳

— 《疯狂游戏》

— 匈牙利

— 巴黎

— 艺术集会

— 菲利克斯奖

— 加勒比海

6月13日

给朋友们做顿饭，宁静又满足。

下午1点，来访的有迈克尔·G.、克里斯托弗[1]和劳拉·汉普顿夫妇、丹尼和雷拉·韦伯夫妇，还有简、马克、瑞玛和莉莉。

出太阳了，大家都拥进了花园。

6月20日

帕特里克·考菲尔德［英国画家］说他厌恶绘画，但这是他谋生的手段。“我害怕走进这间小小的画室。必须得做点什么。不论什么都行。只要做点什么。”

6月21日

回到家，打开电视，BBC二台正在播放皮娜·鲍什[*]的舞蹈表演。实力派。（我刚在《面孔》杂志的一篇文章中读到过她，文章介绍的正是当下最受欢迎的一批年轻艺术家。）她可真优雅，舞姿有力、坚定、真诚。向她致敬的人是罗伯特·勒帕吉[**]。当然得让他来。

6月23日

12点左右，去银行讨论买房的事儿。

下午1点左右，和戴维·科珀德［艾伦的会计师］见面——电影业务、税务、日程安排、费用报销。他是怎么保持魅力的？

4点左右，见了贝琳达·朗和她的丈夫休·弗雷泽[2]——给莉莉过生日，但她身体不舒服。

很显然，选举日当天我惹恼了伊莲·佩姬[3]。无心之言，又殃及他人。

6月24日

读完了克里斯托弗·汉普顿根据《诺斯托罗莫》改编的剧本[4]。他是怎

* 皮娜·鲍什（Pina Bausch，1940—2009），德国舞蹈演员和舞蹈编导。

** 罗伯特·勒帕吉（Robert Lepage，1957— ），加拿大剧作家。

么把一整本书塞进一部电影里的？莫非是……我实在想不出来。

一上午都在打电话——几乎没什么实质性的对话。主要是想找人说说话。

中午12点。健身房。没想好要不要去。

下午4点，带妈妈去了戈尔兹伯勒的养老公寓。她可真勇敢，感觉是我在说服她去养老院。这多半不是能真正解决问题的办法。

6月25日

→健身房。

可真是苦功夫。

下午和克里斯托弗聊到了《诺斯托罗莫》的剧本——安德鲁·劳埃德-韦伯[5]前些日子看了本子喜极而泣。“再给我半年时间，我让哈罗德·普林斯也加入。”特雷弗·纳恩[6]说在这场戏里面我需要表演30秒的对话。“说什么？”“随便说。”

6月26日

下午6点，科里西姆剧院。《麦克白》正在上演……就像加了些许阿根廷法西斯主义色彩的《芬雷博士档案》。

彼得·乔纳斯*、戴维·庞特尼［导演］和马克·埃德尔［指挥］都用“au revoir”［向英国国家歌剧院］谢幕。这是一个我不了解的世界，周围坐的全是保守党人[7]，他们起劲儿地鼓掌。彼得·乔纳斯发表了演讲，谈到了艺术和英国国家医疗服务体系。我想要欢呼。观众席却静悄悄的。持异见者保持沉默。

6月28日

和时间赛跑。午饭前和贝琳达还有休一起读剧本——他们家的保姆辞职了，贝琳达颇受打击，不过她还是一如既往地准时将可口的午餐端上了

* 彼得·乔纳斯（Peter Jonas，1946—2020），英国艺术管理专家和歌剧团总监。

餐桌。尤其她在11点半时才得知午餐时间并非下午1点，而是中午12点半。最近她身体不好，但一直坚持来影棚，每次看上去都美极了。

10点半，《西雅图未眠夜》——电影看到一半才想起“这部电影我也出演了”。*

7月1日

和理查德·威尔逊共进晚餐——拉桑托餐厅（L’Accento）的食物很美味——谈妥了一些事。

卡罗尔·陶德打来电话……河畔工作室的舞台布置非常精美。

罗杰**打来电话。怎么说呢，他听上去不是很乐观。

7月2日

凌晨3点40分。睡意全无，试图找出一种有价值的、可以名状的情绪，来为这不眠之夜正名。前半夜做了个梦，梦见自己在夜里走进黑漆漆的走廊，只能双手摸黑寻找方向——发现原本上了锁的门开着。

（注意：如果我遇到业余心理医生的话，我会把这个梦告诉他。）

7月4日

开车穿过湖区去拉斯金的家。

5点左右，坐渡轮回来。

6点58分，去尤斯顿。

再次见到罗杰和夏洛特·格罗索普***一家可真好，这次还有聪明可爱的孩子们。对待工作和生活，他们既真诚又天真，既慷慨又包容，不存在一丁点儿欺骗和自私。他们打造了自己的梦想，又实现了它，还愿意把它分享给别人。真可谓一剂灵药，缓解了过去一周的各种闹剧。

---

* 艾伦记错了，他并未出演该片。

** 即罗杰·斯波蒂斯伍德（Roger Spottiswoode，1945—　），英国电影导演。

*** 罗杰和夏洛特·格罗索普夫妇，位于鲍内斯的老洗衣房剧院的所有者。

7月5日

12点，茱丽叶特·斯蒂文森来了——先是四处忙着找钥匙，接着又是联系不上人，如此种种——换言之，又迟到了。

不过，能与这两盏明灯一起演出，倒也有趣。

不出所料，茱丽叶特因为违章停车，车轮被锁住了。

7月6日

3点半，接受萨塞克斯电台专访——不会再有下次了。主持人张口一个“帕迪”[8]，闭口一个“帕迪”，还坚称只有单人表演才能拯救英国戏剧。

7月8日

3点半，飞去柏林。

兰斯［·W.雷诺兹，制片人］跟我坐同一班飞机。落地后，则由维兰德［·舒尔茨-凯尔，制片人］载我们去酒店，然后又去了餐厅——全程“拉紧缰绳”，直到事情谈妥后才彻底放松下来。

7月9日

比尔吉特［·胡特，服装设计师］来给我试装。已活脱脱是个正义天使的形象了，假发和妆容一定要给别人看看。

5点5分，飞去伦敦。

7点左右，给玛丽·伊丽莎白·马斯特兰托尼奥[9]递了剧本。帕特·奥康纳*原本想来参加聚会，但不知什么原因，跑去了爱尔兰，得在那里待上一周（我记得他们才到这边）。

7月14日

日子似乎注定会时而平静无波，时而叫人烦躁得抓狂。

上午9点，戴维[10]来送书柜，又修理了橱柜。史蒂夫来修了音响，珍妮

* 帕特·奥康纳（Pat O'Connor，1943—　），爱尔兰戏剧导演。

特来打扫卫生。鲁比［·瓦克斯］说要给我看一些被剪掉的电影片段，电话打了一通又一通。

河畔工作室的事有些棘手。鲁德金*的剧本我读完了吗？这戏是不是得专程去斯特劳德采景拍摄？到时有谁能过去拍，谁去不了？

晚上8点，同路易斯·克拉科瓦［电影导演］共进晚餐。

9点50分，看了《土拨鼠之日》。

情绪没完全缓解，没到达卡普拉[11]的级别，但也算放松了些。

7月15日

好好的一天，因为“河畔”的事变成了一场闹剧。下午7点，拿着提案夺门而去。简［·哈克沃思–扬］把事情搞砸了，可把我们害苦了。是谁在从中作梗？要让我发现是朱尔斯·赖特搞的鬼，不论走到哪里我都不会放过她。**

7月16日

河畔工作室的事，只能静观其变。《疯狂游戏》也一样。

我觉得黛博拉·华纳***的想法没错——只有坚持做自己想做的，让自己变得独一无二，她才能在奥地利萨尔茨堡被引荐给布鲁诺·冈茨。在《科利奥兰纳斯》这部戏中，她动用了200名临时演员和5匹真马。

7月18日

到家，收到一通电话留言，说朱尔斯·赖特得到了河畔工作室。又接

---

* 大卫·鲁德金（David Rudkin，1936—　），英国戏剧作家和编剧。

** 1993年夏天，伦敦西区的河畔工作室陷入财务危机，艾伦想要接管这家剧团的运营，与他一起的有戏剧制片人特尔玛·霍尔特，还有他从RADA时期就认识的电影制片人凯瑟琳·贝利。因为艾伦在三人中声望最高，因此媒体纷纷将矛头指向他。同时，澳大利亚戏剧经理人朱尔斯·赖特（女性表演基金会负责人、“河畔”董事会成员）也上报提案，与艾伦竞争“河畔”的运营权。据伦敦文化娱乐杂志《暂停》（*Time Out*）报道，在此之前，赖特就已收到河畔工作室艺术指导一职的邀请。后来，“河畔门”愈演愈烈，演变为艾伦和赖特两人之间的恶斗（1993年11月28日）。最终，艾伦和同伴充满野心的竞标被驳回，赖特也撤销了提案，而威廉·伯德特·库茨（爱丁堡国际艺术节最主要的场馆运营商集会公司的创始人）则被任命为河畔工作室的经理，任期长达27年。

*** 黛博拉·华纳（Deborah Warner，1959—　），英国戏剧导演。

到罗杰·斯波蒂斯伍德的电话，说《疯狂游戏》也是一波三折。这是在考验我吗？河畔工作室现在到底是什么情况？我写这些，不是因为生气（现在还不是时候——一旦发现有任何不对劲，我才要大发雷霆），只是这个国家一味地追求和支持平庸，让我感到麻木。

7月19日

几乎一整天都在接电话。

《疯狂游戏》这个项目似乎又活过来了。支票都已经开了。是没签名吗？不会拼错了吧？中间肯定是有什么问题耽搁了。

朱尔斯·赖特得到了河畔工作室，她没得到，她得到了……我们的提案有人看了吗？估计没有。[简·]H.-Y.到底是个叛徒，还是只是喜欢玩弄权力？不论怎样，我们都胜算不大，我们也不知道有没有充足的运营资金。

7月20日

今天事情似乎有了转机，在当下这种混乱的局面中，我很是感激。

马尔科姆和甜豆[特尔玛·霍尔特的两位助理]做事非常务实、专注，让我很感动，我要是当他们的面这么说，肯定会被笑话。

不论如何，我们都挺过了那些舆论——它们对朱尔斯·赖特闭口不提，却处处针对我们。接着，特尔玛回来了，气氛一下子欢快起来。

回到家，我发现赖特的提案只有四页。瑞玛想都没想就说，“肯定就是走个过场”。她每次说得这么肯定，让我很想笑。

10点半左右，公告牌咖啡店，和茱丽叶特[·斯蒂文森]、玛丽·麦高恩，还有琳赛·邓肯[12]和希尔顿·麦克雷[夫妇]见面，向他们介绍了事情的进展。他们的支持让我更专注，给我力量和信念。我们走着瞧。

《疯狂游戏》也在加速推进中。各种传真、电话、条款、承诺、要求。有很多疑问，但没人顾得上解答。除此之外，还有人愿意每周出5万英镑，让我在西区出演《周六夜生活》[13]。疯了，疯了，真是疯了。

7月21日

电话不断。

回复来信。

特尔玛变得强硬。

《暂停》杂志仍揪着我们不放。

迈克尔·欧文*退让了。

安德烈亚斯［艾伦的私人教练］向我展示了一套新的健身规划，看上去十分可怕。

7月22日

先去健身，再带阿尔文去国王街的德宝咖啡厅吃午饭。爬几层楼梯，对我来说轻轻松松，她却走不动，实在是难以接受。她面朝下摔进出租车的画面，恐怕我俩谁都忘不掉了。还好她自己、我，还有出租车司机，都还能笑得出来。

7月23日

日记，有趣的东西。有必要用首字母缩写来记录一些人名。在此声明：J.W. = 朱尔斯·赖特，一个危险的、善于操纵他人的人。

7月26日

河畔工作室的事持续发酵……

J.W. 在《伦敦标准晚报》工作的朋友给我写了封信。我在飞机上写完了回信，根本不用费时间。想到很快就可以看到彼得·塞勒斯**导演的《波斯人》，真是太好了，打完几个电话，我提着一个大旅行袋就出门了。目的地：萨尔茨堡。

去希思罗机场的车程是最美妙的。

---

* 迈克尔·欧文（Michael Owen），《伦敦标准晚报》艺术编辑。

** 彼得·塞勒斯（Peter Sellars，1957—　），美国戏剧导演。

下一站，慕尼黑，充满科技感的机场。穿过100英里的狭长地带，我花100英镑雇了一个司机送我去萨尔茨堡。到了萨尔茨堡，刚刚赶上《波斯人》最后半小时的演出。我恨不得把每一秒都刻在脑子里。菲菲［菲欧娜·肖］[14]最后也到了现场，每次见到她都很高兴，生活中有她可真好。

7月27日

去节庆大戏院看《科利奥兰纳斯》。恢宏的场地。希尔德加德*的布景以令人难以置信的规模得到充分的实现。忽然间，我也有种想加入的渴望。我们差不多坐在第三排。200多个群演，几匹马，火焰燃起，场面壮观，但主旨略显模糊。我很喜欢布鲁诺·冈茨。看起来完全不是个演员。我在散场的派对上见到了他，人很害羞，有礼貌，很安静，体格单薄。这和彼得·斯坦因**的作品截然不同。黛博拉觉得，演出很大胆，观众却不大放得开。

7月28日

黛博拉和菲欧娜一定是找到了她们的力量所在。然而一丝恐慌随之而来——她们该如何发挥这股力量？黛博拉身上的这股子自足劲儿，能支撑她和粗鲁的制片人斯坦因抗衡吗？

去他的节食——午饭吃了德国香肠、土豆和腌泡菜，大快朵颐。在莫扎特博物馆，演奏音乐的女孩假装说着一口蹩脚的法语，就是为了让我们惊叹她的法语其实说得有多好。她英语说得也很不错。

去戏院找菲菲和黛博拉，大家一起喝茶。菲菲忧心忡忡，她的《哈姆莱特》、她的电影事业、我们的经纪人，还有她马上要在国家剧院上演的戏，都不能让她放心。我能体谅她，但想太多只会浪费她的才华和精力。我在飞机上和凯瑟琳·贝利[15]聊天时还提起她的情况。凯瑟琳是位优秀的

---

* 希尔德加德·贝克特勒（Hildegard Bechtler，1951—　），德国布景和服装设计师，比尔·派特森之妻。
** 彼得·斯坦因（Peter Stein，1937—　），德国戏剧导演。

女性，总能找准问题，也很真诚。回到家。这一切真的发生过吗？

7月29日

在家读《暂停》和《伦敦标准晚报》的文章，都写得很起劲，靶子也瞄得准。要是这股子劲儿和矛头都能转移到河对岸，那就太好了。想写就继续写吧。

《侏罗纪公园》——剧情是什么玩意儿？恐龙可真不赖。

晚上8点，和丹尼斯·劳森一起看《欲望》。这部片子和1974年的一部电影《男女百怪图》[16]很类似，区别是这一部拍得更差。

7月30日

接受《观察家日报》斯蒂芬·泰特的采访。和记者对话总让我感到不自在，就好像有些部落不喜欢拍照，担心照片会带走他们的灵魂。不过今天我强烈感觉到，自己开始屈从于命运的安排。

7月31日

梦见我和瑞玛要到一个遥远的国度去，在一个农舍里度假一周。为达目的地，我们必须先蹚过一片泥地，来到一个农场。农场的右边有一个鸡舍，里面有一张床垫。我们得到的指示，是把母鸡从床垫上赶下来，将床垫抖干净，带到农舍。我们靠近农舍后，听到一对男女“事后”的嬉笑声。凑近了看，发现草堆中有一对年近八旬、穿戴整齐的老人，他们躺在一群母鸡和一堆鸡蛋边，咧嘴笑着。

和塔拉·雨果［美国歌手、演员］一起工作，给她在纽约的首秀帮点忙。我很喜欢像这样转变事物，就好像用一盏聚光灯更精确地点亮一个人的才华。不论如何，整个过程对我来说都充满神秘感。这种灵感从何而来，是经年累月的沉淀，还是天赋使然？

8月1日

《观察家日报》关于河畔工作室的报道发表了——记者十分偷懒，所有观点都过于直白。

8月3日

10点半，去ICM［经纪公司］签合约备忘录。我希望这种事情能更合乎常理一些。一想到现场要讨论的都是人名需要印多大，谁来承担洗衣费，提供多少瓶依云矿泉水这种见鬼的细节，我就感到难堪。当然，要是他们想敲我的竹杠……

之后，我和瑞玛去为她的牙买加之行置办东西。不停地给她买吃的，还买了几杯咖啡。骑士桥很好玩。

8月5日

克里斯汀·米尔沃德［艾伦在RADA的老友］来找我吃午餐。我觉得她是时候大胆地做些改变了。或许她应该去别的国家工作，除非世上有魔法药丸能帮她。在英国，她的才华既不会被发现，也不会得到嘉奖。

8月8日

在家看完了《金诺克采访》的最后一部分。尼尔不该有如此之大的挫败感。之前我就觉得，4月9日的大选他肯定会输，同样的直觉告诉我，这个国家已经滋生出一种恶意——大家都心照不宣地对他人的困难视若无睹，平衡已经被打破，即便是他也无能为力。为了帮助他人获胜，他已经做出了巨大的牺牲。

利文斯通*、斯金纳**等政客，错就错在过多地沉迷于政治游戏，因而与现实脱节。他们的职业性，让他们失去了本心。

8月9日

下午4点，赶在N.N.来之前去特尔玛的办公室初步讨论河畔工作室的

* 肯·利文斯通（Ken Livingstone，1945— ），英国政客。

** 丹尼斯·斯金纳（Dennis Skinner，1932— ），议会成员，在位近半个世纪之久。

事。在场的有特尔玛、克莱尔、玛格丽特·赫弗南[*]，不一会儿凯瑟琳·贝利也来了。我们讨论了一些方案，玛格丽特还是一如既往地头脑清楚。门铃响起，大家就如同约好了似的开始进进出出，目不斜视。N.N.不停地说着“尽管把它从我们手里夺走好了，如果你们没钱也运营得下去的话”，诸如此类。他可真不愧是个会计。剧团的人真是没一丁点儿同理心。有那么一刻，我们就坐在房间里密谋，正巧伊恩·麦克莱恩出现在门口。特尔玛赶忙过去拉拢他，一不留神差点说了不该说的话。

8月10日

去维也纳试戏服，我竟没有异议，应该讨价还价的。

在颇负盛名的奥地利或维也纳咖啡馆享用咖啡和柠檬蛋糕。

返回伦敦。

8月12日

《伦敦标准晚报》又就河畔工作室发表了一篇相当史无前例的、该死的文章。瞎编乱造。

3点，和罗杰与吉莲[**]讨论剧本。[丹尼斯·]波特不愿意让步。

8月15日

打理花坛，忙活了一下午，简单的快乐，就是腰疼得不行。

8月16日

7点45分，在利里克剧院看《歌门鬼城》。

戏很好看，不过也难怪我从没看过原著。适合书迷来看。

8月17日

下午3点，按剧组投保规定做身体检查。真讽刺，偏在这个时候感冒

* 玛格丽特·赫弗南（Margaret Heffernan，1955— ），美国企业家。

** 吉莲·巴奇（Gillian Barge，1940—2003），英国演员，在《疯狂游戏》中饰演梅斯梅尔夫人。

了，鼻涕流个不停。

医生问我最想演的角色是什么，完全出乎意料，我不知如何回答，因为这都取决于剧本。

8月19日

彼得·詹姆斯［戏剧导演］来电，关于明天河畔工作室的董事会会议，他想要句准话。不得不瞒着老朋友的感觉很奇怪。

8月20日

9点半，皇家节日音乐厅，和贝琳达·朗还有玛丽·伊丽莎白·马斯特兰托尼奥一起来听斯蒂夫·莱奇[17]的音乐会。一开始我很担心会是那种晦涩难懂的音乐垃圾——结果发现他的音乐其实能引发多层面的思考。有多少音乐作品，能做到“真实地反映了中东冲突”？

贝琳达来之前在脑子里列了个清单，万一音乐很难听，她就想想别的事分散注意力。

8月21日

8点，同琳赛·邓肯、希尔顿·麦克雷、R.、罗宾·埃利斯*、卡洛琳·霍尔达维［设计师］还有法蒂玛［·纳姆达，摄影师］聚会。我们肯定玩得很尽兴——因为我们先是美餐一顿，接着又谈天说地，还围着钢琴一起唱了歌，散场的时候都凌晨3点了。

8月22日

从卡普里斯餐厅出来叫车，和一个摄影记者来了场“猫鼠游戏”。他肯定是想抓拍一张我“黑脸”的照片，但只拍到了我“发黑”的后脑勺。

* 罗宾·埃利斯（Robin Ellis，1942—　），英国演员。

8月23日

上午——现在由威廉·伯德特·库茨接管“河畔”了。他想和我聊聊，没问题，可是都到了这个地步，还有什么好说的，而且董事会里还是那些人。

帕特·奥康纳来了——关于《卡琳顿》[18]，我已经和克里斯托弗·汉普顿聊过了，我还是没想好要不要接这个片子。

晚上8点，汉普斯特德，和阿兰·柯德勒[*]还有达莉亚[**]一起看《马文的房间》。又是那种非要让观众产生一些感受的美国戏。我不认为他们懂得愤怒和困惑。整场戏看下来，我没有什么感觉。导演水平堪忧，可惜了艾丽森［·斯特德曼］和一众好演员。

8月24日

下午1点，在庭院里吃午饭，我和戴安娜·霍金斯还有苏·达奇一起商量《疯狂游戏》发布会的事。她俩告诉我，这类公关活动很有必要。但是，这种事也很丢脸。她们也没错，谁叫演员都是商品。

8月30日

上午10点左右，［诺丁山］狂欢节[19]把路封了，打不到车，转战肯辛顿希尔顿酒店，《疯狂游戏》的第一次彩排……剧本仍有待完善，但波特经常说得很在理。很鼓舞人心。

9月1日

9点半，彩排。

好在罗杰没有指手画脚，他的整个导演框架大有问题，梅菲尔公司[***]也问题不少……

---

* 阿兰·柯德勒（Allan Corduner，1950—　），英国演员。

** 达莉亚·伊贝尔豪普泰（Dalia Ibelhauptaite，1967—　），立陶宛电影和歌剧导演。

*** 制片公司。

9月2日

8点15分，去了劳拉·汉普顿的公寓。喝香槟，聊一些家庭烦心事，诸如此类。

晚上9点，诺玛·海曼［制片人］家，电影《西雅图未眠夜》派对夜。到处是人——梅格·瑞恩、诺拉·艾芙隆、尼尔·乔丹、安德鲁·伯金*、迈克尔·凯恩、阿兰·贝茨、艾德娜·奥布赖恩、斯蒂芬·弗雷斯、琳赛和希尔顿夫妇、乔恩·罗宾·贝茨**。

9月5日

2点半，去看妈妈。

她很累，需要休息，但总是闲不下来。我要去趟奥地利——给她的缝纫机换个新的插头。

6点10分，飞去维也纳。不大舒服的一次旅程。啼哭的婴儿和手忙脚乱的母亲，发酒疯的英格兰商人和怒火中烧的空姐，等等。

9月6日

下午1点，"胸部"一角试镜——三分之二的女演员都以傲人的"胸部"示人，在场的人都有些窘迫。

2点半，见到西蒙·迈克伯尼***、吉莲·巴奇和理查德·奥布赖恩。西蒙的朋友约翰内斯带我快速游览了维也纳市区和一些咖啡馆，还同我讲了他七个朋友的自杀经历（其中三人都是接连在出席别人的葬礼后自杀）。

9月8日

《疯狂游戏》****开拍。

有不少匈牙利人和来自布拉迪斯拉发的斯洛伐克人，工作人员则是德

---

* 安德鲁·伯金（Andrew Birkin，1945—　），英国电影编剧。

** 乔恩·罗宾·贝茨（Jon Robin Baitz，1961—　），美国剧作家。

*** 西蒙·迈克伯尼（Simon McBurney，1957—　），英国演员。

****《疯狂游戏》由罗杰·斯波蒂斯伍德执导，丹尼斯·波特担任编剧，迈克尔·尼曼创作配乐，电影以18世纪为背景，讲述了巫医梅斯梅尔用非比寻常的方法医治患者的故事。

国人和匈牙利人。片场鸡飞狗跳，闹腾得很。彻底沦为了剧组的旁观者，唯一的工作就是和编剧争论剧本该怎么改。

9月11日

与那些奥地利、德国、匈牙利演员一起排演“发病”这场戏。谢天谢地，这一幕被编剧挪到了一个更合适的位置。

同约翰内斯和西蒙共进午餐，接着又去参观了安妮·莱博维茨[20]的展览——她是一名出色的肖像摄影师，拍过的大人物不计其数，可我还是觉得她早期为父母、祖母拍的照片更有灵气。汉德瓦萨*则是个快乐的建筑师，他设计的博物馆和公寓楼都极为出彩。他还发明了一种不平坦的地板，能制造出“足底的旋律”。

9月12日

主要任务就是拍摄“发病”这场戏。与制片人发生了口角，因为他们一再压低奥地利演员的报酬——当然，匈牙利演员的薪水更是少得可怜，但那是因为他们的生活水平要低得多。然后我就被指控勒索，真是有趣。我回击说，你们的道德勒索才是有过之而无不及（更不用说到目前为止我都还在无偿工作）。

这场风波让片场的气氛变得很是压抑，但实际上该怎样还是怎样。

虽然很累，但效果还算不错。其中一个匈牙利人很会来事，妥善地解决了前面的问题。

午餐时间同罗杰见了一面，想起了过往一些令人不适的片段。“艾伦从不按导演说的来。”霍华德·戴维斯**曾这么说。

晚饭是在马克餐厅吃的，和罗杰·斯波蒂斯伍德还有阿曼达·奥慕斯***一起——他俩正暧昧得起劲儿，希望这不会打破剧组里的平衡。

* 佛登斯列·汉德瓦萨（Friedensreich Hundertwasser，1928—2000），奥地利视觉艺术家和建筑师。
** 霍华德·戴维斯（Howard Davies，1945—2016），英国戏剧导演。艾伦在职业生涯早期曾与他合作过。
*** 阿曼达·奥慕斯（Amanda Ooms，1964— ），瑞典演员。

9月13日

拍“接吻”的戏。

简直就像拍了个广告，白担心一场。

还是“发病”的戏。发现这个剧组里不少演员都演得很棒，尤其是匈牙利人。英国演员看起来可不是那样的。我都有点儿想把戏服脱给他们，看看他们会怎么演了。

和罗杰还有维兰德聊天，一场有趣的讨论。他们表示“棒极了，所有的戏都呈现得很完美”云云，我则回道：“没错，但那完全是演员的功劳。”——跟导演没什么关系（老天，剧本里就是这么写的，他们是没读过吗？）。

9月14日

下午拍得不顺，不可避免地再次陷入争吵。我不是不按导演说的来，只是讨厌他那副指手画脚、牢骚满腹的样子。（但得承认，我一旦“笃定”了什么，就会变得非常难搞。）

瑞玛来电，告诉我哈罗德·因诺森特*上周末去世了。我的生活中又少了一个人，虽然有点自私，但我还是暗自想了想，确认不久前至少还同他见过面、说过话。

9月15日

休息日，被叫了过来……我真不明白罗杰还在跟我争些什么。这些戏明明拍得跟我设想的大差不差。难道是不符合他的预期？还是说我本就是对的，只是没解释清楚而已？

9月16日

长镜头——需要集中注意力。天公作美。阳光明媚，微风徐徐——搞定。顺畅得叫我有些害怕。梅斯梅尔——是他在监视这一切吗？好叫我不

* 哈罗德·因诺森特（Harold Innocent，1933—1993），英国演员。

再继续跟他们对抗下去。

9月17日

在维也纳的最后一天，短期应该不会再来了。

《时尚》杂志约稿，让我写一写朱尔斯［·赖特］。我拿不准，这是什么意思？肯定不单单要我在文章中如实还原事情经过吧。为什么呢？

波吉特的派对。波吉特真诚、美丽，要样貌有样貌，要精气神有精气神，内外兼修。派对食物很惊艳。聊天的质量也很高。派对的装饰让人感觉进了虫窝，被胡蜂、蚊子、各种羽毛和砖墙围了起来。到家的时候都2点45分了，说明我还是玩得很尽兴的。

克里斯［布景设计师］以为我才36岁。我没有纠正他。

9月19日

晚上7点，坐飞机去了柏林。在市中心逛了逛……然后迷了路……时间就这么流逝。总是想着去别的地方看看，可真的到了那儿，却又无所适从。

9月21日

和阿曼达还有吉莲约早餐，到了大厅发现华莱士·肖恩*也在，他今晚在柏林人剧团有场演出。他说话有着东欧人特有的谨慎，喜欢停顿，每句话都要想好了再说。他讲了在曼哈顿的街头人们怎么样认出了他，在阿姆斯特丹有人找他拍电影，还有人请他朗读剧本。他还说，每次他一走进办公室，就充满愧疚感，因为有些剧本自1986年起就躺在那里。他还聊到，有次为了写［一封］信，他专门出去买了一张纸——他还说，自己没定好计划前决不行动。

9月22日

隔三差五总有这么一天有点儿累，还有点儿压力。我都觉得不可思议，

---

* 华莱士·肖恩（Wallace Shawn，1943— ），美国演员、作家。

我竟然如此轻易地陷入这种情绪，不做任何抗争。就好像狗只有叼着拖鞋心里才舒服。上午有几场戏不太顺利，有个演员表演没有章法，罗杰也不知道指导一下。

罗杰告诉我，维兰德从伦敦的会上打来电话，他边上坐了23位在编律师。他说温盖特*看完了片段很喜欢——难道我们应该为此感到高兴？我能不能说我觉得很气愤，凭什么他想先看一点片段，就给他看？

和吉莲·巴奇共进晚餐。加入这部电影，最大的乐趣之一就是终于有机会和她合作，并逐渐了解她。

9月23日

令人烦躁不安的一天。一方面是因为疲惫，另一方面是因为也没个说话的人。

因此，今天下午和西蒙好好聊了聊。

既然有问题，就要发现问题、提出问题。

再就是令人发怵的发布会，即便是在组内，公关人员也喜欢把不同的工种做比较，X是不是比Y更有难度？当然不是，X = X，Y = Y。工作不要偷懒。

今天晚上我很生气。和我搭戏的演员**因为累缩短了彩排时间。无语。

9月24日

今天继续拍摄。在两个人的对手戏中，布景能够聚焦人物关系，吸收人物情绪，并淡淡地烘托出两人的氛围，真是了不起。这场戏可不好拍。我还在生导演的气，因此我决定尽可能地与他保持距离——一整天片场都很安静。

把女演员当花瓶，不把她们当专业演员对待，岂有此理。

不过，我们拍好一场戏，就排演下一场。有难度，但仍在持续推进。

---

* 罗杰·温盖特（Roger Wingate），就职于梅菲尔制片公司，电影主要投资方之一。

** 指阿曼达·奥慕斯。

9月27日

一整天都在楼梯上——把西蒙［·迈克伯尼］丢下台阶，从楼梯扶手上滑下来（扯破了我的裤子）。

快10点，吉莲前一天很晚才收工，第二天还给她排了早场戏——这事我必须得找人谈谈。这是奴役，是剥削。晚上和吉莲还有扬·鲁布斯*一起吃饭，这个捷克人很有魅力，喜欢讲黄段子。

9月28日

几乎一整天都是一个人。在选帝侯大街买了双鞋，不太合适，在萨维尼广场又买了一双，这回还差不多。给电动剃须刀买了新刀头，说的是德语。拍了张照片：一个女人坐在一大堆装满垃圾的塑料袋旁边……

吉莲打电话，说她从片场回来了。我们在我的屋里叫了客房服务，聊起了斯特拉福德和当地的人。她还告诉我，有一次她和彼得·布鲁特彩排，拼不出来“俄狄浦斯”（Oedipus）这个词。

9月29日

今天算是片场氛围相对欢快的一天。

阿曼达给我写了封信，信上充满了暖心的话。匆匆忙忙地回复，但言语真诚。

收工后去了巴黎酒吧。同行的有吉莲、汤姆、罗杰、阿曼达和西蒙。

（1）按剧本的走向，后面还会有棘手的戏份；（2）我们这群人，因观点不同而产生的交锋，都能再拍一部迷你剧，或是一部费多式的滑稽剧了。

10月1日

最终还是拍出了一些相当不错的镜头，但过程相当惨烈。我完全反对那种需要让“演员的表演让步于某种效果”的拍摄方式，于是以一种近乎

---

* 扬·鲁布斯（Jan Rubes，1920—2009），捷克-加拿大歌剧家、演员。

撒泼打滚的方式逼得他们让了步——又或许是蛰伏于我身体里的“梅斯梅尔”在驱使着我这么做。也不知道究竟谁对谁错。我很难对付，不爱说话，脾气还臭；其他人则感性，结果为重，又不守规矩。但最后的效果还算差强人意。

10月2日

漫长又难熬的一天。整个布景都是围绕灯光效果设计的。没什么可说的了。

一到片场，我便宣布我今天是个提线木偶——会乖乖听导演的话。附赠一个嘲讽的笑。

10月3日

今天休息。

和吉莲还有汤姆一起看了《钢琴课》。

影片以一种近乎冷酷的方式还原了剧本。但很成功。霍利·亨特真是出彩。其他人也都很棒。得到了一些灵感以及坚持自我的依据。后面那场汤姆在街头痛哭的戏，他身上那股纯真劲儿很打动人。

10月4日

晚上7点，在人民剧场领了《发条橙》的门票，演出7点半开始。虽早已预想到了剧场里的鸡飞狗跳，但真实的场面还是让人叹为观止。气氛很是紧张——演员们时常处于危险当中；一桶桶血、面粉、水，时不时就会招呼到他们身上去——显然，观众仍对东德的背叛耿耿于怀。那《李尔王》和《奥赛罗》又该怎么办?

10月5日

这部戏干脆改名叫《鬼话连篇》好了。到底谁说的才是实话？？？

一些人在积极推进，一些人在弄虚作假。我真是受够了。

《电影》杂志的采访更像是在测试我的反应……

10月6日

一整天都坐在镜子前。但这种时候，任凭我怎么观察，都找不出摄影师需要的那种让人毛骨悚然的感觉。要不要把这段给剪掉？我调动起所有面部肌肉，龇牙咧嘴，挤眉弄眼，试着从每一道凸起、沟壑和线条里捕捉感觉……

结束时发了场脾气，无法接受现在这个表演方式——不提前排练，所有演绎全凭感觉，根本谈不上深入角色。

10月7日

隔壁的摄影棚正在拍《魔境仙踪》，真是讽刺。

晚上6点，赶去参加柏林聚会。

真好，又能跳舞了。

今天好像都是短句。

10月9日

和瑞玛通了电话，感谢她，她总有法子逗我笑。

10月10日

8点15分，看《幻影英雄》[21]。

不是我说，这片子真是烂透了。

10月11日

对某个作品倾注的感情有时会藏得很深，并持续很久。这种感情最终会被动摇，之后就是心如止水，一种疲惫感不期而至。

走进一家商店，喝了杯咖啡，洗了个桑拿，听到一些人在打电话——所有人都那么有防备心，藏着各自的谎言，不愿坦诚相对。

10月13日

8点15分，搭车去机场，坐9点50分的航班去维也纳，然后驱车赶往匈牙利肖普朗。

这份工作所带来的紧张和不安全感极大地冲淡了我对这个新牧场的兴趣——财务闹剧每天都有新花样，我能知道这背后的全部真相吗？不过这座小镇确实有种伟大、中立的美——它通古知今，遗世独立。也正因如此，当时间来到20世纪，这座小镇宽容地接纳了那些背着背包、穿着牛仔裤的青少年。毕竟，它早已见识过缎带领结淑女绅士的风华。

斯诺克很好玩。奥女士真是彻头彻尾的自私鬼。当一个人不再有好奇心时，自由和个性又有什么用呢？

街上很安静。酒店的管道里传来奇怪的声响。有只狗叫个不停。风呼呼地吹。凌晨2点，毫无睡意。我到底为什么要忍受这个酒店里的一切？

10月14日

拍马车里的戏，但没按顺序拍，也不在该有的景里——原本完整的一幕戏被分成了两段来拍。

问题还是悬而未决。今天连饭都没得吃。小镇依然很美，但酒店——尤其是浴室——让我想起了我去看望祖母的那段日子，连块毛巾都没有。其他人就没那么幸运了——他们还得出去买洗澡穿的鞋子。

今年到底是怎么了？就因为这部戏吗？感觉事态的发展在逐步失控。

10月15日

马车戏，车夫今天才学会驾马车……

很有趣，穿着全套18世纪的戏服在披萨店里吃午餐。

10月16日

啪嗒！大部分时间都面朝下趴在泥地里。奇怪的新体验。

10月17日

今天是肖普朗真正意义上的周日。街上很安静，能听到教堂的钟声。我没有开车去旅行——今天表现很好，态度端正。走着去了墓地。这地方总是令我触动——只有一个个家庭，再无其他。简陋的坟墓上摆放着简易的自制木十字架，与花岗岩一样历经风雨而不朽。每个角落里都有女人在洒扫、种植，打理着这片回忆之地。

10月18日

湿。湿。湿。

冷。冷。冷。

坐在马车里，手都冻僵了。拍了一些升降镜头。

午饭是冷掉的香蕉汤。

天黑得更早了。6点半就到了家。

10月19日

和卡洛琳·霍尔达维拍舞会的戏。凌晨3点就醒了，直到5点半出发都没再睡着，因此大脑不在状态，台词也说得不利索。外面下雨了，交杂着鸣笛声和交谈声。但卡洛琳一如既往地得体和风趣。我却做不到。

凯瑟琳［·贝利］和 BBC［《晚间秀》］的工作人员来了。[22]工作和生活混在一起的感觉有点奇怪。这意味着有了更多主导权，但也有更多事需要应付。

和一大群人一起去了洪堡论坛，又去了台球俱乐部。和罗杰聊了聊——我工作时的那股自私劲儿连我自己都受不了——埃莱梅尔*这周有别的事要做，其他人也各有难处。真是可怕，这些问题到底还能不能解决得了？

10月20日

我能对《列车》（*Omnibus*）之类的节目说些什么呢——英国剧院（机构）的问题不只出在舞台本身。话语权大都被掌握在那些既不专业，又喜欢自作聪明的年轻导演之手，他们或许很有野心，但要么缺乏同理心，要

---

* 埃莱梅尔·拉加里（Elemér Ragályi，1939— ），匈牙利摄影师。

么不懂政治，之所以能够成功，完全是因为演员和舞台设计师足够优秀。他们只会根据先入之见来选角，导致演员们的表演单有匠气，而无匠心。这番话适用于任何场景，我也很乐意接受质疑和挑战。极少有人愿意在自己不知道答案的情况下贸然向我们（演员）发问，因此问出的问题也总是避重就轻，无法触及核心。

10月21日

一整天都在招呼媒体。

1.《泰晤士报》的戴维·尼克尔森，提问方式很有诱导性，两个瞳孔不一般大——他很想揭露宗教狂热者的丑闻。

2. 莫瑞·H.过来拍了照（净是些无趣的照片）。注意：斯诺登[23]也来了。

3.《视与听》杂志派人来打探消息。

4. 剧组全体出动。

我们表演了一番。

我们还因为临时演员午餐吃的是面包卷而大吵了一架。于是晚饭按时上桌了。

10月22日

进展顺利的一天，阿曼达又累又恼——有点像布兰奇·杜波依斯在远处曼妙而立。

BBC二台的工作人员拍个不停。凌晨2点我们才回到台球厅。

10月23日

前往希尔顿酒店参加电影舞会。

可怕，参加这种活动就是为了人看人。见到了大卫·休里斯，结识了朱莉·布朗*（《石雨》）。喧闹的沙漠中觅得一片绿洲。

* 朱莉·布朗（Julie Brown，1958— ），美国演员。

欲擒故纵 = 故作天真。我还是不要和她搅合在一起，免得节外生枝，我说的当然是那位噩梦女士。

10月24日

腰疼，真要命。连续七周神经紧绷，都反映在身体上了。

10月25日

我为什么会梦到自己在伍尔沃思百货公司找了个周六兼职？

10月26日

天后指数[24]上升了，匈牙利女演员们却没感受到。西方世界，我再一次谢谢你了。这回是匈牙利人起的头，他们也不嫌没有营养，浪费时间。

收工后，大家一起去洪堡论坛放松，吃了顿美味的红烩牛肉。在一家奇怪的夜店（店里只有6个顾客和一个身穿UV材质比基尼的女孩），大家把话说开了。的确从没有人找他们沟通过，倒是这些匈牙利演员自己竖起高墙，有点消极对抗——这不像是匈牙利人的作风。不过说到底，他们的诉求不过是导演要信任演员，要确保开放的交流——还是那些老问题。罗杰似乎这才恍然大悟，他说“今晚我才明白一些事情”。真是岂有此理。不过好在他足够坦诚。

10月27日

谁知道第二天他就把昨晚的事忘得一干二净。

我们在鲜花的簇拥中告别，然后我将花束都扔进了迷你小巴的后备箱。大家相互拥抱，相互飞吻，这些都是非常优秀的女演员，很不可思议。前一秒她们还在鼓励我，下一秒她们就尖叫着要补妆。“Das ist immoglich！！”*

* 德语，意为“难以置信”。

11月5日

最后一场戏，生生拍成了噩梦，又一次毫无章法。

我靠着最后的那点强硬和专注四处摸索。

工作人员棒极了，全都默默地支持着我。早上6点半，就剩我们一小撮人，片场弥漫着一种难以名状的情绪。随着一声“结束”，“梅斯梅尔”从此静默。

11月8日

最后一天拍摄，开心又伤感。

我坐在那儿，独自消化所有情绪。今天我简单地发了言，说话时忘记站起来，也忘记找人帮我翻译——或许是因为太简短了。

我和阿曼达站在大理石台阶上，剧组的每一位成员在台阶下扇形散开，向我们送上鲜花，我感到前所未有的触动。有时，我觉得我和这个女孩靠得非常近。

告别。亲吻。拥抱。收线。拆灯。装箱。亲吻。关上车门。

11月9日

下午6点40分，飞回伦敦。感觉我这次出了很久很久的远门。

11月10日

去切尔西和威斯敏斯特医院看望鲁比，她刚刚生了第三个孩子，真是难以置信。她之前还说要把这个孩子送去拍卖，可她现在就在那儿，给孩子喂奶。病房里到处都是鲜花，琼·柯林斯寄来一束造型奇怪的花，像是兰花，就立在角落，怪吓人的。我给鲁比带的是一只做好的鸡，她把我臭骂了一顿。

11月11日

巴黎。

天气最好的一天。万里无云，阳光灿烂。出发去凡尔赛宫探班，今天要拍的这场戏是我极力争取才保留下来的。看到比蒂*一身玛丽皇后的行头向我们走来，感觉有点奇怪。罗杰［·里杜］气呼呼、闷闷不乐，他根本就不想让一个法国演员来演路易十六。塞吉的口音的确很重。罗杰把BBC的摄像机的镜头盖掰断了……在凡尔赛宫的炮火中，在一群游客的围观下，这场戏完成了。晚些时候，突然又出了太阳，光线特别好，我们拍到了绝佳的落幕画面。接着，大家都返回巴黎阿巴耶酒店……接罗尼**和伊莎贝尔·于佩尔跟我们一起吃饭……愉快的夜晚。

因为我的角色，我的工作方式，以及剧中人物是否应该发生关系等等，罗杰和我又吵了一架，正好分道扬镳。

11月12日

又是晴空万里的一天。漫不经心地四处逛逛。给瑞玛买了几件衣服……吃了一个三明治。坐车去机场，酒店离机场很远，差点儿误了飞机。

11月17日

3点左右，皇家宫廷剧院制作会议。听到有人这么说，很受用：在西区，演员就是案板上的肉。会议的主题依次是——投资方（差不多就还是屋里这批人）、制片项目、风险问题。嗯……不愧是皇家宫廷剧院。

11月18日

6点45分，去好莱坞星球餐厅[25]，给茱丽叶特主演、大卫·贝利执导的电影［《谁来发牌？》］捧场。片子一般，但贝利真的很讨人喜欢。我很愿意与他合作。他非常好玩儿。

11月19日

快11点，和威廉·伯德特·库茨、特尔玛还有凯瑟琳［·贝利］在华尔道

* 比蒂·埃德尼（Beatie Edney，1962—　），英国演员。

** 罗纳德·夏马（Ronald Chammah，1951—　），黎巴嫩导演，伊莎贝尔·于佩尔的丈夫。

夫酒店的茶室喝茶。我完全无话可说，根本无法接受我们现在的处境，一件好事都没有。这些人一句承诺也不给，却想要我们提供建议。凭什么？

11月21日

3点左右，本想去看《长日将尽》，票卖光了。在水石书店悠闲地逛了一个小时。

11月23日

我们先去维多利亚皇宫参加了一个艺术集会，又跑到议会去游说议员。我们一群人站在寒风中等着——有肯内斯·库兰汉姆*、斯薇斯特·L.唐兹尔**、史蒂芬·戴德利以及哈丽特·瓦尔特。相机对着我们拍个不停——《太阳报》真把自己当《卫报》了。戈登·布朗出来打招呼，并带我们进去——以前我怎么从没来过这儿？一位系着白色蝴蝶结的工作人员递上一张绿色的登记卡。登记完，大家来到一间委员会会议室。丹尼斯·斯纳金的发言很有水平。我所在选区的议员不在。

下午7点，在国家剧院看《计算器》。舞台布置得很用心，但剧本不太连贯，有些部分精彩，有些部分乏味，菲菲是女主角。她最辉煌的瞬间之一——青史留名，铲车都铲不掉。

11点，去看桑德拉和迈克尔·凯曼***的现场，不少明星过来捧场：安妮·蓝妮克丝、乔治·哈里森、埃里克·克莱普顿。音乐声很足。鲁比留在那儿，跟贝蒂·伯伊德打听消息。

11月28日

7点半，皇家宫廷剧院，麦克斯·斯塔福德-克拉克的告别演出。活动组织得很好，理查德·威尔逊和帕姆·法瑞斯主持得也很好。节目单

* 肯内斯·库兰汉姆（Kenneth Cranham，1944— ），苏格兰演员。

** 斯薇斯特·L.唐兹尔（Sylvestra L. Touzel，1958— ），英国演员。

*** 美国作曲家迈克尔·凯曼（Michael Kamen，1948—2003）和妻子桑德拉·基南-凯曼（Sandra Keenan-Kamen）。

很精彩，尤其是莱斯利·夏普[*]的朗诵——《路》。很高兴看到加里·奥德曼登台。

演出结束后，又撞见朱尔斯·赖特，她看上去有点疯癫，也可以理解。

11月29日

我去了萨沃伊酒店——闪光灯、野性呼唤乐队、蒂莫西·斯波[26]（谢天谢地，他也来了）。简单吃了点，斗胆喝了点白葡萄酒，看着甜点融化。发电机出了问题，大家等啊等。米瑞安·玛格莱斯讲起了犹太笑话。轮到我致辞——尽管台下很安静，但每一秒都可以感受到批评的声音。逃离现场。

12月3日

12点45分，飞往柏林参加菲利克斯奖颁奖典礼。

戴维·普特南和杰瑞米·托马斯［电影制片人］和我乘坐同一航班。戴维给我看了他准备的演讲稿。“把握机遇”=观众去看《侏罗纪公园》是因为他们爱看=拍艺术片也不该忽略观众的喜好。我不同意，就算所有人都把耳朵捂起来，艺术家也应该坚持自己的声音。我让他做好听嘘声的准备吧。

下午9点，收到几条留言——全都没听懂。在弗洛里安餐厅和维兰德一起用晚餐，他人很健谈，心肠也好。吃完饭，我们又去了“镜子帐篷”剧场，一出有趣的三重奏正在上演。当我们正要离开时，又碰见了丹尼斯·斯汤顿和朋友们，其中包括麦克·雷德克里夫。最后大家又一起穿过马路到对面的男子酒吧去喝龙舌兰酒。聊天内容包括伯吉斯[27]、维达尔、柏林人民剧场、斯坦因、浮士德、席勒、太阳神巴尔，还提到了多丽丝·戴。

12月4日

颁奖典礼还是老样子，十分冗长。这类活动去得越多，越觉得可笑。获奖者可能不这么觉得，有获奖的激励，他们一般都会欣然参加。

---

* 莱斯利·夏普（Lesley Sharp，1960— ），英国演员。

但是对于其他人，想想也知道。人们一定想过推辞不去，但禁不住活动上的种种诱惑，还是来了——不外乎美食、美酒、性。

凌晨4点，又是一群人聚在弗洛里安餐厅，有安东尼奥尼、维姆·文德斯、路易·马勒、阿曼、[沃尔克·]施隆多夫、弗雷斯等等。奥托·山德尔*是我新交的朋友。

12月6日

6点45分，我和妈妈、帕特还有迈克尔一起打车去爱德华王子剧院看《为你疯狂》。生日聚会的剧情很狗血，但配乐很有创意，一点儿也不落俗，颇有些中式风味。

12月9日

谁能把今天发生的事写成剧本？

11点半，格雷厄姆·伍德应《泰晤士报》之邀来帮我拍照——成片的效果怎么样，我心里也没底。有时候，拍照的过程让人很放心，有时候就说不准了。

鲁比来了，心情不太好。我只好一直找话说，让她把火都发出来。

艾玛·汤普森打电话，问我能不能参加一个慈善演出，罗伯特·琳赛生病去不了了，威尔士亲王也会出席。那好吧。

8点，系着领带来到圣詹姆斯宫。在出租车上排练，其实就是顺了一遍词。神气十足地完成了任务。我觉得威尔士亲王人不错。在一连串的通报之后，我才被人领进去觐见亲王殿下。真是讨厌。

和艾玛来到萨沃伊酒店的烧烤餐厅吃饭，放松享受。她说了好多次“去他的”。我笑个不停。

12月11日

1点半，[鲁比的女儿]玛德琳的生日派对。小家伙们都坐在地毯上。

* 奥托·山德尔（Otto Sander，1941—2013），德国演员。

一个不注意，就被人一把抢走了头上的纸帽子。孩子们争着抢着要吹蜡烛。大人们围着一张特别矮的餐桌站了一圈，看着孩子们欢度他们人生中的第一个派对，想起了自己小时候。孩子们有多少眼泪和脾气，就有多少欢笑。

12月13日

如今，法西斯都跑到俄罗斯去了。

世界正在发生大事——我却在陪鲁比为圣诞节购物——她忙得很，打着电话，还要在V&A博物馆看展览；挑耳环，拿起来又放下；给约翰·辛普森买了一个诺弟玩偶，担心别人向她收服务费；开车的时候，还要顺便看看橱窗；吃饭的时候，也要东张西望。同时，我们也聊到了这个令人沮丧的世界。

下午——写圣诞贺卡——写了差不多150张卡片，却没有时间认真地写点什么，怪事。

12月17日

早上8点，白金汉宫特快专递。好吧，可为什么是一大早？（威尔士亲王向您致谢。）

12月25日

圣诞节的上午一直是我最喜欢的时光。心中宁静，咖啡，橙汁，礼物，空荡安静的街道。

12点左右，妈妈、迈克尔、希拉、约翰、莎拉和艾米都到了。*他们来之前，烤火鸡时已经出了岔子，温度忽高忽低，本应该5小时烤好的火鸡，3个半小时就熟了。接着土豆又不对了，蔬菜也悬。

不论如何，最后所有的菜都上了桌，完全忘记给火鸡里塞馅料，大家

* 迈克尔是艾伦·里克曼的弟弟。希拉和约翰是他们的姐姐和姐夫。莎拉是艾伦哥哥戴维的长女。艾米是希拉和约翰的女儿。

都说难吃。接下来又开始担心礼物。给大家挑的礼物合适吗？他们会喜欢吗？答案是肯定的。大家都很喜欢。

全家人一起玩猜词游戏，吵吵闹闹玩累后，都安安静静地看起《墨康和阿歪双簧秀》。

12月27日

中央空调彻底完蛋了。翻黄页，打电话，找人来修。

12月30日

只睡了3个小时，无精打采地打车到了盖特威克机场。工作人员无比热情地为我飞往安提瓜的航班升了舱，那个时候我就该意识到会为此付出代价。

写下这些的时候，我正坐在安提瓜机场的一家餐厅里。我们的航班超额预售了，买票的是一群来自西印度群岛的退休老人，他们坚决不下飞机。所以不论我们这些联程旅客如何抗议——“我决不接受这个情况！”“不，我今晚可不想在安提瓜机场过夜！”——飞机还是载着我们的行李飞走了。最后，我们只好在7点转飞圣基茨，然后再匆匆忙忙地爬进一辆六座车，10分钟后终于辗转来到尼维斯岛。在酒店*的泳池边用了晚餐。到处都是美国游客。

在飞机上看了《火线狙击》，剧情简直是在照搬《虎胆龙威》。正反派通着电话，从摩天大楼跌下，诸如此类。

12月31日

探索尼维斯岛。开车环岛。下午在躺椅上消磨时间。看剧本，打盹儿，喝可乐。7点半在大堂喝香槟。这一年就要结束了，感觉就像是夹在两片面包中的三明治馅儿。

---

* 指尼斯比特海滩俱乐部。

注释

1 克里斯托弗·汉普顿（Christopher Hampton，1946— ），英国编剧、导演。其编剧作品《危险关系》获1989年第61届奥斯卡最佳改编剧本奖。值得一提的是，《危险关系》剧院版由艾伦·里克曼主演，他饰演瓦尔蒙。1985年至1987年间，该剧在伦敦和纽约连续上演超过500场，是艾伦演艺生涯的辉煌之作之一。然而，1988年该剧被拍成电影时，艾伦却未能出演。

2 贝琳达·朗和休·弗雷泽夫妇是艾伦·里克曼的邻居，莉莉是他们的女儿。

3 伊莲·佩姬（Elaine Paige，1948— ），英国音乐剧表演艺术家，主要作品有《猫》中的《回忆》，《贝隆夫人》中的《阿根廷，别为我哭泣》等。

4 克里斯托弗·汉普顿改编的剧本《秘密间谍与诺斯托罗莫号》包含了两个故事。他执导的电影《秘密间谍》于1996年上映，这里提到的《诺斯托罗莫》拍摄计划最后被放弃。

5 安德鲁·劳埃德–韦伯（Andrew Lloyd-Webber，1948— ），英国音乐剧作曲家，伦敦最大的剧院的经营者之一。改编创作了《猫》《歌剧魅影》《日落大道》等著名音乐剧。

6 特雷弗·纳恩（Trevor Nunn，1940— ），皇家国家剧院、皇家莎士比亚剧团的艺术总监，执导音乐剧《猫》(1981)。

7 艾伦是工党的支持者，妻子瑞玛曾担任工党议员。

8 一种对爱尔兰人的蔑称。

9 玛丽·伊丽莎白·马斯特兰托尼奥（Mary Elizabeth Mastrantonio，1958— ），电影《侠盗王子罗宾汉》女主演，与帕特是夫妻，他们在20世纪90年代初曾是艾伦的邻居。

10 艾伦·里克曼的哥哥。

11 弗兰克·卡普拉（Frank Capra，1897—1991），著名导演。

12 琳赛·邓肯（Lindsay Duncan，1950— ），英国演员。她启发莎曼·麦克唐纳德编写了戏剧《冬天的访客》(*The Winter Guest*)，之后艾伦作为导演将其搬上电影银幕。

13《周六夜生活》(*A Slice of Saturday Night*)，希瑟兄弟制作的音乐剧，讲述了1964年前后，在一家夜店发生的有关少年梦想和爱情的故事。

14 菲欧娜·肖（Fiona Shaw，1958— ），爱尔兰演员，在《哈利·波特》系列电影中饰演佩妮·德思礼。

15 凯瑟琳·贝利（Catherine Bailey，1980— ），英国演员，艾伦在RADA的学生。两人于2013年共同拍摄了一部短片《尘》。

16《男女百怪图》(*Lock Up Your Daughters*)，英国喜剧电影，讲述了18世纪的伦敦，三名浪荡水手寻找女朋友的故事。这部电影实际于1969年上映。

17 斯蒂夫·莱奇（Steve Reich，1936— ），美国当代作曲家，极简主义音乐代表人物之一。曾进行过很多电子音乐方面的实验，有些作品概念十分新颖。他的音乐还受到非洲、亚洲音乐的影响。

18《卡琳顿》(*Carrington*)，由克里斯托弗·汉普顿执导，艾玛·汤普森、乔纳森·普雷西、史蒂芬·威丁顿等主演的爱情片。

19 诺丁山狂欢节（Notting Hill Carnival），始于1964年，每年8月底举行，以加勒比地区文化为特点，一直是欧洲最大规模的街头狂欢巡游之一。

20 安妮·莱博维茨（Annie Leibovitz，1949— ），美国摄影师，曾为约翰·列侬等名人拍摄肖像，为苏珊·桑塔格的《疾病的隐喻》拍摄封面。

21《幻影英雄》（*Last Action Hero*），1993年上映，由施瓦辛格主演。在电影中，施瓦辛格扮演的杰克总是世界的救世主，每当他的老对头班尼迪出来作恶时，杰克总是能及时赶到，将班尼迪打得落花流水。

22 本期《晚间秀》特别节目于1994年10月3日在BBC二台播出。凯瑟琳·贝利是本期节目的制作人。

23 斯诺登勋爵（Lord Snowdon，1930—2017），英国摄影师和电影制片人，玛格丽特公主的前夫。

24 天后指数（diva quotient），代指薪酬行情。

25 好莱坞星球餐厅（Planet Hollywood），由施瓦辛格、史泰龙、布鲁斯·威利斯等巨星合资开设，这里指的应为其伦敦店。

26 蒂莫西·斯波（Timothy Spall，1957— ），英国演员，在《哈利·波特》系列电影中饰演小矮星彼得。

27 安东尼·伯吉斯（Anthony Burgess，1917—1993），电影《发条橙》原著小说作者。

1994

— 加勒比海
— 《疯狂游戏》
— 洛杉矶地震
— 金球奖
— 蜷川幸雄
— 安东尼 · 谢尔
— 哈罗德 · 因诺森特的追悼会
— 洛杉矶
— 都柏林
— 《新爱情乐园》
— RADA
— 埃迪 · 伊扎德
— 迈克尔 · 尼曼
— 纳尔逊 · 曼德拉
— 约翰 · 史密斯
— 巴黎
— 《冬天的访客》
— 温布尔登
— 巴黎
— 贝蒂娜 · 乔尼克
— 托斯卡纳
— 《疯狂游戏》在蒙特利尔
— 都柏林
— 维也纳
— 丹尼斯 · 波特的追悼会
— 爱丁堡和格拉斯哥

1月1日

加勒比海，尼维斯岛。

狂风大作的元旦。海滩上的风越来越大，我们决定出发去找点吃的。整个查尔斯顿的店面都关着、锁着，闲置很久了。去马场的路上，我们捎了一对搭顺风车的人，他们只想蹭车，对我们毫无兴趣。马场有一个摇摇晃晃的老式大看台，烤鸡用的烧烤桶看上去也有些年头了。有个广播员说："我希望今天是一场公平、精彩的比赛。"一位13岁的安提瓜驯马师赢了第二场赛马。瑞玛本想押注一匹叫琳达的马。她改了主意，琳达却赢了。出租车司机希拉里请我们喝了两杯啤酒。有个男人见我实在是不会倒车出库，帮了我一把。回到酒店，喝了点咖啡，吃了点蛋糕。和酒店管家帕特森聊天，他很机智，跟我们讲了好多餐厅和酒店的八卦。晚饭是在克劳斯西印度餐厅吃的……和酒吧的长笛/萨克斯乐手相谈甚欢。他演奏了一些美妙的爵士乐，有人找他点了首《我的路》（'My Way'）。

1月2日

传真机发来《纽约时报》，我做完了上面招牌的填字游戏，现在是时候继续在岛上探索了……海湾人酒吧手绘的招牌边上，就是一家四季酒店。真是噩梦，美国人每吞并一种文化，就要将当地改建成配有脚踏船、酒吧、烧烤餐厅和欢乐时光的高尔夫球场。在阿什比堡咖啡店喝咖啡——就好像站在一片湿地当中——这倒是个很人文的体验。欣赏日落、朗姆酒、棕榈树、树叶和帆船的剪影，还有桃粉色的天空。这样的景色永远不会让人失望。在烧烤吧吃了龙虾和牛排。和一对来自罗得西亚[1]的母女聊了会儿天。瑞玛原本还在猜，这段旅行会不会还出现那种左派说教人士，结果晚餐时我们又碰上了这对"法西斯"。这个女人说她喜欢瑞玛的声音。她自己是德国人，却说她知道有些英国人崇拜隆美尔。她一边抱怨今天雨下个不停，一边又挤眉弄眼地暗示她"今天非常快活"。男人则是一副猥琐又造作的样子，一听到"社会主义"这个词，他就会说："抱歉，我没听清你说了什么——呵呵！"

1月3日

一天都在纠结，是要在酒店里好好享受，还是出门去探索原汁原味的海岛风情。我宁愿这里只有希尔维亚时装店和穆里尔精品店，也不愿意每走一段，就看见一家四季酒店和贝纳通男装店。

1月4日

一天下来，不是追着太阳跑，就是在躲雨。车钥匙不起作用，点不了火，我们困在了一条泥路上。多亏了阿什比堡咖啡店的人，他教我们要“稍微摇一下把手”。

亚历山大·汉密尔顿博物馆。我学到了一些关于水土流失和植树造林的知识，对汉密尔顿倒是没了解多少。

快1点，水边的乌内罗餐厅。帕特森说过，这里的服务特别慢。其实挺快的，就是女服务员必须得先把嘴里的冰块吐掉，才能帮我们点单。

今晚，树蛙出奇地安静，它们知道点什么？

1月8日

7点15分，蒙彼利埃餐厅——非常棒。要是我有一把手枪能让其他客人都闭嘴，那就完美了……

1月9日

收拾行李。在大堂喝茶。去机场送瑞玛，又磨磨蹭蹭买了点东西，一阵手忙脚乱。最终，瑞玛乘坐加勒比航空离开，她有3个小时在安提瓜机场转机。在泳池边吃了烧烤，独自吃饭的体验很奇特，以后这种体验还是少点为好。和一些优秀的工作人员告别，他们都非常好，不卑不亢。尼斯比特酒店的浴室虽然不怎么样，服务却值得称赞。

1月10日

独自在一张超大号床上醒来的自由和空虚。

吃早餐，一个人玩填字游戏。感觉不错。结账。一个哲学的瞬间，眼前浮现起人生的种种——怎会到了这样一个时刻，到了花这份钱的这种程度？（来度假。）

在海里游泳，在海边散步。又回到机场……看到一个戴天蓝色鸭舌帽的男人，帽子下面的假发令人难以置信。还有一群性感的荷兰人，个个皮肤晒得黝黑。时间来不及了，脸上故作镇定，脚下步子飞快……终于赶上了去迈阿密的飞机，行李没忘记托运吧？登机前，先是碰见了伦纳德·尼莫伊[2]和夫人，又看到玛西亚·费雷斯滕*从接驳车上下来。真是个难忘的时刻，下了飞机，在日落侯爵酒店落脚。

1月11日

洛杉矶。一上午手里都握着电视遥控器，博比特案**的审判实在叫人看得欲罢不能。不论是案件本身还是媒体的关注度，都令人咂舌——世界上有那么多事情发生，这个案件却牢牢占据着屏幕。最后，玛西亚开了一辆车来接我一起吃中饭，这辆车的一切都是自动的，从门锁到车窗，再到开关。而且它太大了。车开人，说的就是这种车。

在服装店和鞋店逛逛。在尼维斯待了十天之后，对一切都感到陌生：马路、灯光、喧闹声以及各种服饰。

1月12日

下午1点，表弟伊恩来接我，带我看了看他在洛杉矶的生活。我们参观了他在山谷的咖啡店，他的家，还有他在贝弗利山庄新开的室内设计公司。伊恩和威尔玛是很棒的一对儿，他们值得拥有最好的生活。他们有种勇敢、清澈的品质，今天让我感到精神一振。

晚上8点，烧烤餐厅，和朱迪［·霍夫兰德，艾伦的经纪人］还有罗杰一起吃晚饭。罗杰明天要给大家看片子，很显然他担心我会到处挑毛病，一直笑得很拘谨，朱迪的态度倒是很积极。他的防备心这么强，也不好和

* 玛西亚·费雷斯滕（Marcia Firesten，1955— ），美国演员。

** 美国女子洛伦娜·博比特趁丈夫睡着时剪断了他的阴茎。

他多说什么。

1月13日

玛西亚带来一本《你好》杂志，这期的封面是鲁比——她总算把这活儿混过去了。*

在放映室看《疯狂游戏》的粗剪。太难看了。其他人似乎都觉得挺好——但我觉得还有很多地方需要改进，才能找到故事的节奏，才能充分体现剧情的巧妙与荒诞，故事也才会更加清晰。我发现的问题和提出的建议，现在已经来不及再改。我真的感到非常震惊。

1月14日

睡不着，还在想电影的事儿。我需要花点时间和罗杰一起盯剪辑。我需要和他商量着来，至少这也是个办法。

11点半，去联合经纪公司找朱迪谈了谈。我有种无力感，但这么想也没用，我们还是得想办法挽救，得将片子拉回我们真正想要实现的方向，其他项目也一样。现阶段他们想让我待在洛杉矶。可我只想一路跑到公交车站逃走。他们总说"演艺工作会让人变傻"。

和安东尼·明格拉[3]在酒店约了喝茶，我们俩同病相怜。他和我一样，最近正在理清思路。

1月16日

6点，去弗朗辛**家看ACE颁奖礼——就看见舞台上人们穿着黑色的礼服，系着该死的红丝带，上来又下去，上来又下去，提名候选人，揭晓得主，颁奖，获奖人致谢。和其他典礼没什么两样。

快9点。多数人又继续穿着黑色的礼服去参加HBO举办的派对。迈克

* 鲁比·瓦克斯携女登上1994年1月8日出版的《你好》杂志的封面，封面配文：怪咖喜剧人喜得千金，家中照片出炉。

** 弗朗辛·莱弗拉克（Francine LeFrak，1948—　），美国戏剧制片人和慈善家。

尔·福克斯*，粗鲁至极，令人印象深刻。基弗·萨瑟兰和布莱恩·丹内利都来和我打招呼，基弗看上去脾气很好。

1月17日

时间应该是快到9点——尽管从凌晨4点半开始，时间就已经丧失了意义，整个世界像是要散架了。床、四面墙、整个酒店、整条街不知道震了多久。[4]我又害怕又淡定——（傻乎乎地）扒着床，就像在暴风雨中抱紧了一棵树。当一切终于安静下来，人终于恢复了理智，才发现周围一片漆黑。我想走到楼道里，又想找我的鞋，穿上鞋后我忽然想到，如果我光着身子只穿运动鞋，看上去会非常奇怪，于是我（一阵乱摸）找出了几条内裤。都这个时候了，我的关注点居然是有没有把内裤前后穿反。（就好像谁会在乎一样！）接着，我又摸到了牛仔裤和衬衫。这下我的脑子彻底清醒了，得赶快先从房间出去，于是在黑暗中又是一通摸索，到处找钥匙、钱和呼机。客房外面，人们聚集在酒店大堂里，穿着睡衣，裹着毯子，什么样的都有。后来，我终于在漆黑的地下室找到了我的车，开车到漆黑的街道上，去确认弗朗辛是否安全。从山上下来，找到了一家正在提供咖啡的酒店。这一天接下来发生的事仿佛不是真的。酒店的工作人员又恢复了工作，服务，整理，吸尘，一切照旧。午餐时间，我在阳光下喝着卡布奇诺，不知道接下来会发生什么。一整天下来直到傍晚，人们都带着一种平静的紧张感继续着生活。

1月18日

夜里又因为余震醒来了三四次。真是讽刺，电视上无家可归的大部分都是西班牙裔美国人和工人阶层，而在酒店里客房服务还在继续……

---

* 迈克尔·福克斯（Michael Fuchs，1946—　），时任HBO主席，据《洛杉矶时报》报道，他的管理风格堪比“海军陆战队”。他在1995年遭到解聘。

1月19日

在洛杉矶奇怪的一天。我感到一阵疲惫袭来，可能是因为我和这座城市的其他人一样，像是被困在了一部动画片当中，画面被按了暂停键。几乎一整天都在关注有关地震的报道，最后终于将注意力拉回到剧本。在这期间，还发生了几次5级的余震，但只占用了我半秒的注意力。

9点15分，穹顶餐厅——咖啡、红酒，和史密斯夫妇小聚。

洛杉矶太让人压抑了。

1月21日

9点半，和罗杰讨论片子的事情。我还是很担心他会草草了事……

下午1点，去贝尔艾尔酒店（是不是太隆重了？）和克里斯托弗·汉普顿一起吃午饭。丹尼尔·戴·刘易斯刚好跑步经过，跑得浑身是汗。我和他聊了聊帕特·奥康纳夫妇的情况。给艾玛·汤普森发了一条很无礼的信息。去克里斯托弗的房间参观，还留下来吃了午餐。我跟这座城市的关系在持续发生变化。

1月22日

在泳池边和乔·阿米奇打乒乓球（他一阵抽拉交替，让我招架不住），又扎进水里游了泳。

去服装店（不知为何店里生意萧条）买今晚要穿的礼服。以备不时之需，又多买了几件。

接着出发去金球奖。又一个颁奖典礼，跟着一系列配套活动。《宋飞正传》剧组的获奖感言真诚又风趣。

1月23日

到处都在传，后面还有地震，每天晚上我都得一个人担惊受怕。终于，我下定决心要坐飞机回伦敦。艾玛和我乘同一班飞机，她帮我升了舱。这下，我就可以跟她多谈谈心（“谈心”这个词很贴切，因为艾玛很好相处，很温暖，也愿意和我说话），断断续续地睡了一会儿。

1月24日

再小的颠簸和声音也能把我吓一跳，比如飞机降下滑轮的声音，调直座椅靠背的动静——要知道，之前坐飞机时我根本都察觉不到这些。艾玛和我商量着下一次的合作。一定要是合适的时机、合适的剧本，说不定由我们自己来制片。这话好像是《窗帘嗖嗖声》*里的一句台词，毕竟我还没有倒过来时差。

回电话，整理行李。回到伦敦，我整个人无精打采的——还在倒时差。（但是楼上哪怕稍微挪一下椅子，我都要赶紧找个能扶的地方。这种地震后遗症还要持续多久？）

1月26日

刚和［罗曼·］波兰斯基通完电话，这通电话恰恰证明了他的魅力与智慧——光听声音人就这么有魅力！我不知道……

我讨厌我的事业心填满了我的整个脑袋，占据了我的心，用尽了我所有的热情。余下的就像随手挂在门背后把手上的一件夹克。

1月27日

这周装修工人来了，又是刷墙，又是填缝，到处都是灰尘。

日子过得很散漫，也没法儿思考。很奇怪，也懒得打电话。和朋友聊天像是在执行任务。

究其原因，还是因为很多事悬而未决。

推掉了比·霍姆的电影《新爱情乐园》和兰金的《杰克与莎拉》；导演《小锡兵》**和运营诺丁汉剧院的活儿也都没接。四处奔忙，但毫无头绪。

1月28日

晚上8点，去汉普斯特德看了《死亡玩笑》。

---

* 《窗帘嗖嗖声》（*Swish of the Curtain*，1941），帕梅拉·布朗（Pamela Brown）所著的童书。

** 根据安徒生童话《坚定的锡兵》改编的戏剧。

越来越多的演员在寻找真正的导演。戏剧作者就不该在戏院执导自己的作品，这种情况越快改变越好。从剧院出来，和比蒂还有佐伊［·沃纳梅克］吃了饭。小心探索是没有问题的，但因为看到了更大的进步空间，所以我向他们提出了一些更大胆的建议。

1月29日

下午去哈维·尼克斯商店给瑞玛买生日礼物，去得太晚又太匆忙，人特别饿。

6点左右，去看望妈妈，她的眼睛在一天天好转。然后回家陪瑞玛一起看她最爱的《急诊室》。

接下来看了《告别有情天》——影片非常精彩，［安东尼·］霍普金斯演技精湛，令我受益匪浅。艾玛需要的是能够让她深挖角色，而非蜻蜓点水的导演。

1月30日

上午9点，油漆工在楼上动静很大。我知道他们想早点完工，但是……

1月31日

很奇怪，压力一来，我既能全情投入完成工作，也能破罐子破摔，上午睡觉下午逛街。今天选了第二种，一堆剧本还没有读。

2月1日

装修工人、灰尘、洗碗机——维修、贴瓷砖、刷第二遍墙。尘土飞扬，客人来访。

2月2日

继续倒时差——头脑和身体分了家，忽然袭来的睡意，清晨5点的醒来，都让我意识到要倒好时差还需要几周时间。身体受不了折腾，终于奋起反击。

保拉·戴安尼索提*来电。和朋友真诚地聊聊天，而不是机械地对着电话说些毫无意义的话。

2月3日

10点半，保拉来接我，我们一起走路去克拉伯姆参加《培尔·金特》的彩排。很高兴能看见笑眯眯的蜷川幸雄**以及特尔玛一行人。排练的时候，有好几次我都在想，要是……结束时，我和蜷川异口同声说“下次见”。

下午4点，斯蒂芬·波利亚科夫带着他正在筹拍的新剧本来找我——他走来走去，不停地把橙子抛向空中，自己却浑然不知。

8点左右，路易斯、鲁比、埃德、斯蒂芬来找我和瑞玛，我们学着《快餐美食》***上的食谱自己做饭。快餐很美味，因此时间也过得飞快。鲁比今晚状态极佳——让人笑得肚子疼。

2月5日

下午5点，和阿兰［·柯德勒］还有朱迪·帕里什一起去牛津看罗温·乔夫的新戏。我们开玩笑地说，趁现在还有机会，可得搭上他的这班顺风车——这还真不是说笑。比起戏剧，整场戏看下来更像是一部电影（莫非这就是罗温未来的方向？），但剧本很扎实，故事大胆，有创意，罗温的个人风格非常鲜明。

2月6日

粉刷不停，灰尘不断。给工人们泡了茶。

瑞玛打电话说遇到了车祸。我的心立刻悬了起来，幸好她平安无事。

* 保拉·戴安尼索提（Paola Dionisotti，1946—　），意大利裔英国演员。

** 蜷川幸雄（1935—2016），日本舞台剧导演，曾与艾伦合作过《冬末探戈》。

***《快餐美食》（*Quick Cuisines*，1991），路易丝·埃森（Lewis Esson）、亨丽埃塔·格林（Henrietta Green）和玛丽-皮埃尔·莫安（Marie-Pierre Moine）所著。

2月7日

瑞玛一瘸一拐地来了，人没事就好！除了“谢天谢地”，我什么话都说不出。

快6点，去海滩毛毯巴比伦餐厅，和迈克·内威尔讨论《新爱情乐园》[5]——选角还算差强人意，能给投资人交差就行。我不确定……

在灰尘和一堆没有规整好的家具中间，凑合吃了一顿晚饭。心神不宁。

2月9日

11点半，克里斯汀·米尔沃德来看我，家里尘土飞扬，又是电钻声，又冒火星子，我们去“樱桃”[附近的咖啡厅]躲清静。她带了些糕点，不知道是不是德式圣诞蛋糕，特别好吃。她还在计划着去波斯尼亚旅行，我们顺着话头聊到了做人就得有特立独行的精气神。

同斯蒂芬·波利亚科夫聊天，告诉他我不想演他的新电影。这话我已经说厌了，可他死活不肯接受。

2月12日

今日家中实况——拖把、水桶、清洁剂、抹布、吸尘器随手放着，一屋子汗臭味。

2月13日

8点半，参加里克和芭芭拉·梅奥尔夫妇的乔迁宴。他们的新家是一栋维多利亚式的大房子，有很多边边角角的设计。屋里挂满了红丝带和红心——有那么一刻，在一个角落，整个电视喜剧界的人都聚齐了：里克、阿德·埃德蒙森、本·埃尔顿、鲁比、珍妮弗·桑德斯（唐和伦尼已经走了）。他们每个人都（至少看上去）聚精会神。

2月14日

下了一层雪，整个英格兰都停摆了。“所有的小路我都走不了。”一个出租车司机在我要上车前警告我。“你把我送到骑士桥就行。”就这一句话，司机就认出了我，他应该有点不好意思——让优雅见鬼去吧。

到了骑士桥，英格兰的罢工还在继续。和塔拉［·雨果］的第二次彩排，场地只好放在披萨餐厅。彩排时没有灯光和音效可以理解，但是连钢琴伴奏都没有？我们练习了一遍无伴奏大合唱（特殊时期，一切从简……）

在哈维·尼克斯百货找了家餐厅吃晚餐（素食食谱，瞧都不瞧一眼）。

傍晚，散散步逛逛街。

晚上8点半，回到披萨餐厅继续彩排，塔拉吃了两片降压药，一整晚都跟不上拍子，但她的声音非常放松。除此之外，彩排非常精彩。回到家，吃了点芝士、酸黄瓜、腌洋葱，还把冰箱里的各种剩菜解决了。

2月16日

装修工人最后一次上门。这是不是意味着总算“尘埃落定”了？

看完安东尼·谢尔的剧本——这个剧本肯定能拍出好电影，只不过，他自己当导演，能找到资金和合适的演员吗？

和茱丽叶特聊天永远是最轻松的事……我们可以从摩洛哥聊到《不道德的审判》，一聊几小时也是常事（当然都是她在讲话）。凌晨2点，往墙上挂画——犹犹豫豫，结果墙上到处都是小洞。

2月17日

和安东尼·谢尔约好，下周找个时间再见一面，所以［我必须］找个时间再看一遍剧本。一想到去年的各种悬而未决的事，我的脑子都要炸了。凡事我只能靠直觉做判断，揣测别人的想法会严重地动摇我，让我分心。

今天下午6点，和斯蒂芬·P.开会讨论他的新电影。尽管我很想做到坦诚直接，但我也不知道都说了些什么。我的脑子像是有个大窟窿。

2月18日

12点半，常春藤餐厅，和艾琳、保罗·里昂-马里斯［艾伦的经纪人］还有马克·西瓦斯［电视制片人］一起吃饭，聊了聊导演和制片的事儿。

伦敦和洛杉矶也一样，来吃饭的都是这个行业里的熟脸。有的时候，真希望专门给这里面的某一桌来一场地震。

2月24日

相信自己的判断。

上午10点，排练的时候我就在不停地看表。11点15分，坐出租车去科文特花园，哈罗德［·因诺森特］的追悼会在圣保罗教堂举行。戴维·G.把活动组织得很好。我和芭芭拉·雷吉–亨特*、诺埃尔·戴维斯**还有德里克·雅各比哆哆嗦嗦地坐在一起，教堂里坐满了人（谢天谢地）。悼念仪式也很完美——悼词诙谐，颂歌悦耳，大家纷纷鼓掌，哈罗德也会高兴的。我朗诵了约翰·多恩和克里斯蒂·布朗的诗歌——哈罗德一定希望我在念多恩的诗时，声音洪亮一些。

2月25日

下午6点，在公园大街47号和西德尼·波拉克见面。他为人真诚、温暖，充满智慧和魅力。我是很愿意跟他合作的。

2月26日

12点半，起飞去洛杉矶。3点半落地，一下飞机就带阿曼达［·奥慕斯］到精品店快速采购一番，她只带了毛衣。当然，她就算是随便套个麻袋在身上都好看。

入住日落侯爵酒店——我现在处于睡不着倒时差的兴奋状态。冲了个澡，喝了杯威士忌酸酒。接着车来接我，去参加晚上8点的放映会。在场的有熟面孔，也有生面孔。经过新的剪辑，《疯狂游戏》现在变成爱情片了，我的表演似乎全程都是一个节奏，一个音调，一个表情。一想到他们在剪辑室里不知道捣鼓了什么，我先是深感不安，接着无比压抑，一直到

---

* 芭芭拉·雷吉–亨特（Barbara Leigh–Hunt，1935—　），英国演员。

** 诺埃尔·戴维斯（Noel Davis，1927—2002），英国演员。

凌晨3点半都睡不着。

2月27日

和阿曼达一起吃早餐——两人都在仔细回想前一晚的放映会。如她所说，就算你可以小声发表一些评论，但说了也是白说。

2月28日

上午10点，和罗杰在鹅卵石小径上，一边散步一边讨论。他还是老样子，听劝，但也固执己见，这都可以理解。他要是能听进去我的建议就好了。

3月1日

11点半，去联合经纪公司的办公室和朱迪·霍夫兰德一起拍宣传片——一共三个镜头，无非是走进门打招呼之类的。不过对着镜头，我向《疯狂游戏》提出了一些可行的建议。

3月2日

和罗杰的电话打了也是白打，他觉得我作为演员就是个疯子。他的坦率和他的固执简直不相上下。

3月4日

上午9点赶去格雷格·戈尔曼［摄影师］的工作室拍照，同场的还有阿曼达、弗兰西斯以及戴安娜和格雷格的工作人员。整个过程非常专业，大家相互配合，拿到想要的画面，结果也令人满意……讽刺的是，今天一整天，一想到我的工作没得到相应的尊重，我的火气就往上冒。再次穿上这身戏服，感觉很奇怪。

回到酒店喝一杯，发生了一些小插曲，有人给酒店打电话找我，却发现我已经退房了，就跑去问朱迪是怎么回事……一辆加长豪车送我到了机场。

晚上9点飞回伦敦。

3月5日

下午4点左右才到家，现在又要出门，出发前急匆匆地把脏衣服扔进洗衣机，又检查了一下邮箱……

乘出租车去巴比肯艺术中心看蜷川幸雄执导的《培尔·金特》。时差还没倒过来，叫我怎么评价这部戏？整体缺少共鸣，但有些片段很美。

3月6日

下午1点，在贝拉维德尔餐厅，我、瑞玛还有鲁比一家（鲁比、埃德和孩子们）小聚。瓦克斯一家齐聚的画面，是任何电影剧本也编不出来的。鲁比坐在最中间开怀大笑——这一幕简直可以给百优解做广告。

跟着鲁比回他们家，喝了茶，帮他们重新布置了家具。

贝琳达打电话约我吃中国菜。太好了。听完她在剧组遭遇的事儿（再加上我这昏昏沉沉的脑子），我彻底哑巴了。幸好瑞玛接过了话题，有理有据地介绍了家庭补贴的种种好处。我就是喜欢她这一点，事情总能因她得到平衡。

3月7日

上午9点，开车去希思罗机场，乘10点50分的航班去都柏林。升舱又浪费了200镑。

3月8日

第一天拍摄《新爱情乐园》[5]。

最先拍的是最难的一场戏。这或许不是件坏事，让人能保持着一种冲劲儿，拖得越久想得越多。艾伦·阿姆斯特朗和丽塔·塔欣厄姆看上去已经进入状态。戏服不太合身，从开拍到结束都紧绷着神经。

3月9日

下午和傍晚我们提前设计了第二天的床戏，还完成了第一场吻戏。乔治娜[*]一如既往地勇敢和专注，以至于我总是忘记她才17岁。拍摄过程中，演员的确需要排除顾虑。难得她这么专业，对我来说是一种奢侈。

回酒店后，哈欠连天地吃完晚饭。太累了，我打电话的时候，肯定都快睡着了。电话打到一半，我才反应过来，我是在和吉莲·巴奇约着周六一起吃午餐。到时候我一定得问问她，我这疯子都和她说了什么。

3月10日

一上午又是托举又是撞击的，筋疲力尽。生活绝对没法儿模仿艺术——谁要是用这种姿势做爱，不出三次，准得折了腰。

3月12日

宿醉。

下午3点，摩托车训练。花了20分钟的时间，握紧把手找感觉，摩托车对我来说像是一匹危险的马。

3月13日

7点40分出发去码头。今天这场戏正需要一个完美的暴风天。但是麻烦就出在替身演员跟我一点儿也不像。我只能自己上场，结果摩托车打滑，膝盖摔肿了。接着，两次面朝下跌入水中，又冷又湿。再加上很多奔跑和高强度的动作戏，结果就是，现在是晚上9点半，我的骨头缝儿都感到疼。

后背也跟着疼，膝盖也疼，还开始打喷嚏……

3月15日

回到码头，今天又出现了新的魔鬼——就是那辆该死的摩托车，它好像长了脑子似的，有自己的主意。它看不惯我越来越自满的样子，自己加大了马力，就像一匹按捺不住跃跃欲试的马。

4点45分飞回伦敦。罗杰送来了《疯狂游戏》的录影带，我快进着看

* 乔治娜·凯茨（Georgina Cates，1975—　），英国演员。

了一个小时，然后和他一起去拉桑托吃晚餐。我都不知道我吃了些什么，满脑子想的都是怎么样表达我的想法。但是我的脑子太混乱了。

3月17日

9点半，金冠［Goldcrest，工作室］。

整部片子的节奏很顺畅，倒是结尾处来了个大转折，就像米尔斯与布恩出版社出版的那些爱情小说一样。

6点45分收工，去河畔工作室看了《露西·卡布罗尔的三生》。

3月18日

上午11点，玛西亚·费尔斯通和阿兰［·柯德勒］的婚礼[6]。

我忍住没笑，主要是因为这场婚礼引发了我的思考，幸好仪式不涉及宗教，否则我会感到非常不适。

婚礼仪式结束后，又去阿兰家喝了香槟——我觉得他要么就是完全相信婚姻这回事儿，要么就只是喜欢盛装打扮。

3月20日

都柏林。

一整天都待在房车里。一整天都只能安慰自己"好吧，拍电影就是这样"。上午10点15分就叫我了，但是没拍成。晚上9点才放我走。也没带什么打发时间的书。尽量控制食量，所有裤子目前都太紧了。从餐车端着一杯黑咖啡回来的路上碰见了艾伦·德夫林*，艾伦·阿姆斯特朗也加入了我们，刚好三个艾伦。德夫林一直在断断续续地戒酒，他犀利又睿智，眼神中流露出脆弱。他说："瞧瞧你们两个！都穿着邋里邋遢的外套，你比他还能强点儿。"

收工后和罗杰一起吃晚餐，气氛轻松又温暖。争论还有什么意义呢？我应该问他把所有剪掉的素材都要过来。

* 艾伦·德夫林（Alan Devlin，1948—2011），爱尔兰演员，他也签约了里克曼的经纪人朱迪·霍夫兰德。

3月22日

一整天都在欢乐剧场的酒吧里，这里就像是在模拟一场圣诞派对——气球、横幅、火鸡大餐，热热闹闹的，大家跳着舞，欣赏一段段影片回放，还演起了哑剧。演员相互熟悉了之后，都亲密热络地聊着天。讽刺的是，在场的人刚好坐满了堂厢的正装观众席。只有在我们这个行业，大家才会毫无保留地将自己置身于公众的显微镜之下。

9点半，观看奥斯卡颁奖礼……整个过程时而滑稽，时而严肃。在我们这个圈子，人最难战胜的就是自己，因为太容易把自己当回事儿，然而整个世界却想将这个过程记录下来，就好像是在看猩猩相互摘虱子。

3月25日

今天拍摄胡克船长的戏份儿。我和迈克·内威尔说，这场戏事关三人——我、胡克船长还有奥哈兰。显然，胡克和奥哈兰都有各自的人物逻辑和表演重点，而另一边的“我”则要作为演员，给戏中的两人牵丝引线，这可容不得半点差错。好在我们都慢慢找到了感觉，还是拍出了不错的效果。内心逐渐积累表演灵感和自信，这种感觉很奇妙。

3月27日

……不论连续工作还是连续候场5个小时，都是个问题。有时候，制片人默不作声，已经不仅仅是没有礼貌的问题，简直就是懦弱的表现。晚上10点才拍完了一场中规中矩的戏，第二天上午7点15分又要点名，这事儿不能就这么算了。一到斯塔巴餐厅，我的气就消了。因为鲍勃·吉尔道夫也在，和他聊天，我的关注点全在他身上，他充满热情，善于表达，富有魅力并且（正当你开始想着你*能*成为……？）被白白浪费了。

3月29日

BBC过来跟拍一天。贝丽尔·班布里奇[7]也来了。镜头拍到我们俩一起打盹儿。竞争俨然抬起了它丑陋的小脑袋。这个角色［胡克船长］让我和大家显得有些疏远，可是天啊，有些年轻演员身子往后一靠，能托住他们的只有野心，他们的野心就像一块有刺的、靠不住的垫子。

下午瑞玛来探班，一颗悬着的心落了下来。太好了，我们还能一起有说有笑的。她专程为帕蒂·洛夫*而来，她扮演的彼得·潘将从高空飞过。这一幕的确不容错过。

3月31日

下午和傍晚都是胡克船长的戏，有点像在戳气球。

9点半，终于收工，在盖特剧院赶上了《海鸥》的后半场——导演水平令人堪忧，甭管是好演员还是伟大的演员，全员游离……我、瑞玛和帕蒂回到酒店，一边喝茶，一边聊起了女主角［乔治娜·凯茨］的情况。

4月1日

中招了，喉咙发痒。

是时候点一个客房服务，穿着浴袍在屋里闲荡了。

或者可以在休息室找一个角落，点一壶茶配鸡肉三明治。

或者看电视、回邮件。

又或者去楼下的餐厅享用晚餐——“特惠礼遇，特许两位客人分享半瓶葡萄酒”——都柏林的美妙周五。

女主角现在是我的师妹了——她也被朱迪“收入麾下”**。

4月6日

闹钟在5点半准时响起，瑞玛要回伦敦。坐立难安了一小时，然后乘出租车前往科克机场，下一站都柏林。在酒店办理入住后，和康纳·麦克德莫特***一起喝咖啡。买了几盘爱尔兰音乐的磁带，还去了奥林匹亚剧场。和普鲁内拉·斯凯尔斯打招呼——作为演员，她细腻复杂，在生活中，她又非常慢热。我就好像在说服一朵花苞，让她盛开得再灿烂些。在这个片

* 帕蒂·洛夫（Patti Love，1947—2023），英国演员。

** 她也签约了艾伦的经纪人朱迪·霍夫兰德。

*** 康纳·麦克德莫特（Conor McDermottroe，1960— ），《新爱情乐园》的联合制片人之一。

场，大家都相当克制，斯凯尔斯女士、迈克·N.、女主角，还有我，都是如此。

4月7日

好吧，今天是奇怪的一天。情绪上来了，将自己逼到了墙角。和普鲁内拉拍了一组反打镜头——我走上去，来一个特写，需要拨弄我那糟糕的自我意识。

4月8日

今日最佳镜头：向前走几步，停下来，转身，注视，远望。最简单的动作，反而做起来像个没上油的机器人。

4月16日

今天又拍了一些骑［摩托］车的镜头。

下午4点半，在谢尔伯恩和卡洛琳·赵*约着喝茶，安东尼·明格拉后来也加入了我们。我们聊了聊《鳄鱼的智慧》和"4W"**，后者在美国大获成功。

后来，我们仨和菲欧娜·肖还有丹尼斯一起去了塞纳河咖啡馆（丹尼斯把这里叫作疯子咖啡馆），过得很愉快。菲欧娜觉得我肯定是疯了，所以才会推掉鲁德金的电影。嗐！回到片场……所有人都在附近的酒吧里喝得醉醺醺的。迪克·波普［摄影师］大发雷霆，他觉得自己怀才不遇，白白浪费大好时光。

4月17日

全天候场，这就意味着客房服务、收拾行李、包装礼品。直到下午5点才回到片场拍小组合照，不怎么有意思。此刻我感到困惑，有很多好的

* 卡洛琳·赵（Carolyn Choa），安东尼·明格拉的妻子。

** 指《四个婚礼和一个葬礼》（*Four Weddings and a Funeral*）。

内容可以呈现，奈何时间有限，很多场景不得已都被删减了。和一些演员道别，这些人能说会道，机智幽默，充满温暖。而另外一些人，则食古不化，将所有美好的品质都冻结在大脑里。

4月18日

一直候场到下午1点。给安东尼·霍普金斯买了几瓶白兰地。注意：我的司机并不是A先生，巴格特街也离我不远，我之前怎么就没想过到处逛逛呢？在片场吃午餐，现场是杀青日的氛围，很安静，大家相互都很关照。我把橡胶泳帽猛地盖在头上，一头扎进了水族馆的池子里。水里冰冷刺骨；蛙人紧握着我的脚踝；我睁开眼睛；额头上满是血；就那么死死瞪着。这样的姿势，保持了好一会儿。

晚上9点，奥利弗奖[8]。一切似乎都那么遥远。结束后去了特罗卡德罗，愚蠢的想法不被容忍。

小女主角和她的小姨在酒店的大堂酒吧里。她很健谈，一双眼睛睁得大大的。

在特罗卡德罗，我和琼·柏金［服装设计师］、菲菲、康纳终于有机会好好聊聊，然而菲菲并不准备接受我的批评——或许她没有错，可是我们当中谁又能那么笃定呢？

4月19日

10点45分，返回伦敦。

浑身酸痛，不是情绪所致，纯粹是因为昨天一头扎进水里，扎猛了。

4月20日

戴安娜寄来了丹尼斯·波特的照片。

我没有直接给他送去，而是请朱迪·戴什［经纪人］代为转交。朱迪说起了波特的近况，他才完成当前的项目，身子很弱。我为与他的友谊而感到骄傲，只希望他的力量能支撑他挨过这段艰难时光。我给他写了一封感谢信，他教会我的远不止“对完美的感知力”。

4月22日

8点，鲁比的生日派对。

她高高兴兴、咋咋呼呼地来了，陪在她身边的是平静的埃德，两人的性格完美互补。孩子们都很活泼——正是因为他们都很有安全感吧？珍妮弗·桑德斯、阿德·埃德蒙森、佐伊·沃纳梅克、乔安娜·拉姆利、苏珊娜·伯蒂什*、提拉、亨利艾塔还有约翰·塞森斯都来了。聚会到了后半夜，又不可避免地吵了起来……

4月24日

12点半，去鲁比家吃贝果和烟熏三文鱼。屋里有一群孩子，要么在地上爬，要么在大人怀里或肩上，又或是在玩任天堂游戏，浑然忘我！

凯里·费舍也在，幽默风趣，妙语连珠。斯蒂夫问珍妮弗是做什么工作的。鲁比不知道今天晚上穿什么去参加BAFTA[9]颁奖典礼。我建议她穿一件扛得住特写镜头的裙子。

4月25日

2点半，毕加索展。

展览令人大开眼界。菲欧娜·肖和我一边看展览一边感叹，我们这种渺小的生活和短暂的热情算什么。毕加索似乎一直保持着创作的激情，源源不断的创新，始终如一的人文关怀，坚定不移的热忱，这些话写在纸上不过是文字，在展厅中却实实在在地体现在作品上。

4月27日

上午7点，在电视上观看南非升起了新的国旗，在漫长的抗争后迎来了新的曙光。

下午1点去RADA当评委。年轻的演员们在一群手拿纸笔的评委面前快速地踱着步子，打钩、打叉、打钩。20年没回这栋楼了，时间怎么过得

---

* 苏珊娜·伯蒂什（Suzanne Bertish，1951— ），英国演员。

那么快？……曾经的范布勒戏院如今已面目全非[10]，或许我这个理事会成员比我自认为的还要保守。

4月28日

之前马梅特邀请我出演他的新戏《密码》，我拒绝了。角色不太适合我，我就向他推荐了埃迪·伊扎德，他也觉得可行。但是需要先说服埃迪接下这个角色——我已经和他谈过了，还约他一起看剧本，他也答应了。我感觉自己像个制片人——感觉不错。

下午4点斯蒂芬·波利亚科夫来找我讨论电影剧本。我安安静静地坐着，就听他讲。他新加了一场戏，想吸引我改变主意。

4月29日

下午4点，彼得·巴恩斯*和黛丽丝·莱伊**来访。周三，彼得的妻子夏洛特去世了。夏洛特生前一直很特别，个性极强，光芒四射，充满保护欲。直到生命的最后一刻，她都在和精神问题作斗争。彼得说，她是被自己给逼死的，很显然，夏洛特的死对他打击巨大。这件事让我意识到，一定要珍惜生命中的友谊。

6点，阿曼达［·奥慕斯］顺路来看格雷格·戈尔曼给我们拍的照片。当然，她在每张照片里都很好看，所以只需要随便看看就行。

4月30日

12点左右→在去阿比路的录音棚听迈克尔·尼曼为《疯狂游戏》创作的配乐。罗杰和维兰德也在，也没人给我引荐一下……不过音乐听上去像是能推动剧情的感觉。

1点半，在琳赛和希尔顿家，和埃迪·伊扎德一起读《密码》的剧本。鲍勃·克劳利［场景设计师］也在。

---

* 彼得·巴恩斯（Peter Barnes，1931—2004），英国编剧。

** 黛丽丝·莱伊（Dilys Laye，1934—2009），英国演员。

10点半，阿比路。和尼曼一起看欧洲歌唱大赛，对比鲜明，非常好看，我上个月就应该押那首爱尔兰歌*赢。

5月1日

打电话给妈妈，和出租车司机来了段费多［滑稽戏］，一通掰扯，她总算来了。一下午，我们都安安静静地待在一起。她看上去精神很好，自娱自乐地玩玩填字游戏，填填报名表，或是看会儿电视。我就沉浸在自己的思绪中。瑞玛油画课下课回来后，我做了晚饭。妈妈念叨着孩子们的事，还翻出了旧照片给我们看。

5月3日

和丽兹通了电话。她在巴黎和詹姆斯·伊沃里还有那位演员［丹尼尔·梅斯吉什］一起看了《疯狂游戏》，那个人在詹姆斯指导的电影**里也要演梅斯梅尔。片子还没上映，这也太没礼貌了，真是令人震惊。

5月4日

琳赛打来电话，说埃迪试戏通过了！我真的觉得很有成就感。现在就祈祷未来几周一切顺利。

5月5日

地方议会选举在圣玛丽学校举行，选民热情高涨。

下午1点，《伦敦标准晚报》以彼得·布鲁克之名在常春藤餐厅设午餐宴会。席上星光熠熠，从左到右坐着的是：我，迈克尔·欧文，费莉西蒂·肯德尔，彼得·乌斯蒂诺夫，新闻编辑［斯图尔特·史蒂文］和夫人，汤姆·斯托帕德，黛博拉·华纳，奥利弗·萨克斯和他的一位病人，瓦妮莎·雷德格雷夫，约翰·吉尔古德爵士，彼得·布鲁克，特雷弗·纳恩，菲

* 指保罗·哈灵顿（Paul Harrington）和查理·麦格蒂根（Charlie McGettigan）的《摇滚小子》（*Rock 'n' Roll Kids*）。

** 指《总统的秘密情人》（*Jefferson in Paris*）。

欧娜·肖。乌斯蒂诺夫的幽默张嘴就来——他能清楚地回忆起观看《今夜我们即兴表演》时的种种细节。

5月6日

今日英国选民集体表达了对保守党的不满，因为选民支持的候选人另有其人。这年头，就算投票投的也都是反对票。现在，政府举步维艰，工党基本上获得了全国大多议会议席。

5月7日

3点半，在皇家宫廷剧院，和瑞玛还有保琳·莫兰*一起看霍华德·巴克的《酒店黄昏》。剧情虽完全令我费解，但绝对不至于无聊，而且还颇具反讽意味。我怎么就看不明白了？是我现在越来越傻了吗？

5月9日

又做了一个生动的春梦。倒没什么奇怪的内容，纯粹的性场面，应该拍成录影带。

晚上9点，看到曼德拉走进了议会！

5月10日

南非选出了第一位黑人总统，现在是一个独立的国家了。就像在看电影一样。

下午6点，和格雷格·莫舍［戏剧导演］还有埃迪·伊扎德约着喝酒。新的挑战让埃迪看上去容光焕发。

5月11日

5点，家中，换衣服准备去参加工党举行的欧洲慈善晚宴。约翰·史密斯、罗宾·库克、托尼·布莱尔纷纷和我打了招呼，在楼梯上还和芭芭

* 保琳·莫兰（Pauline Moran，1947—　），英国演员。

拉·卡斯尔擦身而过。我对她说："要是我中奖了，记得告诉我。"我还真抽中了一个奖，奖品是两本书。今天晚上人很多，和有的人只打了个照面，和有的人聊了几句。整个晚宴氛围不错，但也有点敷衍。戈登·布朗看上去百无聊赖的。约翰·普雷斯科特花了3 500英镑，拍下来几本奥威尔的初版书。不论谁在发言中提到尼尔的名字，台下都是一片掌声。（听闻格莱尼斯的母亲傍晚过世了。）史密斯的演讲，是我听到过的最好的一次。本·埃尔顿机智又幽默。

5月12日

约翰·史密斯去世了。他昨天晚上才和我说过话。有一个国家要领导，他也感到无所适从，但他（和我一样）一看到曼德拉，就觉得自己的困难和不安不过是暂时的。昨晚他的发言非常精彩。我们都知道他肯定能成为一位好的领导人。当我从观众席望向台上，贝克特、普雷斯科特、布朗和布莱尔的发言都是如此繁复，只有他是那样简洁，充满智慧和温情。

5月13日

今天吃早饭的时候，我看了电视上关于约翰·史密斯的报道，还有各种悼念、预测和分析的文章，整体的基调都是"约翰·史密斯到底有何功绩"。我突然意识到，英国媒体就是喜欢否定人。约翰·梅杰把事情办得越糟，媒体的标题就越起劲儿。约翰·史密斯的才华、幽默与安静的力量在他生前并不受媒体欢迎，直到这些品质成为他的墓志铭。

和鲁比一起喝茶。她说："你那些剧本还看不看了？"

5月14日

继续看剧本。都不太行。

打了几通电话。

回邮件。邮箱里都是账单，这年头真叫人不知如何是好。

冒雨送衣服去干洗店。看足总杯决赛。阅读。做晚饭。继续看电视。

罗杰回电话，他已经剪好成片了。他之前不知道片子已经在巴黎放映过的事，因此他也很恼火。片子已经完成了，下一步会怎么样呢？

5月19日

3点半，见了斯蒂芬·波利亚科夫。他一直不肯罢休，让我很难保持客观。

5月20日

在为拍照做准备的同时，在电视上看约翰·史密斯的葬礼转播——生活真是无常，严肃和轻浮的事同时发生。这个想法可能影响了我的情绪，因为那个叫安德烈亚斯·纽鲍尔的摄影师花了好长时间才拍到生动的照片。他的工作也很努力。这个酒店选得很好——橙色的床单、深橘色的墙纸，还有很多阴森诡异的走廊。

两点半，转场去塔桥和码头继续拍摄。掉漆的门、生锈的栏杆——还发现了一只死老鼠。慢慢地，我感到自己的面部肌肉在抽搐，我想在这一天快结束时，他应该拍到了几张满意的照片。

5月21日

11点半，乘飞机去巴黎。一下飞机直奔艾瑞的服装店。瑞玛在店里挑衣服，艾瑞本人也在。他还和往常一样，害羞但迷人。我们买了很多衣服，他给我们打了折。

接着我们在巴黎转了转，逛了几家鞋店，探访几家咖啡馆——每家店的椅子都面朝大街摆着——在这座城市，一个人喝咖啡从来不是件丢人的事儿。

5月22日

早餐从来都是在酒店吃更有意思……看《弗罗斯特脱口秀》，玛格丽特·贝克特[11]的表现令人印象深刻。瑞玛认为她不该屈居副手。

5月23日

下午1点，在法国之家餐厅和泰瑞·汉德斯*一起吃午餐。我以前挺怵他，因为他说我在皇家莎士比亚剧团时期表现不佳，是因为我“缺乏自信，不够愤怒”——从那时起，我们就结下了缘分……我总会想起他以前的作品——他善用华丽的视觉效果，服装大量运用皮料——他懂演员也爱演员。

5月24日

晚上8点，和鲁比、雪儿·海蒂还有柯斯蒂·朗**一起，在尼尔街的餐厅吃晚饭。这家餐厅的领班极其势利，服务员殷勤得过了头。东西很好吃，聊天也很尽兴——我们聊到了欧洲、女权主义，还有如果雪儿开妓院，要取什么名字（我起的是“海蒂公馆”，鲁比起的是“海蒂品箫会所”）。

5月30日

8点和德克斯特***与达莉亚相约吃泰国菜。我一定不能搅和到别人的麻烦当中去，没一点儿好处，只会榨干我的能量。

6月1日

上午11点，德克斯特·F.来收贷款，我们商量好用电汇的方式转账——然而，这里到底是英格兰，办手续时，总免不了要遇到死脑筋的人。

莎曼·麦克唐纳德和罗宾［场景设计师］来访，我们一起去192餐厅[12]讨论《冬天的访客》。这部戏有可能会在格拉斯哥的有轨电车表演中心（Tramway）上演。对待这部戏，我得小心翼翼，不要谈崩了——目前项目刚起步，还在保密阶段。

6月2日

11点左右，鲁比来了。

---

* 泰瑞·汉德斯（Terry Hands，1941—2020），英国戏剧导演。

** 柯斯蒂·朗（Kirsty Lang，1962— ），英国记者。

*** 德克斯特·弗莱彻（Dexter Fletcher，1966— ），英国艺术家、场景设计师。

下午1点，去看牙医。牙齿漂白什么时候变得这么贵了？花钱买罪受。

7点半，法国研究所，［塞缪尔·贝克特的］《美好的日子》。

安吉拉·普利森斯*和彼得·贝利斯主演。安吉拉和导演西蒙娜·本穆萨**的合作不是很顺利，可不论孰是孰非，都不应该出现这种情况——如此有天赋的女演员被导演吓得这样不敢大声说话。演出结束后，我们在SW7区的意大利餐厅吃饭时谈到了这个问题。明天上场，她必须提高音量，否则演给谁看呢？除了声音的问题，演出非常精彩。

6月3日

平常的对话，却饱含诗意——6月6日是诺曼底登陆50周年纪念日，贾斯汀·韦伯在《早间新闻》中采访了两位“二战”老兵。当被问到“战争的记忆是否一直伴随着你们，你们能否将其抛于脑后”，厄内斯特回答说，忘记很难，“尤其当你去墓园，你的兄弟们都躺在那里”。罗恩则说：“我喜欢去墓地。我想去安葬我最好的兄弟的地方看看。他就在我眼前死去。当时他转过头对我说，‘瞧这一天过的！布兰科’。‘嘭’的一声，他就死了，就那么一下子。”

6月6日

8点左右，去鲁比家——我们煮了意大利面。她觉得我爱拖延的毛病已经到了令人发指的程度——话是没错，但不至于那么严重吧，我还没说她排挤弱小呢。我能明白她的意思，但她说得对吗？（要像她说的那样生活吗？）

6月7日

写信给布莱恩·弗里尔——决定不出演他的戏。

下午——在家附近的杂货店买杀黑蝇的喷雾时，从广播上听到丹尼

* 安吉拉·普利森斯（Angela Pleasence，1941— ），英国演员。

** 西蒙娜·本穆萨（Simone Benmussa，1931—2001），阿尔及利亚出生的作家、戏剧导演。

斯·波特去世的消息。我猜他不会反对我以这样的形式得知他的死讯。

6月9日

7点半，看《乡间一月》，海伦·米伦像是迷雾中的灯塔。她是那样无私，身陷流沙之中也丝毫不受影响。

6月12日

天晴，无事。瑞玛在花园里批改卷子，我在家里到处转悠。

终于捡起《劝导》和《疯狂的乔治》的剧本，看完觉得都不行。

看欧洲议会选举的结果，工党正在赢得更多的欧盟席位。看到格莱尼斯挽着尼尔的胳膊赢得一席的画面，可真讽刺。整整15年，保守党都在给公众洗脑，鼓吹自私正义论。现在，人们好不容易开始意识到，自私绝非解决生活之道。与此同时，格莱尼斯和尼尔夫妇又紧随其后赢了选举。工党赢了，我应该高兴才是，可我只感到气愤。

6月14日

罗杰从洛杉矶打来电话。《疯狂游戏》又出幺蛾子了。显然梅菲尔公司的那些投资人都没什么文化——他们竟然觉得路易十六和玛丽皇后的那场戏“令人作呕”。是看不懂爱情故事吗？是没看到剧本上印着丹尼斯·波特的名字吗？

6月15日

在192餐厅吃完午餐后，带着鲜花去看望喜得千金的茱丽叶特，她进产房后生了好几天才成功分娩——孩子足足9磅重，当妈的真是历经磨难。

6月20日

自由散漫的一天。

打电话安排了接下来要忙的事。

听答录机里的几条留言，不接电话。

温网锦标赛第一天。

最后还是没去成红堡（印度餐馆）。总感觉以前在哪儿吃过。

要是天天这般过日子，准得废掉。但确实需要一些喘息的空间来恢复精力。

6月25日

裁缝铺里那个讨厌的小个子男人对我说——“这种衣服很难改。都没法儿改，您为什么要买这种夹克？您能站到那边去吗？——不，不是那边，那边挡住我的光了。——您确定要这么改吗？”我的回答——不改了，（收拾好我的东西）我找别人改去。谢谢。

6月29日

精神分裂的一天。玛格丽特*打来电话，说妈妈被送去医院了。听到这个消息，我整个人立刻僵住，接着快速回到现实，打了几通电话，打车先回家，再去哈默史密斯医院。迈克尔已经在急诊室候诊大厅等着我了。妈妈躺在一个小隔间里，脸上戴着氧气罩。她除了呼吸困难，其他体征一切正常。我们回答完医生的问题，只能等着。妈妈对面的隔间里有个女患者，她的女儿问：“妈妈，你需要点什么吗？”她却说“来副毒药吧”。走到哪儿，都有情感绑架儿女的父母。终于，妈妈被推进了病房。护士都十分细致体贴，还和我们详细了解了妈妈的情况——没错，她一个人住，自己准备三餐。早餐吃了片吐司，中午吃了火腿三明治，晚餐煮了热食，可能是鸡和薯条。一切并无大碍，因此我从医院出来后，还去看了场《密码》的首演。……演出结束，我们避开拥挤的人群，去了奥索餐厅。

7月1日

下午1点，在奥索和特尔玛（CBE[13]）共进午餐。特尔玛的日记读起来

---

* 艾伦母亲的邻居。

很有意思。里面有这么一段记录："和戈尔·维达尔同去戏院看戏，没出10分钟，他就想起身走人。我说，'不能走，你可是名人，你离开会有人发现的'。'哦。'他说道。中场休息时，我又说，'瞧，大家都盯着你看呢'。当然，并没有人看他，可维达尔却站在那里，又是微笑，又是点头……"

一到医院，就听见病房里都是妈妈讲故事的声音……

7月2日

下午1点有《千禧年降临》*的午间场，还有玛蒂娜·纳芙拉蒂洛娃的网球比赛。我就知道我会选后者。这场玛蒂娜虽然输了，但我还是很想认识她——在赛后采访中，她谈到想多尝试，做一个"高产的人"。她可不是只会发球上网这一件事。

7月3日

昨天脑子一热，今天立刻行动。上午7点马西·卡韩［剧作家］来与我会合，7点15分我们就坐上车去赶8点半飞巴黎的航班了。

在丁香园咖啡馆和苏珊娜·S.、伊莎贝尔·杜巴勒还有劳伦特共进午餐。食物非常美味，不枉特意飞来这一趟。我点了酸橙和无花果佐鸭肉，还尝了几口瑞玛的羊羔肉。

下午3点，去奥德翁剧院看《奥兰多》，伊莎贝尔·于佩尔主演，罗伯特·威尔森**执导。这真的是我所看到过最精彩的演出之一了——精神的自由和精湛的技巧完美融合。

后来，在化妆间见到伊莎贝尔，她还是那么开朗迷人，富有远见，干脆利落。

走出戏园，我们在卢森堡花园转了转，品尝咖啡、柠檬水和冰淇淋。然后去机场回家。

---

* 《天使在美国：千禧年降临》（*Angels in America: Millennium Approaches*），导演为托尼·库什纳。

** 罗伯特·威尔森（Robert Wilson，1941—　），美国导演。

7月4日

1点半，有车来接我去比肯斯菲尔德。在国家电影学院看了《影子大亨》。科恩兄弟本意是向《生活多美好》《女友礼拜五》等片致敬，可最终却交出了一部东拼西凑的作品，剧情拖沓，主旨不清——蒂姆·罗宾斯的角色温暖友善，负责内场，詹妮弗·杰森·李则聪明冷酷站在边上。看完电影，就这部影片和一群申请剧本创作课程的学生展开讨论。我尽量紧扣主题，不让讨论沦为闲谈，比如“你吃了什么早饭”。基本上还是做到了。要离开时，有个学生问我，怎么才能把剧本送到布鲁斯·威利斯手里。

7月6日

下午3点，RADA——30多位学生即将“破茧而出”，他们还来不及多想，就要面对与学校完全不同的世界。他们脸上的表情很丰富，有人期待和陶醉，也有人不情愿和怀疑。还是老样子，话题不知不觉就转到了政治、好莱坞，还有戏剧界。总体来说，我喜欢这一批学生，之前我对他们的态度比较模糊，今天有了新的认识。

7月7日

9点半，去诺森伯兰郡找贝琳达和休，参加他们的街头派对。最别扭的就是英格兰人，都已经把自家的餐桌搬到室外要和陌生人一起吃饭了，却连个自我介绍也不做。

7月9日

在水石书店买好礼物，晚上8点，参加格莱尼斯·金诺克在印度总督府举办的生日派对。太棒了，我快饿死了。派对上有印度女孩跳舞助兴。我环顾周围，看到伊恩·麦克莱恩、迈克尔·富特、芭芭拉和肯·福莱特*夫妇、哈莉特·哈曼、戈登·布朗等人。有那么一瞬间，我看到迈克尔·富特

* 英国小说家肯·福莱特（Ken Follett，1949— ）和妻子芭芭拉·福莱特（Barbara Follett，1942— ），她是工党政治家。

拄着拐杖，从身穿米色西装、神色紧张的托尼·布莱尔身边经过。两任工党党魁就这么擦身而过。

7月14日

打车去RADA。今天的第一场会议是2点半的理事会会议——A爵士*是主席，我坐在安东尼·H.爵士和西尔维娅·西姆斯的中间。

接着，下午4点半，年度股东大会——会上有个噩梦般的美国巫婆——这人到底是谁？——这是她第一次参会，她却如此颐指气使、指手画脚、滔滔不绝。人们都纷纷离席，最后我和保罗也退出来，去道具室瞧瞧。他人很好，把这里管理得也好。离开的时候，我碰上了一号娇妻式的人物，在路边和她吵了一架。她说话的架势活像撒切尔、里根还有丘吉尔。既然如此，我何必在乎她？何必和她置气？当她说“学生应该为自己的人生买单”云云，我还能怎么接？最后，她冲我喊“长大吧”，我在她没赶上出租车时说“醒醒吧”。哈哈哈。

7月15日

7点—7点半。在BBC的接待室候场，参加鲁比深夜谈话节目的录制。

录制中，她和托尼·斯莱特里来了灵感，你一句我一句地说些疯话，还有他们的惯常操作，拿嘉宾开涮。

去小院餐厅吃晚饭，我本来就累，今天的葡萄酒质量又差，多喝了几杯，我就开始对着彼得·理查德森**胡言乱语，他倒是一如既往地好脾气。

7月16日

←宿醉醒来——现在还头晕目眩，尽量把头抬起来朝前看……

* 理查德·阿滕伯勒（Richard Attenborough，1923—2014），英国演员、导演、编剧、制片人。
** 彼得·理查德森（Peter Richardson，1951—　），英国导演。

7月17日

世界杯决赛从一开场就不对劲——帕萨迪纳玫瑰碗体育场的看台恐怕不够高，难为了这一出闹剧，这场比赛全程就像是公园里的游戏。直到最后的点球大战，才真的是要一决胜负。但如果最后射偏的人是你，你能接受这个结果吗？*

7月20日

有时候，有些电话就该被录下来——今天上午和贝蒂娜·乔尼克**打了45分钟的电话，聊到了很多名人逸事。比如，海伦娜·薇格***在和罗蒂·兰雅****一起参加《快乐的日子》的首次彩排时，非但不唱歌，还念了一篇论文。塞缪尔·贝克特不仅和妻子苏珊娜分房睡，连家门都要开两个，最后还是苏珊娜手里拿着《等待戈多》的文稿，敲开了他的门。约内斯库为了让妻子死在他前面，要拿刀砍她（她还活着）。

这些故事，就该在炎热无聊的日子里拿出来讲。否则，闲来无事，就只能取取挂号邮件（其中有一份安德烈亚斯·纽鲍尔拍摄的照片，我记着照片这回事，但这个名字我怎么想不起来了？），在家干等着水管工来调整水压，吃了好多甜食。

7月21日

纠结的双鱼座。一个我说“不要去，这是个错误的决定”，另一个我却已经在熨衬衫和约出租车。去移动影像博物馆参加百大电影的揭晓仪式，我们站成一排，迎接查尔斯王子的到来（包括：茱丽叶特、杰瑞米·艾恩斯、理查德·E.格兰特、琼·普莱怀特、丽塔·塔欣厄姆、迪基·A.、约翰·米尔斯爵士）。人还没来，我们握着矿泉水瓶，叽叽喳喳地聊天。随后，查尔斯入场——我们围成一个半圆，听他说些和大家都相关的话；然

---

* 在点球大战环节上，巴西队以3：2击败意大利队。

** 贝蒂娜·乔尼克（Bettina Jonic，1938—2021），克罗地亚裔歌唱家。

*** 海伦娜·薇格（Helen Weigel，1900—1971），德国演员。

**** 罗蒂·兰雅（Lotte Lenya，1898—1981），奥地利歌唱家。

后是影片揭晓、致辞。活动结束后，和A.延托布还有科林·麦克比*一起吃了午餐。戴维·普特南才从托尼·布莱尔的“加冕典礼”上回来。他告诉我，有人在党内大会的一次辩论上提到了我的名字，没说什么好话。

去医院，劝妈妈换个能有人照顾她的环境。鲁比来了，把所有人都逗笑了。我们和埃德、阿兰·万泽伯格［鲁比的老朋友］，还有杰德［阿兰的伴侣］一起去了河滨咖啡厅。突然间，伊莲娜·雅各布不知道从哪里冒出来了，和她一起的是卢夫斯·塞维尔，还有一个电影团队。我们这一桌笑声不断——鲁比的笑话永远这么好笑。晚些时间，和朱迪通了电话，她怀孕了。“别担心，我生完上一个孩子后才10天就恢复工作了。”

我为什么要担心？今天一整天都后知后觉的。杰瑞米在《虎胆龙威3》的项目中，海伦娜之前拒绝了《疯狂游戏》。理查德·E.已经拍完《杰克和萨拉》。卢夫斯正在拍《卡林顿》。

8月1日

今天上午干劲十足，完成了一件又一件事情。几通电话打完，和建筑师约了时间，买好了国家剧院的票，给妈妈定好轮椅送了过去，还安排了去格林德伯恩的行程——就在今天——一个半小时内收拾完毕，打着黑色领带去了维多利亚车展。

碰见了菲欧娜和黛博拉——艺术界最糟糕的两大人物。希尔加德加入我们，大家一起登上开往格林德伯恩的列车。到了之后，我发现人们还坚持着老英格兰的野餐传统：折叠椅、三明治和香槟一样不落（有个人形单影只，还带着一个福南野餐篮；还有一群人竟然布置了鲜花）。我总是忍不住想：“马上就会有个人举着枪出现。”奶牛在人群中闲逛，这边转转，那边看看。

歌剧《唐·乔万尼》——诚然，这部戏充满想法，点子都很好，也具有挑战性，但歌手作为演员，远没能实现这些想法，我担心以黛博拉那点自省能力，认识不到这些问题。菲欧娜也一样。或许换作是我也不行。演出

* 科林·麦克比（Colin McCabe，1949—　），英国学者、电影制片人。

有几段堪称尴尬——比如合唱团穿着《甜蜜的生活》的戏服跳扭腰舞。

赶回家，匆匆洗了个澡。

8月10日

只睡了4个小时。7点45分出发去希思罗机场，乘10点10分的航班去比萨→乘火车前往比萨火车站→换乘去格罗塞托。这是个美丽的用城墙围起来的小镇，正值公共假日，到处都关门了，我们沿着紧闭的窗户四处逛逛，又回酒店打个盹儿，然后出门找吃的（有什么就吃什么吧）。刚好赶上老城正在举行绕城接力赛（蓝队获胜），全镇的人都出来看热闹，到处都是拖家带口的，小孩子要么满地跑，要么在咖啡馆里坐在大人腿上（都到半夜了，小孩都不急着睡觉）。露天披萨店、红酒、沙拉、咖啡，完美，所有感官彻底打开。

有一桌坐了一家四口——妈妈用叉子插起一块披萨吹凉，然后喂到小女儿嘴里。周围是六人、八人、十人桌，没有背景音乐，只有闲聊的声音。每一组新客人都有一张干净的白桌布。

8月11日

在客房里吃完早餐，去坎杜奇咖啡厅和达莉亚见面，她跑过来，皮肤晒得黝黑，还戴着一顶草帽。接着，我们和哈里特·克鲁克桑克［电影制片人］还有邓肯·马克埃斯基尔［艺术家］会合，一起挤上一辆出租车，去塔拉莫内海港喝啤酒吃午餐。回来的时候，我们还是坐一辆车，在交警发现我们之前，赶忙下车。回酒店睡午觉，达莉亚要先冲个澡，然后安排我们明天早上7点出发去卡斯蒂林。出租车司机的朋友有条船，魔法开始了……

我们迎着夕阳驶向厄尔巴岛。太阳慢慢落下——深粉红色的天空，映衬出岩石和塔楼的黑色轮廓——新月变得锐利，一群鸟忽然飞来和我们打招呼。我们回到达森纳餐厅享用美味的鱼、沙拉、薄切三文鱼、炸薯条、柠檬冰糕、浓缩咖啡和本地产的葡萄酒。出租车司机乔弗雷多以每小时100英里的速度冲回来，我们又在广场上跳了舞，一个非凡的夜晚结束了。

午夜时分，老人、年轻人、金发、秃头，大家都微笑着随音乐翩翩起舞。非常非常特别的时刻。

8月12日

11点45分，前往锡耶纳。空调巴士行驶在宁静、空旷的高速公路上，穿过如风景画一般的托斯卡纳，抵达这座辉煌的小镇。第一次亲眼看到坎波广场和纳沃纳广场相映成趣，环绕海湾直达悉尼港。坐在棕色的太阳伞下，马车跑过，沙尘随风飘扬——油煎面包、番茄意大利面、沙拉、幸福的感觉……窗户与砖块、屋顶与墙壁、门廊与露台，相互呼应，完美和谐（7月2日、8月16日各有一场赛马在这里举行；光是想想就叫人心跳加速）。爬上市政厅的塔楼——眼前的一切都令人头晕目眩。前往大教堂——就像置身于巨大的甘草糖中——然后去了圣多梅尼科教堂。一路小跑去赶公交，车却晚点了25分钟，不过没关系，因为回程一路的风景，梵高曾费尽心力也要留在画里。人们总喜欢将“叹为观止”这个词挂在嘴边，但用在这里很贴切。生活在这里的人，似乎对美景早就习以为常，他们过着最简单、最直接的生活。他们聊天，聊天，一个劲儿地聊天。

8月14日

与索尔·扎恩兹*及［夫人］安妮特共进午餐，同桌的还有安东尼·M.芭芭拉、卡洛琳、麦克斯［明格拉的儿子］、迈克尔·翁达杰、朱迪·戴什、安吉、达莉亚、玛丽亚·B.**。大家都很悠闲，享受美食，在海里游泳，笑声不断。索尔和安吉真的很睿智。我们大家一起去巴蒂尼亚诺看《唐·乔万尼》。因为当地的餐厅没位子了，德克斯特、史蒂夫和小杰克到了之后，我们所有人干脆坐在星空下……修道院已经逛完了，现在我们就坐在观众席上。当然，这个版本的《唐·乔万尼》与格林德伯恩版有很大不同——光是主演玛丽亚·比约森这个名字就足以证明——这一版，论深度，论娱乐

* 索尔·扎恩兹（Saul Zaentz，1921—2014），美国电影制片人。

** 玛丽亚·比约森（Maria Bjornson，1949—2002），法国剧场设计师。

性，均自成一派。苏·布莱恩［服装设计师］也在现场（还有莱昂·布里坦……）。这出戏是这美好的一周假期的又一亮点。凌晨1点半，索尔和安妮特开车送我们回到巴斯蒂亚尼酒店。很累，但很快乐，脑子里想的都是《英国病人》。期待着属于我的机遇也快来。“我夜以继日地辛勤劳作……”

8月16日

起床，9点出门，去格罗塞托车站买票。我们以为开往比萨的班车9点35分发车，实际上却是9点25分。玛丽亚·比约森和雷切尔在另一个售票窗口，所以我们一起先走回坎杜奇咖啡馆。玛丽亚谈到了她的幻灭感，也许她通过与达莉亚的合作暂时缓解了她的情绪，而且还第一次参与到创作过程中。老故事了……

一些插曲——小街上有家很棒的老商店，我在那儿买了一个茶壶，最后返回车站赶12点38分的火车。达莉亚带着一大堆行李站在那儿，我发誓，这些行李和我一点儿关系都没有。踉踉跄跄地上了火车，又踉踉跄跄地在比萨下车，我们把所有东西都安置在行李储藏处。然后去参观了塔楼、大教堂、洗礼堂。比萨这个地方杂乱无章，让人忍不住要埋怨几句。栅栏都很有些年头了，食物非常一般，到处都是吓人的纪念品。外面不怎么样，大教堂的内部却非常震撼。这里到底还有多少令人瞠目结舌的教堂？比萨机场→伦敦→一大堆邮件。

8月19日

下午4点，凯瑟琳［·贝利］和罗西过来讨论《疯狂游戏》的纪录片，我才看完，片子挺好。不过，为了不让我难为情，也为了顾及其他演员的情绪，有一个画面*必须*删掉。*永远*别指望“不要外传”，这肯定会被人滥用。这部片子需要更多的事实呈现，观点也需要更鲜明。

8月20日

有时候，我觉得自己就像一台私人自助投币洗衣机——友谊可不是用来随便倒苦水的。我听他们抱怨选角时遇到的麻烦，排练时的麻烦，还有拍照时的麻烦。等他们该发泄的都发泄完了，可以轻装上阵了，我却已经筋疲力尽。这样下去可不行……

8月21日

→去肯辛顿奥登电影院，队伍排得很长。爱丽丝·波洛克*救了我，直接带我进场。电影是《最后的诱惑》——外界对这部电影评价很好，琳达·费奥伦蒂诺领衔主演，应该很不错。可我看完才发现，这是部相当虚伪、无趣的作品，黯淡无光。因此我们决定提前离场，还不如去喝杯浓缩咖啡。

8月25日

下午1点，前往多伦多。

一边收拾行李，一边打电话（其中一通电话是和希拉里·希思**打的，她整个人非常暴躁……），结果夹克和西裤都忘带了。现在，要么就牛仔裤和短袖换着穿，要么就得刷美国运通卡……

8月28日

蒙特利尔。

11点，《疯狂游戏》第一场放映。帝国剧院座无虚席，这是一座美丽的剧院，座位是分区的，座椅上都包着红色软垫。事实证明，用法语发言也没那么难。

接着是一整天的采访，像打仗一样。我既要对记者坦诚，要给他们足够的信息，还得保护好自己。

9点半，《疯狂游戏》第二场放映……我坐在上面一层的座位上看了一会儿，一想到这部电影原本可以更好，我就立刻感到一阵沮丧。

---

* 爱丽丝·波洛克（Alice Pollock），选角导演帕茜·波洛克（Patsy Pollock）的女儿。

** 希拉里·希思（Hilary Heath，1945—2020），英国演员。

8月29日

漫步前往蒙特利尔美术博物馆——希滕斯坦和德伦波卡的作品正在展出——今天是周一，博物馆正好闭馆。为了安慰自己，我萌生了花1 200美元买一件夹克的念头，最终还是劝住自己。这次来，我都没能好好在蒙特利尔逛一逛，出公差让人兴致全无——因为你一旦表现得太兴奋，就会放松戒备，这可不行。

《疯狂游戏》反响热烈。退场。下一轮。

5点半，蒙特利尔机场。正好碰见查尔斯·丹斯——真是个大好人。

9月1日

又是糟糕的一天，让人不禁自问："我都干什么了？"

今天还有人邀请我去参加《提问时间》节目。开什么玩笑……

9月4日

扫落叶，治百病。达莉亚打电话说要过来吃晚饭。准备了鸭肉和烤土豆，但是忘了一只鸭子只够两个人勉强吃饱。

9月5日

晚上8点，伊丽莎白和亚历山德罗·卢纳尔迪*来做客，等瑞玛终于从市政厅回来后，我们一起去常春藤餐厅吃饭。美妙的晚宴，我们聊了聊意大利和意大利人。吃完饭，我们在滑铁卢桥散散步，然后回家。

9月6日

心里惦记着建筑商的账单、税费还有各种尾款，睡不着，凌晨5点就起床写信（对了，这都是为托斯卡纳的农舍花出去的钱，以及一杯红酒、一片奶酪的赊账）。

电话铃响，安德拉斯［《疯狂游戏》的联合制片人］从蒙特利尔传来消

* 亚历山德罗·卢纳尔迪（Alessandro Lunardi），美籍意大利建筑师和设计师。

息，我得了最佳男主角奖。这是个暖心的消息，因为我的获奖愈发证明梅菲尔的那帮人没眼光。

在金鸡餐厅与希拉里·希思共进午餐——她还像个小女孩一样，刀子嘴，豆腐心。

接着，到上A花园街12号*，和彼得［·米什肯，建筑师］还有布莱恩［施工方］讨论了更多的施工细节。现在，我们必须得悠着点儿花钱了。

9月7日

为我们提供遮挡的墙壁，填满房间的家具——这一切，我们称之为生活。

这栋房子，经年累月，已经攒了不少家具和老物件，有碎纸片，有老杂志，旧圆珠笔、指甲锉和茶勺整齐地摆放在一排，现在我却要将妈妈从家里送到查特韦尔的疗养院去。这家养老院专为老年人设立，设施一流，工作人员都很贴心。我虽然放心妈妈住在这里，但也因此而感到愧疚——同时有这两种心情可不常见。希望妈妈能住得习惯。

上爱迪生花园街12号则是另一番景象。我总是抠装修细节，花了很多钱——这里加一毫米，那里加一个枫木条之类的。

我自己的家（今天是星期三，珍妮特应该来打扫过了）看起来就像一处电影布景，一到晚上就没人了，空房子等待着故事发生。瑞玛的父亲一个人独居，他来信将养老院比作精神病院，因为有一次有人在洗手间里发现赤身裸体的他。而且，养老院9点就熄灯了。

9月8日

几乎一整天都待在查特韦尔养老院。此刻，我的生活像搁浅了，一切被安排得清清楚楚。工作、装修、休息、其他人的工作、人情社交，差不多是按这个先后顺序。今天一整天都要陪妈妈，陪她适应新环境，帮她打电话给医生，陪她检测听力，给她盖好包严实，推着轮椅，带她散步取药，

* 上爱迪生花园街12号，艾伦在荷兰公园购置的公寓。

看着她今天因疼痛而发脾气，我却无能为力。面对这样的情况，我都不知道我变成了什么样。我还得督促自己打几个电话，上面提到的人生清单上，还有别的人需要我照顾。晚些时候，艾琳［艾伦的表妹］和她的男朋友以及两个女儿过来了。童年的那些记忆——表兄弟姐妹、阿姨和叔叔——纷纷向我涌来。接着，瑞玛也到了。我整晚一言不发。是克制、抑郁，还是疲惫？

9月9日

10点半，在录音工作室看《新爱情乐园》（我的精神状态不佳）。现场只有迈克·内威尔、音响工程师和我。这部电影像是一组密集的马赛克，又或者说像一间混乱的阁楼，充满了黑暗的角落和突然的惊喜。天知道美国人会对这样一部影片作何感想——不知道他们到底看不看得懂。切不可悲观——观众得动一动脑筋。也许，正因为电影万花筒一般的质地，观众看起来有点难度，印象反而更深刻。不管怎么说，影片中有很多精彩的表演——我说不出是休［·格兰特］、乔治娜，还是我。心里还较着劲儿，又想起了拍戏时的种种。不过，凯茨女士在表演时只深陷于自己的剧情里，什么也不听，对谁也不回应。她像一只装在玻璃柜中的蝴蝶，只懂得看着自己飞来飞去。

乘车前往希思罗机场，然后飞往都柏林。康纳已经住进达文波特酒店。我们先去吃饭，结果碰到了施莱·斯蒂芬森*——大家一起去大卫·伯恩家**喝健力士啤酒，然后又一起去孔雀剧院看戴维·奥克里的新作《避难，避难》——写作水平、导演水平和演员表现皆为上乘。

9月10日

睡到很晚才起，然后进城去见康纳……关于昨晚那场戏，听到了很多背景信息，整个看戏体验更丰满了。神经质的演员、刻薄的演员、下班总

* 施莱·斯蒂芬森（Shelagh Stephenson，1955— ），英国剧作家、演员。

** 指大卫·伯恩开的酒吧。

是直接回家的女演员。

去机场——太幸运了，我的座位在后排，一个人能占三个座。打车去查特韦尔养老院，瑞玛在陪着妈妈。回家收拾收拾，准备去看《温夫人的扇子》。我、瑞玛还有贝琳达坐在一排。这一排还坐着蕾妮·斯宾塞*，也不知道是哪个倒霉蛋坐在她这一大堆头发后面。

9月12日

3点半，上爱迪生花园街12号。这叫人情何以堪——我算是知道钱都花在什么地方了，全都扔在空气里了。

9月13日

接妈妈从查特韦尔养老院回家，让她自己再考虑考虑。

回到家发现吉莉正在花园里干活……我们家前院的花园得了居民协会奖……

玛西亚来了。瑞玛也来了。我们一起去哈默史密斯抒情剧院看《道林·格雷的画像》。这是尼尔·巴特利特在任期内的首场演出，演出前我和他在台阶上聊了几句，我非常看好这出戏，也希望演出一切顺利。然而，不论我多想给它机会，这部戏我都没怎么看明白。毫无共鸣可言。

9月21日

安德烈亚斯来访。我就负责倾听、提问，尽可能地岔开话题，让他不那么痛苦。与痛失亲人的人交谈，很容易废话连篇。英国人常年浸淫于陈词滥调，早就训练有素。不过至少我可以陪他聊聊布里尼，还能让他讲讲自己的感受——至少我还把他给逗笑了。最后，在讨论了那么多灵魂的/哲学的东西之后，他跑去参加一个伏特加广告的试镜。

---

* 蕾妮·斯宾塞（Raine Spencer，1929—2016），芭芭拉·卡特兰（Barbara Cartland，1901—2000）之女，戴安娜王妃的继母。

9月25日

康诺特餐厅，与瑞玛还有慷慨的理查德·威尔逊共进午餐。今天和老朋友来的这家餐厅有点不同寻常。高档餐厅，入场需系领带，一块鱼肉就要35镑（我猜，这个价还包含银制餐具、法式服务、餐桌鲜花和橡木镶板的费用）。附近一桌，每个人都像是从伍德豪斯的小说里走出来的人物——除了我们这桌，餐厅里基本都是熟客。我最不喜欢葡萄酒侍者的一点就是，客人每喝一口，他们就要上前续杯，很有自己的坚持。

9月29日

中午12点，上爱迪生花园街12号，商量踢脚板怎么装。

10月1日

11点左右，去书店为丹尼斯·劳森挑选礼物。罗伯特·埃文斯的自传*再合适不过。

10月2日

深夜特别节目**明天就要播出了，昨天《卫报》就已经写了一篇狗屁不通的报道，今天各大媒体的周日刊又纷纷发出预告，我被拎出来遛了这么一整天，热度逐渐发酵。我必须清楚，演员谈论自己是有风险的（除非你是美国演员——今晚也就一小时，丹尼斯·霍珀不会向你露出锋利的爪子——可如果你是英国演员，就随时准备好包扎伤口吧）。但是，我们就总得这么让人欺负吗？我们就不能少贬低自己，好好聊聊自己的作品？

10月4日

才上午7点半，电话铃就开始响，让我整理一下我的思绪……

结果发现，今天一整天都挺轻松的，人很有活力，还有些晕乎乎的。

---

* 《胖夫人之歌》（*The Fat Lady Sang*）。

** BBC纪录片《艾伦·里克曼：疯狂与深情》（*Truly，Madly，Alan Rickman*）主要记录了《疯狂游戏》的拍摄过程，并回顾了艾伦彼时的职业生涯。

主要是因为大家对昨晚的节目评价都不错——报纸上的评论我就不看了。

下午6点，格劳乔俱乐部，与彼得·理查德森和斯蒂芬·弗雷见面讨论电影项目。斯蒂芬看上去脸色铁青——媒体像罗威纳犬一样咬着他不放，这又是一桩流血事件。

10月6日

昨天梅菲尔公司送来了反对意见，文件足有2英尺厚，昨天晚上和今天一整天都在想这件事。其中最离谱的一条评论写的是“我的眼中没有泛起泪水”。——这种鬼话，叫人如何严肃对待？*

看《约翰·列侬的理想世界》，看到最后和大家一起流下眼泪。正如一个女孩所说：“我们和他们一同成长。”列侬的口才非常好，尤其是面对阿尔·卡普和《纽约时报》的女记者时，他回答问题决不敷衍，成熟得令人羡慕。

10月10日

日子真难熬。朱迪说《冬天的访客》12月16日就可以开始排练。大家都很兴奋。怎么我却有种赶鸭子上架的感觉？

1点15分。RADA理事会会议。阿滕伯勒是一个极为特别的人。他对别人的失误宽容以待，能够洞察出屋里所有的微妙之处。他为能与纳尔逊·曼德拉见面而感到兴奋，而且为此毫不遮掩。我被他迷住了，应该向他学习如何为生活打开无限可能。

10月12日

6点半，20世纪福克斯的放映室。向英国电影投资者展示《新爱情乐园》。周围的人都很紧张，不知做何评价。片子太长，开头也不好懂，有那

* 艾伦看似是梅斯梅尔最理想的人选，然而，随着拍摄展开，电影的主要资方梅菲尔娱乐国际公司内部的反对声越来越高。主要的批评声认为艾伦不够性感，这一观点遭到其他资方的驳斥。凭借《疯狂游戏》，艾伦在1994年蒙特利尔电影节上获得最佳男主角奖，《大西洋月刊》的评论称：“他不仅才华横溢，还相当大胆。”仲裁之后，梅菲尔公司选择撤资。

么一瞬间，我都怀疑现场到底有没有人能看明白。

10月13日

下午1点，凤凰餐厅，与朱迪·戴什共进午餐。领班还是一如既往地粗鲁。我们讨论了在丹尼斯·波特追悼会上的发言顺序。根据纸面上的安排，过一遍很容易。真是讽刺……

10月14日

在卢米埃影院看《折翼母亲》[14]。开场才5分钟，我就叉起胳膊，扬起眉毛。这部电影到底想说什么？想要攻击社会福利系统很容易，但我觉得影片并未呈现事实的全貌。克里希·洛克*的确能够唤起观众的同情，牢牢抓住观众。但这无疑让这部电影在其他方面更显愚蠢。

10月15日

8点，去鲁比和埃德家，抢先看鲁比对麦当娜的采访。不过，是谁一直在说个不停？猜猜看吧。整场访谈有些很有趣的片段。

10月16日

献给不可动摇又无比脆弱的妈妈。

今天不是下结论的好日子。我们有责任照顾妈妈，可她又不去养老院了，我们也不能光做个样子，然后就不再提送她去养老院的事，到底怎么样做，才是对她最好的选择？

10月17日

8点20分，《阿甘正传》。我本来发誓坚决不去看，后来去了才发现，这部电影和我想象的一样可怕，却是以完全不同的方式。影片显然有意淡化伤感的基调。电影本可以拍得尽善尽美，但唯独在“越南战争”和“未

* 克里希·洛克（Crissy Rock，1958— ），英国演员。

知病毒”上处理得不好。

随后——马拉巴印度餐厅——有一次鲁比在这里吃饭时羊水破了。

10月18日

4点左右，上爱迪生花园街12号。账单金额一路飙升。我现在应该感到生气才是——花这么多钱意义何在？供应商相互踢皮球，无论如何，工作仍需完成。

10月20日

下午1点，和乔伊斯·内特尔斯在拉桑托餐厅吃午餐。我第一次和她这样的选角导演合作，心里有点没底。

饭后，参加《卡林顿》的放映会——这不是医生会建议患者看的那种影片，一阵一阵的，像抢劫似的。

10月21日

下午，上爱迪生花园街12号，刷漆……脑海中浮现出血红色……

10月23日

去上爱迪生花园街12号，试图压一压报价。

前往西区奥登电影院——《新爱情乐园》演职人员专场放映会。我敲着窗户也想进去；麦克·N.和菲利普［·欣奇克利夫，制片人］答应了，希拉里·希思和凯茨女士也一起到场。我发现我除了装酷什么也做不了。电影的画面在大银幕上很美。

10月24日

上爱迪生花园街12号。瓷砖危机。谁？什么时候？说过多少钱？我感觉受到了侮辱，言语上决不能输。颜色慢慢协调起来，现在看上去效果棒极了。

10月25日

维也纳。

电影院，[《疯狂游戏》] 上映。我看不下去了。罗杰和我找到了一个酒吧——他和我讲了梅菲尔公司的情况，还告诉我那些人有多么俗不可耐，令人郁闷。

10月29日

8点45分，《低俗小说》——剧情精彩，精神空洞。内容原创，题材重复。就像在看一本非常经典的漫画——如果你也想成为一名黑帮成员，看就对了……

10月31日

凌晨还在仔细研究梅菲尔公司的法律声明。废话连篇，遮羞布一块——完全是为了自保，毫无新意。

8点→常春藤餐厅。与马尔科姆·麦克拉伦和米歇尔·古什［选角导演］共进晚餐。聊天非常有趣。一句废话也没有！

11月1日

上午9点，皮卡迪利，圣詹姆斯教堂，丹尼斯·波特的追悼会。刚开始，唐纳德·里夫斯牧师似乎毫无幽默感可言——大事不妙。不过不用担心，很快就会有反转，等悼念仪式正式开始，他的真性情立刻感染全场，大合唱《草原之月》时，他让我们再来一遍，还说我们第二遍肯定唱得更好。一小时的活动被动人的发言和美妙的音乐填满，从波特到黑兹利特的文章，从伊梅尔达·斯汤顿演唱的《皮卡第玫瑰》到莫扎特的《凯里》。［迈克尔·］格雷德、［艾伦·］延托布和特拉德*都幽默风趣。格雷德说，他知道，我们仅仅是参加葬礼排练，就随时都可能崩溃；特拉德则回忆起波特去世前发表的声明——关于死亡，只有一件事让他放心不下，那就是

* 肯尼斯·特拉德（Kenith Trodd，1936—　），英国电视制片人。

特拉德可能会在他的追悼会上发言。

11月2日

又一场上午9点开始的集会。律师、会议桌、矿泉水、文件，还有假笑。我进屋时对斯科尔*的那一笑，笑得最假。

简直就是折磨人——要我证明自己有解读剧本的权利——拜托，这都什么年代了？最后，我只能凭良心，一个磕绊也不打，说出了我的看法。我心里期盼着，这是波特显灵了，他暂时憋住笑，帮了我一把。这一天剩下的时间里，我都感觉受到了贬低和玷污，非常非常悲伤。将昨天和今天的事联系起来，我只能认为上天冥冥之中有更大的安排。

11月3日

去经纪公司。匆匆过了一些幻灯片。吃半个三明治，顺便给自己颁个奖——蒙特利尔电影节最佳男演员奖。

回家继续做《冬天的访客》的准备工作——选角、会议之类。

11月4日

中午，去了趟上爱迪生花园街12号。卧室的颜色又错了，这次可不是我搞错了……

11月10日

事与愿违的一天——面试《冬天的访客》的年轻演员，试着对他们持开放态度——这事不难，因为乔伊斯·内特尔斯已经做了一轮很棒的筛选——他们迥然不同。到现在为止，关于选谁，只拿定了一半主意。

11月11日

下午3点，鲁比来找我——我早该知道，她需要我帮她打磨新节目。

---

* 伊恩·斯科尔（Ian Scorer，1940—　），梅菲尔国际娱乐公司创始人。

11月12日

7点15分，卡姆登大酒店。

我精心准备了演讲，要向全场引荐托尼·布莱尔。我很紧张，他却还在为稿件做最后一刻的调整。本·埃尔顿先上台打了个样，很精彩，“锦上添花”——我认为我们这些人起的正是这个作用。布莱尔演讲一结束，就去下议院和一位印度商人交谈起来——“又是同样的演讲内容？”我逗他说。“你脑子里得装一台电脑。”“已经装好了。”他回答道。他的演讲有些敷衍，没有顾及听众，而且语焉不详。然而，金诺克的演讲却十分精彩，让他受到了英雄般的欢迎。“祝福他们。”格伦尼斯说这话时，尼尔正在舞台上与福音合唱团一起唱《快乐的日子》，她言语中带着自家人才有的自豪感，边说边望向观众席。也许布莱尔的超然能让他在领导人的位置上游刃有余，但尼尔却怀揣着真心，就像一直揣着自己家的门钥匙。

11月15日

5点半，飞往爱丁堡。斯科特［·托马斯，电影剪辑］来接我，带我去了洛锡安地区青年剧院工作室。选小演员时，必须相信直觉，不过也有三个人非常合适……和斯科特在喀里多尼亚酒店的酒吧喝一杯。非常豪华，还吃了总会三明治。

11月16日

乘火车前往格拉斯哥……来苏格兰皇家音乐和戏剧学院（RSAMD）面试演员，一整天都在说“你好”“抱歉”“请进”“故事是这样的”“你有什么想法吗？”“你能读一段剧本吗？”……这座建筑简直就是选址之耻——这是谁的主意，选了这么一座有回声的医院作为学习台词、音乐和形体的学校？

动笔时，我潜意识里想起有几个合适的人选，比其他人更有天赋。好事多磨，尤其是一天面试了差不多100名学生。

乘火车返回爱丁堡，一整天保持礼貌，身体彻底招架不住。

11月17日

10点半，皇家莱塞姆剧场。

至少他们给我煮了壶咖啡，我很在意这些小事。懂礼节，态度开放，还有不讲废话。人选越多，问题越多，可以朝好几个方向发展。

与伊丽莎白·米尔班克在特拉弗斯咖啡馆共进午餐，她做了自我介绍。这是位备受尊敬的女演员——我想起来，几年前我曾向霍华德·戴维斯推荐过她。她确实很大方，见她就像见一位老朋友一样。她把我介绍给菲利普·霍华德［时任剧院副导演］，他带我参观了这个令人惊叹的新剧院——莱塞姆剧院、亚瑟厅和特拉弗斯咖啡厅，文化一脉相承。

6点45分，洛锡安地区青年剧院工作室第二场选角会——不太顺利，不过斯科特的热情是个加分项。和他、他的女友，还有另一个朋友一起吃的泰国菜也不赖。邻桌的人们一直盯着我看，最后还让朋友给餐厅打电话确认是不是我本人。到了这个点儿，我已经筋疲力尽，简直想……

11月18日

爱丁堡。

洛杉矶来电，像是接到从另一个世界打来的电话——从《虎胆龙威》第一部到第三部，他们还能更折腾我吗?

11月20日

是哪个讨厌鬼三更半夜恶作剧，把我的订单给改了，我谢谢你了。我本来早上8点半等着吃送来的吐司和咖啡，结果却在7点20分收到了鱼和菠萝汁。

11月21日

11点45分，前往阿尔梅达，与乔伊斯和莎曼商量苏格兰之行。这一点很难——在别人的生活中扮演上帝的角色。光是做决定就已经够难了。

在电视上观看一年一度的《伦敦标准晚报》戏剧奖颁奖典礼。荣耀与耻辱靠得如此之近。结果令人颜面扫地，需要有人拍拍后背以示安慰。不过，既然这一切不可避免，请像彼得·布鲁克一样，优雅地接受。

11月23日

阿尔文·霍姆打电话告诉我，《电讯报》登了一篇不怀好意的小短文，说我在当地的熟食店里是多么不苟言笑。

11月25日

参加桑德拉和迈克尔·凯曼举办的感恩节派对。我只想要一本签名合集——凯特·布什、布莱恩·亚当斯、大卫·鲍伊、史蒂维·温伍德。

11月26日

9点15分，和乔伊斯打车前往希思罗机场，搭乘上午11点的航班飞往格拉斯哥。落地直奔雅典娜剧院，参加苏格兰青年剧院的研讨会。两小时内，先后面试了肖恩、道格拉斯、安东尼、安德鲁、布莱恩、大卫、约翰-罗斯、约翰*——每个人都很棒，各有特点。我太累了，没能给他们打气。多亏乔伊斯出面，让家长们放心。结束后，克里斯蒂安·赞诺**带着家人来找我。

又是没有规则的一天——时间过得飞快，很多时候都希望可以重新来过。可今天却非常充实，充满希望。

11月27日

皇家阿尔伯特音乐厅——埃尔顿·约翰和雷·库珀的演出。埃尔顿一人撑起了全场，事实证明，他的精彩表现得益于雷·库珀的配合，库珀打起鼓来像跳舞一样。他们二人在舞台上的秘诀都一样，那就是放轻松。

---

* 为《冬天的访客》试镜。

** 克里斯蒂安·赞诺（Christian Zanone），苏格兰演员，扮演艾利克斯一角。

12月2日

家宴，邀请了琳赛、希尔顿、简、马克、艾伦和菲菲。我感觉心烦意乱，但还是在屋里上蹿下跳的。不管怎么说，这一屋子的朋友，当着谁的面崩溃都没关系，一想到这一点就很安心。

饭后——一瓶香槟或波特酒——午夜去了趟上爱迪生花园街12号。我出门的时候，菲菲还坐在浴缸里。

12月4日

7点45分，去西区寇松影城，参加为阿尔梅达剧院筹款而举办的慈善观影活动，今天放的片子是《万尼亚在42街口》。遗憾的是，没有人告诉我这是梅菲尔制片公司的电影。斯科尔朝我走来，伸出了手。“总有一天，我们得坐下来谈谈。”“谈什么?”我敷衍地问。“事情的真相。”他回答道。

12月7日

晚上8点，桑德拉和迈克尔·凯曼的家宴，小提琴、大提琴、长笛、双簧管、竖琴轮番上阵，技惊四座，压轴的是奈杰尔·肯尼迪，他在凯曼家的前厅为我们大约10个人演奏了巴赫和勃拉姆斯的作品。一次美妙的款待。

12月9日

2点半，与迈克尔·凯曼一起工作——他是世界上最难集中注意力的人。他太有天赋了，还没开始就已经完成了创作，我们的兴趣还未完全激发出来，他就已经感到无聊了。很难跟上他的节奏，但旋律自然而然地就从他身上涌现出来。

12月11日

带着吸尘器、拖把和水桶，和达莉亚一起去上爱迪生花园街12号。辛苦的付出和虚高的成本不成正比，不过……

12月12日

打车前往圣乔治剧院，《冬天的访客》第一天排练。

忙着整理文本、做剪报、帮约翰和安东尼收集信息*（午餐时发现安东尼是弗兰克·卡普拉和奥逊·威尔斯以及塔伦蒂诺的忠实粉丝……），这样他们就有时间写自己的论文和日记了。

下午约翰-罗斯和大卫也来了。四个人，四种气质，这当然很棒——而且他们四个似乎相处得很融洽。

不如我带他们去看场戏吧。不如就看《悲惨世界》吧。我以为我永远都不会看这出戏，可令我惊讶的是，这场戏的演员在表演时投入了100%的能量。演得真好！尽管如此，演员在舞台上挥舞着红旗，台下全是花30英镑入场的来自不同国家的观众，这种场面还是有些奇怪。

12月13日

圣乔治剧院。

一整天，孩子们轮换着上场——四种截然不同的性格正在显现。

约翰-罗斯——涅槃乐队、枪炮与玫瑰、科幻小说、棒球帽。爆发力很强。

约翰·W.——聪明又善良，不像个12岁小男孩——倒像四个人中最年长的。很有天赋，天生是块表演的料，安静，全神贯注。

安东尼——学校说他爱闯祸。什么时候的事？他是个复杂的孩子——喜欢卡普拉、威尔斯，可能因为我们连续在这里好几个小时了，注意力不集中。他很会模仿艾伦·帕特里奇。

大卫——愿意敞开心扉，却有点被困住了。勇敢的灵魂，心态却有点脆弱。才华横溢，技术精湛。他肯定能挺住。

每个孩子心地都很善良。

* 在戏剧版《冬天的访客》中，艾伦启用了多位年轻苏格兰演员，其中包括克里斯蒂安·赞诺、约翰-罗斯·莫兰德（John-Ross Morland）、安东尼·奥唐纳（Anthony O'Donnell）、大卫·埃文斯（David Evans）和约翰·沃克（John Wark）。

12月18日

快3点，去看望妈妈。她正坐镇在她的指挥中心——电话、信件、米尔斯与布恩的出版物（除了爱情故事还有别的……）、填字游戏、各种册子，这些东西围成一个半圆，她一伸手就能够得到。她的头脑还很清醒，“我才不要去街对面的那家俱乐部——那里面都是老人，一个个骂骂咧咧、头晕眼花的”。

12月19日

10点半，成年演员排练的第一天。今天是一场大考，最终必须得说点什么——好在，罗宾先打了个样，他的发言掷地有声，激发信心。因此，我们一整天都在摸索，寻找串联剧情的线索，建立故事的框架，还需要找到不够清楚的地方。今天是克里斯蒂安和艾琳娜*来伦敦的第一天，这是他们的第一部戏，他们谁也不认识。还是莎曼把艾琳娜从她的民宿中解救了出来。

下午6点，阿尔梅达红酒吧，接受《观察家报》的记者邓肯·法洛威尔的采访。他很聪明，思考从各个角度出发，然而他的立场却是消极的——说我不好相处、叛逆、特立独行。嗐！

晚上回家，瑞玛放下手上的填字游戏，给我详细介绍了《理查三世》的故事情节。

12月23日

拒绝了《理查三世》。最近这些日子总有种奇怪的感觉。

圣诞节购物。

12月24日

迈克尔差不多8点半进门，我们吃了点东西，11点45分，达莉亚也到了，我们一起去诸圣堂参加午夜弥撒——颂歌、蜡烛、摇篮，有人喝醉了

* 艾琳娜·科伯恩（Arlene Cockburn），苏格兰演员，饰演尼塔（Nita）一角。

靠在门边，趴在另一个人的肩膀上哭泣。像往常一样，所有的赞美诗调都起得太高了，而这个管风琴很明显每分钟只转31下半。不过，音乐赋予了这一天仪式感，这是好事——我希望有一些东西能真正来到我身边，让我不用总是寻找、探索、希望、触碰。

12月25日

直到凌晨2点才睡，今早一阵手忙脚乱，大家得赶在戴维12点来之前，争先恐后地洗澡、吃早餐、拆包裹。但这是圣诞节中我最喜欢的部分——只有我和瑞玛两个人时，我们也是这样，两人的节奏正好互补。直到吃完午餐，一切都很好，克里斯蒂娜*的组织能力很厉害。然而，喝的酒越多，气氛就越紧张，争吵一触即发的可能性就越大。家族事故……正是这些吵吵闹闹，让我们成为兄弟姐妹，让我们和伴侣建立起关系，让我们将孩子们聚在一起，享受一天的快乐时光。我们家就是这样——既有情感的包袱，也有简单的爱。最后，我和瑞玛回到家，喝了杯茶。一切安好。

12月31日

一年就这么过去了……这一年发生了好多事儿，地震、《疯狂游戏》、波特的追悼会、《新爱情乐园》、将塔拉·雨果和埃迪·伊扎德推向新的职业方向、装修上爱迪生花园街的公寓、《鳄鱼的智慧》以及理查德森和弗雷的剧本、《唐·乔万尼》、巴黎、意大利、RADA理事会。与此同时，《冬天的访客》一只脚迈入新的一年。当然，标记这一年的还有些大人物——曼德拉、卢旺达、史密斯、布莱尔。期待新一年的到来。

注释

1 今津巴布韦。

2 伦纳德·尼莫伊（Leonard Nimoy，1931—2015），美国演员、电影导演、诗人、音乐家和摄影

* 戴维·里克曼的妻子。

师。他以在美剧《星际迷航》中饰演斯波克而成名。

3 安东尼·明格拉（Anthony Minghella，1954—2008），英国导演、编剧、制片人。

4 1994年1月17日，洛杉矶发生里氏6.6级地震。

5《新爱情乐园》（*An Awfully Big Adventure*），迈克·内威尔执导的剧情片，由艾伦·里克曼、休·格兰特、乔治娜·凯茨、艾伦·阿姆斯特朗、彼得·弗斯联合主演，于1995年上映。

6 根据公开信息，玛西亚和阿兰并未结婚。

7《新爱情乐园》的原著作者。

8 劳伦斯·奥利弗奖（Laurence Olivier Awards），全球最重要的戏剧及音乐剧奖项之一，由伦敦戏剧协会每年颁发，旨在表彰在伦敦演出的优秀戏剧。

9 英国电影与电视艺术学院奖（British Academy of Film and Television Arts Awards），是由英国电影与电视艺术学院颁发的艺术类奖项，创办于1949年，是英国影视及游戏界的最高奖。

10 20世纪90年代后期，这座戏院被夷为平地后重新扩建。

11 玛格丽特·贝克特（Margaret Beckett，1943—　），英国工党政治家。

12 这个餐厅在20世纪90年代初是伦敦最大的名流聚集地之一。

13 大英帝国司令勋章（Commander of the Order of the British Empire）。

14《折翼母亲》（*Ladybird*，*Ladybird*），由肯·洛奇执导、克里希·洛克和弗拉基米尔·维加主演的影片，讲述了一位备受摧残的英国普通劳动妇女玛吉的人生故事。

1995

— 利兹，《冬天的访客》

— 盐湖城，《新爱情乐园》

— 唐纳德 · 普利森斯

— 斯诺登勋爵

— 《疯狂游戏》

— 艾玛 · 汤普森

— 斯蒂芬 · 弗雷

— 贝纳尔多 · 贝托鲁奇

— 李安

— 托尼 · 布莱尔

— 大卫 · 贝利

— 《理智与情感》

— 都柏林，《迈克尔 · 柯林斯》

— 《虎胆龙威：不共戴天》

— 圣彼得堡 / 布达佩斯，拉斯普京

— 家庭圣诞节

— 纽约

1月2日

在理查德森家吃完早餐，快速参观了隔壁邻居家的英式乡村厨房，然后所有人急匆匆地坐车前往牛顿阿伯特车站，赶12点02分开往帕丁顿的火车。

火车经过道什利的海岸线，海滩的风景真是壮观。一直到晚上，我都还惦记着岩石水潭、海星、游泳短裤和乡间风光。

回来后又在家附近转了转。最后（！）一趟圣诞采购。本来今晚可能就这么静悄悄地过去了，但家里却来了客人。达莉亚前脚刚进门，朱利安·山德斯和叶甫根尼娅［他的妻子］后脚也来了。我们四人边吃美味的马来西亚菜外卖（其实是他们带来的）边聊天，非常愉快。

睡觉时已是深夜，迟早要为晚睡付出代价。

1月3日

今天就遭了报应。

上午7点坐车去国王十字车站，再乘7点50分的火车去利兹。铂尔曼列车现在修得像福尔蒂酒店的走廊。

剧场的气氛很是友好，再次见到孩子们真高兴。约翰和大卫还是那么机灵，约翰-罗斯和安东尼都有点不在状态。隔了这么多天，彩排的内容他们都还记得，但我们仍有很多工作要做。

下午，和克里斯蒂安还有艾琳娜一起彩排。关于表演——不论是能量的调动方式、冲突的处理方式，还是怎样去接住对方的戏——他们只要一有新发现，就会立刻露出欣喜的表情。傍晚，希拉和桑德拉*的表现也很精彩。现在，我们还有时间，有空间，也还有心气儿来抠这些细节。

1月4日

10点半，参观剧院。

---

* 苏格兰演员希拉·里德（Sheila Reid，1937—　）和桑德拉·沃伊（Sandra Voe，1936—　），在《冬天的访客》中分别饰演莉莉（Lily）和克洛伊（Chloe）。

11点半至12点，人终于到齐了，我们举行了第一场剧本研读会。有的部分不错——孩子们都读得很好，放得开，自然真挚。有的部分演员情绪还没有打开，剧情也复杂，不过这也是我们今后两周的主要任务。

下午5点，制片会、服装研讨会。这些会议上的决定好做，无非是定颜色，定剪裁。

晚上7点，彩排室，和菲利达·劳还有西恩·托马斯*一起做了最充分、最详细的人物拓展。

莎曼和我找了家玛尚诺披萨店，没吃芝士，就干喝了点红酒。剧本的结尾需要一些前后呼应，还需要一些和解的内容，她还在摸索之中。

1月5日

顺利的一天。先是和孩子们快速地过了一遍他们的戏份儿，惊喜地看到约翰-罗斯跳出剧本找到了新的方向，大卫也走出了舒适区。

一天下来，慢慢地推进，第一次将不同的场景串联起来，发现我们现在的方向行得通。

至于配乐、灯光和音效，还是祈祷后期一切顺利，不过今天下来故事框架已然明朗。

晚上7点，艾琳娜开始享受创作的过程了，她冷静，有天分。克里斯蒂安可就没那么享受了，不过这反倒有利于他塑造角色。

1月7日

今天上午有几场戏需要反复推敲（高效工作的反面教材），可急坏了莎曼，她生怕我们误了去火车站的出租车。不过，我们还是准点坐上火车，西恩、莎曼和我一路聊聊天、看看书，返回国王街十字车站……回到家，检查信件、查收支票、把圣诞卡片摘掉，打扫卫生。

---

* 西恩·托马斯（Siân Thomas，1953—　），英国演员，在《哈利·波特》系列电影中饰演阿米莉亚·博恩斯（Amelia Bones）。

1月8日

带着圣诞礼物去鲁比和埃德家做客。玛德琳特别喜欢我送给她的首饰盒，捧在手上亲，睡觉也要带着。瑞玛说，可能她难得收到一件不是用塑料做的礼物。

1月9日

7点50分，乘火车去利兹。火车座位距离餐桌得有2英尺宽吧，就这样都不够塞我对面这个男人的大肚子，他的肚皮生生被桌子顶进去一个坑。就这样，他还不停地往嘴里塞香肠和鸡蛋。“你好，我能再来点土豆吗？”

上午10点，见到了孩子们，每个人都因为周末的大采购而兴奋不已。有人买了太阳镜，有人买了一些专门用来吓唬我的玩意儿，约翰买了一大本《悲惨世界》。“这一本才3镑。”

1月10日

第一次重要彩排，有亮点，也有问题。

莎曼的剧本里有很多前后呼应、反讽、玩笑话和伤心回忆。大部分台词，演员都能精准地把握，并呈现出理想的效果。然而问题在于，有几段相对阴暗的台词，是经由小演员之口说出的，（严格来说）12岁小孩应该理解不了。教小孩撒谎，我们要怎么做？？？

1月12日

媒体发布会，有20多位记者参加。聪明的人都不说话，安安静静地记笔记，提问的都是些蠢蛋。

1月14日

排练到现在，顺利的份额已用光，节奏逐渐放缓。但演员们都是我的英雄，只要孩子们还能坚持住，艾琳娜和克里斯蒂安还能乐在其中，我就能安心当我的导演，不用再兼职当社工。

1月19日

2点45分，带妆彩排。

首场预演，不论从哪方面看都非常顺利。大卫和约翰-罗斯非常享受表演的过程。其他演员也配合得很好。

1月20日

第二天一早，我直入正题，点评修改。

消息传来，媒体周一上午会到。希望他们这次别丢三落四，把脑子、感官和心都带上。

2点45分，带妆彩排。都到了这个时候，彩排似乎没什么必要，不过约翰和安东尼还得再练一练。很难找一个折中的办法，要么提一堆建议，不停加练；要么顺水推舟，听天由命。

第二场预演。小精灵们探头探脑，看看哪里有他们的立足之地……今晚总有一种要演砸的感觉。然而观众却反响热烈，约翰和安东尼则惊喜不断。希望他们不会被自信冲昏头脑。

1月23日

我在包厢里看完了整场演出。大部分时间我都很安静，没什么好点评的。观众虽镇定但不冷淡，对待开幕演出，大家的态度多少有些谨慎，他们太把开幕戏当回事了。大卫救场的小动作很漂亮。开场才半小时，约翰-罗斯就有些焦躁，不过并无大碍。结束后，我们去披萨店里放松了几个小时。在全是大人的剧组中，四个小演员融入得很好，我很欣慰。

1月24日

8点半起床，赶乘10点15分的航班飞往达拉斯。感冒了，一路上主要的任务就是抱着纸巾盒擤鼻涕。

3点45分，达拉斯→盐湖城。

晚上7点，《新爱情乐园》放映会。8分钟快速冲澡更衣。乘车去市区一家能容纳200人的电影院……

电影结束后的问答环节非常尴尬，到了这个点儿，我已经累到不识字了。收工后，去咆哮蛙墨西哥餐厅吃饭，这里的环境就像是疯狂的小孩子在开派对，就是少了生日帽和气球。我还是容易想太多，一会儿想着电影哪里还有问题，一会儿又想我自己在这部电影里算是个什么角色。啃！

1月25日

好消息，收到从伦敦发来的传真，媒体的评价很好，可真是太好了。

晚上9点，看《非常嫌疑犯》。看了十分钟才意识到，这个剧本当初找过我。电影大半段我都睡过去了，导演*的个人风格鲜明，加布里埃尔·伯恩[1]的微笑非常温暖。蒂姆·罗斯像一条蛇一样搭在他的椅子上。

1月26日

上午10点，荒谬的媒体见面会。现在看来，美国人肯定会为女主角所惊艳。《每日邮报》又一次露出了可憎的獠牙。

去找丹尼·博伊尔，别人的褒奖、他许下的诺言，以及这一切的实现，让他容光焕发。**

1月30日

洛杉矶。

晚上7点，乘车前往洛杉矶国际机场。还不忘看看《观察家日报》的评论。是我多心了吗？文章里一张照片也没有用，通篇都是迈克尔·拉特克利夫的片面之词，非得这样吗？有1/3的内容，不是在纠结孩子们的发音，就是在抱怨西约克郡剧院的服务瘫痪，这合适吗？

9点10分，飞回伦敦。

---

* 导演为布莱恩·辛格（Bryan Singer，1965— ）。

** 丹尼·博伊尔（Danny Boyle，1956— ）执导的电影《浅坟》不久前才上映。

2月2日

12点，今天的点评时间稍长，不过，找准问题才能回归正轨。

午饭。排练。4点05分，赶火车。我像是一节误入沙丁鱼罐头的胡萝卜。别的乘客都全副武装着各种电子设备，有打电话的，有打字的，还有做表的。只有我一个人在读剧本。

傍晚回到家，给安吉拉写信，[她的父亲]唐纳德·普利森斯[2]今天去世了。他给我上的最重要的一课，就是如何抢镜头。两个人演对手戏，当另一个演员正在发表大段台词时，你得在他身边走动，这样一来镜头就必须照顾到你。老狐狸。不过，他也非常温柔、绅士、才华横溢。

2月4日

必须去健身房了。

在电视上看《朱斯·霍兰音乐之旅》，看到约翰尼·卡什、琼·卡特、卡琳·安德森、波普斯·史黛波和迷星乐队同台献艺，真是享受。

2月5日

8点，和瑞玛、德克斯特还有达莉亚在拉桑托餐厅吃饭。美食疗愈法。我始终觉得，有些事只要常挂在嘴边，只要说得足够清楚，只要声音足够洪亮，就一定能让人卸下防备。毕竟人与人还是能将心比心的。

2月7日

1点10分，乘火车去利兹……剧场里，大家状态都挺好，只有约翰-罗斯感冒了，不过他并没有抱怨。希拉把头发染成了红色，“我必须得做点什么——每天晚上演完下台后都觉得自己还是莉莉”。演员们贡献了动人的表演，直到落幕的这一刻，今天的这部作品已经完成了属于它的生命历程。有一种经历了生命轮回的怅然若失。

2月8日

心里有种莫名的惆怅，这部戏中我的工作似乎已经结束了，真的。现在我能做的，不过是拿出簸箕，偶尔扫扫灰尘，再难有大的调整。于此同时，我还拒绝了很多工作邀约，心里更是难以平静。

艾玛·汤普森来电。好吧，我［决定］会会他*。

2月9日

斯诺登来电，他每年都会在多切斯特酒店特设午餐宴纪念奥利佛·梅塞尔**，今年邀请我去参加。

2月10日

电话答录机里有一条留言，说《星期日邮报》马上要发表的内容存在法律风险。律师全都严阵以待。我在脑子里迅速过了一遍所有的可能性。

2月11日

上午10点，保罗·里昂-马里斯来电，肯定又是和《疯狂游戏》有关。有人说我在现场对人爱答不理的。有人说我对剧本做了57处改动。还有人说罗杰觉得我"恃才傲物、能言善辩、目中无人"。就让他们可劲儿造谣吧。

在约翰-路易斯百货商店买了一个水壶、一台吐司机还有一个熨衣板，都送到了上爱迪生花园街的房子里。这个家总有装修完工的那一天。

2月12日

《星期日邮报》上那篇关于《疯狂游戏》的报道，惹得我一天都没过好，他们还说了不少其他电影的闲话。单凭这一篇文章，决不能给我的人生盖棺定论。我也绝不会自降身份，和梅菲尔之流打嘴仗。

2月13日

和艾玛谈过了。现在的情况得分"她的人"和"我的人"了。律师们

* 指李安，《理智与情感》的导演。

** 奥利佛·梅塞尔（Oliver Messel，1904—1978），英国艺术家、舞台布景师。

已经做好回击昨天那篇报道的准备。就像莎曼的台词——“我不知道。我不知道。我不知道。”

4点左右去妈妈家。自动爬楼机，好一个庞然大物杵在门厅。

上午，鲁比给我打电话，来了一段“我旅行结束回来了，你一定得听听这个故事”式的独白，故事之一是她邀请凯丽·费雪参观她的房车（就好像人家从没见过房车一样）。真是巧了，这一期《星期日邮报》的封面正是凯丽·费雪。更巧的是，《星期日邮报》也为她开了一个专栏（是？不是？），特邀佐薇·赫勒执笔追忆费雪的母亲。鲁比、凯丽·费雪和佐薇·赫勒——真奇怪，有时人的一生就在两页对开的报纸上如此展开。

2月14日

上午11点，去斯诺登勋爵家看《疯狂游戏》的照片底片。斯诺登勋爵风度翩翩，迫不及待想要与我分享他的最新作品，这些作品将刊登在本月的《名利场》杂志上。他还和我讲了BBC侵犯他个人隐私的事。BBC在制作彼得·塞勒斯的纪录片*时，未经允许擅用了他和玛格丽特公主的私人影像资料，让他大为恼火。(《星期日邮报》上关于我的报道他也看了。）他给我们拍的电影宣传照很不错，除了阿曼达。从照片中就可以看出她当时有多不配合，有时候摄影师发话，你最好照做。（“手指抬高一点——太高了——现在放下来——这就对了。”）

2月18日

西约克郡剧院寄来一些媒体简报，害我一整天闷闷不乐。我所理解的坦率，被媒体曲解为无礼、恐吓，而且他们还取了一些耸人听闻的标题，比如什么《疯狂而无礼》，他们可真会挑角度。或许我应该学乖了，下次直接微笑走人。

晚些时候，看彼得·塞勒斯的纪录片，我觉得现在人们应该用理智的眼光看待他。撇开他的天赋，他其实就是怪人一个。

---

* 《BBC舞台：彼得·塞勒斯的故事》(*Arena: The Peter Sellers Story*，BBC二台，1995年)。

2月21日

生日又到了。我都已经不再期待生日了，其他人却很重视。在一堆贺卡中，我哥哥寄来的卡片像是用《太阳报》折成的几页纸，他每年都要提醒我又老了一岁。字是用荧光笔写的，一大堆感叹号。

2月24日

关注斯蒂芬·弗雷“大出逃”事件*。伊恩·麦克莱恩为此事还在报纸上发表了一篇精心措辞的文章。斯蒂芬此举勇气可嘉。记得有一次，我身上插满了刀，还得照样爬上台——荣誉和尊严尽失，只剩痛苦。我始终不能理解，对演员来说这么残忍的事，评论人和记者还能找到乐子。我忽然觉得，如果世界末日到了，非得选一位同伴，可以选斯蒂芬·弗雷，或者选一位剧评人——并没有拿两位作比较的意思。

2月28日

降温一周后，流感大罢工。人人都说“我得了流感”，其实大部分人根本没得。人云亦云才是流感。腿疼，眼睛睁不开，头昏昏沉沉的。躺在床上最好，不管什么时候站起来，双腿都是软的。

接着浑身都发软。

和邓肯·希斯**谈话。

和凯瑟琳·奥利姆***闲聊。

我的脑子转不动了，他们都和我说了些什么？

3月1日

凌晨，灯都没来得及开，人就吐了。上午，又冲进厕所继续吐。一整天

---

* 作为主演，斯蒂芬·弗雷（Stephen Fry，1957—　）弃演西蒙·加里（Simon Gray，1936—2008）执导的《狱友》（*Cell Mates*），逃去了比利时。

** 邓肯·希斯（Duncan Heath，1947—　），英国演艺经纪人，在艾伦·里克曼的职业早期曾担任他的经纪人。

*** 凯瑟琳·奥利姆（Catherine Olim），艾伦的公关工作人员。

只想躺在床上，也确实这么做了。珍妮特来了，拖着吸尘器绕着我打扫卫生。

3月8日

出租车司机开错路，迟了15分钟才把我送到阿尔梅达剧院，只赶上合成彩排的后半段。

下午1点，去见贝纳尔多·贝托鲁奇和西来斯蒂亚·福克斯［选角导演］的路上，又是一路红灯，疯狂堵车。所为何事？贝托鲁奇正在筹拍一部关于托斯卡纳的电影。*他人还算友好，但是我能感觉到他每5秒钟就要对我下一个小判断。

3月10日

12点半，和克里斯蒂安见面，他朗诵了为参加RADA的面试而准备的选段。是《一报还一报》里安杰洛的一段台词。看着17岁的他朗诵我当年从RADA毕业时念过的台词。

第二场预演。

本以为观众反应慢，原来是他们听得仔细。

3月11日

下午4点，下午场演出如期进行。散场后我简单做了点评，酒吧的人也逐渐多了起来，杰拉尔丁·麦克伊万、凯瑟琳、达莉亚、德克斯特、萨弗蓉·布罗斯**、艾伦·卡明、琳赛·邓肯和希尔顿陆续赶来。他们都很喜欢我的戏。要知道，这些人可都是观众席上的狠角色，他们有人边看戏边挖冰淇淋吃，有人不停地换腿，还有人总是打喷嚏，只是后来你会发现他们其实都听得很认真。

3月14日

晚上7点，媒体之夜。

---

* 指《偷香》（*Stealing Beauty*），于1996年上映。

** 萨弗蓉·布罗斯（Saffron Burrows，1972—　），英国演员、模特。

今晚的成功，超出所有人的想象。所有人以一种特殊的方式凝聚在一起。每一位演员都非常投入。我们差一点儿就把灯光修好了。观众席上坐满了朋友。

晚饭，95个人（应该是这个数）的大聚餐。有人觉得今晚台上台下实现了联动，未来还会继续保持。

3月18日

下午3点，和李安见面。他可以理解“情感”的部分，“理智”的部分怎么办？布兰登作为故事中“唯一的硬汉”，应该如何演，如何拍？我告诉他“我只管演，你只管拍就行”。我出门的时候，伊莫金·斯塔布斯正要进门。

3月19日

《冬天的访客》再获两篇好评。我们再接再厉。

晚些回到家，看马丁·艾米斯的纪录片，我希望他偶尔笑一笑，轻松一点。瑞玛说，他老是写一些“男人看的书”。

3月23日

东西装包，乘车前往希思罗机场，乘6点55分的航班飞往柏林。我真希望机场休息室不要总是接待一些无聊的人。或许可以设一个怪咖专区。

3月24日

上午一晃就过去了。[代表《疯狂游戏》]接受纸媒和广播媒体的采访。不知道我这么一直卖力地甩标签到底有什么用，但我还是得坚持这么做。

话说回来，今天多少还是听到了一些有价值的问题。而且，令人意外的是，居然没有人问我关于年纪和私生活的问题。

下午3点，继续接受电视采访。“您认为什么是演员？”……“我不认为这部电影会取得成功。”（！？！！）

3月25日

安静地一路睡回家。

8点半，阿尔梅达剧院，发现演员的状态都有些疲惫。他们在台上的表演不错，但是有点偷懒，而且大卫居然又开始“演”了。今天戏院坐满了，但是和下午场比起来太热了。这部脆弱的、不可预测的作品，一如我现在的状态。→

3月26日

→争辩不休。我成了那个霸凌者。可这不过是我为了打破沉默故意制造的声音。

8点半，约翰和尼娜·达恩顿［美国记者］设家宴，客人包括托尼和切丽·布莱尔夫妇，琼恩·雪诺与夫人，海伦娜·肯尼迪和伊恩·哈奇森，雨果·扬和夫人露西·沃琳，还有亚瑟·苏兹伯格*和盖尔。

我仿佛身处高海拔，急需氧气面罩——托尼·布莱尔问雨果·扬：“我们应该做点什么？”琼恩·雪诺迫切地想要废除职衔……托尼·布莱尔在放松状态下很有魅力，也很专注（而且相当不拘小节——当他发现全场只有他没打领带，很是沮丧）。我因为打了领带很不舒服，他还以为我会和他一样松着领子。我想与切丽·布莱尔多谈谈——她聪明但不咄咄逼人。布莱尔和我讨论起滥用名人效应的问题。他显然很尊重约翰·梅杰，却远远没到与他冰释前嫌的份上。

3月28日

凌晨3点—6点半，看奥斯卡发疯。出现了一段时间以来电视屏幕上最没品味、最不体面的一些场景。《阿甘正传》飞升了，《低俗小说》被抛弃。这说明什么问题？朱迪说，这说明学院奖的评委平均年龄95岁。

后来……《理智与情感》差不多谈成了，稍微松了一口气。

---

* 亚瑟·苏兹伯格（Arthur Sulzberger，1951—　），《纽约时报》记者，盖尔是他当时的妻子。

3月30日

多切斯特酒店，奥利佛·梅塞尔包厢，斯诺登勋爵的午餐宴。美好的一天，气派的包厢和阳台，正餐开始前大家喝了香槟，席间和波莉·德夫琳*、琼·朱丽叶·巴克**、约翰·威尔士***（《罗里·布雷姆纳秀》上伯德&福琼部分的即兴表演者）聊得很开心。人生一大享受。

3点半，去谢珀顿测试妆造。艾玛和伊梅尔达［·斯汤顿］也在，伊莫金和凯特·温斯莱特一起在房车里，凯特给人的第一印象既甜美又坚韧。

3月31日

下午2点，和大卫·贝利一起合作，他是这样一个坦诚、友善、风趣、脆弱的人。

他的镜头，可能拍出了我这段时间最真实的状态。尽管他说“我不喜欢给我喜欢的人拍照”……

4月1日

阳光明媚。10点左右，和伊莎贝尔［·于佩尔］在波特贝罗路跳蚤市场闲逛，我感觉自己像个游客。她买了对耳环，然后我们去了康兰家具店，在那里，我买了一件礼物，她又买了几套茶杯和茶碟。

4月6日

都柏林。

下午8点，爱尔兰首映。

画面怎么这么暗？为什么开始晚了？

读迈克［·内威尔］[3]的信时，感觉自己像个年迈的政客。

10点半，都柏林城堡。休息室里，休·格兰特更来劲了。

---

* 波莉·德夫琳（Polly Devlin，1944—　），爱尔兰作家。

** 琼·朱丽叶·巴克（Joan Juliet Buck，1948—　），美国作家。

*** 约翰·威尔士（John Wells，1936—1998），英国演员和讽刺作家。

午夜，“莉莉的妓院”俱乐部*。光线昏暗，嘲杂，令人生厌。

4月7日

上午10点，在都柏林街头闲逛。11点，返回谢尔伯恩，尼尔·乔丹和斯蒂芬·伍利居然带着《大块头》**的项目来找我了！我要接吗？需要减肥吗？还需要做哪些准备？

11点25分→机场，飞回家。

傍晚，阿尔梅达剧院。

约翰–罗斯是个彻头彻尾的纵火狂，他点了根火柴，结果把垃圾筐里的东西点着了，火苗很快就蹿得老高。大卫却几乎没有受到影响，该演照演，就是看见火苗快3寸高时，说了声“天啊”……最终，瑞贝卡和场务团队举着灭火器冲上了台。

4月10日

下午1点，鹈鹕餐厅，和彼得·巴恩斯［剧作家］一起吃午餐。人就好像被拔掉了插销，让火气慢慢自己往下消。接着，他就要飞去洛杉矶“开会”。

4月12日

詹姆斯·鲁斯–埃文斯***要为理查德·威尔逊写一本传记，这段时间一直忙着收集素材。上午11点钟，我们约好了一起聊聊，一上午聊得都很开心。理查德是我爱戴和敬仰的人，也是我的贵人，我很愿意和詹姆斯讲讲他的事。詹姆斯优雅、风趣、睿智。

2点15分，去RADA。理事会为了抽签评估而齐聚一堂。更多的机智与聪慧，但并非出自某些从黑暗时代爬过来的理事会成员。

---

* 都柏林最著名的夜店之一，仿造了维多利亚时期的妓院。

** 指《迈克尔·柯林斯》（*Michael Collins*），由尼尔·乔丹（Neil Jordan，1950—　）自编自导的历史战争电影，连姆·尼森、艾伦·里克曼、朱莉娅·罗伯茨、艾丹·奎因主演。

*** 詹姆斯·鲁斯–埃文斯（James Roose–Evans，1927—　），英国戏剧导演。这本传记的书名为《舞台之上》（*One Foot on the Stage*）。

4月16日

10点，看《劝导》。罗杰·米歇尔［导演］的确把这部电影拍得简单易懂，但有些演员就像是在跳蚤市场上表演，导演也不管一管。戏服和奥斯汀的台词都不允许这样的演法。奥斯汀写的是反讽，是中产阶级的爱情故事，不是社会现实题材。我想了解的是人物的内心想法，而不是他们是否干过坏事。尽管如此，米歇尔依然是一位优秀的导演，因为他的视角和思维无疑是生动的。

4月20日

（《迈克尔·柯林斯》的合约可算是谈妥了——所以，重返都柏林。）

4月22日

今晚的演出，理查德·威尔逊、内尔·皮尔森、鲍勃·克劳利、罗莎·马奇*、索菲·汤普森**、法蒂玛还有卡洛琳·霍尔达维都来捧场了。观众像是一帮球迷，又是掉了硬币，又是转酒瓶子，还在结束时吹口哨。不过，他们都喜欢今天的表演。

散场后，和上面提到的所有人，还有演员们一起去了美居酒店。体验了最糟糕的服务，糟糕到把女服务生自己都给逗笑了。不然她还能怎么办？

4月23日

11点半，去安东尼和卡洛琳·明格拉家找他们讨论《鳄鱼的智慧》这个项目。伊莲娜·雅各布也在，她今晚要去参加BAFTA颁奖礼，但她看待这种活动的态度相当理智，一副无所谓的样子。而且，她对《鳄鱼的智慧》给她的角色也持保留态度。现阶段还需要多看看。安东尼又遭遇了《英国病人》早期的那种雷区，坐办公室的那群人每人一个主意。

---

* 指英国演员罗莎琳德·马奇（Rosalind March，1950—　）。

** 索菲·汤普森（Sophie Thompson，1962—　），英国演员，艾玛·汤普森的妹妹。

4月25日

车［在普利茅斯站］接上我，20分钟后将我送达片场。午饭时，伊莫金·斯塔布斯、杰玛·琼斯还有艾玛·汤普森都在房车里，伊莫金和艾玛已经是一副奥斯汀式的扮相，杰玛却还穿着登山靴……一下午我都在准备妆发，现在写这段话时，时间是晚上7点20分，带妆试镜还没开始，我今天就是为此而来。[4]大约8点，我们按要求起身，坐下，向左看，向右看，气氛有一些紧张，更别提还穿着这身衣服。稍微有点丢人。回到酒店后，和休·G.、伊莫金还有凯特·W.小酌一杯。

4月26日

9点35分，乘火车回伦敦。

还是对昨天稍有不满，太过注重造型，内容怎么办？

再就是如何营造和李安共事的环境，很显然，他已经习惯了"指导"演员，而不是"培养"演员。

休·G.说，他们两个在"点评意见上相互较狠劲儿"。典型的格兰特行为。不过就算我说"这么做很没劲"，也不管什么用。

4月29日

最后一个下午场演出。4个孩子都在，状态都很好。他们交出了一部美好的作品。为什么总是下午场效果最好？或许是到了下午人比较放松吧。

晚上8点，华丽封箱。充满自由，充满新的思考。有时，我看着他们的表演，也不知道这一切是怎么发生的。返场时，7个男孩一起上台，接受观众热烈的喝彩。

5月2日

6点15分起床，真正意义上拍摄《理智与情感》的第一天。

做妆发时温和地讨价还价——尤其是发型——结果还是卷发棒赢了。

今天拍了一天的镜头，布兰登从这座美丽的教堂出来，穿过绿油油的田野，向露西亚娜·阿瑞吉*的茅草谷仓和干草堆走去。在附近的小旅馆喝了茶……凯特·W.穿着镶金边的婚纱，看起来非常美丽。艾玛·T.四处张望。哈丽特·W.和我都很享受这里的环境，只是我们不够酷，不愿意承认这一点。

晚上8点，酒吧，来的人有艾玛、伊梅尔达、休·L.［劳瑞］、休·G.、杰玛·琼斯、哈丽特和凯特·W.。休·G.一如既往地活泼、灵敏、刻薄。我、两个休还有哈丽特一起吃晚饭，还好这次不聊八卦，而是聊英美两国的电影制作。嫌不够讽刺是吗？才发现，休·劳瑞原来是个动作片狂人。休·G.竟然对数字、费用和百分比着迷。

5月4日

我渐渐搞明白了李安工作的窍门。他先来找我聊几句："你准备怎么演布兰登？"我只好先给他演示一遍，再笼统地讲一下我的想法。我说完后，他和所有人看上去都很满意。然后我就可以去普利茅斯乘6点35分的火车回伦敦了。

读迈克尔·霍登的讣告——我的思绪回到了1978年的斯特拉特福[5]，那时候他和我一样怒气冲冲，同时他又很温暖、风趣、轻佻却不轻浮。"我不太适合剧团。"有一次，我们邀请他来家里吃饭，谢幕时伊芙［迈克尔·霍登的妻子］在演职人员通道门口等他，迈克尔告诉我，比起钓鱼和种洋葱，戏剧只能算是他的第三个爱好。

5月5日

7点半，哈默史密斯剧院，现在叫拉巴特阿波罗剧院了，玛丽·翠萍·卡朋特的演唱会。她在8点半登台——台上的她光彩照人，十分专业，金色的长发披在肩上，根据工作人员的提示，换了好几把吉他。有时候，因为她对歌曲的诠释方式，一首唱完还余一点儿时间，她会和我们互动几

* 露西亚娜·阿瑞吉（Luciana Arrighi，1940— ），美术总监，同时拥有澳大利亚、巴西、意大利三国血统。

句。不过大部分时间，她都是一首接一首地唱，时间过得很快。演出结束后，我去后台拜访她——她很酷，很专业，丝毫不受影响。

5月7日

6点多去看妈妈。观看在海德广场举行的欧洲胜利日音乐会。真的很没劲，去的全都是些演艺圈的右翼分子。乌特·伦佩尔再一次证明，她不是玛琳·黛德丽。伊莲［·佩姬］没有唱自己的作品，而是选了首比阿夫的歌。克里夫·理查德说道："今天让我意识到，我们应该多么感谢那些勇敢的人们……"

5月10日

今天又没有我的戏。

在片场吃完午餐，就穿上马靴和马裤往马厩去。马库斯可不是匹好骑的马，它就像一辆坦克，还是辆不情不愿的坦克。每走一步都感觉非常沉重，因此骑它很累人，不到半个小时我就筋疲力尽了。

5月12日

又一天上午7点半起床，又一天无戏可拍。

太阳一照，他们就不拍了，乌云一来，他们又不拍了。

或许我该租辆车，可是驾照过期了，所以只能干等着。

5月13日

上午7点点名，我终于上戏了……

然而，今天这场戏却沦为一场噩梦，有很多临时决定、剧本篡改和很多异样的眼神。因为事前没有考虑周全，时间都浪费在拴马上了，毫无必要，结果留给表演的时间又不够了。一天结束时，我又丢脸又生气，但又不能表现出来。不过，我也给林赛·多兰［制片人］反映了这个情况。这场戏也只能这样，但这绝非工作之道。

晚点去艾玛的派对。化（真正的）抑郁为热舞。

5月14日

艾玛、杰玛、格雷［·怀斯］[6]还有我一起去悬崖边徒步，走了3个小时。景色太壮观了。英格兰啊，我的英格兰。如此美丽（看到了大篷车公园、花园侏儒、迷你瀑布，典型的英格兰）。我们不是独自漫步，就是三三两两走在一起，或者四个人走成一排……艾玛还是那么喜欢当老大。

5月15日

上午我有点紧张，因为今天是我的第一场群戏，很多演员都在，李安也在。谁的建议他都愿意听听，也没给一个具体的方向。大家各抒己见，气氛一放松，效果立竿见影，戏拍得很成功。他的品味始终是我们的引路灯。

深夜［打电话］到美国——《虎胆龙威3》闹剧不断。真是羞耻，要用这样一种方式回忆旧作。我是要接管大型制片公司了吗？当然不是，我可没那个功夫，也没那个财力。

5月16日

《虎胆龙威3》风波未了。诉讼律师现已介入。

《政客之妻》在四台播出，看得人欲罢不能，尤其当茱丽叶特的角色开始反击时。剧本苍白，但看起来过瘾。

5月17日

找了一家可以停车的酒吧吃午餐。李安嗜甜，我用塑料盘给他端了三块布丁——一块柠檬酥皮派、一颗巧克力酥球，还有一块班诺菲派，李安的天堂。我吃了三个蜜柑。

5月20日

和琳赛在酒店吃早餐，我们谈到乐观主义者和悲观主义者各有各的人生路。瑞玛疑惑地看了我一眼。

5月22日

极具反差的一天，不知道生活又要给我什么教训。

布兰登在芦苇丛中，布兰登独自坐在船上，布兰登遛狗散步，布兰登骑马——今天拍的这些场景，让我有机会感受到他的生活重心，也让我有时间自己反思一下，而不是回酒店听他们讨论戛纳和《卡林顿》的消息。

推掉这部电影会是我工作生涯中的一大失误吗？

5月23日

9点35分，乘火车回伦敦。

鲁比来找我，我们一起去阿加迪尔餐厅吃晚饭。她讲起洛杉矶发生的故事时绘声绘色，可分析起我俩对彼此的感觉时却严肃起来。她想表达的是，我们不能将亲密的朋友视为理所当然。

5月24日

哈罗德·威尔逊辞世，众人纷纷悼念，其中芭芭拉·卡斯尔和托尼·本的悼词，对哈罗德不吝溢美之词，条理最为清晰，也最有人情味。（他们指出，哈罗德从未排挤或驱逐左翼人士，反而向他们敞开怀抱——伊恩·米尔卡多*说："鸟儿飞行，左右两翼缺一不可。"）。他们没有提到的是，1964年，对于那时还是青少年的我们来说，是一个美丽的新世界，当时的政府人才济济，新思潮不断。那是真正意义上的革命。正如芭芭拉·卡斯尔所说："如果他没有辞职，我们可能根本就不必忍受撒切尔主义。"

5月29日

毫无悬念，J.P.**在戛纳获奖了。这事让我得到了什么该死的教训？以后别人的邀约都答应，别总是思前想后的。某些决定背后的原因可能错得

* 伊恩·米尔卡多（Ian Mikardo，1908—1993），工党议员。

** 乔纳森·普雷斯（Jonathan Pryce，1947— ），在《卡林顿》中饰演作家利顿一角。

离谱。

不论如何，今天出奇地安静。这种打击我受够了。可我要是一天不戒掉多虑和敷衍，日后这样的事可能还会发生。

5月31日

［萨默塞特，蒙塔库特府邸］

阳光明媚，万里无云。

今天有好几场戏，我们都是商量着拍。有三场戏都是一条过。

后来有几个场面，充分体现了演员生活的怪诞——拍摄间隙，工作人员用依云喷雾给我们喷水。国家名胜古迹信托的管家围着我们，饶有兴致地看我们工作。

6月1日

刚一开工，就从广播中得知克里斯托弗·里夫坠马重伤的消息——事故之惨烈，令人不寒而栗。*正因这则消息，让我们对今天的最后一场戏都格外小心。

开工后，先拍我和杰玛坐进四轮马车扬长而去的戏。紧接着，又拍我和马克策马狂奔的戏，拍了4遍。谢天谢地，我们的马缰没有缠在一起……

在酒店用晚餐，桌子上摆着鲜花。伊梅尔达的烤饼故事让我们笑出了眼泪。

6月2日

休·劳瑞[7]和我讨论了《旺达》的续集［《凶猛生物》］。片方向他发出过邀约，被他拒绝了，这会儿他却陷入自我折磨和幸灾乐祸。他这事给我敲了个警钟……

---

* 克里斯托弗·里夫（Christopher Reeve，1952—2004），美国演员，因扮演超人而闻名，在一次骑马事故中瘫痪。

6月3日

倾盆大雨——对于剩下的镜头堪称完美。

格雷和我轮流抱着凯特穿过湿漉漉的草地。[8]草地上拉了一条绿色的绳子，指引我们走位。

候场时，正好开始读蒂姆·帕特·库根写的德·瓦莱拉的传记*，文笔很好，写得很有趣。

6月5日

今天我感到有些分裂，偶尔会有这种感觉，是因为我想更专注于工作，而不是仅仅在片场过得愉快。我注意到，演员没有得到足够的重视。拍戏时，导演首先关注的不是完整的一场戏，而是忙着将一个个画面拼凑在一起。

6月6日

与杰玛一起乘火车返回伦敦。

6月7日

7点45分，大使剧院，和安吉拉·普利森斯一起看《修女乔治的双重生活》。制片方担心观众没带脑子，还特意在舞台前面用投影打出戏名。这出戏真的很糟糕，毫无方向感。不过，给米瑞安［·玛格莱斯］当导演，也不是那么容易的事。

6月19日

艰难的一天。我就知道会这样。又让敌意和消极占了情绪的上风，艾玛还一直不停地对着我说教。谁也别想指挥我，任何事都别想干扰我。利兹·斯普里格斯**看出了我的焦躁，用手拍了拍我的腰。

---

* 《德·瓦莱拉：大块头，大阴影》（*De Valera: Long Fellow*，*Long Shadow*）。

** 伊丽莎白·斯普里格斯（Elizabeth Spriggs，1929—2008），英国演员。

收工后，在酒吧和几个“火花”［电工］一起喝了一杯，真开心。他们都很享受生活，也很喜欢身边的人，没有一丝愤世嫉俗。

6月20日

今天比昨天更自由些，一阵清风拂过大脑。

6月22日

索尔兹伯里广场，大教堂赫然矗立在我们身后。老样子，纸面上简单的一句词，实拍中却大费周章。这次是一句随意的“对不起，我能再来一次吗？”，就为了这句话，马车、马匹、群演都得重新调整，俨然一支军队……

在索尔兹伯里书店找到一本书。快杀青了，送礼焦虑症又犯了。

约翰·梅杰“辞职”了，“勇气可嘉”。我刚读完德·瓦莱拉的书，引用书里的说法，此举“聪明”，懂得“审时度势”，“狡猾”。

6月23日

又一次在钢丝上行走。提建议被误解为找茬。片场没有这种氛围不适合起冲突，一旦被迫与人发生争执，李安就会因自尊心受伤、荣誉感受挫而崩溃。

3点23分，乘火车返回伦敦。

6月25日

人生的转折点，向左还是向右？直行还是迂回？

瑞玛决定不陪我参加导演协会的晚宴——明智之举——我邀请了路易斯·克拉科瓦做女伴。这个活动究竟图什么？下回一定得相信直觉，说不来就不来。

［约翰·］布尔曼东拉西扯，泽弗雷利拒不沟通，哪有人这样赞美电影行业的？最后一位发言人话音刚落，我们就赶忙逃离现场……

6月26日

早上7点20分，出发去希思罗机场，飞往都柏林。

我［在都柏林］一下车就看见朱莉娅·罗伯茨，往楼上走又碰到连姆［·尼森］和艾丹［·奎因］，没过几分钟，尼尔·乔丹也来了。我们大家一起坐下讨论关于德·瓦莱拉的几场戏。尼尔还是一如既往地思维活跃，他像一只蚱蜢，从一个话题跳到另一个话题。

6月27日

9点45分出发，参加［《迈克尔·柯林斯》的］剧本研读会。

斯蒂芬·瑞的善意温暖了一屋人。今天来了很多名角儿。尼尔又是朗读舞台说明，又是唱歌，偶尔还会尖叫两声，然后停下来讨论如何布景——一切让我感到很兴奋。

一路小跑，赶上2点45分的返程航班。

6月29日

去谢珀顿……不出所料，不论是在片场、电视上，还是报纸上，所有人无不对休·格兰特的花边新闻议论纷纷……*还能怎么说？我告诉艾玛，“坏事传千里”。休的事正对了世人窥探他人隐私的胃口，正因如此，才会有那么多专栏，才会有那么多吸引我们注意力的事。

今天拍戏像是在走流程，拍好一场打一个钩。李安看起来很紧张，他可能需要一个拥抱。休也一样。

7月5日

鲁比打电话说她正和卡门·杜·索托伊**在一起。后来他们来找我，然后我们一起来到迈德咖啡馆。与老朋友敞开心扉，好好聊了一回，还是些老话题：我们在做什么——我们要去哪里？老生常谈，却解开了心结。

---

* 休·格兰特（Hugh Grant，1960—　）因在洛杉矶招妓而被捕。

** 卡门·杜·索托伊（Carmen du Sautoy，1950—　），英国演员。

7月9日

下午1点，去理查德·威尔逊家参加他的生日午餐会……快乐的时光，要是没有喝多就好了，瑞玛反复问我："你到底喝了多少？"两个人大半夜吵架，毫无意义地冷战。

7月12日

7点45分，和芭芭拉还有肯·福莱特共进晚餐。肯还是老样子，一上来要先对我的工作打趣一番，像是条件反射一样。芭芭拉看上去很疲惫（后来她才说前一晚工作到凌晨3点半）。

7月19日

肯辛顿议会厅。瑞玛发言时，其他人都得闭嘴。未来的国会议员……

7月23日

上午9点，骑骏马在美丽的乡间穿行。虽然我的马叫沃根，但其实又挺拔又敦实，生得也英俊，只要愿意，它可以跑得像十级飓风呼啸而过。

回家收到洛杉矶的消息，《新爱情乐园》获得好评，却因题材过于黑暗，难以大获成功。

8月8日

出发……先到都柏林，再去谢尔伯恩。补功课时间。租一台录像机，看书了解戴夫*的生平。希望可以快点成为他。

8月9日

8点45分上车去片场……片场出色地还原了奥康奈尔街的风貌。邮局、府邸、鹅卵石，还有德·瓦莱拉的演讲台。讲台虽令人生畏，但还好（我

* 即埃蒙·德·瓦莱拉。

认为），沿着街道参观能让我放松。

一天下来，人越聚越多，据说之前已经清过一次场，赶走了2 000多人。尼尔［·乔丹］宣布先拍演讲的戏之后，片场里还有两三千人盯着我看。尼尔是因为太紧张了吗，他怎么看我的发型、服装、口音样样不顺眼？

终于等他满意了，我们直接开拍，没有彩排，直接开机。这就是为什么人们总抱怨美国和英国演员享受的是一等和二等的待遇。我绝不会让这种事再发生，不过今天这场戏拍得确实过瘾。

8月10日

10点半，出发去片场。爱尔兰媒体拍照时间。朱莉娅·罗伯茨等得有点不耐烦了……她应该试试我昨天的骑行戏。

8月11日

午餐时间，地点是“爱尔兰海拔最高的酒吧”。唬人吧，真是最高吗？店里排满了各种小物件或垃圾，包括一张德·瓦莱拉的头版照片和一个维多利亚时代的痰盂，都用钉子钉在墙上……

8月12日

打车去机场，12点半→科克市。飞机延误，只能坐在停机坪上干等。终于飞抵目的地后，又立马去看哪里可以打车。

驶向科克市（并继续前行）的沿途风景非常漂亮。最后，我们在格雷广场下车，在广场上的布朗酒吧喝了杯吉尼斯黑啤，然后沿着一条小巷往下走，走着走着碰见了贝琳达·朗。他们是怎么找到这个人间天堂的？……在草地上野餐，抬头就能看山。晚餐很可口，红酒喝太多，眼皮打架，早早上床。

8月17日

在都柏林街头闲逛——沿着达姆街从圣殿酒吧区走到格拉夫顿街，再顺着道森街走回来，配钥匙，逛布朗托马斯*——这片街区让我想起了早年间格林威治村第六大道和第七大道的街景。

回到公寓，慢慢地按照我的风格布置了房间……去片场染发……又回公寓打扫窗户（总是很治愈——效果立竿见影）。吃完晚餐。早早睡下。

8月18日

第一天和其他演员一起在片场……现场弥漫着欢乐的氛围。

8月19日

等人来修电视，瑞玛也快到了……在圣殿酒吧区漫步，从意大利熟食店里买了些上好的火腿。

8月20日

周末看报。《虎胆龙威3》本周上映，正好可以用电影的副标题来形容我和20世纪福克斯“讨论”时的态度——“不共戴天”（with a Vengeance）。

8月21日

今天拍戏时又跑又跳……很好玩儿，因为不用说台词。头有点晕也是在所难免。跑去看了场莎朗·香农的现场演出，看完头更晕了。她是我的英雄，听现场的快乐是听CD根本无法感受的。全场身随声动，情不自禁地随着她的节奏摇摆。演出结束后，我去和她打招呼，还亲吻了她。我邀请她来参加我们的庆功宴，她答应了。

回家吃带豆子的吐司。

8月22日

凯勒梅堡监狱。

---

* 百货商店。

一进牢房，不出两分钟，我就感到焦躁不安——当年究竟是何情形？博物馆馆长给我的那本《遗言》上清清楚楚地记载着，他们全都光荣赴死，深知自己死期将至，[也]清楚自己为何献身。这种感觉很奇妙，脚下是他们走过的路，笔下写的是德·瓦莱拉曾写给修女冈萨加*的信（他得知自己即将被枪决）。我逐渐意识到我必须跟随他的情感，让他的情感引导我的表演。这种内在的情绪非常强烈。我正坐在他的牢房里给迈克尔·柯林斯写信，一缕阳光从铁窗照进来，空气中泛起灰尘。窗外天色变幻，仿佛预示着什么。

8月23日

凯勒梅堡和圣器室。本尼迪克特神父要是戴副眼镜，也能演德·瓦莱拉。大家围在一起，商量着圣体要怎么摆，我要用哪种姿势跪下。除了彩排，我们还得用蜡烛油给钥匙刻模，突然发现金属钥匙导热更快，麻烦得很。最后，这场戏总算顺下来了。我极力要求采用大特写，希望别人也觉得这是个巧妙的设计，而不仅仅是我个人的自负心理作祟。

8月25日

一整天都被困在地下墓穴里不见天日，地方太小，没机会和人闲聊几句……拍摄正处于焦灼状态，[剧中的]陪审团都出奇地安静。不管怎么说，今天这场戏很难把握，我急性子又犯了[似曾相识的一幕]，想要速战速决，却事与愿违。我集中注意力，下定决心，铆着一股子劲想好好发挥，却搞得自己筋疲力尽，结果镜头一对准我，台词就像在我嘴里化成了灰。

9月3日

在一个周末打起精神去工作，光是听上去都有些矛盾。10点15分出发，又得把头发染成棕色。在房车上一等就是好几个小时，不过好在可以

* 玛丽·冈萨加·巴里修女（Mother Mary Gonzaga Barry，1834—1915），爱尔兰天主教修女。

看全爱尔兰曲棍球决赛［克莱尔队对奥法利队］，德·瓦莱拉应该会支持克莱尔队。比赛精彩刺激，这下默多克可有东西宣传了。这可是81年来克莱尔队首次夺冠……

今天的拍摄场地出人意料，是在一个自行车商店里。因此，转动的车轮既是道具，也是这场戏的隐喻（我的脑子正试图跟上我的嘴）。这么形容可能有点耍小聪明，而且故作高深也不是德·瓦莱拉的惯用技俩，不过还是有迹可循的。

9月7日

7点15分，开拍。前往市长官邸的一场戏……这场戏女性角色缺失，很早之前我们就为此做过讨论。为何不见马基维奇伯爵夫人*？尼尔说得对，关于这个时代的历史记录相当有限，因此剧本多是由自由派的偏见拼凑而成。大多内容，不是道听途说，就是个人的片面之词。尽管如此，我们还是要能自圆其说。在拍摄间隙，我们一有机会就逮住尼尔，找他讨论后面的场景，或者同时向他展示两个完全相反的版本。尼尔虽然看上去非常镇定，但至少我知道他在认真听。如果他听到了满意的内容，马上就来了精神。安静、坚定、害羞的克里斯·门杰斯［摄影导演］拍拍我的后背，于我也意义重大。这一天收了个好尾，尼尔说了（三四次）“我会再看看那场戏的，好吗？”。

9月9日

去机场，乘12点45分的航班返回伦敦。斯蒂芬·弗雷斯也在……听说《情系快餐车》反响很好……他说他永远搞不明白为什么有人（泛指演员，这里特指克里斯·门杰斯）会想要做导演，这话我没太听懂，他是自己不喜欢做导演，还是觉得隔行如隔山？

9月12日

12点45分，飞往都柏林。

---

* 康斯坦斯·马基维奇（Constance Markievicz，1868—1927），爱尔兰政客。

6点45分出发，凯勒梅堡监狱，夜戏。桑迪·鲍威尔［服装设计师］为德·瓦莱拉的越狱设计了一件迷人的外套和一顶呢帽。我反复摆弄钥匙、门锁，然后沿着小路往上跑，一直拍到凌晨5点。到了这个点，一切都是模糊的。斯蒂芬·伍利告诉我，快速移动的镜头拍得很棒。此人（平时话不多）的话我信。

9月19日

1点半出发，穿过威克洛山脉，来到达格伦马卢尔。溪边的茅草屋，德·瓦莱拉和“新鲜面孔的孩子”（乔纳森*）的第一场对手戏。这是乔纳森今年参演的第三部电影，他会吹长笛、哨笛，还能打鼓（和唱盖尔语歌曲及摇滚）。他才从越南背包旅行回来，还在埃及学习了阿拉伯语。除了多才多艺，他还帅得惊为天人……

这场戏很快就过掉了，又一次没来得及好好思考。除了提前准备，灵活应变，别无他法，不过我们当下的情绪就很难保证。不过，这也正是和尼尔合作的乐趣所在。你必须向他屈服。他没有耐心和你长时间进行框架式的讨论，这样反而更自由。

9月21日

下午6点出发。

爱尔兰又一块土地为我们所用，拍酒吧和干草堆［的戏］。小镇彻夜未眠，就为了看我们拍戏。轮到我的镜头时都凌晨4点了。这样也好，到了这个点，根本不用演，人是真的冻得打战。

早晨6点，尼尔和我来到酒吧喝一杯，工作人员也陆续加入。大家达成共识，有机会还要再合作一次。不过这会儿我的脑子早就收工了，所以此事留到后面再做具体讨论。

早上7点，上床睡觉。

---

* 乔纳森·莱斯·梅耶斯（Jonathan Rhys Meyers，1977— ），爱尔兰演员，在《迈克尔·柯林斯》里饰演刺客。

9月25日

“条约辩论”。三一学院阅览室——美丽的八角屋里，一张张杰出的面孔……这场戏从早拍到晚，镜头一转，德·瓦莱拉发言，掌控全场，镜头又一转，德·瓦莱拉听他人陈词，聚精会神。其间，尼尔简短地提了一个建议，整体基调变得更加紧绷、压抑。漫长的一天，房内烟雾缭绕。

收工后，开开心心地去库克餐厅和艾丹·奎因吃散伙饭。和尼尔认真探讨了下一次的合作，娜塔莎·理查德森又在“该与不该”中陷入两难。

饭后一行人来到“莉莉的妓院”夜店，又玩到凌晨4点。

10月1日

上午9点，电话响了。距离我上床睡觉似乎才过去了3小时。我才睡了3小时，就被喊去和连姆重拍一场戏。（背对镜头，依然戴着眼镜。）

下周二还有一场戏要重拍，这样安排也有好处，周末我就可以安安静静地好好想想，收拾行李、回复信件，继续下一段旅程。

10月3日

9点45分出发。重拍和柯林斯的对手戏，连姆不在，尼尔给我搭词。重拍是因为克里斯想调整灯光，他自有道理，毕竟演员不是唯一的匠人。

10月4日

回家，邮件堆成山，有24条未听留言。电话铃响了，是艾玛·T.。她的声音听上去有点反常，有点缺乏个性，一点儿也不像她。她什么时候才能纯粹乐呵呵地领个奖，哪怕只有一次也好……

10月9日

晚上7点，看《邮差》。这部电影和《天堂电影院》一个风格。正看到关键时刻，字幕突然没有了，差点儿把整部电影都毁了。我并没有像预期那样完全入戏。

晚餐吃的也是意大利菜。一想到后半辈子可能都得在餐厅里解决伙食，感觉糟透了，可不能这么过日子，还是在井井有条的厨房里下厨待客更有意思。

10月12日

9点半出发，去金冠工作室给《理智与情感》配音，见到李安和琳赛很高兴。录音师极其恼人。配音还不忘点评演技："这里有个缺口，能在这里补一段笑声吗……？"

10月15日

上午去看妈妈，骑着她的踏板车去了趟超市，头发都竖起来了。

10月16日

睡饱觉的感觉好极了。起床，准备就绪后出门，坐车前往希思罗机场。也不完全算是一路顺风。R.W.给我的钥匙。我要去1号航站楼，司机却把我放在了4号航站楼……不过最后还是和伊恩·麦克莱恩一起坐上了飞机。圣彼得堡，我们来了。伊恩是最好的旅伴——有趣、慷慨、好奇，不过他和我一样笨手笨脚的，把果汁洒了一身，我们只好换个座位吃午餐。

10月17日

今天继续调整状态。试装，先打扮上有助于入戏。角色我还不太熟悉，所以回酒店还得补课。别的不说，这起码在造型上还是有帮助的。

晚饭前，我和伊恩溜达着走进一家小超市，买了瓶格鲁吉亚葡萄酒。字迹潦草，这瓶酒得负责。

10月19日

鱼子酱当早饭，我什么时候才能习惯这种吃法？

10月20日

拍摄《魔僧》的第一天。

今天开机晚了，错过了光线，所以直接跳到呕吐的镜头。除了最后一条，前几条都是真吐。工作人员都已经把呕吐物收走了，HBO的人一阵嘀咕，让我们“再补一条”。所以，这一条只有性和暴力的成分，没有明显的呕吐物。

10月25日

上午10点出发，今天拍摄的时间都浪费了。[塞德马拉·]瑞斯汀连录三曲，我只能靠学学俄语单词打发时间。午餐时，我还花了点时间提醒弗莱迪*的母亲，他儿子来工作是有报酬的，所以别抱怨了……下午6点，终于轮到我上戏了。埃莱梅尔[·拉加里，摄影师]隐晦地说：“我们也得听指挥。”他一语成谶，乌利[·埃德尔，导演]不苟言笑，口气越来越像个独裁者。迟早我们俩得干一架。

回到酒店，戴安娜·奎克、詹姆斯·弗莱恩**、彼得·杰弗里***等人都来了。我们在帝国饭店一起吃晚餐，有说有笑。演员都特别好，独特、有趣、谦逊。所以，让那些看不惯我们的人见鬼去吧。

10月26日

真正意义上的第一场戏。这场戏发生在拉斯普京第一次真正治愈阿列克谢之后。我们操纵、哄骗、霸凌、奉承导演，无所不用其极。下了片场，乌利在其刚硬作风之下其实有一股柔情。可一到片场，他就大吼大叫，不苟言笑，礼貌更是无从谈起，群演被他呼来喝去，演员被他指指点点。“你就站在这儿，先这样，然后再这样。”

我面对这一切，当然是像一辆开足马力的坦克一样予以反击。我们试探地说“演员也是人”，这句话让片场的气氛一度有点紧张，可乌利到底还是喜欢自己的工作，所以他开始给我们解释——几乎是像在给小孩子解释一样——告诉我们这场戏具体应该怎样呈现。抗争的效果如何？至少他没再大吼大叫了。

* 弗莱迪·芬德利（Freddie Findlay，1983—　），英国演员，饰演阿列克谢皇储。
** 詹姆斯·弗莱恩（James Frain，1968—　），英国演员。
*** 彼得·杰弗里（Peter Jeffrey，1929—1999），英国演员。

片场的欢乐是格列塔［·斯卡奇］和伊恩带来的，我忙着和导演做斗争时，他们始终保持着智慧和幽默。接下来，我们还会有很多欢笑……

10月31日

伊恩和我的对手戏。临开拍前，制片方对剧本提了一些要求，可是来传话的人一张口就露怯，很是软弱。

11月1日

圣以撒大教堂。这么好的场地（光场地费就要35 000美金），乌利却不懂得好好利用。他只要把戏给我们讲清楚、说明白，就已经事半功倍。然而，他却再次因为恐慌和不安作祟，行为让人又扫兴又沮丧，效果只能是适得其反。如果我们真的齐心协力，肯定会得到更好的结果。

11月2日

我下午6点就到了片场，他们却叫我晚上8点再来。大约10点半，我觉得这一架是非吵不可了，所以我自己找上门去。我成功了，尼克［·吉洛特，制片人］和乌利都在酒吧。“有什么话就说”，大家一通掰扯，各自将心中的不满都倒了出来。他们向我承诺会安排彩排。哈利路亚。

11月6日

这一天，对着一大组俄罗斯演员唱俄语歌……还和乌利不停地争吵。他毫无章法可言，所有人必须唯他马首是瞻。他像个孩子一样，绝不允许我们跳出他的故事板半步。

11月7日

乌利终于松口了。我问他有没有摄像机跟着我穿过雪地，他问：“为什么？”我回答说：“这样感觉更有张力。”他说：“我会在剪辑室里剪出这种效果。”

11月8日

生物钟紊乱。不知道什么时间会睁眼。早上8点10分写下这篇日记。脑子里还在想着昨天别人问我的问题："你为什么会接这部电影？"

11月9日

昨天拍戏太拼，今天浑身疼痛淤青。一套按摩和涡流浴做下来稍有缓解，接着出发去木桥（一座真桥）拍拉斯普京的尸体被投河的一场戏。-10℃的气温，不穿外套不戴手套，下巴都要冻掉了，所以我躲在车里，非必要不下车。拍摄临近尾声，我讨厌最后的夜晚，最后的拍摄，也讨厌告别。我尽量表现得若无其事，可当我看到俄罗斯同事们全都以真情待我，还是难掩伤感的情绪。我希望能在这里再多待些日子，也希望导演能再体贴一些。

尽管不舍，但香槟和蛋糕总归促成了欢乐的道别。可是后来，乌利居然给［扮演两位公主的］玛莎和奥尔加讲起俄罗斯的历史来。真他妈的难以置信，他对别人可真是毫不在乎……

11月10日

维也纳机场。3点15分从圣彼得堡起飞，往回飞了两个时区，现在我们在等7点50分飞往布达佩斯的航班。我彻底混乱了，不知道我这是在做什么。我们这个职业，前一分钟还在忙活，下一分钟却又完全抽离。我怎么会总是在路上？？？我这是把科林·威尔逊*笔下的人的两种命运做了糟糕的结合吗？一半深入生活，一半记录生活——要么瞎搅和在一起，要么创造出一种新的生活方式？我会有这些想法，都是受娜塔莎·朗多**的悲观情绪影响。我给自己招来厄运，航班也给取消了。等了两小时，我们又改飞荷兰航空。抵达布达佩斯，房间很棒，可以俯瞰多瑙河和布达。

---

* 科林·威尔逊（Colin Wilson，1931—2013），《另类人》（*The Outsider*）的作者。

** 娜塔莎·朗多（Natasha Landau），服装设计师。

11月11日

做了一些剧本上的改动，尼古拉斯上战场的那组镜头完全不对。

布达佩斯也难逃麦当劳、汉堡王和玛莎百货的入侵。这座城市缺少圣彼得堡那令人震撼的流动之美，它的独特之处显然是被熨平了。酒店会让人以为布达佩斯是一座美国城市。进口电话、台灯、橱柜等设施一应俱全，美国人估计会觉得根本没有踏出国门。

11月13日

有时候，记日记不仅是生活必需，还是法律需要。自从开始拍《魔僧》，我的听力就一直不太好。今天我要求去看医生，［所以］他们送我去见了一个专家——鼓膜未见破裂，但上音区有“急性听力损伤”。为确保受损细胞再生，需每日接受4小时的治疗（办不到）或服用维生素片等药物——这一切令我深感震惊……当制片人的眼睛扫过“第二条诊断建议”前，我在他的眼中看到了平静的恐慌……

11月14日

乌利有种专门气人的本事，他一看到你的本能表演，气都不带喘就直接开始挑刺，不是“太简洁”就是“太戏剧化”，总之怎么都不对。他让我想起了电视广告上的那个装电池的玩具鼓手。

后来在酒吧里，美术总监也发出了同样的抱怨——“这么好的剧本”——我一直不明白为什么要改。什么时候？怎么改？投资人暗中伸出了手。

11月15日

和玛丽莎［公主］的戏——典型的约会强奸，事发之前，这些女性角色要么在帮我洗衣服，要么在给我烤蛋糕，要么在帮我缝衣服——无话可说，这就是英雄崇拜。《疯狂游戏》的情景又重现，那些温和的责备的面庞，仿佛是过去在揪着我不放，连耸肩的动作都一模一样。希望一切顺利……

制片方还是小动作不断。乔伊斯［·内特尔斯］现已被解雇（继帕特之后，他们还想把整个摄像组和安迪也换掉），休·哈洛［制作主管］也紧随其后离开。他们都是我真正信任的人——这是巧合吗？？？是我的问题吗？？

我和希拉·拉斯金*演完了史上最快收场的色诱场景。离开酒吧时，我们俩都醉得不轻。

11月16日

今天接着昨天继续，上午8点就开始拍床戏，到处都是摄像头和连接线。这个镜头考验审美和判断力，还得小心翼翼地摆好衣服避免走光。

11月17日

今天开了个好头，乐队很是热闹（可是后来我才发现，有个舞蹈演员因为肩部走光急出了眼泪，她一口咬定这下丈夫肯定要和她离婚——娜塔莎**不得不赶紧上前给她披了条围巾）。

随着时间慢慢过去，乌利又开始拖进度……我倒在床上的时候，满脑子都是杀人的念头。

11月20日

风度、幽默感、明察事理、尊重他人、体恤他人的母语和风俗习惯，这些品质在导演大人身上几乎都不存在。可他偏又是个脆弱的人，就为这一点，我还愿意与他并肩而行，不然我早坐下一班飞机溜之大吉了。

11月21日

马可·波罗和他的伙伴们，戴安娜·奎克也特意飞来了，詹姆斯·F.今天杀青。他的身上能真实地反映出他这代演员的特点，他有意掩盖对

* 英国演员希拉·拉斯金（Sheila Ruskin，1946—　），在《魔僧》中饰演玛丽莎公主。玛丽莎请求拉斯普京祝福她，但拉斯普京在照做之前，坚持要求与她发生性关系。

** 娜塔莎·戈里娜（Natasha Gorina），化妆总监。

表演技艺的热爱，而高谈阔论时却从不遮掩——他又和谁合作拍电影了，又赚了多少钱，谈话中他没有多少想法，只会用电影明星的口气说“是吗？”“真的吗？”。除非智慧和热情也能算酷，否则他（又）会有意收起这些品质。都是拜你所赐，撒切尔。

11月22日

1点左右，去医院做第二次听力检查。情况略有好转，但他们想给我输液。今天开始每天得在医院待一个小时——祝你好运，时间调度员。

11月24日

睁开眼就知道，今天无论如何是没法儿工作了……去了一趟片场，回到家就立刻躺下，买了一大堆药……病得厉害，无法思考，所有的感官都在线，却没一个舒坦。唯一的安慰是自己可以暖和地躺着不动。

11月25日

伊恩和约翰*来看我，他们才花了四个小时，便把他们那两场戏全部重写。他们离开后不久，伊恩又回来了，这次带来了鲜花和关切。他是心地最善良的人。格列塔告诉我，伊恩昨天也去看她了，一个人不停地念叨着：“你不想把衣服乱放在这儿，对吧？”“你不想把剩饭都堆在这里，对吧？”他不仅帮她叫了客房服务，还帮她把衣服都挂好，甚至帮她把浴室也打扫了。临走时他说：“家不整理好，身体就好不了，对不对？”我的屋里虽然只有一个空盘子，不过他也的确打量了好久。

11月26日

睡醒后感觉很难受……青霉素到底有什么作用？掩盖症状？逗你玩儿？

还得是瑞玛，她在电话里打消了我的顾虑：“要是对付病毒，无功无过，要是对付细菌，肯定有效。”我就喜欢她确定的口气。

---

* 约翰·伍德（John Wood，1930—2011），英国演员。

11月28日

感冒似乎有所好转，现在一次连打三个喷嚏。

看着K.克拉克花钱超出预算。如果你是个富老头，又玩老爷车，又喝威士忌，多花点钱有何不可——我们并不感到惊讶。

又翻了翻这本日记，仿佛记录了一颗疲惫的心。

11月29日

重返工作……就凭意念，今天也要把三场戏拍完（其中两场是一个长镜头……）。

12月1日

瑞玛来了，我们俩高兴地在街上散步，买了几双手工鞋。还给格列塔和伊恩买了礼物。

12月2日

相当忙碌的一天。正如珍妮所说，乌利一开工，所有人都得忙活起来。但是，他的粗鲁还是令人难以忽视。"让她快离场……""她"的名字叫爱莲娜［·马拉舍维斯卡亚，在电影中饰演大公爵夫人奥尔加］，她从一开机就和我们在一起。记住她的名字！

12月6日

人间炼狱——该死，在一个满是镜子的房间，和一个根本就没做功课的导演，拍一场吃晚餐的戏，一上午磨磨唧唧。

G.S.一共就两句词，背了大半天，还端着女主角的架子。我今天的台词量很大，捋起来本来就费劲，她这样我看在眼里，实在讨厌，脑子里好几次冒出想掐死她的念头。

12月7日

还剩十场戏（如果可能的话）……眼睁睁地看着他们先把"我"（用石

膏和硅胶做成的假人道具，很是瘆人）埋了，又一把火烧个精光。乌利半开玩笑地说，装棺材的戏，他一直期待我亲自上场，还说要把棺材盖钉上。（此处我只能附和一个杜宾犬式的假笑，哈哈哈。）

12月10日

去布达的城堡看场地……现在我知道我们的问题出在哪儿了，乌利的优柔寡断和独断专行是致命伤。本来他就不懂幽默，现在玩笑更是开不得了。他在拍摄中护短，放不下执念，如果真的让别人参与到共创中，他会觉得是示弱的表现。或许他才是被欺负的那一个。或许约翰·C.*说得对，乌利作为一个德国人，妻子又是黑皮肤的犹太人，这种经历让他戒备心更强。又或许，他只是不该大吼大叫。回去的路上，司机撞在了枪口上，被他呵斥着关掉了音乐。就为这事，我还和他吵了一架，冲动了。

12月11日

身心俱疲。上午和艾格尼斯**拍招妓这场戏，她演得很好，可有人又要说那些鬼话："你们能再挑逗一些吗……"

后来，和伊恩一起去吃印度菜……有人给我发消息，称赞《理智与情感》赏心悦目。我觉得我得好好休个假。

12月14日

终于拍完了最后一场戏，跪在路边湿漉漉的泥地上，周围车水马龙，犬吠不止……

回到酒店，我和伊恩、格列塔一起去烧烤餐厅吃夜宵。太晚了，就在菜单上点了些小食。格列塔熬夜了，伊恩说："没关系，你明天的造型本来就是要显得难看。"

---

* 约翰·卡特（John Cater，1932—2009），英国演员。

** 艾吉·柯科尼斯（Ági Kökényessy，1967—　），匈牙利演员。

12月15日

今天他们对罗曼诺夫家族执行枪决。虽然是在我去医院后才开的枪，却无法挽救我的听力——现已确诊为永久性损伤。听到这个结果，人忽然感到一阵沮丧。

杀青宴（先是被挪到了酒店）后来不得已又撤回了片场。很遗憾，临近尾声却要与制片人交恶。后来回到酒店，我试图在酒吧和乌利聊聊这次的合作，他坚信自己的聪明、高瞻远瞩和对演员的容忍与理解。他丝毫不觉得自己有任何错处，话说到一半，又开始打岔“那个……在哪里”，和他解释实在是白费口舌。

“二流货色。”伊恩说。

“真是气人。”我说。

12月17日

［伦敦］

瑞玛溜达着去参加《理智与情感》的放映会。我刚演完《魔僧》，还没有出戏，又得了感冒，所以决定待在家里。瑞玛回来时满面红光，作为奥斯汀长期以来的死忠粉，这是她对电影最大的赞美。

12月21日

12点半，拜访菲尔德·戴维斯［耳鼻喉科专家］。一样的诊断结果。永久性损伤——无力回天。吃药也无济于事。我仿佛盯着一张白纸，实在难以理解。

12月25日

是哪条法规规定，家庭成员必须于特定某日团聚并和睦相处——这条法规就该被废除。

现实简直糟糕透顶。

酒精最会让人的嘴把不住门，真话假话全都脱口而出，让人释放，也让人搞破坏。酒店的饭菜难吃，服务也差劲……上的菜都是冷的，两道菜之间要等好长时间，所以只能喝酒，往年的圣诞记忆都涌上心头。

谢天谢地，最后只剩我和瑞玛两个人。我们就着一些冷肉、一瓶酒，看起了《美国总统》。很合时宜——因为电影并没什么实质性内容……

12月26日

去了越鲁比和埃德家，麦克斯给了我一个拥抱，真惊喜，这还是头一回。我们让他开开心心地玩他的地理游戏，然后大人们全都溜去参加海伦娜和伊恩的派对。尼尔和格伦尼斯、乔纳森和凯特、苏西·奥尔巴赫、克莱尔·雷纳、阿拉斯泰尔·坎贝尔、琼恩·雪诺都来了——还是热热闹闹的那群人。贝琳达和休才从洛杉矶回来，还没有倒好时差，必须找一个安静房间休息。大家越喝眼泪越多，我脑子里忽然闪过一段回忆，儿时的我推开房门，看见小姨正在哭泣，那个故事正好也发生在圣诞节。最后，从派对离开，去做唯一的正事——妈妈坐在家里，虽然身体不舒服，但是看见我们很高兴。最终，在斯坦德餐厅（当地一家印度餐厅），加入了R.、E.和B.三人。现在R.女士被惹毛了，滔滔不绝地展开辩论。我感觉我的大脑乱成了一锅粥，天旋地转。回家收拾行李。

12月27日

飞往多伦多，轻松的旅程。

12月29日

直飞纽约。贝弗利·彭伯西*的弟弟来接我们，直接将我们送到拉伊，这座小城好似冬日仙境。后来，彭伯西亲自下厨，玛莎·克拉克**也加入了我们。我的听力是个大问题——我虽然和她们坐在一起，却“置身谈话之外”……同样让我感到置身事外的还有《理智与情感》的宣传广告，显然哥伦比亚电影公司对哪位演员更能吸引人有自己的想法。

---

* 贝弗利·彭伯西（Beverly Penberthy，1932—　），美国演员。

** 玛莎·克拉克（Martha Clarke，1944—　），美国戏剧导演和舞蹈编导。

12月30日

清晨，从弧形窗户向外望去，海湾潮落，深色的树枝填满了窗框，灰蓝色的天空泛起一抹淡黄。回溯这忙碌的一年：

《冬天的访客》利兹场/圣丹斯/洛杉矶/《冬天的访客》伦敦场/柏林/布莱尔的晚宴/斯诺登勋爵的午餐宴/《新爱情乐园》首映/《理智与情感》/《迈克尔·柯林斯》/圣殿巷录音室/《魔僧》/圣彼得堡和布达佩斯。如此一年，难怪会以一声巨响和几声呜咽而告终。

沿着哈德孙河驶入曼哈顿，阳光温暖明媚，全世界的春天都要来了。幸好我带了大衣和围巾……

12月31日

悠闲的上午……好不容易出了门……为的是和连姆还有娜塔莎吃午饭。这一餐吃得很愉快，我们边吃边聊。连姆已经看过《迈克尔·柯林斯》的成片了，他非常喜欢，因此——向前冲吧！娜塔莎给我们讲了一两个关于J.R.、K.B.和E.T.的恐怖故事，我们一直聊到了3点半。

夜里11点45分，过马路来到李·格兰特*的公寓——房间很大，屋里站了很多人（其中包括G.帕特洛和布拉德·皮特），大家举着玻璃杯，微笑，聊天。最后，我和马西［·卡韩］、帕特［·奥康纳］、M.E.［马斯特兰托尼奥］、戴安娜、理查德还有瑞玛一起离开。我们还去参观了玛西亚价值300万英镑的豪宅。

睡觉。凌晨电话。再见了，1995年。

注释

1 加布里埃尔·伯恩（Gabriel Byrne，1950— ），爱尔兰演员、导演，在《非常嫌疑犯》中饰演基顿。

2 唐纳德·普利森斯（Donald Pleasence，1919—1995），英国演员，1982年和艾伦合作《巴切斯特传》（*The Barchester Chronicles*）。

3 迈克·内威尔（Mike Newell，1942— ），英国导演、制片人，《哈利·波特与火焰杯》的导演。

---

* 李·格兰特（Lee Grant），美国演员、纪录片导演，生于20世纪20年代中期。

4 指《理智与情感》的试装。

5 即莎士比亚故乡小镇。

6 格雷·怀斯（Greg Wise，1966— ），英国演员、制片人，在《理智与情感》中饰演威洛比，2003年与艾玛·汤普森结婚。

7 休·劳瑞（Hugh Laurie，1959— ），英国演员，制片人，剧作家，在《理智与情感》中饰演帕尔默先生。

8《理智与情感》中的情节。

1996

— 都柏林

— 《迈克尔 · 柯林斯》

— 伊莎贝尔 · 于佩尔

— 《冬天的访客》

— 《理智与情感》

— 邓布兰小学大屠杀

— 洛杉矶

— 《英国病人》

— 纽约

— 戛纳

— 法夫

— 格林德伯恩

— 伊恩 · 麦克莱恩

— 帕萨迪纳

— 格拉斯哥

— 纽约

— 维多利亚 · 伍德

— 法夫

1月15日

在肯辛顿宫和希拉里·希思一起吃午餐。她和乔纳森·鲍威尔都想让我演《蝴蝶梦》，里面那个角色叫什么来着*——可这一版是电视剧，一共四集，我就说我演不了。虽说都是一样的演法（你甚至有可能发挥得更好），但不知道怎么回事，电视剧就是会拖累演员。除非是美国那种情景喜剧（比如汤姆·汉克斯演的《罗斯安家庭生活》），只有这种电视剧才会拉高水准。解决不了的难题。

7点半，看《玻璃动物园》。

还是萨姆·门德斯的作品。他怎么回事？看样子是把戏剧当玩票了，或者说就是来剧院养一养。整出戏没能真正引起共鸣，缺乏那种一触即发、难以预测的张力。台上的一切经过精心安排。佐伊·沃纳梅克[1]的表演倒是不用担心，但需要有人来挑战她。克莱尔·斯金纳**的演技也是游刃有余。因此，看着像一部佳作，实则从我们眼前一晃就过去了。

1月17日

和贝琳达、休还有弗兰西斯［·巴贝］一起吃晚饭，今晚听的八卦，像《世界新闻》一样来自世界各地。还好我是个谨慎的人……弗兰西斯的生命力像潮水一般涌来，她又是开怀大笑，又是洞察敏锐。根本用不着给她讲太多故事，她自己的存货就够多的了。

1月18日

宿醉得厉害——头疼，后背和脖子也酸。今天还有工作。再也不喝了。

1月22日

看《理智与情感》，心越看越沉。这一版剪辑只关注女性的成长历程——男性角色则显得单薄扁平。可悲，也该关注一下女主角们都嫁了什

---

* 马克西姆·德·温特（Maxim de Winter）。

** 克莱尔·斯金纳（Claire Skinner，1965—　），英国演员。

么样的人吧。

1月23日

当然还在生闷气。《理智与情感》显然把所有的棱角都磨掉了，叙事平淡，几笔带过布兰登上校的人物发展（对这个角色的交代尤其少）。我们起的就是一个衔接剧情的作用。

1月24日

在拉桑托餐厅和凯特·莱丁一起吃午餐。她一只耳朵听不见，所以我们俩坐在一起的画面相当凄凉：两个人只有两只耳朵能用，每个人都得根据自己的病症找个合适的位子。

1月25日

《迈克尔·柯林斯》召唤我了。

12点50分→都柏林阿尔德莫尔工作室。尼尔的头发留长了，可人还是急性子。上一场戏才开始配音，他就迫不及待地要和我讨论或者给我展示下一场戏。可以理解，配音最需要的就是调动情绪，这种工作方式习惯了就好。（之前就有人告诉我片子非常精彩。）剪辑团队非常优秀，一个小时我们就收工了。尼尔载我往市区方向去，他开车和说话一样，又是换挡，又是刹车，又是加速，没什么章法。为了给我接风，我们在谢尔伯恩喝了一扎健力士啤酒……

1月26日

前往机场，乘2点15分的航班返回伦敦。

和艾玛聊过了，她很愿意出演《冬天的访客》（*Winter Guest*）的电影版，或者按美国团队的说法叫*Winter's Guest*。我脑子里第一个想法是给西恩·托马斯打个电话。事已至此，倒不如多些坚定和坦诚。

1月28日

和艾玛·T.聊天后才知道，英国电影业又一次自扇耳光，居然将首映礼放在寇松影城举行……这个电影院不光位置不在主街上，而且只有560个座位。

1月29日

刚才还在谈电影聊合作，转眼就已经在了解助听器了，还看人展示了如何用机械手帮忙提裤子。

下午去看望妈妈和艾西姨妈。是谁说姐妹的关系就一定好？她们姐俩相互挑刺儿，谁也不让着谁，没完没了的，叫人看着难受。好的一点是，她们相处时也有轻松幽默的时刻，可总归是叫固执占了上风。

独自度过一个愉快的夜晚。观看《伦敦标准晚报》戏剧奖颁奖典礼，受益良多。索拉·赫德带着完美的气质登场，她也让我放声大笑，双料主人公。

1月31日

瑞玛过生日，一整天都在计划晚上要怎么庆祝……最终还是决定去常春藤餐厅，这家永远不会出错。我都快成这里的股东了。

2月1日

选角导演蕾拉·贝特朗带着她的电影剧本《爵士人生》（*And All That Jazz*）来找我，故事试图通过一个多米尼加女孩的视角呈现20世纪50年代的伦敦。有她、约翰·克里夫*和桑迪·牛顿保驾护航，这个项目很值得加入。我提议，现阶段最该做的事是先研读剧本。

洛杉矶传来消息，《魔僧》举行了点映，大家都很喜欢。

连续熬夜两晚，又醒得太早。倦意袭来，殃及听力，明显的症状就是耳鸣。人无精打采。恶性循环。

2月3日

去桑德拉和迈克尔·凯曼家做客，一起吃晚餐的还有瑞玛、布莱恩·亚

* 约翰·克里夫（John Clive，1933—2012），英国演员。

当斯及塞西莉亚［B.A.的女友］。令人感到意外的是，布莱恩其实也是一个普通人，不仅不吸毒，而且也会为买房装修这类琐事烦心。塞西莉亚是个有名的模特，可能还是个超模，她在这行工作已经有些年头了。

大约凌晨2点，迈克尔给我们弹奏了他的新作、电影《家有杰克》的主题曲（这部片子问题大得很）。接着，如春潮一般，他又轻轻地弹起《冬天的访客》的配乐。

2月4日

带妈妈和艾西姨妈去吃午餐。看见妈妈一件事要想半天，要这要那的，感觉很奇怪。不管怎么说，她看上去身体好多了，可能是因为有人可以让她使唤，也或许是因为她难得有机会展现霸道的一面。

吃完饭，我和瑞玛推着妈妈和艾西姨妈绕着花园散步。我们一人推着一辆轮椅，偶尔驻足，四个人一起望向落日中蹦蹦跳跳的喜鹊，场面很动人。

2月6日

伊莎贝尔·于佩尔是最让人放松的聊天对象，她总是开怀大笑，总能在短时间内集中注意力，而且她还充满好奇心。完全不像英国人。她的勇敢让我想从明天开始就用法语演戏。

2月7日

7点15分，国家剧院，《福尔蓬奈》。甘本的角色非常狡猾，很是精彩。我觉得本·琼森应该不会给仆人取“凯文”这样的名字……整出戏让人意犹未尽，舞台是旋转的，对白火花四射，演员（大部分时候）很敢演，可就是有一种缺乏探索的感觉。西蒙·拉塞尔·比尔念台词的音调很好，就是应该注意一下说话的口型。

2月11日

生日就快到了，我产生了一种很强的欲望，要么就掌控过去（老照片、老剧本、纪念品之类），要么就抛在脑后。解放自我，整理衣柜，只要有一丁点儿看不顺眼，这件衣服或许就该丢了。

看鲁比采访罗西妮·巴尔的录影带，内容很有趣，但鲁比应该让嘉宾多说话，观众看着他们就够了。

2月12日

……艾利克斯·谢里夫斯*带来悲伤的消息。

2月13日

早上打了电话，悲伤消息不断。周日，萝贝塔·谢里夫斯被送进圣玛丽医院，进去就没再出来，医生说她可能撑不到第二天。今天上午，就在我给艾利克斯打电话之前，他才接到医院的电话，说萝贝塔可能就剩5分钟了。我赶忙打车去医院，在医院楼梯上碰见了艾利克斯，当我们赶到病房时——萝贝塔已经走了。她的病床周围拉上了围帘，护士让我们节哀。我们揭开帘子走进去才意识到——她真的走了。我差点儿都认不出她来，她的脸上和身体都已经没了生气。这种感觉不是死亡，而是生命的流逝，非同寻常。艾利克斯一遍又一遍地为她梳理头发，擦拭她的嘴角和眼睛，亲吻她，和她做最后的告别。我的告别远不如他那样直接，我只能在心里默默记住她最后的模样。愿逝者永存。从医院出来，我们找了一家意大利餐厅吃午饭，我们都尽可能地聊些高兴事，说起来还真不少。

为捍卫价值而开战似乎是我的天性。今天要公布学院奖提名，因此我的好斗在今天达到了顶峰。姑且不提现实的事与愿违和我的困惑。（在此）只记一笔我和康纳·麦克德莫特在拉桑托餐厅吃的愉快晚餐，现在大家都习惯叫他这个名字了。

2月14日

昨天艾玛和凯特都获得了学院奖提名，但是伊恩没被提名，妮可·K.

* 艾利克斯·谢里夫斯（Alex Sheriffs），艾伦的一位老友。

也没有。这一天天的真是疯狂。

2月15日

晚上8点，汉普斯特德剧院。

斯蒂芬·波利亚科夫的新戏。斯蒂芬在门厅特意叮嘱我，绝对不能挑女演员的毛病。我怎么会？斯蒂芬又一次剑走偏锋，高空探险，两位演员的表演都很精彩。

2月18日

中午12点，伊莎贝尔在常春藤餐厅二楼设午餐宴，差不多34个人围坐在一张美丽的椭圆餐桌前。每当这种日子，你会希望一天永远不要结束……环顾四周，房间里充满往日的回音，尤其是那些和我演过对手戏的女性，茱丽叶特、菲欧娜、宝拉、哈丽特、赛斯吉娅、黛博拉、碧迪、佐伊、吉莲和安娜，我看到她们，由衷地感到自豪。

2月20日

在常春藤餐厅的酒吧等伊莎贝尔。最近伦敦人人自危，爆炸袭击的恐惧笼罩全城。[2]

2月21日

凌晨2点，朱迪·霍夫兰德从洛杉矶来电，提前祝我生日快乐。

干我们这行就这点不好，彩色镜头和特写镜头会记录下你和朋友们衰老的过程。后退快进，只需要按一下遥控器。时间过得太快了。

在阿拉斯泰尔·蕾托的餐厅和鲁比苏珊娜·伯蒂什吃午餐。鲁比给我带了一个咖啡机和一口深煮锅，苏珊娜则送给我一块水晶。她们二人完美互补，苏珊娜笑意盈盈，真诚务实，鲁比还是老样子，叽叽喳喳说个不停。

回家做准备。

6点半车就到了，6点45分出发去梅菲尔寇松影城参加《理智与情感》的首映礼，生日正好找点事做……老朋友排成新队形，等着查尔斯王子接见（我趁机告诉他，我这个角色该让他演），然后大家一起看电影。除了音效糟糕，剪辑有些问题以外，这是部美好的影片。和理查德·W.还有伊莎贝尔·H.乘一辆车前往白厅街国宴厅，内厅天花板上，鲁本斯的画可真漂亮。哈丽特演出结束后也赶来了，乔思林·史蒂文斯*带头起哄，一定要我“快来！说几句！用布兰登上校的语气！”。

2月22日

糟糕的一天，睡不着，红酒喝太多，一切悬而未决，浑身僵硬酸痛，久久不消。实在感觉没劲。朋友之间，不同政体之间，冲突随处可见。为什么会这样？也许未来风向会变好，然而此刻我却很难受，生活只赏给你几个转瞬即逝的美好瞬间，其余的时间要想把日子过好，得有个好身体，还得有个成熟的心态。

一整天一个人待着，心情更没法改善。珍妮特来打扫了卫生，经纪人和贷款业务员打来几通公事电话。和昨天的光鲜相比，今天不值一提。

祈祷吧，长大吧。

2月24日

看《肖申克的救赎》。我的评价是“教科书级别”。没有缺点，经典之作。唯有一点，我觉得片中那些狱友的头发没必要梳得那么一丝不苟。导演什么时候才能和发型师说，别那么条件反射，不要谁的头发都想整理一下。

2月26日

司机再三确认时间路线，把车停稳，终于在11点15分接上我。我上车后，第一站是去接克里斯汀·米尔沃德，然后我们一起启程去柏林。哥伦比亚电影公司要我去领金熊奖，李安不在，艾玛不知道是故意躲起来，还是在独守闺房，不过这倒是个好机会，让我见见老朋友。

下午5点，接受来自美国的电话采访。写一个简短的领奖词。

---

* 乔思林·史蒂文斯（Jocelyn Stevens，1932—2014），新闻出版人。

6点半，克里斯蒂娜、克劳斯和克里斯多夫［艾伦的德国朋友］来酒店看我，带了一瓶香槟。接着去颁奖典礼，上台，接过小金熊……

3月3日

晚上8点，多切斯特酒店。苏珊·萨兰登来伦敦宣传《死囚漫步》，我们叫了客房服务坐下来闲聊。她脑子转得飞快——话题从政治转到她的事业，从蒂姆·罗宾斯［她的伴侣］转到她的孩子们。有哪个当妈的会带着两个小孩跑到爱达荷州去玩板桨？

3月6日

2点半，朱迪·戴什的办公室——真漂亮——完全符合她明快、有教养的气质。

晚些时候完成了《冬天的访客》的第二版剧本。几处调整，故事大变样，现在这个剧本棒极了。

3月7日

伊莎贝拉要参加《乱世情缘》的首映礼，还缺个男伴。我推荐了休·弗雷泽，他惶恐不已，不过还是决定要去。

3月9日

下午3点，《汤米》的下午场。整部戏制作惊艳，评论界还是不说好话……真是吹毛求疵。随他们说去吧！

5点20分……在绅士俱乐部和德斯·迈克纳福聊了聊他的电影《贝蒂表妹》*，这部片子就像费多遇见了易卜生，我也是这么告诉他的。不可思议，不是吗？话虽如此，德斯却是一个很好的聊天对象。今天我有点儿没收住，该适可而止的时候却没有管住嘴。有时候一张嘴，不知道会说出什么话来。怪吓人的。

---

* 电影由巴尔扎克同名小说改编而成，迈克纳福（McAnuf）担任导演。

3月10日

12点15分，入住格雷肖特［温泉］山庄。接下来四天，要远离电话和装修工人，戒酒，控制饮食，规律锻炼。

从45分钟的面部护理开始，按摩、乳霜、面膜一样接一样，医生也是这么叮嘱的。我睡着了，鼾声震天，吓了护理师一跳。

抽空看看剧本，写写信。哈利路亚。

3月11日

9点半，营养师面诊。她还能说什么？我的生活方式太荒唐了。

10点15分，蒸汽房。

10点45分，按摩。这里的手法不输钱普尼。

午饭后，继续游泳，泡热水澡。

2点半，1小时网球私教课。多年的坏习惯立刻得到纠正，疲惫不堪。

下午5点，头部正骨。睡一阵，醒一阵，结束时治疗师说"现在你的骨头正多了"（诸如此类）。确实。

3月12日

午餐需要担心的问题只有一个：端着盘子从自助餐台走回餐桌，食物垒多高不会掉在地上？

5点半，全身按摩，在合法的前提下堪比性服务，至少我是这么认为的。女技师坚持要我脱光，涂油和按摩的手法都相当缓慢。

过了两个小时，她终于完事儿了。我本应享受这次服务，可我实在是受不了那种新时代的"舒缓"音乐，而且我越来越怀疑，这位女技师才是最享受的那一个。因为她说："我这份工作很可爱，每次把手放在那些光溜溜的身体上，我都迫不及待。"

太困了，饿死了。

3月13日

今日，邓布兰小学体育馆发生一起惨案。[3]与这场悲剧相比，其余一切显得无关紧要。我得知这则消息时已是下午，上午的放射治疗自然未受到影响。可是到了盐水浮力池项目，不想便是不可能了，我脑子里有种负罪感，只怕自己太过放纵。什么叫自我放松，就是什么都不想吗?

就算我的原计划不是明天离开，我也一定会走。去做什么?我不知道，或许仅仅是为了与大家同在。这一趟度假，且不说开销不小，主要是意义非凡，让我有机会好好自省。这一周的价值，也没法儿拿来同戏剧学生的生活费、洛杉矶的那件夹克，或是妈妈的爬楼机相提并论。过去四天，很多双手为我放松，但没有一双手属于我爱的人。今夜在苏格兰，有如此多的爱和遗憾。

3月14日

今天上午，媒体的报道是一幅英国众生相。四台在新的报道中居然穿插了一些愚蠢的游戏环节——怎么回事?BBC的报道死气沉沉。GMTV的报道虽然更生动，但表述中带着自满和偏见。说什么让凶手“在地狱燃烧”，这都是废话……杀人者曾几何时也不过是5岁的孩子。看看凶手，再看看那些孩子的照片，观众的内心不知作何感想。那一张张纯真的面庞，根本不知仇恨、压制、种族、责任为何物。他们不过是些微笑的孩子，全都活在当下，甚至根本不会考虑半小时之后的事。这么多年之后，为何只有男人又再次拿起了枪?我们究竟做了什么，才会催生这样的怪物?莫非是人之初，性本恶?不论如何，GMTV作为媒体，竟如此幼稚。

3月19日

上午10点出发，乘12点15分的航班前往洛杉矶。

在取票处碰见伊恩·麦克莱恩和他的男友德里克，有他们作伴，旅途非常愉快。

3月20日

7点15分出发，参加《魔僧》的放映会。正演到我要给阿列克谢“治疗”时，后面有人说话:“这屋里有医生吗?门厅有个病人需要急诊。”我都快站起身才意识到，我并不懂什么医术。奇怪的说话声，奇怪的放映会，或许是拉斯普京显灵了。在月食餐厅吃晚餐，我觉得大家都不知道怎么评价这部电影。也难怪——这个题材至少已经被翻拍过十几次了。

3月24日

5点15分，朱迪来酒店接我去琳赛［·多兰］和罗德尼家参加《理智与情感》的招待会。他们家让人联想到阿加莎·克里斯蒂电影的美国版本。的确如此——房子是20世纪30年代建造的，像一座历史博物馆。艾玛和格雷都晒黑了，心情愉快。[4]

8点半，去玛莎·L.家参加为苏珊·萨兰登和蒂姆·罗宾斯举办的招待会。所有人都觉得苏珊明天一定会得奖。奥斯卡就是这样——这并非她最好的一次表演，但她也该得奖了。另外，大家也都认为，学院奖的评委们肯定理解不了蒂姆微妙的执导风格，所以他肯定不会得奖。*

3月25日

下午2点，和伊恩还有德里克会合，一起开车去大卫·霍克尼的工作室参观。这里是一个产业链——办公室、各色文件以及工作人员。工作室也和展厅在一起，场面很大，我们进去时，D.H.正在沙发上睡觉。当他邀请我们去他位于穆赫兰道的家里时，我想掐自己一把。他思维活跃，热情地向我们展示他的新作品和新计划。他还给我们三个人照了几张宝丽来相片，然后放进复印机里放大。德里克成为获赠相片的幸运儿。霍克尼的听力虽然每况愈下，但他的清醒意识，他的笑声，他所徜徉的色彩海洋，他的家，都不曾改变。

5点45分，去贝尔艾尔酒店接格雷格，然后去朱迪家……今夜属于《勇敢的心》，《娱乐周刊》之前就预测“《理智与情感》或将止步于提名”。这个世界啊。典礼结束后，转场……哥伦比亚电影公司的派对。喧闹声、

---

* 《勇敢的心》获奥斯卡最佳影片奖，梅尔·吉布森（Mel Gibson，1956—　）凭该片获得最佳导演奖，苏珊·萨兰登（Susan Sarandon，1946—　）凭《死囚漫步》获得最佳女主角奖。

闪光灯、食物、酒水。现场有一股淡淡的失意，我倒是无所谓。艾玛和凯特到了，又是一阵闹哄哄，闪光灯闪个不停。

3月26日

9点半，与安东尼和卡洛琳·明格拉夫妇一起吃早餐。同桌的还有他们的经理人——约翰和邓肯。

他们离开后，罗伯特·扬坐到了他们的位子上，和我们聊起昨晚（他的《非常嫌疑犯》获得两座小金人）。

朱莉娅·罗伯茨为苏珊的早午餐庆功宴而来，她有着全世界最好搂的腰。出门的时候碰到苏珊，她有点累，但状态不错。

3月27日

上午7点，退房，和安东尼·明格拉一同前往洛杉矶国际机场，飞往旧金山……

下午看完了《英国病人》的粗剪，片子足足有四个小时，非常累人也相当迷人。从叙事，到对原著的忠实程度，再到镜头语言、表演水平，都可圈可点。这版粗剪验证了我看剧本时就产生的想法：这部电影将在剪辑室里诞生。

一到家，我就一口气提出我的两点看法。安东尼兴奋得像是等待开饭的小狗。我能看出他对执导电影的痴迷。拉尔夫·费因斯、克里斯汀·斯科特·托马斯、威廉·达福和朱丽叶·比诺什全都贡献了精彩的表演。很高兴能看到演员带着智慧表演，而不仅仅是炫技。

3月28日

与此同时（字面意义上），安东尼也决定在网上搜一搜艾伦·里克曼——一共弹出368个条目。这就像是在搜索一个陌生人，尤其看到有说分析我的邻居是谁，不是谁……不过，大多数人对于我的评价都是善意的，他们就像我的啦啦队，唱唱跳跳直到深夜。

4月9日

7点半，圣莫妮卡，《迈克尔·柯林斯》试映。这部电影本质上还是一部动作片，涉及的政治内容不多。男孩子闹革命。怎么，现实和戏里的爆炸场面负负得正，都删掉了？不过，这还只是半成品，还有时间完善叙事。尼尔有点坐立不安。"你带烟了吗？""你能跟上吗？"

4月11日

朱迪来电，《每日邮报》又发一篇恶评。嗐！

4月12日

[伦敦。]

晚上8点，迈克尔·凯曼的生日派对……难忘的是见到了莎朗·斯通——她真的很迷人，眼里闪着光，聪明又风趣。难怪她不需要男人。

4月14日

1点15分，常春藤餐厅午餐聚会，在座的有彼得·梅达克[电影导演]、朱莉娅·米杰尼斯[歌剧演员]、路易斯·克拉科瓦[电影制片人]、鲁斯·麦尔斯[服装设计师]，还有伊莎贝拉·罗西里尼。终于得以一见罗西里尼女士，真是太好了……她美得让人无法专心听她讲话，只顾着欣赏她美丽的唇形了。

4月28日

纽约。

12点，入住温德姆酒店。

今天得知黛安·布尔*病重的消息，心里久久不能平静，感叹人生无常。乔纳森和伦敦沟通的同时，我们的彩排正在进行。能与这些人共事是一种奢侈——每个人都很有想法，也会使巧劲儿，因此在我们的努力

* 黛安·布尔（Diane Bull，1952—2008），英国演员。

下，朗诵会有了新的面貌。我就是担心不够幽默。

7点左右，马戏团餐厅——蒂娜·布朗/《纽约客》/阿尔梅达剧院。

来了很多人，一整晚我都被挤在边上。结果忽然一下子，人又都走光了。这是在美国，在英国我们可不这样，我们会一直赖到最后，到处找吃的，在空瓶子堆里找酒喝。

4月29日

下午2点，百老汇劳拉·佩尔斯剧院。[5]

我差点以为我们上不了台了——一直在讨论动作，记笔记。直到6点，我们才终于商量好，然后开始换衣服。到了这个点儿，我甚至还记不住第一个上台的是谁。我叫了一个三明治送到更衣室，吃完和娜塔莎·理查德森去了趟街对面的超市，又默默地过了一遍潦草的笔记。

晚上8点——演出开始。上半场，匆忙在所难免。四处摸索，你是谁？这段素材什么内容？我是谁？我在哪儿？不过观众都很买账，下半场也就轻松很多。素材选得很合适。总的来说，这是场很特别、很欢快的表演。

5月12日

1996年戛纳电影节。

……前往尼斯，乘车前往戛纳伊甸豪海角酒店。曾经的僧侣宿舍，如今却价格不菲，光是清洗一套礼服就需要60英镑。花200法郎打车去参加《堪萨斯情仇》的庆功派对。现场连杯饮料都没人给我，可我还是决定保持风度，为此我得到了奖赏，得以一见罗伯特·奥尔特曼。他有人情味儿，温暖，包容，风趣。头号偶像。凌晨3点，在酒吧里见到了米克·贾格尔。二号偶像。

5月13日

12点［午夜］，《猜火车》首映。第一次走红毯，美中不足的是我们来早了半小时，现场的气氛没那么热烈。不过走在最前面的是格雷德勋爵——见到他这趟也算值了。他89岁高龄，还在午夜候着看《猜火车》，而且观影品味甚广。除此之外，先后走过红毯的还有达蒙·奥尔本、莱昂纳多·迪卡普里奥、V.波特姆利*，当然还有丹尼·博伊尔。电影就像一部毒品宣传片，还是部精彩的宣传片。

5月25日

9点05分，肯辛顿奥登电影院，《秘密与谎言》。就像在看自己的生活。你不清楚小姨说过什么话做过什么事，让妈妈一直难以释怀埋在心底，然后圣诞夜你一推开门，看到家人们都在啜泣，徒留你困惑不已。蒂莫西·斯波演得很棒。

5月31日

晚上7点，去考文特花园酒店接劳拉·邓恩，然后去国家剧院看《指定忏悔者》。在前厅、后门和常春藤餐厅都碰见了华莱士·肖恩［这部戏的作者］。怎么说呢？我不知道该怎么形容，不过每次撞见他，我俩都表现得既有风度又有智慧。在常春藤吃饭很有意思——尤其是因为费伊·普雷斯托**玩起了扑克牌魔术，结果牌都飞到天花板上了。

6月2日

9点左右，布莱恩·考克斯在瑟西斯餐厅举行生日派对。人类行为大赏。（有个小男孩和瑞玛像是一个模子刻出来的。）

6月6日

清晨，喉咙沙哑。

10点15分，检查耳朵。

病毒似乎从头部扩散到了胸腔。

---

* 弗吉尼亚·波特姆利（Virginia Bottomley，1948— ），时任英国遗产信托基金秘书长。

** 费伊·普雷斯托（Fay Presto，1948— ），英国魔术师。

《费德里奥》晚上7点半开幕，为了［不］错过开场，7点我就冲进剧院……第一幕是我听过的最美妙的歌剧。大卫·霍克尼也在，他讲了一个关于德加和电话的笑话，我到现在都没太听懂。

去常春藤餐厅吃饭。

再之后，继续吃感冒药。

6月9日

12点，大卫·苏切的生日宴……真没想到，大卫和希拉在高街还能有一个这么大、这么漂亮的花园。红色格纹桌布在初夏的热气中飘动，让人心悦诚服。

2点45分，苏珊·弗利特伍德*的追悼会。和琳赛·邓肯悻悻离开，好好的悼念仪式差点被圣詹姆斯来的自大神父给毁了。

6月10日

11点左右，莎曼来找我，我们一起过台词，估算每一场戏的时间。

6月12日

凌晨2点多，给在洛杉矶的伊恩·麦克莱恩打电话。他有好多故事要讲，其中就包括歌蒂·韩家里的印度大师。“你还在抽万宝路吗？”

6月14日

去玛莎百货给妈妈买毛衣和裙子。

7月7日

约艾玛和菲利达喝茶。感觉她们像是在参加考试。也难怪，毕竟今天简单见一面，就要决定是否把这么大一个活儿托付给她们，紧张也是在所

* 苏珊·弗利特伍德（Susan Fleetwood，1944—1995），苏格兰演员。

难免的。

7月11日

8点，与迈克尔和桑德拉·凯曼一起吃晚餐。鲁比给我们讲了她应《时尚》杂志之邀去巴黎做时装评论人时发生的趣事。她的座位被安排在A区第一排，正因如此，她学会了用11种语言说“她到底是谁呀”。

7月14日

12点，理查德·W.过六十大寿，慷慨宴请亲友。他那么喜欢小孩，就应该当爷爷。派对正式开始前，大家都在忙着吃开胃小饼干，只有他在耐心地整理玩具。

7月15日

上午8点，飞往爱丁堡。

和安东尼、约翰、约翰-罗斯还有大卫[6]一起吃晚饭（迟了）。家长们都去了酒吧，我们在学校对面吃中国菜。突然间他们都长成大孩子了。约翰-罗斯变声了，大卫长高了，约翰才14岁，看上去就像18岁，只有安东尼还是像身上装了个弹球一样（他长高了9英寸，更能蹦跶了）。

瑞玛发来消息，妈妈住院了，没怎么睡着。

7月16日

今天沿着法夫海岸跑了好几座小镇，其中最让我印象深刻的是安斯特拉瑟和皮滕威姆[7]，莫非这就是越简朴，越荒凉，越难忘。

8点左右，和克里斯蒂安·赞诺一起吃晚饭，吃的是泰国菜。他说他没费什么功夫就通过了考试。他的脸上也发生了一些细微的变化。我发现我盯着他看时，像是选角导演在挑演员——这里太多了，那里还缺点东西。不过，他的脾气没有变，还是那么招人喜欢。他聊起了扮演马伏里奥和在意大利难民营洗碗的经历，两者一样重要。

7月17日

去洛蒙德湖勘景——不合适。又去了特伦、普雷斯特威克和艾尔——这些地方让我想在心里尖叫。艾尔一到夏季就酷暑难耐。不过在索尔特科茨，我们发现了一条美丽的步道，直通围墙，里面是一座奇怪的荒宅，这样的房子不该被遗忘。

总的来说，如果我们将镜头从风光上挪开，只聚焦石堆、围墙和灯塔，法夫海岸肯定合适，足够还原剧本。

7月19日

1点半，与芭芭拉和肯·福莱特夫妇一起先去了戛纳步道，再去了格林德伯恩。此行既没有车也没有司机，惹得肯很不高兴。他非常喜欢按计划行事，比如说，坐在车里喝香槟吃小饼干。

8月3日

下午5点，骑士桥街，圣哥伦比亚大教堂，达斯蒂*和杰西卡·休斯喜结连理。

婚礼上的一切都十分美好。这座教堂乍看之下平平无奇，实则非常简约；教堂的唱诗班水平很高——演唱了几曲莫扎特的曲子；我还看到达斯蒂母亲的老年痴呆又犯了，护士得不停和她介绍现场的情况。

婚宴在雷顿别墅举行，坐在我旁边的人是凯西·莱特，世界调情冠军非她莫属。

8月11日

1点半，打车去伊恩·麦克莱恩在河边的家参加苏珊娜·伯蒂什的生日派对。西恩**的兴致很高，他正在拍电影《生命中不能承受之情》，显然是如鱼得水。弗兰西斯·巴贝给我们讲了她在奇切斯特演戏的日子，她都

* 达斯蒂·休斯（Dusty Hughes，1947—　），英国剧作家。

** 西恩·马提亚斯（Sean Mathias，1956—　），威尔士剧院导演。

快要疯了。注意：不论什么事，绝对不要向弗兰西斯透露太多，她是个大漏勺。伊莫金·斯塔布斯一开口“你一定得保密……”，就连弗兰西斯自己也要叫她赶快打住。我们一致认为，如果弗兰西斯有天受够了要息影，告别剧目就可以叫作《你一定得保密》，她自己演一出独角戏。

9月7日

10点半出发。12点15分→洛杉矶。

疯狂——48小时往返。没办法，还是得去。

9月8日

3点半，车来接我去帕萨迪纳。*路易斯和朱迪都穿了黑色的礼服。朱迪带了一瓶水晶香槟，我就有种预感……到了现场，人山人海。观众席有好几排，都是给那些来一睹明星风采的人准备的。琼·里弗斯问我的礼服是哪个牌子的……晚会开始，主持人奥普拉登场。一阵倦意袭来，天花板开始微微转动。一想到水晶香槟，我提醒自己，待会儿一定得记着感谢几个人。接着，海伦·米伦获奖了，又接着，听到了我自己的名字，浑身一颤。给我颁奖的两位女嘉宾——C.［克里斯汀］芭伦斯基一身金色礼服，斯碧尔·谢波德一身红色礼服，一人向我伸出双臂，另一人则比较含蓄。下台后整个人晕乎乎的，有人护送我从一个房间到另一个房间，拍照、讲话、接受采访。都是为了电视奖！最后，去派对……

9月9日

后来和朱迪聊天才知道，本来我获奖的胜算不大。

8点55分［晚上］→伦敦。

9月11日

9点45分，乘车去见盖纳医生。

---

* 艾伦·里克曼凭借迷你剧《魔僧》获得艾美奖最佳男演员奖。

很明显，保险公司现在都不敢替我承保了，因此一次全面体检很有必要。说来有趣，这种情况也很常见，保险公司也不是非要做演员的生意。

之后，去艺术部门。保佑他们——房间里还挂着布条。工作持续进行中，逐渐向成品迈进。

9月15日

7点45分→希思罗和格拉斯哥。接上西穆斯［·迈克加维，电影摄影师］后，前往法夫海滩。顺着街道和岩石走了一遍，故事将在这片冰天雪地中展开。面对创作的种种可能性，西穆斯最喜欢说的一个词就是“疯了”。

9月16日

我们先到达埃利海滩，在那里等艾玛和菲利达。很高兴她们能来，这样她们就能先和西穆斯交流一下。果不其然，三人一拍即合，我们把昨天的路线又走了一遍。这一次，我终于在镇上的糖果店好好逛了逛，这地方以后能常来，店里卖的手工巧克力、珍妮糖豆、帕尔玛紫罗兰糖片还有可食用项链，都让我想到小时候。我妹妹以前就总爱戴这种项链和手链，她吃到最后，脖子和手腕上只剩一圈甜甜的弹力带。

9月24日

去RADA参观最终完工的范布勒剧院。进去之前，我做好了参观拳击场的准备，但进入之后才发现，这个白色的小剧场提供了最好的舞台解决方案。布莱恩·艾弗里［建筑师］也是真心为参与这个项目而高兴。

匆匆跑去摄影商店，为亚历山德罗和伊丽莎白买结婚礼物，然后乘车去机场，2点45分→纽瓦克。

在飞机上看了《烟变奏之吐尽心中情》，那个从树上清理塑料袋的人是我的新英雄……还看了一集《解密高手》，也很好看，摄影手法很大胆自信。几天之内，我被吓到了两次。

晚餐……和尼尔［·乔丹］一起吃。他就像人间小蝴蝶，像一把喷射枪，像盒子里的杰克，也像成了精的蚂蚱。

9月25日

纽约。

9点45分→丽景酒店，宣传期第一天，媒体问题不断。朱莉娅·罗伯茨站在走廊上，腰肢纤细。记者还是一贯地进攻，我还是一贯地防守——隐约感觉有人骑在我肩膀上。

和艾登、连姆一起吃午餐，他们一直在研究电视上播的宣传片——硬汉电影《迈克尔·柯林斯》。

9月26日

上午10点出发。电视采访，每场6分钟。很快提问就变成一堆套话。扮演真实人物是什么感受？你做过哪些人物研究？和尼尔或连姆合作的感觉怎么样？你对这个题材有过顾虑吗？给我们讲讲你知道的爱尔兰历史。今天晚些时候，有人问我："你觉得电影里最性感的人是谁？"

9月28日

7点左右到达伦敦。

晚上8点，阿尔伯特音乐厅，维多利亚·伍德。

惊人的表演。素材丰富，节奏很快，如果她稍微慢一点，这些内容都够演一天了。调侃圣诞节的段子相当精彩。当着6 000名观众的面，她还提到了《虎胆龙威》，吓我一跳。

10月4日

法夫乡村。

晚上8点半，巴尔格迪之家酒店，和罗斯、利兹、西穆斯、莎曼、艾琳娜，还有史蒂夫·克拉尔-霍尔［制片人］一起吃晚餐。未来几周暂时要在这里安家了。

乡村房舍、宽敞的后花园、冷杉树、舒适、美食——美中不足的是，从酒店出发，不论到埃利还是皮滕威姆，都得半小时车程。这会是个麻烦。

10月6日

有时候人一旦熬夜，第二天四肢就无比僵硬。就好比今天，上午11点半，交通负责人亚瑟·莫里斯把我们送到圣莫南，在那里，我们沿着海崖徒步3公里来到埃利[8]。这里美得令人窒息。海崖、海岩、海滩、半坡、滩涂，甚至还有一处遗迹。我也有点儿慌，勘景漏掉了这么多好地方。不过转念一想，也不是坏事。这地方路不好走，而且有时候一处景里要素太多了。

午餐找了家渔民小馆，吃到了芬兰黑线鳕。最后上了道黏糊糊的太妃布丁，这叫人如何下口？

10月11日

上午10点→给演员理发。

道格拉斯·墨菲*因为剪了刘海很是郁闷。这是个心思细腻的孩子——不论从词汇量、想法还是脑力层面来看，都显得非常早熟。现在他却因为嫌短发把“胖脸”（当然不胖）露了出来，一个人戴了顶帽子，坐在地板上闷闷不乐。

下午4点，去办公室。艾玛和菲利达到了。她新剪了短发，看上去很棒。

10月12日

［高尔夫］酒店，艾玛和菲利达试装。为了拍电影，艾玛把我的毛衣要走了。

10月14日

早上6点25分，闹钟响了。从酒店别处传来各种声响，声音很低，有地板咯吱的声音，还有冲马桶的声音。天还没亮，透过大块窗扇，除了格伦罗西斯的路灯，我还能看见天空，今天的天气特别晴朗。我敢保证，西

* 道格拉斯·墨菲（Douglas Murphy），苏格兰演员，在《冬天的访客》中扮演山姆。

穆斯这会儿一定鼻尖顶着窗户也在向外看。

出发!

晚上11点，吃完印度菜，回到酒店……今天非常兴奋，就好像在RADA的第一天。最近我总有种镇定自若的感觉，天时地利人和，大概如此。

我们拍到了一些很棒的画面，也错过了一些镜头。海水涨潮，天色渐晚，只能作罢。

10月17日

天晴得不真实。我们只拍到艾玛过桥的镜头，这个大太阳，什么都拍不了。我顶着压力，决定改拍内景。

得益于团队完美的配合，我们赶上了进度。下午2点半开拍，到了6点半，浴室［戏］大部分已经完成。艾玛表现得棒极了，一个镜头接着一个镜头，非常配合，起身、打开水龙头、坐下、听音乐、哭泣……

10月25日

就为了一个镜头——海鸥从道格拉斯发颤的手上叼走鱼块——我们浪费了一堆胶片。

10月26日

艾玛真是演员中的劳斯莱斯。每一个细节都完美地对准镜头，思路清晰，准确落实。我的工作是确保她的声调不要太高，我怀疑她总起高音，是为了能时刻监听自己的台词。

10月30日

急促移动的镜头拍得非常美——西穆斯好样的。（收工返程的路上，我帮忙给一辆事故车翻身。“你是艾伦·里克曼吗?”）

10月31日

配音。海潮太高，海浪冲击沙滩的背景声太大，艾玛和菲利达又刚好出画了。

一想到后期剪辑可能会出问题，又因为天气原因难免得拖进度，我的火都要压不住了。

5点左右，琼［·柏金］特意为庆祝万圣节装饰了酒吧。我却兴致全无，怎么也高兴不起来。

9点就上床了。备受打击，和莎曼沟通时语无伦次。

11月1日

睡一觉，风都把烦心事刮跑了。而且今天E.和Ph.的表演精彩极了。她们是怎么做到的？充满活力还幽默。

11月2日

10点左右，在酒吧找到莎曼。的确，她一直在等我……真奇怪，她现在又想坚持，又想放弃。关于剪辑的讨价还价，一直持续到早餐餐桌上。

11月6日

和美国方面讨论电影《铁面人》。这算是《四个火枪手》吗？我觉得片方是在对标《勇敢的心》。没劲。而且CAA［创新艺人经济公司］还问我什么时候能进组。克林顿今天成功连任了。

11月15日

［晚上］9点半，瑞玛来了，一如既往，她一来，我就平静下来。

11月17日

在卢萨克斯吃早餐。

沿着拍《烈火战车》的海滩*散步。

* 1981年影片《烈火战车》（*Chariots of Fire*）的取景地，位于英国圣安德鲁斯。

11月18日

绝望，又是一个大晴天，天空湛蓝。刺骨的冷——却只见蓝天不见阴天。没法儿拍，除非西穆斯有办法遮住阳光。

11月19日

一整天寒风呼啸，又是下冰雹，又是结霜。即便如此，剧组依旧在室外坚持拍摄……完成了一大堆镜头，吃光了一大堆蛋糕……狂风肆虐，毫无停意……明天大自然母亲能饶了我们吗？

11月23日

8点半，鲁菲特兹酒店，派对。白色降落伞搭成的帐篷、美食、水晶吊顶、常春藤、梦幻的灯光、音乐。现在时间是凌晨4点04分，我们几乎跳了一夜的舞……

11月30日

返回皮滕威姆，拍航拍镜头。

一天下来，遗憾不少。要不是我胆小，我就该早点上飞机，我们也就能赶上好时候，拍到更好的镜头，嗐。后来当我也跟着上了飞机，我这才让他们放慢速度，注意聚焦。接下来抓拍的过程就像是在拍警匪片……不过这个时候，太阳已经出来了，路太窄也不能掉头，而且飞行员下午3点就得返航去因弗内斯，要不然天一黑飞机就没法降落了。没事，我们举起相机，能拍多少拍多少。2点50分，我们挥别莎曼，掉头返回皮滕威姆。飞机飞近时，艾玛沿着桥墩向我们迎面跑来，接着我们继续绕圈低飞，在门阶上找到了加利*，最后飞机抬头升空，向远处飞去。

兴奋又疯狂。

---

* 加利·霍兰伍德（Gary Hollywood，1979—　），苏格兰演员，在片中饰演亚历克斯。

12月2日

长镜头。好几页台词，在现场大段大段地删，一直删到对话变得更精练、更具体。有几处删减，莎曼肯定恨得牙痒痒。

12月3日

与艾玛、格雷、菲利达和西穆斯一起吃晚饭。年轻的记者就坐在门外，手里捧着一本书。在某个时刻，我猜测这姑娘肯定才出校门不久，胸怀远大志向。

12月4日

今天艾玛要杀青，因此我们特意安排菲利达和她一起杀青。琼［·柏金］和加布里埃尔［·奥布莱恩，服装经理］特意为她们做了法兰西丝和艾丝蓓[9]的娃娃。在厨房片场中，她们两个人一看到娃娃就喜极而泣。

12月6日

艾琳娜一身红色和金色格纹裙子非常漂亮，但这么穿在室外肯定得冻坏。埃利说："要是加热器一直开着，她说话就不会冒白汽了。"

9点35分，艾琳娜的最后一个镜头。拍完再拍一条30秒的空镜，整部电影也就杀青了。有趣的30秒。这到底是怎么回事？拥抱、香槟——一切都在寒风中进行。艾琳娜披着浴巾遛过摄影棚。

12月7日

艾玛来电。我说"你应该自己当导演"，她说"我们还得再成熟一些"。耐力——你缺的就是这个。

杀青宴……很高兴又见到道格拉斯·墨菲和肖恩·比格斯代夫*。本想着能解放了，却陷入被动，这感觉可不好。不过，电影总算按时杀青了，也

* 肖恩·比格斯代夫（Sean Biggerstaff，1983—　），苏格兰演员，在《哈利·波特》系列电影中饰演奥利弗·伍德。

没有超预算。凌晨4点半上床睡觉。那本书是这么说的——瑞玛又一次让我心安。

12月11日

去看盖纳医生，确保我没得冻疮（两个脚趾头不听使唤）。

下午7点，妮可·法希的圣诞派对……自从戴维·黑尔娶了她之后，整个人都要幸福得融化了，现在这个幸运的家伙又要去秘鲁和哥伦比亚度假。

12月30日

妈妈又住院了。

12月31日

贝琳达和休家，跨年夜晚餐。这顿饭很有意义——这对老友就要搬家了。在这间屋子里庆祝最后一回，以后我们就做不成邻居了……莉莉已经长成大姑娘了，也有了自己的烦恼。老友欢聚，食物很美味，聊天很愉快。

注释

1 佐伊·沃纳梅克（Zoë Wanamaker，1949— ），美籍英国女演员，在《哈利·波特》系列电影中饰演霍琦夫人。

2 1996年2月18日，伦敦发生奥德维奇公共汽车爆炸案。一名爱尔兰共和军成员携带的简易爆炸装置在公共汽车上爆炸，造成袭击者本人死亡和8人重伤。此前，爱尔兰共和军于2月9日在伦敦南码头引爆威力巨大的卡车炸弹，造成两人死亡，大片地区受到严重毁坏。

3 1996年3月13日，苏格兰发生大规模枪击事件。一名43岁的男子持枪闯入邓布兰小学，对挤满学生的体育馆发动袭击，造成16名学生和1名老师死亡，最后凶手饮弹自尽。

4 艾玛·汤普森和格雷·怀斯因参演《理智与情感》结缘并开始交往。

5 1996年4月29日，拉尔夫·费因斯、弗朗西斯卡·安妮斯和艾伦·里克曼在劳拉·佩尔斯剧院朗诵诗歌和散文，为伦敦的阿尔梅达剧院募捐，费因斯的《哈姆莱特》和戴安娜·里格的《美狄亚》都诞生于这家剧院。当晚的活动由乔纳森·肯特策划。

6 这几位都是《冬天的访客》的演员。

7《冬天的访客》的主要取景地之一。

8《冬天的访客》的另一处取景地。

9 分别对应两人在片中饰演的角色。

1997

— 洛杉矶，金球奖

— 内政部抗议

— 莱斯特

— 母亲去世

— 演员工会奖

— 安东尼 · 明格拉

— 英国电影学院奖

— 彼得 · 曼德尔森

— 迈克尔 · 凯曼

— 威尼斯

— 鲁比 · 瓦克斯

— 艾西姨妈

— 罗马

— 威尼斯

— 戴安娜王妃

— 罗德 · 斯泰格

— 波士顿

— 缅因州，卡姆登

— 《黑色港湾》

— 大卫 · 马梅

— 怀俄明州

— 纽约

— 艾德娜 · 奥布莱恩

1月1日

新的一年，人不在加勒比海，而是赖在床上。在公寓里走来走去，翻箱倒柜，发现有一套西装被虫咬了好几个洞。

大半心思还悬在电影［《冬天的访客》］上，至少得在脑子里先把故事顺一遍。

1月4日

1点45分，乘坐开往莱斯特的火车去综合医院。我们走进病房的时候妈妈正在熟睡。我们轻轻地摇醒她，给她带了很多巧克力和饼干，她做针线活的时候我们就在旁边看着，病房的角落有一位老妇人，有人在给她换药（还是在挪动她？），只听见围帘后面传出她的阵阵叫喊声——“别动我！别动我！妈妈！妈妈！”除此之外，病房里一直很安静——妈妈看上去很安详，脸色也红润。

1月6日

6点半，《英国病人》……好样的，安东尼。希望你凭借这部优秀的作品包揽所有大奖。

1月7日

7点半，《玩偶之家》。

演出第二幕，珍妮·麦克蒂尔*一登场就献出了她最好的表演。没有一刻是平庸的，没有一刻不是毫无保留的，她始终在倾听，始终给予回应。演得太好了。

1月17日

12点，乘坐英国航空的航班飞往洛杉矶。看了《奏出新希望》和《小镇疑云》，两部电影风格迥异。

---

* 珍妮·麦克蒂尔（Janet McTeer，1961—　），英国演员。

1月19日

下午3点，乘车先与朱迪会合，然后去接路易斯，大家一同前往金球奖颁奖典礼。伊恩获奖了，我们获奖了，我获奖啦……！闪光灯闪个不停，获奖者轮番致辞，食物一口也没有动，斯蒂芬·瑞和布兰达·布莱斯见证安东尼获得了最佳影片奖——好莱坞就爱咋咋呼呼。

庆功派对在一个灯光昏暗的帐篷里面举行，鲜花遍布，人来人往。我见到了杰弗里·拉什及其夫人*，后者似乎有一些紧张，神情有点复杂。我觉得她讨厌成为丈夫的陪衬。

1月23日

12点左右，到家。

在飞机上读《少有人走的路》，没有读完，回家继续。我还是和往常一样，做不到“延迟满足”。而且也没有什么可延迟的——冰箱都是空的。

不过我给自己找了好些乐子，这样我就不用马上处理邮件，也不用看剧本。

书里说得没错——还是要先做完困难的事，否则逃避也得浪费时间。

结果就是凌晨1点了我还在回邮件。

1月24日

下午1点，[《冬天的访客》] 放映会，有的部分很好，有的部分还有点问题。我还是担心那种暗潮涌动的情感体现不出来。又或者这只是我个人的品味问题？

1月30日

这一天，一会儿感觉自己是个成年人，一会儿感觉自己像是大人堆里的小男孩。

上午9点，去BBC四台……第一次为投资人举办的电影放映会。全程大家

---

* 珍妮·梅尼罗丝（Jane Menelaus，1959— ），澳大利亚演员。

基本保持安静（我当然在脑子里考虑着调色、音乐等种种修改意见）。灰色皮椅上偶尔传来几声低笑。放映结束后，电梯里鸦雀无声，令人发怵。“真是充满力量。”莎伦·H.开口说道。上帝保佑她。到了办公室，我终于忍不住了——“你有什么想法随便说。”因此他[*]坦诚地表达了他的感受。一整天都担惊受怕的，终于放下心来，这当然是最好的情况。现在冒险要开始了，放手创造吧。

1月31日

4点半，和克里斯·M.、哈罗德·品特、丹尼斯［·劳森］、希拉［·吉什］、理查德·L.、弗朗西斯·德·拉·T.[**]，以及其他一些朋友去内政部，就罗切斯特监狱持续关押政治犯一事表示抗议——所有人绝食抗议。终于，我们的行为引来了一些摄影师，我们都冻得不行，迈克尔·霍华德不得不出来接待我们。

2月8日

去莱斯特，妈妈的身上插满了管子，脸上还戴着氧气面罩。

2月9日

上午在酒店从头到尾看完了报纸。

我到医院时，迈克尔、希拉、戴维和克里斯[1]都已经到了。后来瑞玛也来了。

妈妈一口咬定，医生故意怠慢她和其他病人，是因为“她想当工党的头儿”，还说医生知道瑞玛的政治野心……虽然很好笑，但一想到这些想法在她脑子里转悠，搞得她不开心，我们还是有点难过。

2月10日

昨晚妈妈明显情况不好……医生的态度很不乐观，妈妈一阵阵地眩晕，

* 戴维·奥金（David Aukin，1942— ），时任BBC四台的电影主管。

** 弗朗西斯·德·拉·图瓦（Frances de la Tour，1944— ），英国演员。

呼吸也很急促，可以感觉到她的生命在枯竭。

2月11日

去医院。

现在这个情况，好好写日记是不可能了。这里发生的一切，危机的时刻、绝望的时刻、嘈杂的声音、安静的环境模糊了日记本的纸面。

返回伦敦。

2月12日

下午8点乘火车去莱斯特。

在空荡荡的餐厅吃了点东西后，我们整晚都在医院。20号病房有一位男患者，一整晚都叫个不停，说有人要谋杀他。我和弟弟妹妹们在一起，感觉像是在捷克斯洛伐克。

2月13日

现在，妈妈处于非常安静的状态，但人得在旁边守着。她的呼吸越来越困难，医生建议给她用点药，结果就引发了新的局面。她用药之后一直昏睡，眼皮跳个不停，醒来之后就呆呆地望着远处。

午饭时间，我们去当地的步行街买了干净的内衣和袜子。（风很大，街上很萧条，很有波利亚科夫的风格。）

人总得吃饭，所以我们一起去金吉尔餐厅找了点吃的。这个餐厅也属于普利米尔酒店——我想都没想，就去前台给我们所有人开了房。热水澡、干净毛巾、电视。

晚餐后，大家返回医院……我们到医院后，妈妈已经醒了，药劲儿过去了。她现在双眼盯着天花板——仿佛在饶有兴致地看着什么东西。看见她这样，我的心都碎了。

2月14日

今天是希拉的生日——妈妈提议我们大家合一张影——我马上想到宝

丽来相机。昨天中午刚好发现在迪克森可以买到，相机和胶片买回来之后，大家合了影。妈妈看着相片成像之后，我们把相片装进塑料相框里，放在架子上。宝丽来相机给希拉当作生日礼物。现在是午饭后宁静的休息时间。关灯，拉上窗帘，整个病房里只有喷雾器和呼吸机持续工作的声音。妈妈的眼睛睁开又合上，胸脯一起一伏——这一切都创造着一种生命的节奏。

晚饭还是在金吉尔餐厅吃的，今天是情人节，就在餐厅/酒吧/游戏区之类的地方度过，只有英国人能杜撰出这样的节日。在电子音乐和萨克斯的伴奏下，餐厅的肯尼·G.唱了一曲《穿红衣的女士》，歌声随着面包或炖鸡肉一起上桌。

2月15日

比起昨天的晚餐，今天的早餐环境明显好得多。我们一群人坐在草地上晒着太阳，享用咖啡、鸡蛋和吐司。尽管媒体上关于我是否出演神秘博士的猜测一直没有消停，但谁也不能打破这一刻的平静。

这些天在医院形成了一种模式。我们闲聊几句，要么冲周围人笑一笑，要么面无表情，要么坐着，要么看会儿书，要么去休息室喝杯咖啡，要么和护士攀谈几句，回到病房又继续坐下。妈妈的状态有时平静，有时烦躁。医生给她开了雾化器，注射剂量也加大了。在医院的时间尽管漫长，但仍有一些温情时刻，昨天妈妈的状态不错，一直笑盈盈的，今天她看到我们四个都陪在身边也很高兴。她的孩子们，她是这样叫我们的。不过今天，她的话很少，她数一数我们人到齐了，看了看我们，又睡着了。

2月16日

一边回忆，一边写下这篇日记。

今天对瑞玛和我都是不眠之夜。

7点15分时有人敲门——一听到迈克尔的声音（或许仅仅是听到了敲门声），我就知道妈妈已经去了。迈克尔一进屋就瘫坐下来，他怎么都不能接受妈妈走的时候我们不在身边。可是人走这件事谁能说得准，也可能趁我们喝茶的工夫，或是在走廊的间隙，甚至有可能我们一转身，她就走了……然而无论如何，这份内疚也不能消解。我们都强撑着振作起来，开车去了医院。护士乔伊斯已经在等着我们了。她一转身的工夫，妈妈就已经不在了。尽管几个月以来，我无数次在脑子里预演过这个时刻，可我现在还是无法接受。我穿过重重围帘，看见她一动不动地躺在那儿，脸上没有了血色，这个画面不是提前做好心理准备就能接受的。

2月17日

11点半，坐上返回伦敦的火车。我之前也排练过这一趟车程。我安静地坐在座位上阅读，窗外闪过一片片田地。

2月18日

和戴维还有迈克尔一起拜访葬礼导演。

一整天都在尽力将各种线索串联出头绪——教堂、墓地、植物园、牧师。

下午3点，我们来到皇家植物园——这里有间漂亮的小厅。又一次，我觉得自己在强迫一屋子人配合我的品味。对于他们来说，低声悼念和火腿三明治可能就已足够，我却要求葬礼上要放格什温的管弦四重奏，食物要准备鱼派。

今天天气很好，推开房间的法式窗户，窗外是齐整的草坪和墙面，见到此情此景，大家会原谅我的固执。

牧师说悼词时，我找到《巴里岛》*读了起来。否则，我不知如何挨过去……

2月19日

7点半，我和戴维去见约翰·西蒙德牧师——他的家正是一个正统教区牧师的家该有的样子。我们聊了聊妈妈的事，然后一起去了新建的河庭教堂——我已经完全认不出了。儿时的教堂完全变了样，回忆自然也就无法

---

* 《我们去巴里岛吧》(*Let's Go to Barry Island*)，伊德里斯·戴维斯（Idris Davies）的诗作。

涌上心头。

2月20日

1点半，在亚特兰大餐厅用午餐。全程我都在当听众，他们在讲奥斯卡的事情，就好像明年我们会参加一样。

2月23日

琳赛和希尔顿送来的鲜花给我带来很大的慰藉。花的颜色和气味都太诱人，让人试图把每一种颜色和气味都记在脑子里。

又及：收到电话留言，得知我获得了演员工会奖*。这个奖都是同行选出来的。

2月25日

下午2点，从教堂出来，去街对面见了凯尼恩［葬礼导演］。教堂的管乐竟意外悦耳。

妈妈换上了裙子，看上去很好，对全世界都很满意的样子。

2月26日

妈妈的葬礼。

这两个词放在一起，本应很灰暗、沉重，但鲜花和阳光洗去了沉重和阴霾。阳光洒在草地上，河庭教堂开满黄仙花。

对约翰·西蒙德牧师不胜感激，他的声音温柔坚定，提醒所有人今日为何而来。

妈妈是今天绝对的主角，我们为她而来，她的照片摆在接待室的桌上，管弦四重奏乐队演奏着格什温的音乐。这是一场真正意义上的葬礼——人们离开时都手握鲜花，在某种程度上，大家是快乐的。

妈妈，我们爱你，缅怀你。

---

* 因《魔僧》获奖。

3月19日

11点半，和BBC四台的戴维·奥金还有阿隆·雷奇［制片人］一起工作。他们都顾虑重重，但是我们取得了很大的进步，我做了更多的剪辑修改……

3月20日

和艾玛、菲利达一遍又一遍地过片子——噩梦一般的体验，她们却认真对待，不时以幽默调节情绪。我不知道她们如何能做到……我记得我在工作室里还闹了几次脾气——用麦克风敲了几次桌子。

8点15分，和贝琳达、休还有鲁比聚会。大家又喝多了，不打招呼跑到很多人家里去。因为都是朋友，所以并无大碍，大家是真的高兴。珍贵又美好。

3月24日

凌晨2点，看奥斯卡颁奖典礼。

谁去了，谁没去，谁获奖了，谁实至名归，谁受之有愧。

他们都穿了什么行头？

为安东尼、索尔和沃尔特*喝彩。

3月26日

晚上7点，《李尔王》，国家剧院。

理查德·艾尔的痕迹随处可见。不知道他到底想做什么。伊安·霍姆对细节的处理非常棒，但他太执着于攀登属于别人的山峰，忘记了树立属于自己的高度。

4月4日

2点半，放映会。

---

* 沃尔特·默奇（Walter Murch，1943— ），美国电影剪辑师，凭《英国病人》，和制片人索尔·扎恩兹、导演安东尼·明格拉一同获得奥斯卡最佳剪辑奖。

开始晚了，音效糟透了，音乐就像人吸食了可卡因之后脑子里的嗡嗡声。

投资人坐在那里，一个个像是拉什莫山的石像。彻头彻尾的灾难。

4月7日

不知怎的，（剪辑）总算是连贯了。为什么直到现在，这部电影才算是找到了自由？这种感觉就像是，归属权完全在我，但现在我却放手让它自由发展，像是学习如何扔悠悠球。

4月9日

和安东尼·明格拉打了很久的电话。他从电影世界回到了有汽车保险的现实世界，还在电话里给我打气，让我坚持到底。

晚些时候，整理粉丝邮件——一位女士看完《理智与情感》后来信写道，她很好奇现在的英国人进入房间时是否还要互相鞠躬行礼。

4月12日

在梅佐餐厅吃午饭。

我发现安德鲁（我通过《魔僧》与他结识）也在这家餐厅。我冲他挥手示意，他的同伴带着皮帽微笑着向我走来，直到最后一刻我才发现这个人是克里斯蒂安·史莱特——看来拉坦·B.* 也和他们在一起。可是当他们离开时，她竟然公然无视我，我真的很震惊。

4月13日

去老橡树公巷175号** 整理妈妈的遗物。戴维、迈克尔、克里斯在抽屉里翻看照片，该丢的丢，该留的留。任何包含妈妈的回忆的物件我们都留着——旧灯泡、包装礼物用的丝带、所有的出生证明。环顾四周，到处都

* 拉坦·布兰科（Radha Blank，1976— ），电影制片人。

** 艾伦母亲家的地址。

是妈妈生活的痕迹。妈妈的钢琴考级证书藏在内衣里；我在剧团的老照片就挂在楼下。我们还发现一些令人动容的物品，比如妈妈写给凯文·科斯特纳妻子的信，她在信中简单地表达了自己的孤独。我们大家一起坐在花园里吃了午饭。这一切我们都要保存下来。

4月15日

配乐还有很多工作要做。

4月18日

8点半，参加罗杰·格雷夫*的生日派对。

这就是一场聊天会。海伦娜·肯尼迪和伊恩·哈奇森、珍妮特·苏兹曼、彼得·艾尔**、BBC的人、纸媒的人、伊娃·阿诺德***都来了。非常像“布莱尔/斯大林当选前夕”——今年的情况与1992年截然不同。如果这次保守党获胜，英国没人会感到郁闷了，大家会直接辞职或者坐飞机离开。

4月25日

2点半，RADA理事会。阿滕伯勒爵士对事实的掌握程度一如既往地令人惊讶，我们都追随着他。

4月27日

下午5点，和塔拉同去皇家阿尔伯特音乐厅。

贝蒂娜·乔尼克演唱了威尔、海涅、布莱希特的曲目。贝蒂娜最应该崇拜的人就是她自己——理当如此。很少见到像她这样真正的艺术家，你都不必说一口流利的德语就能感受到歌声中流亡和孤立无援的情绪。

---

* 罗杰·格雷夫（Roger Graef，1936—2022），英国纪录片制片人。

** 彼得·艾尔（Peter Eyre，1942—　），美国演员。

*** 伊娃·阿诺德（Eve Arnold，1912—2012），美国摄影记者。

4月29日

6点15分，乘车前往阿尔伯特音乐厅参加BAFTA颁奖典礼。

看到凯特·W.——不能亲吻她，否则她的妆会花；颁奖时，我站在戴安娜·罗斯的身后颁发奖项——不能和她站得太近，否则会被她的裙摆滑倒。给安东尼·M.颁了奖……肯·洛奇与我同桌，他教我在看见王室成员时，如何自然地起身行礼……

4月30日

8点半，哥伦比亚三星制片公司——迈克·内威尔的电影《唐尼·布拉斯科》的放映会。导演、摄像和演员都非常出色，迈克很高兴。

5月1日

选举日。艳阳高照。

10点半，去海伦娜·K.和伊恩家。

集会开始了。看着席位逐渐增加，我脑子里想的唯一一件事就是“谁能感谢一下尼尔·金诺克”。整个计票过程中，有人欢呼，有人大笑，还有人哭泣，大家异口同声地说“我简直不敢相信”。*

5月2日

阳光最好的一天。

给尼尔、芭芭拉·福莱特和彼得·曼德尔森送去鲜花。回想5年前的这一天，如今一切都是如此不同。这个国家终于可以喘口气了，愿好景长存。

晚上7点，彼得·M.打电话过来感谢我送去了鲜花。他说他看到鲜花泪流满面。我问他感觉如何，他回答：“很奇怪。”

5月15日

12点，和迈克尔·凯曼见面。

---

* 托尼·布莱尔带领工党取得压倒性胜利。

多亏斯科特下午过来为我做了引荐，不然还真不知道要怎么和他处关系。迈克尔天赋异禀，但与他合作就像在捕捉一只蝴蝶。他时而自我，时而散漫，时而完全着眼于细节，时而完全顺从本能。我保持冷静，并在斯科特的指导下，取得了一些美妙的成果，迈克尔也很享受其中。在回家的路上，我意识到我正在涉入未知的水域。这种工作方式并不常见……是我的问题。

5月16日

上午8点出发→卢顿机场→威尼斯。

保罗·艾伦*大设宴席。

5月17日

早晨6点，趁我这会儿还没忘。今天和我乘同一航班的有：布莱恩·费瑞、米密·罗杰斯**、戴夫·斯图尔特、吉娜·戴维斯、西德尼·波拉克、杰瑞·霍尔、西巴·费海***——开启一个非同寻常的周末。我之前竟然还想过不来参加？首先，这场宴会可谓名流如云，群星荟萃（昨晚，除了上面提到的，还有更多名人加入，包括罗宾·威廉姆斯、芭芭拉·赫希、迈克尔·基顿、莫妮卡·塞莱斯、约翰·麦肯罗、阿尔伯特·布鲁克斯****、吉姆·布鲁克斯*****、凯丽·费舍尔、鲁比、弗兰·莱博维茨、迈克尔和桑德拉·K.等人），现在是早上6点，我正在伦敦皇宫酒店的阳台上写下这一切，大运河就这样轻轻流入生活……这个周末，还留下了很多难忘的留影。昨晚在圣洛克大会堂，提埃波罗和丁特雷托的作品随处可见，现场响起了阿尔比诺尼和维瓦尔第的音乐。还有红色天鹅绒和哈利酒吧。

---

* 保罗·艾伦（Paul Allen，1953—2018），微软创始人之一。

** 米密·罗杰斯（Mimi Rogers，1956—　），美国演员。

*** 西巴·费海（Siobhan Fahey，1958—　），女子演唱组合香蕉女郎（Bananarama）成员，当时也是戴维·斯图尔特（Dave Stewart，1952—　）的妻子。

**** 阿尔伯特·布鲁克斯（Albert Brooks，1947—　），美国演员。

***** 詹姆斯·L.布鲁克斯（James L. Brooks，1940—　），美国导演、制片人、编剧。

5月17日[2]

7点半，我们还在忙着为出门做准备时，香槟就已经送进了房间——派对开始了。我们先是来到大堂，然后坐上贡多拉（更多冰镇香槟等着我们）。船队行至宫殿门前，号手、喷火艺人和舞者在门口迎接每一位嘉宾的到来。每一位嘉宾的名字都会通报。保罗·艾伦和莫妮卡·塞莱斯在门口迎接我们，每个人都戴着面具，插着羽毛，看起来光彩照人。楼上的晚餐一道又一道，歌剧声不停，桑塔纳在更高的楼层与戴夫·斯图尔特一起演奏，诺埃尔·雷丁*、约翰·麦肯罗、保罗·A.和哈利·希勒**为他们伴奏。

接着，在钢琴酒吧里，帕蒂·史密斯唱歌给我听。

5月18日

扛着12件行李下楼，乘船去奇普里亚尼吃早午餐。约翰和迪·卡林［老朋友］突然出现在大厅——今天是她的生日。这个场合有种奇妙的平衡——来的还有彼得·盖布瑞尔、楚蒂和斯汀、艾瑞克·爱都、大卫·格芬、巴里·迪勒***、劳伦斯·菲什伯恩、潘妮·马歇尔、特里·乔治［夜总会老板］、玛吉·伦齐****等。人人都很自在。

4点半，上船→机场，搭乘飞往尼斯和伦敦的航班。

5月21日

去趟干洗店，有助于清理大脑。

6月6日

迈克尔的配乐，音调、音色和清晰度都不对。

我们还得重新录一遍。

---

* 诺埃尔·雷丁（Noel Redding，1945—2003），吉米·亨德里克斯体验乐队（Jimi Hendrix Experience）的贝斯手。

** 哈利·希勒（Harry Shearer，1943—　），美国演员。

*** 巴里·迪勒（Barry Diller，1942—　），美国媒体高管。

**** 玛吉·伦齐（Maggie Renzi，1951—　），美国电影制片人。

6月23日

11点左右，前往惠特菲尔德录音室，又和迈克尔还有斯蒂夫度过了愉快的一天。

7月2日

12点左右，鲁比来我这里为剧本找灵感——珍妮弗·桑德斯的创作速度对她来说还不够快。鲁布斯还是老样子，对创作过程一无所知，对创作结果没有耐心，他已经在翻阅隐喻作家版本的《聚光灯》了。

7月3日

2点半，在电子商城买了台电视，然后给阿尔文·霍姆送到圣玛丽医院去。她正在侧屋里做头发，身上盖着塑料布，头发才刚染黑。给她做头发，需要发型师发挥极大的创造力。这位发型师兴高采烈地讲着她在太平间的工作经历。“我喜欢在那儿工作——因为那些人不会回嘴。”

7月6日

与鲁比打了很长时间的电话。之前发生的好多事，我觉得就应该自己消化掉，然后继续过日子。鲁比似乎还想再安慰我一下，可我觉得没什么用，这些事只能自己消化。

7月10日

打车的时候，有个人给我发了促销卡——结果卡片从我手上掉了下来，这个人用凶狠的眼神看着我，说：“把卡片捡起来。”就这一次——我没有与他争论。我知道我毛毛躁躁的，但这次我并不是故意的，也只能安静地走开。事发突然，我意识到，就差一点儿我就要卷入一场暴力冲突。

7月14日

晚上7点，《卫报》在嘉年华音乐厅办了一场夏日派对，绝对令人着迷。只有记者朋友们知道我喝得有多醉。

7月29日

前往唐宁街11号，戈登·布朗、克里斯·史密斯*和汤姆·克拉克**一同向电影业致敬。他们谈论的都是些老话题……一个高光时刻，是我们被带去参观了唐宁街10号和11号——内阁办公室、餐厅等区域。在话不投机之前，我们赶紧撤退。

8月3日

3点，去圣玛丽医院看望阿尔文。

8月4日

今天发生了好多事儿，五味杂陈，悲喜交加。我们正要安排假期计划并检查字幕时，戴维打来电话说艾西姨妈今天上午去世了。现在，也不用为昨天的探望做什么记录了——总觉得有种不祥的预感。但我当时的确觉得她的情况不容乐观。

8月5日

晚上7点，切尔西电影院——《憨豆先生》。

就不该（毫无疑问）坐在梅尔·史密斯和罗温·阿特金森的前面，笑都是装出来的，就是为了让后面的人安心。吃了一整包M&M巧克力豆。

8月13日

和彼得·曼德尔森谈论了他所处的困境。他听起来真的很沮丧，媒体对着他狂轰滥炸。我把话题引到了暖气和厨房，但我没有说的事实是，他现在的问题，很大程度上都是自己招致的。

---

* 克里斯·史密斯（Chris Smith，1951— ），工党政客，时任文化、媒体和体育部秘书长。

** 汤姆·克拉克（Tom Clarke，1941— ），工党政客，时任电影和旅游部长。

8月14日

7点55分，飞往罗马。

11点20分，克劳迪奥来接我们，快速平稳地开车送我们前往托迪。

8点半，在酒店吃了晚餐。服务生花了半个小时才拿来菜单，又花了半个小时才上菜。

8月15日

开车前往阿西西城。

闻着香味找到吃午饭的餐厅，沿着小巷走下台阶……

午餐后前往圣弗朗西斯科，欣赏乔托的精美壁画《圣弗朗西斯生平》。

8月20日

罗马。

上午8点半，我们从床上爬起来，直奔西斯廷教堂门口。队伍绕着街区足足有150码那么长，不过入场倒是很快……我希望我有勇气躺在地板上欣赏画作，或者像米开朗基罗一样，[躺]在带轮子的手推车上抬头看。从教堂走出时，不禁感叹人类文明的伟大。

3点40分→伦敦。

8月26日

9点半，阿拉斯泰尔·莫里斯来为《冬天的访客》拍摄海报。他只拍了3个小时，收费却贵得离谱。艾玛今天似乎不是很配合，她看到（现有的）样片后，直接指着两张照片中我更喜欢的那一张。“这张有什么问题吗？”的确有问题。阿拉斯泰尔有魅力，有效率，但我需要的是那种清新的风格，细节处理上需要很细腻，他似乎不太适合。他的风格很古典也很克制。一想到合同里已经定好的条款，我也不知该怎么办了。

8月27日

8点45分出发前往希思罗机场。和菲利达以及艾玛会合，一同登上飞往威尼斯的航班……飞行很愉快，又高高兴兴地乘船前往格里蒂宫。

晚上9点，打车前往达涅利。艾玛今天有点拿不定主意，我好言相劝，她才上了水上出租车，去参加埃德和凯文的晚宴。

8月28日

上午在德班酒店——简·坎皮恩和我打招呼，我都没认出她来。一开始我以为是斯特里普剪了短发，但一想不对，这个时候她应该在爱尔兰才对——那这位是谁？当然是评审团主席大人。

下午1点，在德班酒店泳池旁享用午餐。艾琳娜一家子都在……简·坎恩也来了……

8点半—9点，又要上刑场。露丝·维塔莱［电影制片人］告诉我，外界对电影的评价褒贬不一，埃德则光顾着考虑市场推广会的事儿，好好的一个晚上全毁了。

电影画面有些浑浊，音效也大有问题——我看的时候非常无助，彻底缴械。

一天结束时，我的心里五味杂陈。细线［制片公司］的人看完片子，都不知如何表态——这个时候普遍的态度是保留意见。有时，我真的很讨厌这个行业。

8月29日

完全睡不着。打心底里难过、压抑。但这也不是个办法——不论如何，还是得振作起来，今天还有一个下午的采访要完成。

先是上午11点和朱迪还有帕特里克沟通。关于《圣人》这部片子必须得表个态，我还能拒绝多少工作？

同时，外面对电影的评论褒贬不一。有些人看明白了，有些人则没有。我需要重新理一理思路。

我需要休几个月的假。

8月30日

在维斯康蒂沙龙吃午餐，外面的露台上挤满了飞累歇脚的海鸟，远处是威尼斯的天际线。以这幅画面为背景似乎有种不真实的荒诞，媒体抛出一个又一个问题，闪光灯闪个不停。人们如何能将威尼斯视作理所当然。

回到家，看到一则新闻：25岁的玛丽·塞尔韦*入院接受髋关节手术。她这么年轻，髋关节跟新的一样。一个充满痛苦，送医不及时的可怕故事。我感到内疚——是我劝她和我一起来威尼斯的。

8月31日

肖恩一家来酒店吃早餐时，告诉我戴安娜王妃去世了，我先是感到无比悲伤，接着震惊不已。有那么一两秒钟，我以为他们是在玩什么文字游戏，或是在开什么奇怪的玩笑。然而却是真的——此刻在格里蒂宫酒店的露台上，耀眼的阳光洒在世界上最美丽的地方，这个消息残酷却真实。

恍恍惚惚地，艾玛、菲利达、瑞玛和我来到学院美术馆，但我们来得很对——来看看卡帕乔、丁托列托、委罗内塞的画作。菲利达彻底撑不住了——你永远看不穿她，她脸上满是微笑，其实早就心碎不已。剩下我们三人，我们决定去医院探望玛丽。她身上打着石膏，笑眯眯的（多亏了艾玛的社交手段，我们绕过拉契特护士见到了她）。周一上飞机，她一个人就得占6个座。

5点半，乘船去机场，乘私人飞机再转汽车前往乡村别墅酒店。

9月1日

酒店场地一望无际，永远的英格兰……在一家华丽的乡村俱乐部享用午餐，乘坐直升机前往希思罗机场，一路上非常刺激。一辆伊丽莎白女王旧时的座驾已经在机场等候，准备接瑞玛回家。加拿大航空魅力无限。

报纸上铺天盖地都是关于戴安娜王妃的报道。各大版面印满了她的照片，悼念的鲜花铺满了街道。诚然——一束光的离去，一段传奇的开始。

4点45分飞往多伦多的航班改在5点半出发。希望我能在接下来的几

---

* 玛丽·塞尔韦（Mary Selway，1936—2004），英国选角导演。

天屏蔽掉噪声和废话。

9月2日

颁奖典礼及放映会，这两个简单的名词不足以形容这样一场大型的恐怖秀。我到场后发现，现场已经有一些混乱。接着是一阵推搡。电影节的导演竟如此粗鲁（我在侧翼和罗德·斯泰格聊了几句，他也如此附和）。体会到了什么是放映会的反面教材——现场混乱，观众躁动、嘈杂。

9月3日

和鲁比交谈——她还是老样子，谈起戴安娜来滔滔不绝。

《义务报》上刊登了一张惊悚万分的照片→9点45分飞往洛杉矶。

一路上都在和斯泰格聊天，或者更确切地说是听他讲话。为什么不听呢？我还希望我能把他的话录下来。他先是回忆起44年来第一次在蒙特利尔的一家中餐馆见到白兰度的情形。白兰度当时对方·基默说："我不喜欢你的声音，不喜欢你的长相，不喜欢你表演的方式，我就不喜欢你这个人……"接着，他又谈到在一场电视直播中，有个演员在直升机上忘了词，这个人干脆说"我就在这一站下车"，当时飞机可是在35 000英尺的高空中。他还记起，当年《热夜》的制片公司老总问他："你能改改南方口音吗？"（该片最终获得奥斯卡金像奖）真是个人才。

9月4日

又读了一遍《圣人》的剧本——我是绝对不会答应的。让他们拿钱找别人吧。这个本子究竟意义何在？《综艺》显然觉得这是个好故事，而要我说它简直糟透了。

9月5日

在罗兰·乔菲和苏西位于贝莱尔的漂亮房子里，我们坐下来观看戴安娜王妃的葬礼转播。从晚上11点到凌晨5点，我们几乎都没有说话。这档特别节目内容设计得非常精彩，每一个画面都让人目不转睛。丧钟每分钟敲响一次，参与悼念的人无论性别、年龄与肤色，都全身心地投入，这让作为观众的我也注意力高度集中——让我们铭记这一天。当查尔斯·斯宾塞[3]发表讲话时，我们亲眼见证历史转动齿轮，未来或将重塑。25岁的威廉王子和他的父亲待在海格罗夫不露面，忙着打理玫瑰花？整个悼念活动非常令人感动——就连埃尔顿·约翰也令人动容。掌声和鲜花装点了细节。人们在修道院和宫殿外迟迟不愿离去。像戴安娜这样开朗直率的人，能将这些人聚在一起可真是太好了。

9月7日

先去马克酒店，然后去吃晚饭。可可·帕佐——东区实在可怕，这里的人就爱炫耀。保拉·庞德斯通［单口喜剧演员］离开她那桌比利·乔式的朋友向我走来，询问我是谁……她的粗鲁令人震惊，但后来经理溜过来说她已经帮我们付了账单。

9月9日

前往波士顿并接受一天的采访。令人沮丧的是，记者还是坚持问我关于《虎胆龙威》的问题。我都能想到他们会怎么给这个标题大做文章——《虎胆龙威铁汉柔情》。

9月19日

与连姆和娜塔莎夫妇、约翰·克利斯、伊万·麦格雷戈和伊芙［她的妻子］、乔治·卢卡斯和米娅，还有娜塔莎的妹妹凯瑟琳共进晚餐。麦格雷戈先生对自我的关注程度令人瞠目结舌，但他这样又像个孩子，因此不至于引人厌恶。这些人到了35、40岁会变成什么样呢？一想到这些20多岁、轻声细语、无忧无虑、头脑单纯的年轻人要为成长所付出的代价，我就感到害怕。

9月22日

8点，和米歇尔·古什前往奥尔西诺餐厅，一起用晚餐的还有林赛·多兰、艾玛、格雷格、凯特·W.、伊莫金·S.、艾玛·J.、帕特·道尔*，还有特雷弗·纳恩。这间餐厅是签名猎人的乐园——就连餐厅的服务员也在试镜。大家都相互聊聊最近在忙什么，但和往常一样，最有趣的是帕特和他讲的故事。我愿意反复听他讲王室的逸事。特雷弗有点困惑地看着他——怎么会有这么有才华的人，而我却不认识他？

9月24日

上午7点半，错过了闹钟，可能也误了车。打电话，约新车，重新约时间。将湿衣服放入烘干机中。重新思考，重新打包……在机舱关闭前十分钟赶上了飞机……观看了史蒂夫·布西密的电影《伤心树屋》，很好看。这部影片的基调如此自然、平静，毫无表演或指导的痕迹，这让我对自导自演有了新的思考，深受启发。

9月28日

［缅因州卡姆登，拍《黑色港湾》。］

下午4点，大家都到了，我们读剧本、吃饭、喝水、闲逛。有些人试了妆。在剧本朗读会上，我有种奇怪游离的感觉，没法儿入戏，只好像疯了一样对着诺曼·瑞杜斯**瞎说，以至于剧本念到一半，他都有点儿不确定了。实际上，他的台词功力很好，正如我昨天所说，倒是我和波莉***还需要再研究一下角色。

9月29日

《黑色港湾》——第一天，滑来滑去。拍在大雨中神伤的戏。亚当［·科尔曼·霍华德，电影导演］一直在夸我，他嗓门不小，人很热情。他可能以为我保持沉默是因为不满意，但实际上，人只有站着不动，才能经受住倾盆大雨。和N.一起吃午饭，聊了很久，他是个有故事的人，得过网

* 帕特里克·道尔（Patrick Doyle，1953— ），苏格兰电影音乐编曲人。

** 诺曼·瑞杜斯（Norman Reedus，1969— ），美国演员。

*** 波莉·沃克（Polly Walker，1966— ），英国演员，和艾伦联合主演《黑色港湾》。

球冠军，在印第安人的保护区、东京、西班牙和图廷贝克都生活过。他的开放让我佩服不已，有这种心态，他可以做好任何事。洛杉矶的那些人怎么才能理解他呢？波莉一整天也表现得很英勇。我怎么这么快就喜欢上这两个人？剧本还需要再修改。拍戏的卧室则需要暖气。

10月4日

站在森林里，温水喷在身上，睡衣和晨衣都湿透了，清晨的空气冷飕飕的。我有些分心——当然，在某种意义上也没有——没法好好入戏。此情此景，似曾相识，在烟枪和雾气中，是DP* 一脸困惑的表情。这场戏的背景，像是在拍战争片。

10月5日

下雨、下雨、下雨——尤其是在我的脑子里……看托尼·布莱尔的大会演讲，说什么*崭新*、*现代*、*改革*、*改变*，就像是洗衣粉的广告词。他满口美好的构想，说来说去，缺乏诚意。他的演讲稿全都是堆砌的漂亮话，可在面对民众的愤怒和愤慨时，他则会表现得像个学生会主席而非首相。你都有点儿想拍拍他的头，而不是为他鼓掌。

10月6日

邓肯·希斯一路辗转，从纽约先到波士顿再到波特兰才能回家，他在半路上还来找我吃了顿午饭，真是不可思议。很疯狂，但也很感人。我们聊到了《忏悔录》，但我似乎没什么需要忏悔的。我也不在意——我觉得忏悔是纽约的犹太人该做的事。可是如果不忏悔，我脑子都在想什么——我的鲁莽？我的粗心大意？或者什么新鲜事？总之没什么让我困扰的……

当然，事实是，当一个人占据了我的所有精力时，其他事都是次要的。我可真傻。

---

* 即摄影导演（Director of photography）。

10月7日

一上午坐在圆形大厅里——拍午餐的戏份儿。缅因州的苍蝇种群也入镜了。

接下来拍涂防晒霜的戏。假装会用笔记本电脑。

10月10日

出发去船坞，骑着摩托艇在海湾附近尖叫。真刺激。我们差点儿和摄影船追尾落水。太阳慢慢落山，落日很美（上午出海时，海面上还有雾）。我们就这样漂在海上，直到船撞上了一根树枝，不得已停了下来，我们只好让人用一根绳子将船拖进卡姆登港。我一直等到晚上10点，才拍完最后一个镜头，这个镜头还没法儿用。

10月11日

在多伦多拍戏累着了，再加上昨天在船上拍摄时收工太晚，今天一天下来，我疲惫不堪，所有人都在问我是否还好，我感觉自己像一只正在表演的动物，摇着尾巴。

身体状态差，工作效率低，但也发现了一个问题——就是两个演员刚开始拍感情戏，都没个参考依据，只能靠假设。因此，演起来很没有安全感，兴致也不高。

回家后，琳赛和玛格丽特来看我。上帝保佑她们。她们做了鸭肉和巧克力舒芙蕾，还带了些很棒的红酒。等他们都休息之后，我半夜去了自来水厂演艺厅。明智之举——跳舞、聊天、唱歌和大笑——可以解决大部分问题。

10月13日

拍高尔夫球场的戏。遇到一些困难，产生一些困惑，最终巧妙谨慎地解决了。亚当充满洞察力，也充满控制欲。我能看清自己的想法吗？难道这就是我下午5点头脑昏昏沉沉的原因？我的脑子里产生了一些奇怪的想法，得赶快抛诸脑后。多亏直率好心的波莉给我打了个电话——不会有人给我们的电话录音吧？

10月16日

动笔的时候，胃里还隐隐地翻腾着。一整天都在船上，伴随着喷雾枪的声音，拍一场昏昏沉沉的大雾中的戏。波莉和我相互听不见对方的声音。她和诺曼钻进夜间冰冷的水中。

10月17日

近期最严重的一次彻夜失眠。幸好白天一整天的戏都坐在一辆60年代的奔驰老爷车里，大雨冲刷着挡风玻璃……换个角度看，白天过得不赖，还能补偿一下晚上的糟心。希望人生一直如此。

10月18日

昨天有多糟糕，今天就有多开心。放点戈雷茨基的交响乐，有助于营造罪恶的场景，一天余下的时间里，波莉和我都躺在一张柔软的大床上假装睡着。躺着拍戏太幸福了。

随后和波莉一同前往米兰达咖啡馆享用晚餐，接着又去自来水厂演艺厅。声音太吵了，跳舞会挥发掉一些酒气，消耗掉一些晚餐吃的鸡肉。

亚当生命力旺盛，不拘小节，十分开放，始终躁动着，沸腾着。我只能希望他的无限热情都用对了地方。他这股子劲儿都是有原因的。

10月20日

我到底为什么一直失眠——枕头不对？床垫不对？还是风水不对？

反正也睡不着——一上午就在家里干等着2点半开工。我们在厨房拍完了第一场事后清晨的戏——发挥香烟的魔力。

开车回家后，瑞玛笑着给我一个吻。

10月21日

第77场戏太可怕了。剧本足有13页——在狭小、嘈杂的房间里，情绪越来越悲伤。不管怎么说，总算拍了一些能用的镜头。

10月22日

今天的拍摄出了问题，我唯有沉默以对。置身于这个毫无意义的活动中，所有人备受影响——他们很困惑，我也同样如此。疼痛不断加剧。我不知该如何应对。到处是割伤和瘀伤——这就是抗争的代价。现在我明白“困难”这个词是怎么来的了。这种破坏性不断加剧，令人难以招架，毫无好转之意。明明只是在拍电影而已。

10月25日

海滩，又烦又冷。匆忙排练了一场，效果不佳，这让大伙儿对分组的拍摄方式颇有微词。水流绕过沃尔特*的脚踝。这场景似曾相识。

后来，在……与亚当还有杰夫［·罗达，制片人］共进晚餐……像被蜘蛛网缠住了手脚。跳舞跳到半夜后，所有人都回到了138号房间，熄灯，然后倒头就睡。我蹑手蹑脚地溜了出来，但还是溜得晚了……

10月26日

11点，头痛。心脏也疼。

10月27日

在雨里拍了一天，火气直往上冒。我为什么就是忍不了呢？波莉就表现得很得体，而且她比我淋得还惨……

10月29日

客厅的纸板箱里放着两只龙虾，还活着，爪子上绑着橡皮筋，狠狠地瞪着我。

晚些时候，从门廊出去时直直撞上了天花板上悬着的钟（挂得太低

---

* 沃尔特·劳伊德（Walt Lloyd，1950— ），电影摄影师。

了）。20分钟后，敷着冰袋、鼻梁上一道撞伤，赶到彭湾医院挂号。真不夸张，在那儿足足填了20多分钟的表才见到了护士，又或者是位医生？但他们人都很好，妥善地处理好了伤口，还检查了是否有脑震荡、头晕等等。

10月30日

今天这事儿我真的没法儿明说，只能说这是反复拍第105场戏时发生的事儿。发型和服装一定下来，我们就开演。但中途无数次想停下来骂上几句“到底是谁在跟谁开玩笑？”——我们是在相互开玩笑吧？到底是不是？我真搞不懂。*

11月1日

写下这篇日记时，狂风大作，我从收工派对上逃回来。我也不确定，谁在生谁的气——但我的确感到被冷落了……

今天的这场戏拍得很艰难，也就是刚刚及格。亚当固执得就像楼梯上风干的糖浆——挡人路。我需要他讲故事，而不是没完没了地讲道理。

最终我们完成了拍摄。工作人员都说这场戏“很精彩”。

可是现在，我已经厌倦了这种打一巴掌给个甜枣的感觉，因为这关系到我的个人诉求。不过，去他的，我为这部电影已经付出够多了。

11月2日

整理，出门，驱车离开。

7点半，和剧组工作人员在瑞迪餐厅一起聚餐。快乐的时光很有必要，但还是无法和解。我在发言中提到了“爱”这个词。随后，大家相互握手，分歧却越来越大。事已至此，我觉得我该放弃了。一阵眩晕。

11月3日

最后一天。最后几组镜头。诺曼先离开，去了机场——他的黑眼圈还

---

* 这里艾伦说的是和诺曼·瑞杜斯一起拍电影的经历。

没有消。他还在片场时，我必须得敲他的门，给他做做头部按摩才行。他走了之后，我还要继续拍一些空镜——走进楼里，从楼里/出租车里走出来，在街边行走，走上楼梯——直到他们告诉我“杀青了”。心里五味杂陈，这一次真的感觉在边缘行走。

11月13日

[前往洛杉矶，继续拍摄《黑色港湾》。]

下雨了，厄尔尼诺现象开始了？最终，我们选择在一个墨西哥裔聚集区拍车祸的戏。这里的电线上挂了几双运动鞋。很显然，这个区存在毒品交易——一只鞋是要兴奋剂，两只鞋是要可卡因，诸如此类。

11月14日

整个早上，我坐在车上，车“坐”在运货车上。愚蠢又好玩儿，一上午都乐呵呵的，直到卡车司机决定罢工……

11月22日

与格雷格和艾玛在泳池边共进午餐。

我们为创新艺人经纪公司放映了《冬天的访客》。我谢谢你了，细线制片公司，画质极差，评级已经过时，而且没有配乐。不过，他们都很喜欢这部片子（是真的很喜欢）。后来，我们都去了金手指酒吧，里面闹哄哄的，场地很小，光线很暗，有两个抹着金色油漆的女孩，食物不够，但每个人都跳舞喝酒，一直玩到凌晨2点半……我彻底瘫倒。

12月4日

下午3点，就算我知道刚刚采访我的是《国家询问报》和《世界新闻报》，不是《卫报》，依旧很可怕、唐突，焦点完全放在性生活上。事后越回想，越觉得糟糕。

12月6日

2点，和戴维、克里斯还有瑞玛一同去给妈妈扫墓。今天是妈妈的生日。我们种了一些球茎植物和报春花，还挂上圣诞冬青花环。它看起来疯疯癫癫，扬扬得意的。

然后去给爷爷奶奶扫墓。一些假花钻进了泥里。怪可怕的。后来，我们开车去看望多莉婶婶和维克叔叔，陪他们喝茶，吃水果蛋糕。大家拍了第50次聚会的照片。

12月7日

简·安德森*90岁生日派对。吾辈楷模——90岁了还在考虑下一份工作，90岁了还在赌马。不过，我错过了午餐宴；下午1点半得乘车去希思罗机场。

12月8日

电话响了，一个声音说"我是大卫·马梅"。在接下来的十分钟，我向他解释了我为什么不能参演《文斯洛男孩》。**

12月16日

下午3点45分，《今日秀》——主持人是吉尔·拉普帕波特。老天，她怎么会有那么多头发。

12月17日

下午1点，在德拉艺术餐厅和彼得·特拉弗斯［影评人］一起用午餐。很有意思，他注意力集中，为人慷慨，我能感觉到他作为记者职业的一面，他虽然是在和我探讨专业，中间却不时夹杂几个八卦的小问题。离开时，发现劳拉·邓恩坐在一个小隔间里，她当着我的面夸赞《冬天的访客》是一部"杰作"，夸得真是时候。

---

* 简·安德森（Jean Anderson，1907—2001），英国演员。

** 大卫·马梅（David Mamet，1947— ）当时正在编写并执导泰伦斯·拉提根（Terence Rattigan，1911—1977）戏剧的荧幕改编作。

8点《冬天的访客》放映会——肯*的演讲让我脸上有些挂不住——说什么没有人的酬劳超过15万美元……

12月19日

8点15分，在埃里卡·琼家吃晚饭……今天来的客人，平日里都很风趣机智，甚至有些粗俗，可今晚却都客客气气的。

12月21日

8点15分，《心灵捕手》。

最终还是有点儿失望。不过，马特·达蒙是一位非常出色的演员。但这部电影给人的感觉似乎是在寻找某种目标，或者说目标感太强。罗宾·威廉姆斯从一开始就过于可爱。

12月25日

在怀俄明州［与朱迪·霍夫兰德一起］过圣诞。我一下楼就看见包装纸到处飞，芭比娃娃堆成山，还有一堆荧光塑料纸，都快找不见人了。朱迪的女儿们一个个娇生惯养，不成样子。那天没过多久，罗斯玛丽就站在一堆礼物中间，想要“找点事做”。夏洛特最大的梦想一直是当“一根棒棒糖”。

6点半，晚餐终于上桌。一开始，［厨师］雷托和我都劝朱迪不要对烤箱温度有执念。她向我们保证，今晚的饭一定会成功，还不让雷托帮忙。最后，菜的确像变戏法似的盛进了盘子，味道很好，富于创意，就是雷托累得够呛。

再后来——看《鸽之翼》。我只有一连串问号。这些人都是谁？他们在宣传什么产品？

12月26日

去朱迪家吃饭。雷托原本打算做饭，但我不觉得朱迪会就此作罢。真

* 肯·利佩尔（Ken Lipper，1941—　），制片人。

是疯了——她这是在检查餐厅后厨吗？当然不是。她自己早餐都给女儿吃什么？含有色素和香料的“燕麦”？咖啡伴侣。回到家，观看肯尼迪中心荣誉奖的颁奖典礼。迪伦穿着黑色西装，系着丝带。这回他就已经和查尔顿·赫斯顿同桌而坐了，下回会怎么样呢……？

12月27日

去纽约。

大包小包的，像逃难一样……［怀俄明州的］杰克逊霍尔机场白雪皑皑，看上去十分荒凉，充满戏剧性。

12月31日

去温德姆酒店找埃德娜·奥布莱恩……埃德娜发现第二大道上有家鸡肉餐厅。

9点，去东村戏院找尼克·海特纳［戏剧导演］。他将这座戏院称为“胡志明建造的房子”*。从这里可以俯瞰整个曼哈顿，景色很美，像一团火。我感觉自己就像在杂志里一样。

11点，去第15街找苏珊·萨兰登和蒂姆·罗宾斯……有位很棒的手风琴艺人、蒂姆，还有一位朋友，三人合奏了一曲。还有位不认识的朋友献唱了一曲《午夜时分》。艾米丽·沃森和丈夫杰克时差都还没倒过来，就加入了我们。

凌晨1点15分，回到马克酒店。今晚，埃德娜·奥布莱恩提到了《纽约客》对《冬天的访客》的评价（它依旧有着挥之不去的艺术光芒）：“堪称灾难。”

注释

1 戴维的妻子克里斯蒂娜的昵称，下同。

2 艾伦原始手稿即有两篇5月17日的日记。

3 查尔斯·斯宾塞（Charles Spencer，1964— ），戴安娜王妃的弟弟。

---

* 这座戏院因为《西贡小姐》（*Miss Saigon*）一炮而红，因此得名。

1998

— 《冬天的访客》

— 洛杉矶

— 金球奖

— 布鲁塞尔

— 东京

— 三宅一生

— 南非

— 匹兹堡，《怒犯天条》

— 纽约

— 凯文·史派西

— 匹兹堡，《怒犯天条》

— 法兰克·辛纳屈

— 洛杉矶

— 《怒犯天条》

— 埃迪·伊扎德

— 协和式飞机

— 托斯卡纳

— 《安东尼和克娄巴特拉》

— 阿拉斯加

— 海伦·米伦

— 开普敦

1月1日

艾德娜打电话说她“再也不会喝酒了”，诸如此类，还说她这会儿正在喝粥。

1月2日

晚上7点，前往肯尼迪机场。体验了英国航空的卧榻服务，不怎么样。

1月5日

打电话，接电话，赠送首映礼门票，见朋友，参加慈善募捐，去洛杉矶（参加金球奖）。凯斯·维纳*和我说话时那轻描淡写的语气，就好像是我在采访她。

1月8日

7点，乘车前往哈默史密斯剧院（和瑞玛还有米兰达·理查森[1]）。我决定拿过话筒，直面现场的氛围，还相当直接地调侃了几篇负面的评论。观众好像很吃这一套，不管怎么说，大家观影时都很放松，结束时的评价也很一致，今天的气氛非常特别。

结束后去了贝琳达家，凌晨3点钟，她一边聊天，一边做宵夜！做的是意大利面。

1月9日

媒体开始念叨了。纽约，我来了……

1月11日

大部分影评我都没有理会，只看了几篇短评，就气不打一处来，困惑不已。猜也能猜到他们在抱怨什么，说我太戏剧化，说我没有新意。全都只往坏处看，全都抓不住重点。他们怎么就想不到，这种非写实主义是我有意为

---

* 凯瑟琳·维纳（Katharine Viner，1971— ），英国记者。

之？他们怎么就不明白，这部电影探讨的主题由来已久，就该常议常新。

1月15日

12点半，图廷区，圣乔治医院。来看望帕特里克·道尔*，他对自己的病情了如指掌，让我很是佩服。他说必须打吗啡来缓解化疗的疼痛，还每天坚持计数，看看自己还剩多少日子。他虽然病了，但风趣好奇的性子却没有变。艾玛也来医院了，戴着一顶红色的苏格兰花格呢帽，帽子上还蓄着一绺姜黄色头发。我们三个人拍了一张宝丽来合影。

下午3点，在邦德街的尼克尔·法伊专卖店买了一身西装、一双鞋，还给瑞玛买了两件衣服，店里在打折。这身西装，我还会穿第二次吗？

1月16日

10点多，鲁比来我家，见我还穿着睡袍，就自己出门去吃羊角面包。和她的父母聊起了塞舌尔，当地的悲惨现状堪比《现代启示录》。

1月17日

10点半，车子接上我→希思罗机场→洛杉矶国际机场。

1月18日

3点半，车子接我去金球奖现场。

这地方活像个疯人院。除非是镜头在对着拍，要不然菜才吃到一半，他们就把盘子撤了；电影明星身上的礼服都贵得离谱，却只能穿一次；到处都能听见有人拽人名拉大旗……在创新艺人经纪公司的派对上，我看到格斯·范·桑特、马特·达蒙（我喝醉了，揪着他的衣领告诉他，他是一个非常、非常好的演员）、明妮·德赖弗、劳伦·白考尔、雪莉·麦克雷恩（她很喜欢《冬天的访客》，她是我的英雄）、薇诺娜·瑞德、琼·库萨克（我们挤在同一趟电梯里，有机会一起合作吗？）、凯文·克莱恩。见证阿尔

* 帕特里克·道尔被确诊患有白血病。

法·伍达德*获得金球奖，是今天最棒的事！

1月22日

11点半，返回伦敦。

1月25日

电视上在播南岸奖的颁奖典礼——彼得·霍尔一语中的，现在两党都会给对方阵营的艺术作品叫好了。他说得没错，这样下去可不行。

10点27分，乘坐欧洲之星前往布鲁塞尔。我以后要常坐这趟车，原来他们说的都是真的，安静、丝滑、平稳，直抵布鲁塞尔市中心。车轮滚滚向巴黎。

下午3点，媒体采访——地点选得很怪，一间绿色的包厢，也兼作酒廊使用，隐藏在一家购物中心内，有种列宁格勒高级商场的氛围。

1月27日

早上5点就醒了，一整天哈欠连天，话都说不全。不过，上午的采访，问题都提得很正面，很有创意，所以回答起来也更轻松，更容易。要不然，我提前准备好的6个问题的标准答案就得派上用场，我甚至都能把稿子直接（传真）给记者。

下午，越来越郁闷，记者又一点点在《虎胆龙威》和《侠盗王子罗宾汉》的边缘试探。这些人，翻来覆去炒冷饭。

晚上7点，放映会，大获成功。就算法语字幕把画面都弄花了，也不妨碍坐在猩红色座椅上的观众理解剧情。放映结束后，全场起立欢呼。

散场后，接受广播采访。女主持人开场便说"通常你演的都是……"，差点把天聊死了。

10点，和尼尔［·金诺克］在生蚝馆共进晚餐……尼尔一口气能聊12个话题，话语间贯穿着对新工党的抨击，言辞越来越激烈。"一周不去3次

* 阿尔法·伍达德（Alfre Woodard，1952— ），美国演员。

健身房，准被扫地出门。”

1月31日

→希思罗机场→阿姆斯特丹。

2月1日

→东京。

奇怪，在阿姆斯特丹，一下飞机就看到希腊的康斯坦丁国王和安妮-玛丽王后。在飞往东京的航班上，又在机舱里见到他。怎么会这么巧?

2月2日

抵达东京。

晚上7点，和蜷川幸雄共进晚餐……惶恐在所难免。蜷川总是那么克制，那么专注于工作。他让我继续演戏，并导演一部莎士比亚的作品。

2月3日

全天接受采访。下一次——真的没有必要每场采访都安排50分钟，简直是在折磨人。话说回来，日本人有一种令人放松的狭隘视野，这些安静、身材矮小的人们共同建造了这座庞大的城市。他们一声不吭，也不曾停歇，产品就这么造出来了。

8点半，和三宅一生*共进晚餐……他幽默风趣，兼容并蓄，还送了我一本欧文·佩恩掌镜的三宅一生服装影集。幸好我随身带了一本马丁·帕尔**的影集可以作为回赠，漂洋过海赠书，可能送达明安·赫斯特的作品会更合适。不过在这个场合，心意到了就行。

2月4日

第一场电视采访，令人担忧——“母女俩去海边时是一个表情，从海

* 三宅一生（Issey Miyake，1938—　），日本设计师。
** 马丁·帕尔（Martin Parr，1952—　），英国摄影家。

边回来时又是一个表情——你是如何指导她们切换表情的？”

2月6日

9点52分，乘坐子弹列车前往京都，这名字取得好。速度之快，让人胃里隐隐犯恶心。日本从窗外一闪而过，随便一拍，就好像一幅巨大的3D电路图。然而，这是一列美丽的火车。我期待着有一天英国铁路也装上电子布告栏，广播通知轻声细语，检票员离开车厢时向我们鞠躬。

2月11日

这一天，没一件好事。

不安作祟，闷闷不乐。

学院奖继续犯傻——提名名单完全漏掉了《冰风暴》,《忠奸人》和《不羁夜》也几乎颗粒无收。

别太沮丧，一年不过开了个头，也别太早就用光力气。

2月13日

下午3点，去散文家剧院找约翰·赫特，我们先去了绅士俱乐部，后面又去了亚特兰大酒吧。

打车去家具店，在卫浴专区速战速决，然后又打车回家。看了《黑色港湾》的几个片段。非常压抑……像是被20磅的重物压着。

2月24日

晚上9点，在常春藤餐厅请亚当和波莉吃饭，我们坐的位置对于《你好》杂志来说堪称完美——餐厅另一头，菲姬和埃尔顿·约翰正聊得尽兴，他们那桌还有杰瑞米·艾恩斯和西妮德·库萨克。可把亚当激动坏了……

3月4日

6点半，乘车前往希思罗机场，搭乘晚上9点的航班飞往南非。

3月6日

止不住地流鼻涕，不知道是得了感冒、流感还是别的什么毛病。尽管人已在南非开普敦，尽管户外艳阳高照，泳池清凉，我也只能待在酒店客房里看电视。

3月7日

9点《冬天的访客》放映会。

画面糊得像是隔着一层啤酒杯底那么厚的玻璃。这个画质，电影很难看得下去。杂音太重，配乐难出效果。头都要晕了，还怎么好好欣赏电影？

3月8日

10点半，《冬天的访客》问答环节。

我总觉得，观众可能不是很喜欢这部片子，都没什么想问的。后来我又发现，并不是所有观众都不喜欢，这就够了。

3月9日

9点左右，《虎胆龙威》。十年过去了，这部电影还是那么独树一帜。充沛的能量，完美的镜头语言，智慧与风格并存。

3月10日

9点，《皮肤之下》。

这部电影有种非常独到的气质，难怪能在爱丁堡电影节获得［评审团］大奖。

3月14日

6点10分→约翰内斯堡，9点15分→伦敦。

丽莎·凯带路，疯狂外出活动。走到半路，所有东西都丢了——车钥匙、停车卡、我的钱包。我们还差点儿迷了路。在某个时间点，丽莎满怀希望地问："有人看见机场了吗？" 尽管一波三折，一路所见还是给我留下了深刻的印象，印度洋海岸线的风光美丽壮阔，黑人居住区和贫民窟的杂乱令人震惊，纸板和金属碎片胡乱搭成的棚屋，当地人称之为家。洗净的衣物晾在屋外，在尘土中飞扬。想给这地方写封信，地址恐怕都难写。高速干道左侧棚户区300号？

3月15日

鲁比和辣妹合唱团一起上电视。怎么回事？是谁？为什么？

3月17日

11点半→匹兹堡。

在飞机上看了《重生》。很奇怪，难以入戏。片子不够隐秘，不够冷酷，不够犀利。节奏平滑、缓慢，色调发棕——像是周日电视节目的质感。最后几分钟除外，电影临近尾声，史诗感才初见端倪。

我们在蒙特利尔停留一个小时，然后前往匹兹堡，入住威廉佩恩酒店。冲破隧道的那一刻仍然令人兴奋不已。

3月18日

[《怒犯天条》开机。]

11点，试戏服，调整尺寸，范思哲说了算。阿比盖尔*显然非常非常有才华，不论是剪裁、线条还是面料，她都不会出错。而且她还很能听得进去建议。

下午3点，和琳达·费奥伦蒂诺读剧本。还见到了杰伊（杰森·缪斯**），我像个傻瓜一样，一开始还以为他是凯文的助理，后来才想起他演过《猜·情·寻》。我尴尬不已，琳达却觉得很搞笑。她的性格全反映在外表和声音上了——烟熏妆，黑头发，活泼。我们的剧本读到一半，本·阿弗莱

* 阿比盖尔·默里（Abigail Murray），服装设计师。

** 杰森·缪斯（Jason Mewes，1974—　），美国演员。

克突然出现，杰森·李和马特·达蒙也前后脚进门。一时间，房间里到处是棒球帽，水、冰茶、其他什么饮料的易拉罐、剥了皮的橙子、薯片、香烟的烟雾。我们按照剧本的走向一路蹦极，一阵混乱，自由落体，琳达拒不做出任何贡献……后来，我还在吃饭时和她聊到这个问题。这里的一切都缓慢推进着，我们进行了一些非常有趣、坦诚的交流。他们都是聪明、有趣、充满激情的人，也很脆弱。看到有些人的眼光变得柔和了，我很高兴。

3月19日

9点，凯文·史密斯的排练方式也太奇怪了。马特和本似乎早就习以为常。在匹兹堡的这几天……我们头一个小时根本进入不了正题，大家看看报，闲聊几句，坐在地上等着……吃早餐。凯文根本不着急将我们组织在一起，连句解释的话也没有。接着，我们就开始了一种“你演我评”式的彩排。每个人站起来，走到排练室中央，演一遍自己的戏份儿。凯文只是观察，说一句“很好”，然后等每个人表演完，用他的数码相机拍张照。杰森·李全神贯注，琳达就是跟着混。

下午3点，凯文帮琳达和我顺台词。碰到单句的台词，他要么让我们声音抬高，要么让我们声音放低。经他一点拨，台词真正的魅力就出来了。他写的剧本，什么节奏他心里有数。

晚饭在房间吃。心神不宁，不知所措。有时就感觉像一个牛奶瓶，少了它火箭就无法起飞。但这都是消极的想法，所以不要再想了！

3月20日

6点45分，乘车前往匹兹堡机场，8点05分的航班飞往纽约。

10点左右，来到道具工作室配合做假肢。

入住伦巴第大酒店。

3月21日

2点半，《谋杀绿脚趾》。

戏如其名，大杂烩。巧克力盒中的珠宝，以及诸如此类的种种隐喻。

3月26日

10点15分，乘车前往纽瓦克机场，搭乘12点14分的航班飞往匹兹堡。

下午3点，试装。恨不得一夜减掉10磅。周三之前，都得饿着。

3月31日

到达片场，是一座教堂。

乔治·卡林和那位耶稣老哥*的状态一样好。卡林与群演的即兴表演非常精彩，应该给他录下来。今天让我想起当年拍《天生赢家》时戈尔·维达尔进组的那一天，也是在匹兹堡。

4月1日

早上7点半出发去片场，全天待在墨西哥餐厅。

我的第一场戏剧本足有6页。这让我想到拍《迈克尔·柯林斯》的第一天，也是一场悬崖戏，只不过今天这场戏的情绪有所不同，是天使获得自由后与过去的自己剑拔弩张。有两个镜头，一个过肩，一个特写。有时候导演说过了，我还是有点困惑，总感觉没有演出是两个人在交锋的感觉。今天要拍的镜头很多，节奏很快。

一天下来，凯文看上去非常满意。时间就这样过得飞快，早上7点半出发，下午6点才收工。

琳达通过台词，一句句带出了人物形象，她的表演才华也开始爆发。她引诱，阴郁，压低喉咙，拱起眉毛，转动眼珠子。举手投足都令人着迷，但又都不适合这个角色。但不该我插手，我肯定是在学习。

4月3日

和麦克·尼科尔斯聊天，他邀请我同去玛莎的葡萄庄园。欣然答应。

2点半出发去肯尼迪机场，下午5点→希思罗机场。

* 电影《怒犯天条》中的一场戏，一个游艺团试图打造耶稣的新形象。

4月6日

8点,《偷心》。

编剧当导演*,演员的表演被束缚住了。这是个老问题了,弗兰西斯·巴贝曾说过，她就是走不出派崔克·马柏的批注。这话不假，他的每一句台词都跃然纸上。

在剧院对面的常春藤餐厅吃饭。谁来给弗兰西斯做个体检——她喝了那么多红酒，身体还那么好，肯定是因为笑得多，酒气都挥发了。看见《每日邮报》的人溜进来了，我拉着卡罗琳·艾亨匆忙逃离。

4月11日

得知《犹大之吻》(电影版)给我的片酬具体是多少之后，我有点儿震惊。

4月13日

《送冰人来了》。

凯文·史派西仿佛真的是冲浪冠军。他的演技衬得其他人都略显浮夸。哪怕他身上还带着一丝得意的神气。

4月19日

观看英国电影学院奖颁奖典礼。我就像个火星人，听不懂他们在说些什么。《泰坦尼克号》竟然空手而归。

这还不算，除西格妮·韦弗之外,《冰风暴》也颗粒无收。这些颁奖典礼依旧废话连篇，有失公允。《冬天的访客》这下有伴儿了。就该避开这种极其乏味的颁奖仪式，出席即蒙羞。

4月25日

12点25分→匹兹堡。

---

* 这里指派崔克·马柏(Patrick Marber，1964—　)。

4月27日

下午1点，试装。三宅一生寄来两件衣服，不过对于这部电影来说有点太有未来感了。

4点15分，流鼻血，要去看医生。他给我用了烧灼疗法（损伤皮肤的另一种说法）。

8点15分，化妆师杰夫*来帮我重新染头发。

4月30日

排练。一共就五句台词，琳达得问两句。她除了在车上扫一眼，别的时间还看过剧本吗？我一下子就不高兴了，皱着眉头不说话。只有我一个人在工作，我感到愤愤不平，这种情况不是第一次了。就这样，漫长的一天，台词一大堆，还有［一场］戏要带着假肢和80磅重的翅膀。这真是个独特的体验，这些道具像一块磁铁将你按在墙上，随着分钟变为小时，沉重的道具和护具开始影响我的记忆力。浑身酸痛，还得注意力集中。而且琳达又把台词说错了。凯文确实注意到我的不爽，问我有没有什么问题。我能怎么说？

5月1日

文斯**和助手给我装上假胯道具，然后我们先去看了场电影。每个人都拍了很多照片，有露脸的也有不露脸的，到时候这些照片肯定会传到网上。

白天听说有个皮肤科医生特别厉害，琳达也去看过。下午3点，我一路小跑去找他看病。这位南希·尼兰［·费舍尔］大夫一见我就说我有酒糟鼻、牛皮癣和痤疮。这些毛病都难以根治，来，药拿好了。好极了。

5月5日

我见到阿兰妮斯·莫利塞特时，她在化妆车里，工作人员正在给她的

* 杰弗里·A.鲁比斯（Jeffrey A. Rubis），化妆师。

** 文森特·J.瓜斯蒂尼（Vincent J. Guastini，1963—　），特效化妆师。

头发插花。这感觉很奇怪。我和世界上其他人一样买了她的CD*，对她那种焦躁的摇滚乐很熟悉。可现在坐在这儿的，却是一个安静、迷人、温柔的女孩，或女人。大多时间我们都在候场，只拍了一小会儿。我们坐同一辆面包车返回酒店，在车上聊了聊工作：正在忙什么，接下来有什么计划。她本人就和她的那首《邻家女孩》一样。

5月6日

我和阿兰妮斯——喜剧二人组。这谁能想得到？我们就像劳莱和哈台组合……

5月7日

片场的气氛发生了明显的变化——本·A.一走，克里斯·洛克便不再时刻紧绷着。这就好比和魔鬼做交易，强势的那位走了，没人逼他了，他也就现了原形。在片场，他手机不离手，直到导演喊“开始”，他才会放下。

大家都慢慢展露出自己的另一面——在返回酒店的巴士上，萨尔玛·海耶克谈到她曾响应特蕾莎修女去印度做志愿者的经历——这位绝美的女演员，曾为一位垂死的妇女擦拭粪便和蠕虫，还帮她挥走脸上的苍蝇。

阿兰妮斯昨天才说她也去过印度。

5月8日

以后每当我想起匹兹堡，我都一定会想起威廉佩恩酒店。这里既没有汽车，也没有出租车，我们还得在这里拍一部花样百出的电影。我觉得这片区域肯定有用车需求，只是管事的要么胆怯，要么傲慢，不愿出面解决这个问题。我在这里的时间还是不够长，不然我一定要出手干预。

5月9日

回酒店的路上，腰上一阵疼痛，刀割一般。我知道是怎么回事，腰疼

* 即《小碎药丸》(*Jagged Little Pill*)。

已经持续五天了。天使为翅膀付出了代价。

5月10日

小心翼翼地把身体从床上挪下来，像是在解一个数学方程。慢慢地起身坐直，早上8点，制片设计师拉兹来接我，带我去了跳蚤市场。

5月11日

只睡了四个多小时后，8点就醒了。腰疼得受不了，所以请了位脊椎按摩师。似乎不是明智之举。神经受到挤压，周围的肌肉都举起拳头，做出防御姿态。

7点50分出发，5分钟后到达车站餐厅。思维和行动被腰疼主宰……坏消息传来，凌晨3点半要拍特写镜头，到那时我的脑子已经不转了。人生第一次，我要求上提词板。糟糕的体验，可要是不用这个，戏都没法拍，只会越来越绝望。腰越来越疼，从椅子上站起来都像是受刑。

5月12日

太疼了。今晚拍不了了。他们调整了拍摄时间……医生给我开了治痉挛的药和止痛药。在附近做了个按摩。一整天都站着看电视。

5月13日

去医院拍X光片。幸好没有椎间盘突出，但为了缓解肌肉痉挛，还是装上了支架（我应该把翅膀和支架一起戴着）。

5月15日

疼痛逐渐减轻，正当我自我感觉良好时，又是一阵剧痛。

反反复复，消停一阵，痛一阵。

一天都在电视上听辛纳屈唱歌，他就算是唱《我的路》这种可怕的曲子，声音也如此动听。他唱《自始至终》（‘All The Way’）时，断句方式让人意外，唱《爱你爱到心坎里》（‘I’ve Got You Under My Skin’）时，像是在用歌声编制蜘蛛网。有些人直到去世，人们才开始把他当回事。

5月16日

11点50分，前往纽约。

5月20日

上午9点，飞往洛杉矶并入住蒙德里安酒店。

5月21日

上午9点，和拉斯·霍尔斯道姆见面，他很绅士，他的剧本《苹果酒屋法则》很耐人寻味。对演技没有过多要求——镜头转向你时接住戏就好。

2点15分，坐车去给《犹大之吻》配音。塞巴斯蒂安[·古提耶雷兹，导演]问我想听好消息还是坏消息。事实证明，根本没有好消息。那些德国人和斯特凡[·西姆霍维茨，制片人]把片子剪得像一部动作电影，这也就意味着我和艾玛的戏份儿（看上去）能删则删。越来越乱。

5月26日

匹兹堡。

5点40分出发，噩梦的开始，遭罪一整天。头隐隐作痛，还时不时地打喷嚏。怕什么来什么。

今天这场戏，现场很是热闹。傍晚一到，头顶上的飞机列队又准时飞过，日日如此。贫民窟传来爆炸声，让拍摄都真实起来。

5月30日

[晚上]6点45分出发，去星湖礼堂拍水上漫步的戏。一切正常，只不过现在已经凌晨3点，摄像机转向我时，我的脑子难免有点混沌。现场有一丝欢庆的氛围，灯光点亮了湖面，非常漂亮。迎着黎明，我们在化妆拖车里喝了一些香槟，然后相互道别。

早上7点，上床睡觉。

6月1日

下午5点50分→纽约。

6月4日

8点半，去看埃迪·伊扎德的演出。

现在他的政治观点越来越鲜明，言论越来越精彩，从波尔布特到登月再到青春期，无所不谈。

演出结束后——大家齐聚巴尔萨扎餐厅。埃迪一身T恤配牛仔裤，脚踩着一双4英寸的高跟鞋。可爱的夜晚。

6月5日

正如凯瑟琳今天上午在电话中所说，改变世界的人当中，埃迪要算一个。他的立场之鲜明，手段之狡黠，让我由衷钦佩。他软硬兼施，你都能听到全场观众生锈的头脑开始转动，嘎嘎作响。

6月6日

7点半，登上协和式飞机。万岁。坐在前排的伊万娜·特朗普[2]让这段旅程变得有趣起来。我看到她翻阅剪报，撕掉其中几页，过一遍行程，然后拿出家人的照片看了很久才放回钱包，画面相当感人。

7月20日

7点半，广播大楼，晚宴……今天是什么情况？我们这些人都是点缀吗？到底能不能派上用场？全场只有迈克尔·弗雷恩是真正的学术巨擘。理查德·艾尔和乔纳森*一样优秀。哈维［·古德史密斯］是个自以为是的家伙。西蒙·拉塞尔·比尔应该和我资历相当。西蒙·柯蒂斯［电影导演］和

---

* 乔纳森·肯特（Jonathan Kent，1949— ），英国戏剧导演。

伊丽莎白*说起了[洛杉矶]地震期间我穿着丝质睡衣的窘态，他们还觉得很有趣。

7月21日

RADA上诉委员会。

阿滕伯勒提到了艺术委员会经手彩票基金时吃回扣、两面三刀的卑劣行径。与此同时，他却全程双手插兜，默许这种事情发生。

7月30日

8点，与凯瑟琳和大卫·贝利一起吃晚餐。

这间阁楼堪称所有人的梦想，就在国王十字车站上方，沿着环形的栏杆上楼便是拱形入口。就餐空间宽敞通风，角落放着一台电视，在这里，可以连续几个小时看路上人来人往，很是惬意。他们是很棒的一对儿，虽然被人们奉为偶像，实际上却脆弱又简单。

8月3日

放假了！

和海伦·米伦谈过了，她还是那么热情、风趣、真诚，有说服力，懂得体谅人，还有说服力……

12点，乘车先去了怀特利[购物中心](美国运通和A&C)，再去希思罗机场。飞罗马的航班按理说2点10分就该起飞，结果延误到了4点。来接我们的是利维亚，(结果)这是她十年来第一次开长途车。坚决不能上高速，只好慢慢开，结果前方遇到车祸，只能停车。事故看上去是六辆车撞在了一起，场面很惨，一辆集装箱卡车横躺在马路上，撞得稀巴烂，像是面目全非的动物。后来我们才知道，司机已经被送走了，人好像没事……过了2个小时，一辆起重机将卡车整个吊到空中，集装箱里的冷冻肉全部

* 伊丽莎白·麦戈文(Elizabeth McGovern，1961—)，美国演员。

倒了出来。整个画面非常地安东尼奥尼*。

凌晨2点，坐下品尝意大利面和对虾，而窗外蟋蟀鸣啼不已。

8月4日

5点，驱车前往卡帕尔比奥。伊特鲁里亚城墙、狭窄的街道，等待着被电影勘景组发现，准备好了随时叫游客滚蛋。

晚上7点半。我想好了，我要加入《安东尼和克娄巴特拉》。国家剧院、海伦·米伦、西恩［·马提亚斯］，没什么不放心的。

8月6日

在海滩度过了愉快的一天……我正在读剧作家阿诺·维斯克的日记——《夏洛克的诞生与泽罗·莫斯苔之死》。我知道这些文字写于1976年至1977年间，但全文的基调还是让我震惊。这本书中，维斯克不仅将约翰·德克斯特**奉若神明，他本人的一言一行也够有意思的。一次又一次，他的建议没有受到重视。他对作品的贡献堪比第二个导演，可演员们不过是抱着安抚他的心态，才愿意听听他的看法。他提起演员时，总喜欢叫他们在戏中的名字。在这本书中，他大量引用了德克斯特在和他排练时发表的恼人发言：演员是会表演的狗——可塑性强却愚蠢，没有理性思考的能力，只有盲目的本能，而且听不出作者文本中的"音乐"。只是我没想到的是，这两个人私下竟然还有联系。

另一方面，他对约翰·怀廷***的引用倒是很令人难忘："戏剧中，一句台词包含了如此多的意义，仅此而已。只有强烈的情感，仅此而已……真正伟大的演员懂得运用自己的控制力。他们赋予台词一种权威，让人感觉这句话除了这么念，别无他法。他们也让情感成为一种空间，让感官获得自由。才华不足的人往往更有人情味儿。"

---

* 米开朗基罗·安东尼奥尼（Michelangelo Antonioni，1912—2007），意大利导演，代表作《放大》（*Blow-up*）。

** 约翰·德克斯特（John Dexter，1925—1990），英国戏剧导演，。

*** 约翰·怀廷（John Whiting，1917—1963），英国演员、编剧、作家。

8点半，与保罗·里昂-马里斯谈论了国家剧院的合同。《安东尼和克娄巴特拉》每场的演出费用约为100英镑，也让那些歌剧演员看看。帕特里克·普罗克特*将为我们制作海报。

8月9日

11点左右来到海滩。看完了维斯克的日记。自相矛盾、意气用事、尖锐、严谨、自欺欺人、诚实、自以为是、善变，什么形容词用在他这儿都合适。他对演员极其缺乏尊重。我们应该做的是“奉献”，而不是“炫耀”。

8月11日

8点左右在蒙特波尔享用晚餐。这里的环境让人想起伊夫林·沃小说中的某一章节。格雷厄姆·格林**和萨利夫妇与他们的三个孩子马特（编剧，在洛杉矶工作）、夏洛特（家庭主妇）和亚历山大住在这里。这是一栋迷人的房子，每个角落都彰显了松弛的品味和怪诞的小情趣。桌子上铺满了蜡烛，楼上有迪斯科舞厅，孩子们在阴影照射的床单后面跳舞。厨师下午5点就下班了，带着帽子，提着包，拉着箱子，东西一大堆。

8月17日

《安东尼和克娄巴特拉》第一天排练。

1号彩排室，地上摆了一圈坐垫，土耳其地毯像拼图一样铺了一地。拿我们这一版和1978年彼得·布鲁克的版本做做比较，不是什么坏事，因为我和海伦一起彩排，不论如何都不会陷入艾伦·霍华德和格伦达·杰克逊当年所遭遇的冷场。

看到一些熟面孔……还有很多漂亮的生面孔。开始前，国家剧院的工作人员围成一圈，特雷弗·纳恩给我们每个人一个大大的拥抱，简单说了

* 帕特里克·普罗克特（Patrick Proctor，1936—2003），英国画家。
** 格雷厄姆·格林（Graham Greene，1936—2016），英国出版人。

两句打招呼的话。接着，帕斯迪·R.*先带我们做呼吸热身，然后肖恩开始执导。接下来的一天都在顺台词。

蒂姆·海特利向我们展示了布景，达维德·贝吕古向我们展示了他设计的服装。警钟第一次敲响，希望是我多虑了——但是看了金色的城墙和那些衣服之后，我很怀疑我们怎么才能把一部史诗演成人性化的故事？

8月19日

5点半，第一次通读第一幕（的台词）。我的戏太多了……

8月20日

西恩排练得非常出色。真诚，有趣，不端导演架子，这是真的。“你得先给我演一遍，不然我没法给你指导。”

8月21日

11点半，曼彻斯特大街26号，赴帕特里克·普罗克特的约。（突然就有了写日记的理由。）普罗克特的穿着无懈可击（他的口袋塞着的那张手帕是纸做的吗？）。就算他已经醉到不行，还记着自己戴的是一条范思哲领带。

在我们一小时的会面当中，他画画的时间只有15分钟，中间他还喝了几大杯威士忌。然而，当他坐到凳子上，杀气腾腾地看着我时，线条便自然而然地浮现在画布上……太迷人了。他坚持要在澳丁餐厅像贵族一样用午餐，餐厅里挂满了彼得·兰根的素描和油画，美丽的劳拉·奈特，还有霍克尼，就在我对面，挂着一幅普罗克特的画作。

8月24日

和帕斯迪训练了大约20分钟，她就替我解决了说话含糊的问题。我很惊讶，问题竟然出在：（1）我呼吸不正常；（2）我应该多喝水。

8点，到达桑德拉和迈克尔·凯曼家，今天桑德拉过生日。她最近才因

* 帕斯迪·罗登伯格（Patsy Rodenburg，1953— ），英国配音指导。

为动脉瘤做了手术，看到她能切蛋糕，能应门，能做任何事，真是太好了。开派对，乔治·哈里森一直不往人堆里钻，总想找个角落或者楼道待着。我能理解他，他看上去非常真诚和开放。

8月25日

通读第二幕台词。一种轻松但丰盈的效果立住了，西恩在过去十天做出的努力和使用的技巧都得到了回报。正如他后来所说，这种效果是简单、直接、现代的。

8月26日

奇怪，我感觉整个剧团明明越来越亲密，但不知为何，我和海伦却融入不进去。芬巴尔*也和我们一样，他上心、专注，却难以融入。

8月27日

9点45分，打不到车怎么办？除非国家剧院派车来接我。哈，做梦。所以——又迟到了。

下午，逐渐探入《安东尼和克娄巴特拉》的奇妙之处。晚上大家围成一圈，毫无感情地读剧本，我惊掉了下巴。

晚饭在家吃。收拾行李。

8月28日

去阿拉斯加！

12点，阿拉斯加时间。到达朱诺机场。

1点半，在片场为玛丽·伊丽莎白［·马斯特兰托尼奥］送上年度惊喜……

3点半河上漂流。风大雨大，我们商量着“如何避免掉进水里”——差点儿退缩了，多亏最后没有放弃。

---

* 芬巴尔·林奇（Finbar Lynch，1959— ），爱尔兰演员。

8月30日

晚餐8点半开始，7点半，我先在红色沙龙喝了点酒。按照阿拉斯加的习俗，晚餐场地选在了一个屋顶。这栋建筑由设计师一手设计并建造，楼下就是泳池。我一直在留意谁都坐在哪里，心生疲惫。罗宾·威廉姆斯来了——他一贯的风格就是松弛、害羞，从不咄咄逼人，为所有人树立了榜样。瑞玛在酒吧攻克拼字游戏，我热舞到深夜。

8月31日

8点半，起床，收拾行李。

漫长的告别。

经过所有令人难以置信的工作，得到了那么多细致入微的照料和关注，我很难做到轻松告别并享受最后的时刻。这是其他人才有的天赋。［保罗·艾伦的派对］今年的嘉宾名单包括弗朗西斯·福特·科波拉、乔治·卢卡斯、詹姆斯·卡梅隆、尼尔·乔丹、吉姆·谢里丹*、特里·乔治、杰夫·高布伦、坎迪斯·伯根、安娜贝丝·吉什**、爱德·贝格利、戴夫·斯图尔特、迪帕克·乔普拉、约翰·里奇蒙德***、诺埃尔·雷丁、丹·艾克罗伊德、罗宾·威廉姆斯、帕蒂·史密斯****、珍妮弗·桑德斯、亚德里安·埃德蒙松、克莱尔·佩普洛*****、道格拉斯·亚当斯、昆西·琼斯和凯丽·费雪等人。其中还夹杂了一些科学家、建筑师和贝尔法斯特家族的成员。

9月1日

从阿拉斯加返回。

11点半（在飞机上补了一会儿觉）……打车回家，换衣服，继续赶往

* 吉姆·谢里丹（Jim Sheridan，1949—　），爱尔兰编剧。
** 安娜贝丝·吉什（Annabeth Gish，1971—　），美国演员。
*** 约翰·里奇蒙德（John Richmond，1960—　），英国时尚设计师。
**** 帕蒂·史密斯（Patti Smith，1946—　），美国歌手、作曲人。
***** 克莱尔·佩普洛（Clare Peploe，1942—2021），英国编剧。

国家剧院，下午3点准时到达，立刻开始第三幕的剧本通读。好好读，我心里想着，劲头很足，但视力不太行。

9月2日

完成了第四幕的剧本分析。我的时差还没倒过来，脑子里一阵阵地闪过关于结构、连贯性和脉络的奇怪念头。大部分时间我都默不作声，只是偶尔说几句。海伦注意到我不对劲，用她那种随意不带批评的口气问我：“这种排练流程可以接受吗，还是觉得无聊？”恰恰相反，就在刚才我还在想这部华丽的作品有很多可能性，想得忘乎所以。我引用了一句“滔滔不绝至血脉偾张”*。

9月3日

午餐时间——盯着帕特里克·普罗克特画好的作品，他像是画了一幅两个14岁少年的肖像。也差不了多少。

9月7日

第一天正式排练。快到傍晚，警钟响起。连续几周详细推敲文本，今天又排练了一整天，可还是没把问题完全过滤掉。有几处表演肢体语言非常糟糕，还有几处台词完全不对。我的顾虑也沦为现实，布景相当局促，达不到动态入场和动态退场的效果。

9月8日

今天感觉好多了，这一早我就是一只叼着拖鞋的小狗。一整天都觉得好几股新的能量围着我转。除非有更好的选项，否则海伦会演一段独角戏。我只提了一个小小的建议，她就发生了惊人的转变。是天赋，也是本能。

* 出自杰拉德·曼利·霍普金斯（Gerard Manley Hopkins，1844—1889）的诗作《德国残骸》（*The Wreck of the Deutschland*）。

9月17日

上午，第四幕的剧本分析……西恩担心这一部分的抒情性不好理解。我只好站出来，帮大家分析目标——先明确具体的感觉，再对应到动作。结果在后面的排练中，很多逻辑变得更顺、更直接了。西恩非常坦诚，他向我们坦言自己非常感动。不过今天对我倒是一个提醒。一旦问题出现，不能坐视不理。

9月23日

这几天戏顺得很艰难，我自己对文本的掌控力不足，所以缺少内驱力。又听见有的演员断句的方式千奇百怪，外部推动力也不足。

唯一的解决办法就是暂停彩排，现场教学。我的架势活像个反动分子，可是一听到莎士比亚的戏被改写或是被曲解，我就难受得像肚子上插了一把刀。演员如果跟着台词走，莎士比亚会让你演起来比较容易（或更容易）。

6点半，试装。芥末色麂皮一上身，哈利路亚，我就剩一张脸了。

9月28日

完成第三幕排练。我的老天爷啊。

9月29日

开始排练第四幕。我自己提前准备了台词，这样就不会慌了。

9月30日

天啊，让我把剧本丢了吧。

10月1日

只睡了3个小时，起来跑步。多亏我（还算）经验丰富的老演员，否则这会儿得到处找手枪自行了断了。

10月5日

晚上7点，彩排——第一幕。

西恩很满意。我自我感觉一团糟。只有海伦的表演是自由的，充满创意，天马行空。整个下午凯蒂亚·C.*都抓不住重点，搞得我筋疲力尽。

10月6日

排练进入困难阶段。我并非有意和剧团成员疏远，只是我太专注了，顾不上与人闲聊。

锡迪亚斯这场戏，我们首次惨遭滑铁卢。有些话，非得一遍又一遍地重复，他们才能记在心上。

10月7日

2点半，第一次完整彩排，让人灵魂出窍的体验。既有充满英雄气概的部分，也有愚蠢的部分。既有群戏的问题，也有独角戏的问题。有的部分很逼真，有的地方却缺乏说服力。不过总算能为明天打个底，也给我找了个借口在酒吧喝得酩酊大醉。

10月8日

严重宿醉。

下午3点，合成彩排。海伦在副舞台上说的话让我印象深刻，她说："我可真高兴……打小我的梦想就是在大戏台上扮演女王……"

10月9日

还是宿醉。

排练继续，我们试着穿上戏服，人物特性非但没有加强反而弱化，戴假发也很累人。剧团其他成员咋咋呼呼的，我的脸上只有问号。

---

* 凯蒂亚·卡巴莱罗（Katia Caballero，1976—　），饰演奥克塔维亚。

10月10日

中场休息结束，下半场排练开始，目前的程度堪比车祸现场。我的意见越来越大，马上就要来不及了。配乐在哪里？故事怎么发展？一再强调“准确性”，怎么就是记不住？

11点半，酒吧，大家都很幽默。海伦和我默默地希望能有一次带妆彩排。

10月11日

上午11点—晚上7点，彩排。今天直到收工，我们还卡在第四幕。明晚公演在即，虽没人明说，但大家心里都很慌。今天才第一次见到盔甲的成品……怎么回事？这个道具不是应该在第三周还是第四周就做好了吗？明天演出要4个小时，我们只能见机行事，临场发挥了。配乐时有时无，灯光也是全凭心情。

10月12日

7点15分，公演……

有1 200人观看此次带妆彩排，然而这才是我们第二次完整的彩排。可怕至极，我总觉得是场灾难。不过这个时候，我们得扭转形势为我们所用。

10月13日

第二场公演。

有好有坏，不过总算找到了发挥空间。

10月14日

演完后依旧是糟糕的感觉。这出戏太庞大了，剧场也是，太大了。

结束后，在剧院出口和海伦还有西恩聊了聊。他看上去非常无助。可那又如何？我认为导演不应该是感到无助的那个人，导演该做的只有鼓励、挑战、安抚。永远不要自证。

10月15日

屋漏偏逢连夜雨。

水上打滑。

走路绊倒。

剑从剑鞘上掉下来，来了个后空翻。

今晚，安东尼用爱神之剑自刎……

像下班的公司员工一样，散场后在奥利维亚酒吧喝酒。后来和海伦还有灯光组的人开会，虽然也是马后炮。

10月17日

1点半，第一个下午场。

大约6点25分，西恩来了，神色紧张。他没有喝酒，可我见他拿着橙汁，还是在心里嘀咕碳酸饮料会对人的情绪造成什么影响。不知为何，他的攻击性很强。“展现一些该死的魅力就这么难吗？”我一怔，叫他少这样跟我说话，他差点儿摔门而去。我对他说，有什么意见他可以告诉我，因为他之前从没提出过这个问题，而我正在厘清思路，诸如此类。到了晚间场，演出有一些进步。但我现在握着笔，依然不明所以。是有人在他耳边吹风了吗？说什么了？伊恩和夏洛特·康威尔来捧场，说他们很喜欢这出戏。是有人叫他们来这么说的吗？

10月18日

今日无事。睡觉，看报，在有机超市购物，喝卡布奇诺，熨那件古怪的衬衫，回邮件，做晚饭，想事情。幸好瑞玛也在，而且不感情用事。

10月20日

晚上7点，媒体之夜。

每逢媒体之夜，演员都紧张起来。因此——劲更足，更专注，但是比平时稍显拘谨。

结束后，去苏荷馆参加庆功宴。

10月21日

一早上静悄悄的，看来媒体的评价不好。终于，有人试探着给我发来消息，我才了解了情况。

晚上7点，媒体专场第二场。不容易。没有人讨论媒体的评价。这样做对吗？我不这么认为。演出时割到了手，伤口不浅，血一个劲儿往外冒，贴上创可贴才止住。

10月22日

昨日重现。回避问题，一声不吭。我很震惊，媒体叫好或唱衰竟能如此左右每个人的反应——他们就好像在申请某个俱乐部的会员，要么通过，要么被拒。

晚上7点，今天的演出可圈可点。当然也有需要复盘的地方。全程无须太赶，找准要点，放松。跟着海伦的节奏——最自由的灵魂。

10月23日

晚上7点，演出反面教材。年轻演员各演各的，丝毫没有考虑（角色）所处的地位。在锡迪亚斯这场戏中，我两次对爱德*动手。演错了。大错特错。不过，剧情正演到安东尼怒不可遏，他又被人如此无理对待，动粗也在所难免。

10月25日

灰蒙蒙的一天，又是一片死寂……负面报道一篇接一篇……好吧——只要能挺过接下来的六周。

10月26日

晚上7点，这几场戏演得艰难。人人都知道戏不叫好，所以也没人主动提起。只有中场休息时（才磕磕绊绊演完上半场），剧团某位匿名人士寄

* 爱德华·洛瑞（Edward Laurie），饰演锡迪亚斯。

来一张暖心的字条，表达了对我的喜爱和忠诚。

演出结束后，西恩来敲我的门。我和他提起字条的事，他全然不知这样的善意在今晚对演员来说意味着什么，只自顾自地问："没提到我吗？"哦，西恩啊……

10月29日

2点45分，剧团集合。

西恩告诉我们，他现在正处在关键时刻。

10月30日

或许是时候试着放手了。如果是安东尼，他会这么做的。不要再在一个问题上纠结了。

11月4日

尽管不可思议，可该来的还是来了。贝琳达和休陪着我，他们对媒体的评论充满怀疑。

我需要克服令人眩晕的疲劳感。有的事我已经释怀了，有的事我还没有走出来。叫了一辆出租车快速回家——和保拉·戴安尼索提打完电话后，我的愤怒一触即发。（她没有错，她只是对朋友缺乏信任，而且这不是第一次了。）

11月6日

我太难了，怕是要得感冒、流感或者别的什么病。也可能更糟——骨头缝酸疼。我心里清楚，今晚我要是还出门，肯定得付出代价。

10点45分，我要是胆子再大一点儿，就该去兰根法餐厅找帕特里克·普罗克特和他的朋友。他喜欢我的表演。祝福他。

11月10日

我就不该买《暂停》杂志……忘了这里面也有戏剧评论专栏。他们还能怎么揶揄我？

11月13日

7点……爱德打了我一拳，所以我回了他一脚，他又踢我一脚，我继续回踢他……这部戏的核心。

11月14日

上午6点。我体内到底是有什么洪荒之力，明知道今天有两场演出，可是5点半就把人叫醒了？真坏，不公平。

下午1点半一场戏，7点一场戏，中间休息2小时。头晕目眩、呵欠连天，却在9点半忽然来了精神。这精神头是从哪儿来的？我不过是说了一句“你只是一名士兵……”，芬巴尔就觉得我在贬低他。和这些敏感的灵魂相比，我和海伦就像两个结实的书挡。

11月18日

海伦说她特别紧张。我担心她会吼着演完全场。

11月19日

9点到10点半，美滋滋地睡了一个半小时。

今晚对于那位举着闪光照相机的女士来说肯定意义非常，开场一个半小时之内，她按了三次快门。

→又回到了有人夸的世界，丹尼、莱拉、艾米丽和汤姆都对我说“好样的”。除了艾琳娜，她显然是有不同意见……谢谢她了……

11月20日

伊恩·麦克莱恩来电，我们聊了好久，相互打气、叮咛、赋予能量、集中精神。他目前正在“没有导演”的情况下排练《乐在当下》。

11月21日

花了点时间翻看日记，回顾这不平凡的一年。差不多坐了27趟飞机……《冬天的访客》，日本之行，西班牙之行，南非之行，《怒犯天条》，匹兹堡，《安东尼和克娄巴特拉》……

在托斯卡纳偷得片刻宁静。生活仿佛进入了分水岭。我相信，时间自会证明。

1点半，漫长的征程开始了……下午场让人有自由发挥的空间，感觉不错。演出结束后，薇薇安·H.*带来一位来自夏威夷的戏剧教授，这个人说我有几个“时刻”“展现出了潜力”。

11月26日

真的需要好好补个觉了。

7点，今天的演出磕磕绊绊，时好时坏。

11点半，希克斯餐厅，与理查德·威尔逊和安娜·梅西吃饭。气氛很是冷淡，让人感到压抑，尤其是昨晚听到他们那样评价这出戏。他们觉得导演水平不够，戏的质量很不稳定，主要是靠演员的爆发力撑起来的。我要不要插几句，说其实这出戏还是有可取之处的？这次的演出经历到底是有多糟糕？

11月28日

……观众席很是热闹。越来越多的人疑惑“他们在说什么”。

12月1日

1点半，午间场之咒，一而衰，再而竭。

7点，耐力的考验。一场戏一场戏地来，尽量保留体力。

12月3日

封箱演出。真是恨不得早点送我们走——观众席上明显有人喝倒彩，冲我们喊“垃圾”！我和海伦接吻时，这个人又大声说“安静点，女士们”。结果，此人在中场休息时被请了出去。

* 薇薇安·海尔布朗（Vivien Heilbron，1944— ），苏格兰演员。

12月4日

早上7点睡觉。

12点起床。

去剧院清理更衣室，结果花了2个小时。

12月7日

封箱演出后的第一晚，没有出门，只是做做饭，看看电视。海伦说得对，我开始怀念安东尼了，或者说我怀念的是创作的感觉。只可惜现实太骨感，一想到之前的种种，我就变得存有戒心。

12月10日

和海伦就《周日电讯报》的恶评做了讨论，给多米尼克·劳森［编辑］发了一封传真。

12月11日

继《电讯报》之后，《每日邮报》也发表了恶评，一上午都在处理这些事——经纪公司、凯斯·希林［专攻隐私法的律师］、国家剧院和特尔玛全都被搅和进来了。彻头彻尾的谎言、臆造，歹毒。

12月13日

下午3点，理查德·罗杰斯和鲁思·罗杰斯*结婚25周年纪念，特去道贺。

12月18日

康纳·麦克德莫特来串门。我们一起走路去戴维·温赖特的店里退鲁比送我的礼物（金属边框的镜子），她之前说过“要是你不喜欢，就给

* 理查德·罗杰斯（Richard Rogers，1933—2021）是英国建筑师，鲁思·罗杰斯（Ruth Rogers，1949— ）是英国名厨和餐厅主理人。

D.W.送回去”。可是D.W.却说:“这款镜子我们已经半年没有进货了。”我可算想起来了，这面镜子之前应该是挂在鲁比家厨房的壁炉上面的。

12月20日

7点半，去琳赛和希尔顿家做客。

今天我才真正搞清楚，谁来看过《安东尼和克娄巴特拉》，谁没有来。真奇怪，难免会在意这些事。

12月22日

[凌晨]4点，出发去希思罗机场。

6点20分，飞往开普敦。

睡不着。

看《佐罗》——佩剑、戴面具的《侠盗王子罗宾汉》，不过泽塔–琼斯女士灵动得都要从屏幕中跳出来了。

12月23日

上午8点15分左右到达开普敦。

打车去度假屋。

这是一栋可爱的房子，门前有个戏水池，吊床正对桌山。每个房间里都有很多充满创意的陶瓷——装满手杖的马麦酱锅、巨大的醋罐子等。我一进门就撞上了咖啡桌，打碎了好几个陶瓷。我这是怎么了?

注释

1 米兰达·理查森（Miranda Richardson，1958— ），英国女演员。在《哈利·波特》系列电影中饰演丽塔·斯基特（Rita Skeeter）。

2 伊万娜·特朗普（Ivana Trump，1949—2022），美国前总统唐纳德·特朗普的前妻。

1999

— 洛杉矶，奥斯卡

— 纽约

— 洛杉矶

— 犹他州

— 戛纳

— 洛杉矶

— 戴维 · 黑尔

— 纽约

— 洛杉矶

— 《惊爆银河系》首映

— 纽约

— 伦敦

1月11日

6点半，米兰达·理查森来接我——我们一同前往坎伯韦尔美术馆，参观朱利安·施纳贝尔的画展。他本人就在现场，很有魅力。画廊里挤满了穿一身黑的年轻人——但是没有人真的在赏画，这些作品画幅巨大，倒像是它们在盯着我们看。

8点45分，去“药房”酒吧小酌一杯。

9点15分，今天晚上最酷的人都聚齐了。派对在坎普登山广场的一栋房子里举行，来了两个“施纳贝尔”、一个“培根”、一个“沃霍尔”，还有几个“巴斯奎特”。特里·吉列姆和约翰尼·德普结伴而来。我们正要离开时，我看见德普正在和凯特·莫斯亲密地交谈，凯特立刻变成一个被物化的女性形象，我感觉自己闯进了一本时尚杂志。

3月15日

12点05分→飞往洛杉矶。

《惊爆银河系》。

3月16日

上午9点出发。他们要给我的脑袋做一个石膏模型。和往常一样，这些道具匠人都很有风度，很谦虚，并对自己的技艺信心十足。这是我第二次给脑袋打石膏（上一次是为了《魔僧》）。制作过程令人非常不安，我不得不一直安慰自己，要不然慌得不行，准得吓晕。我看不见、听不着、不能说，也不能动。他们使用的材料（和牙医用的一样）凉凉的，凝固后又变得温热——石膏温度和黏稠度逐渐增加，直到把我的世界包裹起来。

3月19日

8点出发去参加艾德·利马托*的派对，9点15分抵达。24K纯金好莱坞。费·唐纳薇、沃伦·比蒂、杰克·尼科尔森、麦当娜、艾米丽·沃特森、

* 艾德·利马托（Ed Limato，1936—2010），人才经纪人。

霍莉·H.、凯瑟琳·Z.-J.、迈克尔·道格拉斯、尼古拉斯·凯奇、米妮·D.、鲁珀特·E.、凯莉·F.等等。

3月21日

下午4点→与丹和芭芭拉［艾伦的老朋友］一同出席1999年奥斯卡颁奖典礼。整个活动不仅十分冗长，还透着一股做作、虚伪的风气，缺乏真诚。就算我和G.P.*很熟，也不能改变我的看法。《战略高手》和《异教徒之恋》才算得上佳作。奖杯应该颁给真正的演技派，而不是那些花里胡哨的东西。

3月24日

6点15分出发，乘7点55分的航班飞往纽约。出发不到3分钟，我就想起我的衬衫和夹克还落在四季酒店的衣橱里。

3月25日

6点半，开幕演出——《靠近》。这就是纽约和伦敦的区别。剧院门外，摄像机、电视机和闪光灯严阵以待。朱迪·戴什就坐在我的前面——到场的还有哈里森·福特、乌玛·瑟曼、伊桑·霍克、凯特·莫斯等人。这部戏的制作过程仍然算不上顺利——都是因为帕特里克从中阻拦。娜塔莎和鲁珀特·艾弗雷特的表现很精彩。安娜·弗莱尔初次登台就艳惊四座。希朗［·汗德］的嗓门有点大。在后来的派对上，娜塔莎有点耍大牌，大搞更衣室名单和名流专区那一套。我和其中几个人又去了露普咖啡厅继续下一轮。凯特·莫斯非常可爱，又很脆弱——她深受名流文化之害，娜塔莎却羡慕得不得了，真是压抑。

3月29日

下午3点，麦克·尼科尔斯来找我们谈关于《背叛》和《真实的事情》的合作。琳赛还是兴致不高，不过好在她能清楚地表明自己的态度。我们

* 格温妮丝·帕特罗（Gwyneth Paltrow，1972—　）凭借电影《恋爱中的莎士比亚》获得奥斯卡最佳女演员奖。

计划周三先读一遍剧本。

3月31日

上午和鲍勃聊完，我发现《背叛》和《真实的事情》这两部戏没打算在百老汇演。我还是很想将《私人生活》搬上百老汇。

在格拉梅西公园剧院读《真实的事情》的剧本。我还挺喜欢这个角色天然的张力，而且整场戏贯穿着一种细腻的悲伤。要是在1984年我准会接下这部戏。可现在呢？琳赛兴趣寥寥。迈克·N.兴致勃勃。

4月1日

6点15分出发，乘上午8点的航班飞往洛杉矶国际机场。

4点左右，瑞玛也从伦敦赶来。我们俩一起对付家里的各种电器——尤其是令人发疯的电视。

4月3日

在家等着泳池清洁工、无线电视维修工和家政人员劳伦一一上门，等着他们来帮我理清生活。还开车去了日落广场大道，顺便看看房。新房、新密码，毫无灵魂。

4月26日

《惊爆银河系》。

5点45分出发，拍餐厅的戏。

拍摄过程非常艰难——像是在无人驾驶，不论是导演还是主演，谁都没个方向。我还得忙着对付一整碗水蛭和蜈蚣，毫无意外，这些虫子在水里待不住，到处乱爬，把置好的景都毁了。

5月6日

3点15分→伯班克机场，乘4点45分的航班飞往犹他州的大章克申地区，然后从那里继续驱车前往格林河。整个城镇像是一个大型卡车停靠站。

数十家汽车旅馆和小食店，为旅客提供住宿、牛排、法兰克福香肠和冰淇淋。在酒吧看了场卫星转播的体育比赛。

5月8日

在哥布林谷进行拍摄。

这是个神奇的地方。山风和海水常年侵蚀这片山谷，造就了这里如中国士兵的坟冢一般的地貌。山谷中石林遍布，造型奇特像蘑菇，像地精，又像阴茎，迷宫一般，使人不知所措——比起现实，这里更像是电影中才会存在的场景。“风吹日晒”都不足以形容身处此地的感受。在这里，狂风和烈日才是主人。

5月9日

5点至7点，在“舒适客栈”排练。实际上，“排练”这个说法不贴切。我更像是对着提示练习独白。

5月10日

早上6点出发，一整天在大风、灰尘和红土中拍戏。不过，事情总有两面。一天结束时，山姆［·洛克威尔］对我说：“抱歉。”我说：“为什么要道歉？”“我只是不想让你觉得美国演员都是混蛋。”我当然不这么认为。但蒂姆［·艾伦］很是任性，总想着激怒、招惹、挑衅、打击别人——他（可能）还觉得自己很有趣——这样做会拖慢进度，还使人没法集中注意力。我对他持保留态度。

风吹日晒，尘土飞扬，让我觉得自己像个红脸病人。

5月11日

大自然母亲的馈赠——天空湛蓝，山峦清晰可见，没有风。就像是从海报上剪下来的风景。

然而——蒂姆还是不放过任何贬低他人的机会。最后，因为他的喋喋不休和现场嘈杂的环境，我没有听到“开始”就径直走开。“哦，艾伦有点小问题。”“我没有任何问题。”“哦……”

毫无疑问，一颗种子已经被播下。

5月13日

9点左右，和托尼［·夏尔赫布］还有马克［·约翰逊，制片人］一起去西格妮的房间吃炸鸡。我们聊到一些“政治”的内容，这让马克紧张不已。（他本来就已经够紧张了，因为按照格林河的住宿标准，西格妮的房间简直就是一座宫殿。）

5月14日

下午，“我觉得刚才那场戏演得很好”（迪恩*说）。“嗯，我的注意力非常集中”（我说）。我的这番勇敢发言，产生了立竿见影的效果。要的就是复杂的化学反应。年轻演员争取表现的机会和特写的镜头。蒂姆先是重拳反击，又是张牙舞爪。

5月17日

9点，和迪恩、耶尔齐**一起看分镜故事板。迪恩这个人是大写的随和——不论他的内心多么地波涛汹涌，他的举止就像一首舒缓的牛仔歌谣。我听他们讨论时，感觉不出他们的决定多有分量，然而取得的进展却是显而易见的。可能我们都没有意识到，这部电影就已经逐步成形。

5月18日

在大章克申搭乘飞往盐湖城的航班，然后转机去洛杉矶。临行前和蒂姆告别——我有点感动，他说他会想念我们。“我也很舍不得”——最近有一个很大的转变，我们每个人都意识到应该尊重别人的个人空间。我真心地理解他的感受。我觉得，在共事的最后一周，我和他已经培养出一种良

---

* 迪恩·帕里索（Dean Parisot，1952— ），导演。

** 耶尔齐·齐林斯基（Jerzy Zieliński，1950— ），摄影指导。

性的、对彼此的尊重。这种尊重在项目初期压根儿不存在。

5月23日

漫漫归途。10点半，先乘车去尼斯机场，在伦敦转机，然后乘坐维珍航空去洛杉矶国际机场。*

5月24日

今天上午我的反应迟钝，让西格妮大为震惊，我也的确是不在状态……睡眠不足，一下横跨了好几个时区，整个人有点疯癫——不过至少一天中一半的时间我都还能利索地说话。后来，我感觉腿和身子都分了家。

5月26日

为《摇滚怪兽》致辞，我每说一句话，脑子和舌头都感到费劲，说出来的内容也相当无趣。我只好不再逞强，放弃即兴创作，严格照着稿子念，效果好像好了一点儿。只是好像……

5月28日

哈利路亚。休假一天。今天终于可以摆脱那个鸡脑袋了。它也终于可以摆脱我了。

6月4日

拍夏威夷日的戏。这场戏是整部电影的核心，蒂姆必须发挥调动作用。他做得很漂亮。

6月6日

托尼奖。现场很混乱——对阿瑟·米勒持一种居高临下的态度，名字

---

* 从戛纳电影节返回。

也搞错了，有一种要让美国人来评奖的感觉。

6月8日

又是一整天待在太空船的过道里。

6月9日

晚上8点，和梅尔·史密斯共进晚餐。我是因为时差没倒过来，还是吃了什么违禁药？这感觉很难描述，但是很高兴见到他，和老朋友很快就热络起来。

6月10日

8点半出发。

在房车里等了很长时间。但我却自得其乐——不停地换台，还完成了拼图。

6月11日

早上8点出发。

见鬼了。写下这段话的时候，时间是凌晨1点10分。我们今天拍了一整天穿各种样式的裤衩从座位上飞起来的戏，半夜才收工。先是在我的房车里和迪恩还有蒂姆吵了一架。蒂姆开始咆哮，最终又被反击，简直是在浪费时间。我就知道他不会轻易配合。经费在燃烧。制片人的耐心在耗尽。临开拍了，演员和导演还在商量剧本。因此，这一天就像一场长达12小时的争吵，最后以西格妮不加掩饰的心眼子而结束。她想要给自己加一场戏，这也太明显了，她还不如举着麦克风广而告之。

6月14日

晚上7点看《远景俱乐部》。多么欢乐的一部电影。所有人全面协作的成果。雷·库德重新发掘了20世纪70、80、90三个年代的杰出音乐家，维姆·文德斯对他们的作品进行了重新录制。音乐和角色都让人心潮澎湃。

7月8日

现在的剧本还是荒诞不羁、一惊一乍的风格。在摄影棚外，迪恩和西格妮将场景拼拼凑凑。蒂姆一进来，就像是吃了炸药。最基本的剧本问题尘埃落定后，我们又一起顺了一遍。直到西格妮撞上一根钢柱，她一下就变成了12岁的孩子。

9月20日

8点左右，和伊恩·McK.、艾德娜·O'B.、苏珊娜·伯蒂什、尼尔·坦南特、马丁·谢尔曼*、佩妮·威尔顿**共进晚餐。夜色温柔，今晚的聚会很有家的感觉。伊恩亲自下厨，还送了我们几本书作纪念，他要去新西兰旅居一年，最近得开始打包行李。

11月30日

7点半，《妈妈咪呀》。

故事非常有趣，也很容易引起轰动。如果增加一些新的编曲（而不是继续使用过时的电视音乐，也别打响指）效果会更好。

常春藤餐厅——琳赛已经提前到了。真厉害，毕竟她明天还有工作。我有一点儿担心她——她外表看上去还是那么勇敢、美丽，实则心事重重的，兴致也不高。

12月4日

这几天，我会在上午抽空阅读戴维·黑尔的《行动起来》。虽然他说自己从不刻意编辑，但我很好奇他能否意识到自己这本书的编辑痕迹有多明显？他比我见过的所有演员还要自恋，不过要是我也开一本日记，专门记录自己创作剧本的过程，可能也会像他一样。他形容我是表演界的奈保尔——实在受之有愧。他之所以这么说，和我之前辞演《犹大之

* 马丁·谢尔曼（Martin Sherman，1930—　），美国剧作家。

** 佩内洛普·威尔顿（Penelope Wilton，1946—　），英国演员。

吻》*这部戏不无关系。他不记得的是，如果他当时给那部戏加上第一幕，我是会出演的。尽管如此，我还是很期待能与他合作。他的坦率让人如沐春风。

12月5日

上午9点→希思罗机场，乘10点55分的航班→纽约。

12月7日

和朋友们一起等电梯——有个人看见我，大喊一声："艾瑞克！" 除了约克公爵夫人莎拉还能有谁，她把我和艾瑞克·爱都搞混了……回去一定要打电话告诉他。

12月10日

晚上8点半，汤普森街170号，露帕餐厅。美酒佳肴，友人相伴。尼克·海特纳来玩了，可我正要送艾德娜·O'B.回家，所以提前离席。在出租车里，她向我抱怨说尼克对其他人毫无兴趣，只关注他自己。话说，自恋可是一种病。

12月17日

洛杉矶。

晚上8点，小门餐厅——在座的有马西亚、蒂姆、丹·奥康纳、芭芭拉、玛姬、斯科特、德克斯特·弗莱彻、西穆斯［·迈克加维］，还有斯蒂芬·弗雷斯（快吃完饭时，他故意冲着我说："你需要钱来买单吗？不需要——你有一部电影火了，不是吗？"）……现在大家都默认我会买单，也挺无趣的。

12月18日

上午9点到下午6点，媒体发布会。

* 指的是戴维·黑尔（David Hare，1947—　）那部关于王尔德的戏剧《犹大之吻》——别和艾伦1998年出演的那部同名电影搞混了。

苦差事。话虽如此，记者们都非常慷慨，他们似乎很喜欢这部电影*。希望他们一直保持这种看法。有人时而滔滔不绝，可十分钟之后又开始结巴。

12月19日

下午2点，放映会。不知为何，音效奇差，让喜剧更难抖包袱。放映结束时，观众反响热烈，但是剧情还是不太连贯。当然，粗糙的剪辑也没帮上什么忙。这次，我注意到又删减了更多的镜头。

晚上7点，和西格妮、迪恩以及杰德［·里斯］共进晚餐。影片传来的好消息也没法让我心里轻松一些。这种情况又来了，太无聊了。放手吧，别管了。不要因为你无法改变的事情而生气。太多影片都经历过相同的挣扎。《惊爆银河系》本质上有一股纯真，他们是不会明白的。

12月20日

上午8点→洛杉矶国际机场。

上午10点［乘美国航空］前往纽约。

我逐渐意识到我又被坑了。我的角色（亚历山大）在驾驶座的高光时刻几乎全被删了，就是为了给蒂姆让戏。这可不单单是出镜时长的问题，也不是谁来“驾驶太空飞船”的问题。

12月26日

纽约。

4点左右，李安和他的两个儿子汉和梅森来看我，后来他的妻子简也来加入了我们。李安（对我）还是传奇般地有话直说（你看起来不错——比在《理智与情感》里要好），总的来说，我们度过了美好的一天，落日在长岛海峡投下美丽的余晖。

---

* 指《惊爆银河系》。

12月28日

9点10分→回到伦敦……看来我们还是不够累，整理邮件到凌晨2点。

12月31日

凌晨4点人还醒着……脑子转个不停……我脑子（或勉强能算得上脑子的东西）里浮现出曼德拉的一句名言："比改变世界更难的是改变你自己。"

8点，参加伊恩·麦克莱恩的派对。

老朋友和新面孔。

大卫·福克斯、阿米斯特德·莫潘、德娜·哈默斯坦*、马丁·谢尔曼悉数到场。这栋房子灯光明亮，装饰精美，食物和美酒都很美味。今天的聚会之后，建筑工人和装修工人就要入场了。午夜临近，我们穿上外套，都爬上了屋顶……

---

* 德娜·哈默斯坦（Dena Hammerstein，1940—　），英国导演、编剧、制片人。

2000

— 哈罗德
— 菲欧娜 · 肖
— 简 · 拉波特泰尔
— 巴黎
— 奥斯卡提名
— 安娜 · 玛西
— 《侠盗王子罗宾汉》
— 哥本哈根
— 汉堡
— 绳索街
— 斯汀
— 科莫湖
— 伊斯梅尔 · 莫昌特
— 塞缪尔 · 贝克特
— 昂山素季
— 都柏林
— 《哈利 · 波特》发来邀请
— 《寻找杰克 · 吉辛》
— 夏琳 · 史碧
— 托斯卡纳
— 布鲁斯 · 威利斯
— J.K. 罗琳
— 《维多利亚 · 伍德圣诞秀》
— 希拉里 · 克林顿

1月1日

我们注视着2000年的到来，河水从我们脚下流过，附近的阳台上有人在演奏风笛，烟花在塔桥、格林威治和港区构成的天际线上空绽放。

清晨6点半才回到家……很显然，某种情绪为街头的暴力按下暂停键，到处都是欢庆和相互体谅的氛围。从昨天到今天，一直在想这是怎么一回事，结果什么也没干。

在韦斯特伯恩街偶遇P.曼德尔森和里纳尔多［他的伴侣］。他吃着巧克力冰淇淋，想租一部《与墨索里尼喝茶》的录像带。

在家安静地吃了顿晚饭。事后想想，其实去参加一个派对也不错……

1月2日

临近中午……还在倒时差，大脑也是一片混乱。这本日记与其说是次尝试，不如说是种逃避，说得再好听点儿叫"记录"。如果要对这些日记的意义做个总结的话，那么其实无关日记本身（当然多少会受些影响），而是为了拓展人际关系的边界，在我萌生了某些想法但不便于说出口时，还能有个地方把这些都记录下来——也许就像伊恩·McK.所说的吧，电脑和邮件让人变得虚伪。要更勇敢些，少打哑谜，让一切顺其自然地发生。对世界多些了解，摆脱负面情绪，心里想什么就直说出来。明确，果断。

下午2点，和哈丽特·W.（CBE……！）还有彼得［·布莱斯*］一起吃饭。点了些羊肉炖锅和圣诞布丁，还有不少酒和枣子。我们聊到了许多旧友和往昔的快乐时光，话题最后以（BBC节目）曼德拉那张皱巴巴但又不失好奇和顽皮的脸而告终。

1月6日

上午8点15分，茱莉-凯特·奥维特**来接我去环球剧院，正好路过海伦·米伦的家。可怜的海伦。她昨天有两场演出，我们一大早8点45分就

* 彼得·布莱斯（Peter Blythe，1934—2004），英国演员。

** 茱莉-凯特·奥利维埃（Julie-Kate Olivier，1966— ），英国演员。

开始按她家的门铃。从对讲机里传出一个声音:“等我5分钟……”

下午6点，见了艾玛、格雷和他们的女儿吉娅·罗米利·怀斯（才一个月大）。怀斯小姐是个漂亮的孩子，也是个天生的喜剧演员。天呐，她家的环境该多么舒适可爱。

1月8日

哈罗德百货打折，差不多一整天都在采购最后一批圣诞礼物。购物有时候很容易，有时候却困难重重，尤其是今天——双手提着六个购物袋，其中一袋东西还丢了，去了趟失物招领处，东西找回来之后，腾出一只手想检查一下尺码，却发现价签完全把尺码挡住了。

我10点就到了河边咖啡馆，原本和米兰达还有戴维·扬［剧作家］约好10点15分一起吃晚饭。结果他们11点才到（岂有此理），还带来了西蒙·迈克伯尼（见到他真高兴）。我不知道他们吃什么，提前点了菜，结账时，米兰达上厕所去了，我都还没掏出信用卡，戴维就对我说谢谢你。就这一次，我因为付了账单而生气。他们真的有点没礼貌……

1月11日

杰基·库基耶*打电话邀请我去巴黎。我提议1月21日去。

1月13日

去旺兹沃斯桥路的灯具店。老天，灯具业是英国的弱项吗？连盏像样的灯都找不到……

下午7点半，科特斯洛剧院，菲欧娜［·肖］制作的《鳏夫的房产》。整部戏很难评价，但菲菲的制作水平完全符合陀思妥耶夫斯基、梅耶荷德和莫斯科艺术的水准。好样的。这出戏本来就是为14—18岁的年轻人制作的，当然会激怒传统派。的确，后来报道称，演出结束时有人骂骂咧咧的。玛格丽特·德拉布尔和迈克尔·霍罗伊德[1]也去看戏了，他们对《安东

---

* 杰基·库基耶（Jacky Cukier），法国导演、编剧。

尼和克娄巴特拉》的态度友善且积极。“你的表演让我想起了一个认识的人……”

1月18日

睡了又醒，一直看书到凌晨4点。西蒙［·卡洛］在《爱在降落之地》一书中无比坦诚。他甘冒各种风险。他的回忆令人震惊——昨天我在做什么，我一律不记得。然而，佩吉·拉姆齐*却是这样一位精神导师。她谈到不能轻视生活——不要流连于人群和餐厅，她还提倡那种克里希那穆提式的孤独。唯有自处，思绪方才得以漫游……

1月19日

我听说简·拉波特泰尔**中风了。但是结合晕倒和重症监护室这些信息，瑞玛怀疑消息有误，后来我们才弄清楚，她得的其实是动脉瘤。我们给她发了消息，还给她的经纪人打了个电话——现在她还不太方便收花，她不希望太多人知道这事儿。

1月23日

1点48分，乘坐欧洲之星前往巴黎。打车到拉斐尔酒店。

1月24日

1点15分，去罗恩和凯伦·鲍恩夫妇［老朋友］家做客。我给他们选了一幅画，这幅画让我想起罗伯特·格雷夫斯的一首关于“花瓶、絮语和宁静”的诗。午餐时间，我们一起前往美妙的塔沃拉卡尔达餐厅，最后去波堡看了场关于时间的展览。有部短片采用了回放的形式，呈现了将牛排还原成奶牛的过程等等，令人难忘。

7点，去伊莎贝尔·H.和罗尼·Ch.家喝酒，第一次见到了他们两岁的

* 佩吉·拉姆齐（Peggy Ramsay，1908—1991），澳大利亚出生的英国戏剧经纪人。
** 简·拉波特泰尔（Jane Lapotaire，1944—　），英国演员。

孩子安杰洛。

1月25日

10点，打车前往巴黎北站。10点15分，与伊莎贝尔［·杜巴勒］一起喝咖啡。

11点43分，乘坐欧洲之星返回伦敦。这是一趟愉快、漫无目的的旅途。吃顿早餐，看看报，再读一会儿剧本，伦敦就到了，就好像去了趟利兹一样。对于住在不列颠岛上的人来说这种感觉很稀奇。为了离岛，我们一辈子都在船和飞机上度过，现在却出现了这个小小的奇迹。

1月29日

去约翰路易斯百货商店，买了一台搅拌机。

8点半，汉普斯特德剧院，塔姆辛·奥格尔斯比的戏剧《我最好的朋友》。塔姆辛的剧本当然很好，只是制作水平还差点儿火候。一成不变的节奏，缺乏喜剧效果，全程都过于浮夸……塔姆辛显然对这出戏很不满意，但是重新制作一版又……

2月9日

楼梯终于有了第一位受害者。我端着一个托盘，里面装着餐盘、水瓶和玻璃杯（都是空的……），头朝下还不是脚朝下，一头从楼梯上栽下去，伤到了右脚踝。

2月11日

11点53分，滑铁卢→巴黎→吉内梅街26号，安妮特和索尔·扎恩兹在圣日耳曼的公寓。

2月16日

看奥斯卡提名，又是一份毫无道理的提名名单——已经连续6年出现这种情况了。《绿里奇迹》这部电影的时长相当唬人。但我始终认为，好的电影，无论主题多么复杂，都能让评委在看完之后心生一丝雀跃，激励他们继续自己的生活。

1点半→卢森堡宫博物馆，卡尔波雕刻展。

随便走走，结果遭遇了最厉害的风暴，整个人被雷声、冰雹和大雪包围。风暴结束后，蓝天和阳光重现。

2点半，在就近的咖啡馆享用法式三明治。

7点半，汽车来接我们→罗恩和凯伦家→前往香榭丽舍大街参加《天才雷普利》的首映礼。这可不是一部《绿里奇迹》式的电影。这个片子会从头到尾把你耍得晕头转向。影院里很安静，是因为片子没获奥斯卡提名吗？（还是只是我的个人感觉）安东尼和马特[2]似乎兴致不高。

11点半，在香榭丽舍大街的富凯餐厅享用晚餐。食物当然很美味，氛围很奢华，以红色为主色调。席间大家达成共识，戏剧将以电影所不能的方式改变你的生活。

2月17日

1点半，[那一家]布里斯托尔餐厅，与安东尼·M.、马特·达蒙、卡洛琳、麦克斯、加布里埃尔*还有索尔·扎恩兹共进午餐。

随后，快速给麦克斯讲了一遍《马伏里奥》，他要参加国家青年剧院的面试。讲完和卡洛琳一起购物。

7点20分，《美国丽人》。罗恩说得没错——结局太干净利落了，以至于我们离开电影院时，内心无法平静，又觉得点到为止恰到好处。正因如此，这部电影配得上多项奥斯卡提名。无论如何——向萨姆·门德斯致敬，非常美好的一部电影。

2月23日

11点，乘车前往巴黎北站，然后乘坐12点19分的火车前往滑铁卢。

* 加布里埃尔·亚里德（Gabriel Yared，1949— ），黎巴嫩裔法国作曲家。他因电影《天才雷普利》获得奥斯卡金像奖提名。

7点半，皇家宫廷剧院，《都柏林颂歌》。剧院美得令人惊叹，在保护、修复和再创造之间实现了完美的平衡，让人产生一种下次也要来这里演出的渴望。斯隆广场地下的酒吧很厉害，要是能直通广场就更完美了。这是迟早的事。演出时，台词让人听得很费力，布莱恩［·考克斯］一直在无缘无故地大喊大叫（除非这是他与特雷弗·纳恩之间的私人恩怨，否则也太说不过去了）。

2月25日

7点45分，与安娜［·玛西］和乌利［·安德烈斯］夫妇，以及戴维·黑尔和妮可·法希夫妇共进晚餐。我还是那么喜欢安娜和乌利。她的举止无可挑剔，偶尔说几句脏话反而增添了几分魅力。乌利既是灵感，也是榜样。他彬彬有礼，友善，脆弱。当有人引起他的注意时，他会全身心投入，会因为专注和共情而眯起眼睛。他有一颗好奇的心。

2月27日

4点45分，与艾玛、格雷和菲利达一起（简单地）喝了茶，我把在巴黎给吉娅买的裙子送给他们。小吉娅现在已经很有个性了——有趣、古怪、堂吉诃德式的小家伙。我们聊到了托斯卡纳的冒险之行……

BBC一台在播《侠盗王子罗宾汉》，到家正赶上最后半小时。时过境迁啊……

3月6日

上午9点出发，10点50分→哥本哈根。

下午2点—晚上7点，在市中心工作室为《小鱼历险记》*配音。

晚上8点，在一座修道院改造的餐厅吃晚饭，环境很好，食物糟糕。

3月7日

从上午（早上）到上午11点，思考、阅读、深思熟虑，最终决定对

---

* 动画电影，艾伦为乔配音。

《最后一幕》*说“不”。构思和人设都不错,但是每场戏还有待完善。他们能明白我的意思吗?我很怀疑。

下午,去埃尔西诺**。庭院3点15分才开放,但是环境很特别,真的,刮着风,下着雨,也没有游客。

3月8日

11点15分,哈利街,波琳·多德[3]。继续加抗生素,继续涂乳霜。我感觉有些生活方式还是得放弃,不能再继续下去了……

3月10日

去布赖特韦尔***。浴室马上就要竣工,揭开它的面纱,迎来它的复兴。午餐后,去自助家具店买地砖、灭火器、烟雾报警器。

3月12日

12点,和戴维还有克里斯一起去扫墓。那些含苞待放的花都去哪了?(是有人把花苞掐了吗?)

3月14日

9点15分出发去老康普顿街的蓝色工作室,开始录制美国探索频道的《巴塔哥尼亚生态挑战》[4]。

3月17日

6点半,约翰·沃克从苏格兰赶来参加RADA的第二场试镜。莎曼说他是“真正的演员”。的确如此。所以我不那么替他感到紧张,不像克里斯蒂安和艾琳娜试镜那会儿。约翰心里有数。

---

* 《最后一幕》(*Final Curtain*),2002年上映的影片,由帕特里克·哈金斯执导,彼得·奥图尔主演。

** 《哈姆莱特》取景地。

*** 牛津郡的一座村庄,艾伦和瑞玛在这里为瑞玛的妹妹弗朗西斯卡购置了一处房产。

3月19日

[《惊爆银河系》。]

12点，出发去希思罗机场，乘2点15分的航班飞往汉堡。

入住四季酒店——套房带一个漂亮的湖景露台，房内放着两个装满玫瑰的大花瓶，一瓶铁锈红色，一瓶橙色。酒店还赠送了凯哥香槟。仿佛生活在日常动画中。

3月20日

上午9点45分化妆，10点开始采访。总的来说，记者提的问题比我的预期好很多。这对我是种解脱，对答如流反而没那么累。午餐在酒店吃了烧烤，还碰到了西格妮。回房间后，收到约翰·沃克的电话留言，他被RADA录取了。也就是说，《冬天的访客》里有三位演员都在里头了……

晚上拜访了夜店——绳索街与娃娃屋。一切竟颇具品味和童真。丁字裤滑落时，有一只手微微遮住胯部。钢管舞者换手的动作非常利落，灯光设计得很巧妙，舞者的身材曼妙，店内都是些中产阶级顾客。

3月21日

上午的采访10点开始，一直持续到下午1点15分左右。

在酒店的泰式餐厅（算是吧）吃午餐，菜色一流……

下午2点50分，苦差事继续。那种熟悉的感觉又回来了。因为采访过程中我一直得注意不说废话，当记者给我贴标签、套我的话时，我还得忍着不发火，所以每次采访结束后，我都疲惫不堪，空虚不已。这种感觉已经接近羞辱了。而且，我总也记不住接受媒体采访的好处。

4点45分，出发去汉堡机场，搭乘6点10分（左右）的航班返回伦敦。汉莎航空……回家后，翻出来一本旧日记，20年前的老古董了，可怕。我还发现了一些从西尔维娅·普拉斯的日记中摘出来的笔记。我早期的日记，无关电影，无关采访，和这几年的日记很不一样。那时的我要赤裸得多。我只希望，在以后回看这些90年代的日记时，我还能记起那些隐藏在字里行间的加密细节和敏锐思想。

3月24日

在棕熊餐厅吃晚饭。我已经很久没有见过油炸布里干酪和蘑菇酸奶牛肉了。感觉下一秒，无线电广播就要放钢眼斯潘乐队（Steeleye Span）的歌了。

3月28日

达科他州，和凯伦·莫利纳*一起吃午餐。这次见面，她对生活的态度似乎更愤怒了。而且她还是老样子，轻率得要命。我可别说漏嘴，别把什么不想外传的事情让她知道了。

晚上8点，皇家阿尔伯特音乐厅，斯汀的音乐会。第一个上场的是尼丁·肖内（Nitin Sawhney）。9号门有个男人喊他“针织雪糕”（Knitting Sorbet），而且不是在开玩笑。苏珊娜·B.和我一起进了25号包厢，楚蒂已经到了，还带了一大堆零食和饮料。将完美女主人的做派贯彻到底。音乐会（上下两场）真的很精彩。一次听完斯汀多年来的作品，真的非常令人感动。尼汀·S.的创新演绎仍在耳边回荡。

3月29日

晚上8点，和苏珊娜、尼基还有现象级的艾德娜·奥布莱恩一起吃晚餐……她的故事一个接一个。“要是帕特·马吉**也在就好了——可惜他已经不在了——要是他在就好了……”“我可以问一个关于茱丽叶特和菲欧娜的小问题吗？”不过，这是个美妙的夜晚。我期待着在乡间再和他们聚一次。

3月30日

去RADA看新建的大楼……我总感觉这么小的一个空间，融入了太多元素。不过目前整栋建筑还是水泥墙，也没有灯，不好做假设。理想的情况下，排练室要更宽敞，天花板要更高，范布勒剧院的舞台要更深一些，

---

* 凯伦·莫利纳（Karen Moline），美国作家和记者。

** 帕特·马吉（Pat Magee，1922—1982），爱尔兰演员。

诸如此类。

4月1日

上午11点，前往千禧之轮。这是我第二次乘邮轮旅行，很可能会养成习惯。我都能想象不久之后的独自旅行。

4月5日

11点45分，波琳·多德医生面诊时间。这回最难忘的事，是我在候诊室里发现了一份星象预测指南。里面居然提到了“清理杂物”，这四个字连续一周每天都是我们家的“今日话题词”。（昨天晚上终于把凯伦·金斯顿的书*看完了，写得真好。）

阿尔梅达剧院，《庆典》和《房间》[哈罗德·品特的作品]。整晚感官得到充分的享受。第一大幸事是看到琳赛、苏西**、安迪[·德·拉·图瓦]和丹尼·戴尔同台飙戏，每个人在台上都非常风趣，尤其是在《庆典》这部分。尽管有顾虑，琳赛还是成功完成了《房间》的表演。哈罗德和安东尼娅***今天也来了现场，他觉得我们今天有点安静。因为担心作者不高兴，我们很难放肆大笑。看戏的同时，我还在思索，他们对剧本到底挖掘得有多深。散场后我们在卡萨莱弗朗科餐厅聊天，安迪和苏西说，哈罗德只指导会念台词的演员……他们的话更让我坚信，作家不应该在剧院导演自己的作品。

4月11日

7点，阿萨吉餐厅，晚餐开始前，先与安娜·M.和乌利·A.夫妇还有伊芙·布莱克以及戴维·塞缪尔喝上一杯。以后可以多组这种局，在座的各位都是真的有内容可聊，他们也懂得倾听，享受与人的交往。戴维是脑科医

---

* 《清杂物，换风水》（*Clear Your Clutter with Feng Shui*）。

** 苏珊·伍德里奇（Susan Wooldridge，1950— ），英国演员。

*** 安东尼娅·弗雷泽（Antonia Fraser，1932— ），英国作家，哈罗德·品特（Harold Pinter，1930—2008）的妻子。

生，乌利是物理学家，伊芙既是艺术管理者还是海洋建筑师，瑞玛和安娜什么都懂一点儿。我享受他们交谈的喧哗声。

4月12日

→科莫湖。

9点半，坐车去希思罗机场，乘飞机飞往米兰，然后前往科莫湖畔的埃斯特庄园。BBDO经纪公司的聚会在这里举行，为的是让大家增进感情。艾萨克·米兹拉希*和伊斯梅尔·莫昌特都已经发表过演讲。我担惊受怕整整一周才憋出来一个开场白，坐飞机时和下午的时间继续奋笔疾书，现在整篇演讲稿足足有17页。

下午5点，在酒吧和伊斯梅尔·莫昌特还有他的助理理查德一起喝一杯。我居然到现在都还没和他（如此和蔼可亲）合作过，这可真是个谜。他也这么觉得。

在烧烤餐厅吃完饭，食物很美味，可是服务员殷勤过了头绝对能登上我最痛恨的十件事情的榜单——我就是喜欢看着我的酒杯一点点变空。我每喝一口，服务员就要给我添一次酒，他要是再过来，我可就要打他的胳膊了。

4月13日

瑞吉娜厅，羊入虎口，自己送上门去。原本我还担心演讲十分钟就会草草收场，结果却讲了45分钟。你能清楚地感觉出哪些部分讲得好，哪些部分讲得差，以及哪些部分（事后回想）是需要重写的。经济公司的老板以前是里根连任团队的成员，我怀疑他不是很爱听我谈及撒切尔的那些部分。彼得·苏特——英国分部的老板——让我记忆深刻，他说："是不是没想到我们会找你发言？"这……

4月21日

清理杂物……

* 艾萨克·米兹拉希（Isaac Mizrah，1961—　），美国时装设计师。

专门整理了一轮《冬天的访客》的文稿。让人不禁思索——这一切究竟是怎么发生的？是如何开始的？看看这些参与过项目的人，一切都已经成为过去。

下午6点，怀特利影城，看《永不妥协》。

索德伯格干得漂亮。这部电影凝聚了一个庞大的观影群体，观众从画面第一帧开始就全情投入。影片充满了动人的表演。（朱莉娅·罗伯茨的演技一直以来都被低估了，不过在这里，她有机会展示她对“当下”的掌控力。）一些小角色也得到精彩的演绎——阿尔伯特·芬尼和其他演员显然都很高兴与这样［一位］一丝不苟、敏锐、细腻的导演合作。

5月7日

四台正在播《闭上我的眼睛》*。影片勾起了我对那个炎热夏天的种种回忆，我还记得我当时发誓要好好减重。尽管剧情有诸多不合理之处，电影还是很好看，而且衬得如今那些英式小鸡电影像个笑话。

5月10日

午餐时间快结束时，米兰达·理查森来做客，还带来了她的疯狗丽芙。这条狗兴奋难耐，彻底撒欢。才过了20分钟，就把屋子和花园搞得像个橄榄球场……我花了一个小时才找到门楔子在哪儿……

3点，去吉姆·汉森那儿做面部护理。这是第三次来，每回都有种感官丧失的奇怪感觉。而且我开始有些慌了，得抓紧时间背好台词。

7点，国家剧院，《威尼斯商人》。亨利·古德曼像是从另一个星球来的（通常是和绝大多数演员相比，今天是和台上其他所有演员相比）。他的每一句台词都经过深思熟虑，充满生命力。每一句台词都是一次探索。教科书级别的表演。

---

* 《闭上我的眼睛》（*Close My Eyes*），影片由斯蒂芬·波利亚科夫执导，于1991年上映，由艾伦·里克曼和克里夫·欧文联袂主演。

5月18日

去106号餐厅吃早餐，萨拉·舒格曼*正好也在，我们聊了一会儿。她的新片［《疯狂安娜玛丽》］8月上映——她正考虑搬到洛杉矶去。她属于为数不多的那一类人，能在混乱的状态中实现自己的野心，并让整个洛杉矶屈服于她的意志。

5月22日

上午10点10分，松林工作室。

拍摄塞缪尔·贝克特的短剧《戏剧》，我、克斯汀·斯科特·托马斯还有朱丽叶特·史蒂文森共同出演。

我们三个人一人站在一个大缸里，安东尼·明格拉是我们的导演。

5月24日

清早6点10分出发。

化妆很费时间，8点半左右开始拍摄。我们所有人都很紧张，因为安东尼既做了充分的功课，又对周围环境有着很强的感知力——因此拍摄变成了一个有机的、“探索发现”的过程。

晚上7点45分左右到家。

5月25日

清早6点15分出发。

紧张感减轻了不少。只用了24小时，我们就已经成为一支真正的团队。伯努瓦**，也就是摄影导演笑呵呵的，录音师说：“一开始看剧本，我根本看不懂，但是现在我觉得这出戏棒极了。”茱丽叶特十分了不起，她晚上还有一部戏要演，可是每次来的时候还是做足了准备。向她脱帽致敬。

---

* 萨拉·舒格曼（Sara Sugarman，1962—　），威尔士演员。

** 伯努瓦·德洛姆（Benoît Delhomme，1961—　），法国摄影师。

5月26日

［清早］6点15分出发。

晚上快8点收工。这次拍摄非常特别。我们不断挑战极限，在优秀剧本的基础上，测试可调动的表演资源。友谊给了我们安全感，让我们能够以放松的姿态坦诚沟通。在短短三天之内，“冷淡”的K.S.T.就由不安转变为低调的自信。茱丽叶特充满力量。

6月2日

上午11点，哈默史密斯，抒情剧院，鲁比的新节目彩排。

6月4日

12点13分，［从布莱特韦尔］乘火车返回伦敦。

下午4点，皇家歌剧院，和平公园音乐会彩排。这是一场意义非凡的活动。楚蒂·斯泰勒召集了一大帮人。我到现场时，麦当娜正和一支埃及乐队在台上彩排。虽然楚蒂·斯泰勒尽量确保彩排有序进行，可时间还是飞速流逝。现场的人包括：瓦妮莎［·雷德格雷夫］、艾伦·贝茨、安格哈拉德·里斯、西蒙·卡洛、露露、吉米·内尔、布莱恩·亚当斯、米兰达·理查森、舞者、歌手、僧侣、康康舞演员（西蒙最喜欢的场景——僧侣们观看康康舞）。说不上为什么，所有元素就这么融汇在一起。虽然开场足足晚了45分钟，可是整晚的演出贡献了几个非常精彩的片段（尤其是后半场，特别是瓦妮莎和歌手的合唱），而且，谢天谢地，观众充满活力和热情——一点儿也不像死气沉沉的托利党集会。

演出结束后，看见T.S.［楚蒂·斯泰勒］一身昂贵的礼服，妆发造型师时刻待命，酒水饮料应接不暇的样子，我不禁停下来陷入思索……

6月5日

上午11点，去艾玛和格雷家做客，凯瑟琳·奥利姆和菲利达也在，大家一起沿着汉普斯特德荒野公园散散步，非常愉快。在一条小街上吃三明治，顺着地产中介的玻璃窗往里瞅（艾玛甚至真的推门进去咨询了几处房产信息——哦，你一定得搬到汉普斯特德来——的确，瞧瞧这里的绿化和氛围，非常吸引人……）另外，我们还去了趟新装修的大众电影院，这里运营得很好，有着一流的环形座位。值得一去。

6月12日

晚上留在家里。

6月13日

下午5点，兰斯伯瑞酒店，和麦克·宾德尔［电影导演］见了一面。整个过程中，我只想弄清楚他是不是染了头发。有那么一瞬间，我觉得他是个温柔、坚定、可敬的人。

6月18日

下午6点，皇家宫廷剧院，参加声援昂山素季活动的彩排。

7点45分，演出开始。向菲利普·赫德利*出色的平衡感和组织力致谢，我非常享受这场活动。一起来支持昂山素季的有：（伟大的）马克·托马斯、理查德·W.、戴维·黑尔、格伦达·杰克逊、米里亚姆［·卡琳］、蒂姆［·韦斯特］和普鲁内拉［·斯凯尔斯］、凯特·威廉姆斯**，“迷人的艾达”合唱团***。活动一开始，格兰尼、尼尔·K.还有林迪·霍普斯一起摇摆起舞，然后格兰尼上台发表了精彩的演讲。了不起的女性支持了不起的女性。

6月23日

10点半，坐车去威克洛安奈特·卡杜奇****的片场。

---

* 菲利普·赫德利（Philip Hedley，1938—　），英国电影导演。

** 凯特·威廉姆斯（Kate Williams，1941—　），英国演员。

*** 迷人的艾达（Fascinating Aïda），英国喜剧歌唱团体。

**** 安奈特·卡杜奇（Annette Carducci，1942—　），法国电影导演。

6月26日

上午9点，前往卡洛曼兹［服装供应商］进行第二次试装。

6月27日

下午1点，排练。

6月30日

9点45分，为介绍车臣的纪录片配画外音。安德烈·巴比茨基是一位了不起的记者。

7月2日

上午7点出发，《寻找约翰·吉辛》*开拍。

今天的拍摄场地是梅菲尔南街的一处宅子。午饭是在伯克利广场吃的。工作人员在这栋房子的前门进出时，总有一位文莱苏丹的大厨冲着我们摔窗户，叫嚷着嫌我们打扰了她周日的清净。或许不能怪她。但麦克说得没错，这种怪人，伦敦多得是。（等着瞧吧……）索尼娅**的表演非常精彩，尤其是一想到她的角色是周五才定下来的。

7月11日

上午9点出发。跳了一整天的踢踏舞。打个比方，上午拍索尼娅跳脱衣舞的场景。

到了下午，真的来了一屋子踢踏舞演员，我们剩下的人穿着西装，系着领带，戴着袖扣，跟着蹦跶。

7月13日

今天怎么会发展到这种痛苦的境地？我竟然这么快就失去了平静。专

---

* 《寻找约翰·吉辛》，由麦克·宾德尔（Mike Binder，1958—　）执导。

** 索尼娅·瓦格尔（Sonya Walger，1974—　），英国演员。

注沦为沉默。结果到了傍晚，我把导演堵在走廊上，为我的“完美主义”据理力争。

7月26日

上午7点，出发。

今天的这场戏，是马修［麦克·宾德尔饰演］和吉辛在办公室互殴的一场戏——这场戏没怎么排练，工作人员都在看着，我们也没用替身——结果，到家我才发现伤了膝盖，都弯不了了。

注意：《哈利·波特》向我发出邀约了……

8月6日

7点45分出发，拍第86场戏，可怕，剧本足足有5页。无数个角度，同样的台词反反复复说。到了晚上9点还没有收工，第二天继续。不过，尽管又湿又累，还是与卡洛琳［·霍尔达维］、茱丽叶特［·史蒂文森］、欧文［·蒂尔］和阿兰［·柯德勒］一起收获了很多欢笑。

8月8日

1点半，乘火车前往斯特拉福德，赶上看《亨利四世》（下），玛丽·麦高恩和桑德拉·沃伊均有出演。

下午4点，去玛丽家做客。她的身体状况急转直下，这让她很是恼火。她现在彻底离不开助行架了，可就算这样，她还是那个把半夜醉酒闯进她家的不速之客当客人一样招待的女豪杰（“当时我正在厨房，睡不着，在看谢默斯·希尼的书。”）——“你想来杯巧克力吗？”

7点半，天鹅剧院，《亨利四世》（下）。半吊子制作水平，无药可救。高光部分被篡改了→哈尔拒绝福斯塔夫的桥段被处理成了反高潮……W.休斯顿*是个充满魅力的年轻演员，只是很容易经不住诱惑蹚入虚荣的水域。

10点43分，在鸭子餐厅吃晚餐。一通摆弄轮椅，玛丽终于成功吃上饭

* 威廉·休斯顿（William Houston，1968— ），英国演员。

了，她说“我还以为我再也见不到这个地方了”。

8月11日

12点半，出发去N1舞蹈教室，因为要出演夏琳*的音乐录影带，专门来学跳舞。

瓷白夜店，《寻找约翰·吉辛》的杀青派对。这种活动必须得专门设计一下，否则人们就会干坐着抱怨没意思。可悲的是，已经有人告诉过他们该如何找乐子了。这次的场地选得很抠门，从房间一出来，大家就全散了。这次拍摄从创新层面来讲，实现了很多疯狂的点子，可是从组织层面来讲，绝对称不上典范……

8月12日

上午8点，瑞玛出发去希思罗机场，要去托斯卡纳了。我到底还留在这儿做什么？

8月15日

上午和宝拉聊天，说起了茱丽叶特的兄弟**。这是继菲德利斯被瘾君子破门的流血事件后的又一桩惨剧。***

下午1点，尼克·肯特来找我，我们在他家附近的花园餐吧吃了午餐，然后去了他的公寓。他家与其说是在肯萨绿地，倒不如说是在牙买加或者普罗旺斯。接着，他接到一个电话，说他的教子因为抢别人的包被捕了……

5点半，出发去南华克桥附近的一个停车场，得克萨斯乐队的录影带在这里开场。先是开车穿过大桥，超过一个20人的自行车车队后，下桥沿着高速公路继续驶去，黎明时分，终于在布莱顿停车，在人行道上散步。

---

* 夏琳·史碧（Sharleen Spiteri，1967—　），苏格兰摇滚乐队得克萨斯（Texas）的主唱，艾伦应其邀请，在该乐队歌曲《需要》（*In Demand*）的MV中出演男主角。

** 茱丽叶特·史蒂文森的兄弟约翰尼在一场车祸中丧生。

*** 菲德利斯·摩根（Fidelis Morgan，1962—　），英国演员。

上午8点，才回到可怕的赛斯特尔酒店。

又及：今天抽空还和朱迪·霍夫兰德谈论了《哈利·波特》的合同，少不了的讨价还价。

8月16日

夏琳因为酒店而感到愤愤不平（她居然在地毯上发现了避孕套……）我说，这刚好可以为她周五的波兰之行做个铺垫。日落时分，我们出发前往比奇角。

8月17日

到了晚上，继续拍在高速公路上开车的镜头，最后在博登（之前我还从没注意过这个地方）的一个加油车站收尾。给克莱尔和艾米［艾伦的侄女］打电话说我们会过去，不过至少得等到半夜了。

确切地说是凌晨1点半。得克萨斯乐队的其他成员也聚齐了，他们真是很棒的一群人，整整14年了，依旧相互欣赏，相互支持。很显然，夏琳是整个乐队的动力源，不过她时不时会关注到约翰尼*讽刺又脆弱的眼神。

凌晨4点半—5点半，我们跳起了探戈，头脑和腿都无法协调。

回到伦敦，打包行李，又得出发去希思罗机场。

10点50分→罗马→科拉多开车接我去阿加诺酒庄。朱迪·戴什帮我们解决了难题，又把他给找回来了，条件是让他开着她租的车。完美。实在是受不了华纳兄弟的鬼把戏了。另外，今天科西莫和帕洛玛**铺开了很大的排场——童话般的灯光，50人晚餐，托斯卡纳当地的合唱团，基斯亦献唱一曲，架不住莎拉的撺掇，我也来了一段俾隆***的选段（差不多在演讲桥段那一页翻开了……）——美妙的夜晚，慷慨的灵魂面对面

---

* 约翰尼·麦克洪（Johnny McElhone，1963—　），贝斯手。

** 科西莫（Cosimo）和帕洛玛·赛斯提（Paloma Sesti），两位建筑师承接了艾伦在坎帕尼亚蒂的度假屋的翻新工作。

***《爱的徒劳》（*Love's Labour's Lost*）中的角色。

高歌。

8月23日

6点半，所有人钻进车里，前往锡耶纳，在天黑之前赶到坎波广场。晚上8点左右，我在露台酒吧给洛杉矶打了个电话，答应了《哈利·波特》的合作。

9点左右，在勒洛格餐厅享用晚餐。

凌晨3点回家。

8月24日

泳池边，我现在对《哈利·波特》没什么感觉，这让我有点不安……也可能是因为我正在读马丁·艾米斯的《体验》，书中描写的是另一段人生……

8月28日

12点半，在博恩孔文托车站接上康纳。

在蒙塔奇诺吃完午餐，开车去蒙特普齐亚诺找安东尼·M.、卡洛琳和马克斯，西德尼·波拉克和比尔·霍伯格［电影制片人］也在。

9月5日

拜访当地的酿酒师S.帕尔穆奇。酒庄位于圣安东尼奥修道院之上，这是最为壮观的选址（几乎可以和附近一家正在开发的五星级酒店媲美，那家酒店则是将地址选在了一座11世纪的古堡之中）。除了选址，这里的葡萄酒也堪称一绝——看酿酒师对采摘工人的指导就像是听了一堂课。

晚上8点，在家里吃晚饭，吃的是昨晚在面包店买的新鲜面疙瘩，非常美味。

9月6日

在泳池边待了一天。

和朱迪打电话，讨价还价仍在继续（《哈利·波特》）……

山中闪电。

9月10日

完美的一天。依旧阳光明媚。到游泳池去。看完了《哈利·波特》第一部，又开始看第二部。不可否认……

9月11日

下午2点，罗马诺来送我们，我尽量让道别显得干脆轻松一点儿，可还是难免伤感。在这里，我见识了生活的另一种方式。塞斯蒂斯一家懂得以一种最饱含激情、最有参与度的方式，将工作和享乐结合起来。人生是由生活、工作与欢庆所构成的，还有坚持每日创造。这是他们的天性使然。

9月21日

《哈利·波特》项目启动。

10点半，乘车前往MBA特效公司参加服装研讨会。在意大利待了一个月，量尺寸像是在渡劫。大家绕着我转圈——做高领？用蓝色的面料？手臂收窄？接着，前往利夫斯登工作室。克里斯·哥伦布［导演］、大卫·海曼［制片人］和化妆组已经在等我了。戴不戴假发？做不做假鼻子？一边讨论，一边参考布景和特效。

3点05分，从希思罗机场飞往洛杉矶国际机场。在莉莉家吃完晚餐，从威尼斯返回半岛。

9月23日

美国电影中心，布鲁斯·威利斯致敬影展。12点45分，在贝弗利山庄希尔顿酒店吃完午餐，然后进行入场彩排。一下午疯了似的想找双合适的鞋。

6点半，出发去贝弗利山庄希尔顿酒店。走完红毯，进入绿厅，布鲁斯进来打招呼。演出效果不错，观众笑个不停。

半岛酒店，和路易斯·克拉科瓦、凯特·布兰切特还有她的发型师曼尼一起喝一杯。我和布兰切特小姐一见如故。将来会不会有合作的机会呢？

9月27日

2点45分，抵达希思罗机场。

6点半，坐车去接贝琳达，然后一同前往帝国莱斯特广场参加《跳出我天地》的首映礼。要是发行商和媒体同时支持一部电影，就是这样的排场……杰米·贝尔*在影片中的表现非常精彩——全片没有一个滥情的时刻。这是史蒂芬·戴德利最精于计算的一部作品，他几乎像是将所有的要求输进了电脑。原本很美的一部片子，却因为导演的愤世嫉俗（增加了旷工罢工的场面，再加上男孩穿裙子的场景、雪人的场景，还有兄长改变心意的场景），电影显得不那么真实。媒体评论的标题都是——《最好的英国电影》，简直是在侮辱洛西、施莱辛格、安德森、迪恩、鲍威尔和普雷斯伯格、内威尔、明格拉、麦金农等人。

10月6日

和J.K.罗琳的第一次通话。她姐姐接了电话："她不在——我可以替你留言吗？"电话那头传来咯咯的笑声……"抱歉，刚才是和你开玩笑的！""有些事情只有斯内普和你知道，我也需要知道……""你说得对，明天给我打电话，这些事情没有别人知道……"

10月7日

和J.K.罗琳的第二次通话。她紧张兮兮地带我一瞥斯内普的世界。听她讲话，就好像她生活在这些故事当中，一切都不是她编造的。她就像是一个传达者——一直说"你看，在他年轻的时候，是这样的情况，发生了那样的事"。她从不会说"我想要这样，我想要那样……"。

---

* 杰米·贝尔（Jamie Bell，1986—　），英国演员，《跳出我天地》的主演。

10月8日

下午2点，鲁比、埃德和孩子们→海港俱乐部。麦克斯家一位朋友的表现预示到即将会发生的事——“你是斯内普吗？”

10月10日

《哈利·波特》项目启动。

8点半，出发去MBA特效公司，参加9点的试装。

上午11点，国王十字车站，先坐火车前往纽卡斯尔，然后继续坐车去安尼克城堡，化妆（3个小时……），做镜头测试。一会儿向左转，一会儿向右转，脸上的优缺点都暴露无遗——脸色苍白=人老了，假鼻梁的妆得加重，诸如此类。剧组的整体氛围是友好的，稍微有点儿混乱。

7点45分，和肖恩［·比格斯代夫］还有罗彼·考特拉尼[5]一起去塔帕斯餐厅，点了好几盘油炸食品，然后回酒店喝了点红酒，又从迷你吧取了一包巧克力豆。

没救了……

而且又失眠了，现在写下这些的时间，是凌晨3点。倒时差，脚踝都疼。

看完了康诺·麦克菲森的《戏剧演员》。剧本很高级，不是那种把演员当白痴、台词里都是“贱人”的庸俗喜剧。

10月12日

上午，朱迪从洛杉矶打来电话，谈判还处于僵持阶段。当下的需求，其他人的要求，角色的命运，诸如此类的问题需要商议……

12点半，去片场，确定斯内普的造型。最终结果是，手臂、腿部、腰线收紧，头发染得再蓝一点儿，不戴隐形眼镜了。这样一改，斯内普的形象似乎立住了。

10月13日

10点半出发。化妆——我可能需要一点儿镇静剂……换装。

10月27日

11点，天使服装道具公司——为《维多利亚·伍德圣诞秀》试装。

11月20日

7点半出发。《维多利亚·伍德圣诞秀》。

11月28日

晚上7点，和蕾拉·贝特朗一起坐车→麦当娜的演唱会。与我们一起的还有夏琳·史碧和理查德·阿什沃斯。

回到家，接到吉姆·肯尼迪的电话——我们居然交换了地址！*

11月30日

12点半，英国文化协会设午餐宴招待爱尔兰总统玛丽·麦卡利斯。受邀的其他嘉宾——格雷格·戴克、切丽·布斯。

12月5日

去哈罗德百货的九折特卖会闲逛，这次是为了买台冰箱。

12月6日

8点，杂耍剧院，《梅尔维尔夫人》。赏心悦目。精致、幽暗，很难得的一出喜剧，由作家理查德·尼尔森精心执导。艾琳［·雅各布］的表演非常出色，麦考利·卡尔金则如大家所说，选角选得妙。

散场后，奥索餐厅。卡尔金先生非常聪明，他很清楚并勇于直面自己的处境。“我已经做好挨骂的准备了，所以也没什么可损失的……”

12月7日

12点，和卡洛琳［·霍尔达维］一起去了趟38WT［韦特斯伯恩露台

* 这里指韦特斯伯恩露台街的住所。

街], 结果我一天都很受伤。卡洛琳的眼光肯定比我的好，她离开后，我感到垂头丧气的。

卡洛琳说得没错——她让我们搬进去之前先置办好基本的家具。但是，她所说的“基本家具”贵得离谱，所以，走一步看一步吧……

12月8日

10点左右，常春藤餐厅。这里变得越来越吵，有些菜端上来就是冷的，可能距离关门的日子不远了。杰端·霍尔和米克·贾格尔[6]也在店里吃饭，他们离开时，我们聊了几句（必须提高分贝）。

12月11日

上午7点出发，返回《哈利·波特》片场。玛吉·史密斯[7]、佐伊·沃纳梅克、伊恩·哈特[8]、理查德·哈里斯[9]都在大礼堂，每个人都是那么可爱，那么有趣，每个人都有自己的特点。不过今天这些镜头就是拍一条过一条，没有什么场景可以分析的，也无须思考。或者是还不到思考和分析的时候……或许……做决定的人太多，他们居然给斯内普做了一顶帽子。斯内普还需要戴帽子？所幸的是，克里斯·哥伦布人很可爱，也很有趣，你都可以猜出来他在想什么，他想要什么。当然，如果你的表演太出格了，他也会很敏锐地察觉到。所以，效率很高，一切看上去不错。

12月12日

希望激烈的思考过程，能在电影中派上用场……

12月14日

10点半出发。拍摄霍格沃茨大合唱的戏。

12月15日

还是在霍格沃茨大礼堂，火鸡不断，歌声不停。

12月18日

今天拍摄“盥洗室中的巨怪”这场戏。

12月20日

传真发来了关于韦斯特伯恩露台街的装修报价单……

12月22日

今晚没出门。我是要感冒了吗？

和朱迪讨论了《哈利·波特》的合约备忘录，现在这个程度还没法签。

12月24日

4—7点，和海伦娜·K.还有伊恩·H.小聚。瑞吉［·纳德森，美国作家］提起他在波多贝罗路偶遇克林顿一家的事，他还向希拉里推荐了便宜羊绒衫。“你说到我心上了。”希拉里说。瑞吉像“林弗德·克里斯蒂一样”一路狂奔，到他推荐的店里和他们碰头。

12点，参加诸圣教堂的午夜弥撒。

12月25日

3点，去玛丽·伊丽莎白和帕特家做客。在奥康纳家度过了美好的一天。美食、音乐、孩子们……到了深夜，满脑子想的都是戒酒一个月……

12月29日

7点45分，赴艾德娜·奥布莱恩的约。在4个小时当中，艾德娜一个又一个地给我们讲了贝克特和品特的段子。“周一我碰到他，他一见我就问‘你去看过《看房者》了吧’”——“没有，我出远门了”——“好吧，那《背叛》你总得看了吧。”作家书写伤痛，可问题就出在，哈罗德已经把他所有的伤口都治愈了，所以他现在写的都是些小事。

12月31日

和戴维还有克里斯蒂娜一家一起过年，迈克尔今年不在家。好戏开演，马都被关在马厩里。

上午8点半，帕姆和梅尔·史密斯来了。真好，能这样结束这一年，老友相伴，点燃烟花，围着钢琴唱起披头士、埃尔顿·约翰和比利·乔的歌。

注释

1 玛格丽特·德拉布尔（Margaret Drabble，1939—　）和迈克尔·霍罗伊德（Michael Holroyd，1935—　）夫妇，两人同为英国作家。

2 指《天才雷普利》的导演安东尼·明格拉和主演马特·达蒙。

3 波琳·多德（Pauline Dowd），皮肤科医生。

4 艾伦为该剧录制旁白。

5 罗彼·考特拉尼（Robbie Coltrane，1950—2022），苏格兰演员，在《哈利·波特》系列电影中饰演鲁伯·海格（Rubeus Hagrid）。

6 美国演员杰瑞·霍尔（Jerry Hall，1956—　）和滚石乐队主唱米克·贾格尔（Mick Jagger，1943—　），两人育有四个孩子。

7 玛吉·史密斯（Maggie Smith，1934—　），英国演员，在《哈利·波特》系列电影中饰演米勒娃·麦格。

8 伊恩·哈特（Ian Hart，1964—　），英国演员，在《哈利·波特》系列电影中扮演奇洛教授。

9 理查德·哈里斯（Richard Harris，1930—2002），爱尔兰演员，在《哈利·波特》系列电影前两部中扮演阿不思·邓布利多。

2001

— 新家

— 《哈利·波特》

— 约翰·戴蒙德

— 纽约

— 汤姆·斯托帕德

— 都柏林

— 德文沃特小学

— 塞巴斯蒂安·巴里

— 汤姆·琼斯

— 梅尔·史密斯

— 托斯卡纳

— 赛马节，锡耶纳

— 9·11 恐怖袭击

— 玛丽·麦高恩

— 《私人生活》

— 琳赛·邓肯

— 《哈利·波特与魔法石》首映

— 比尔·克林顿

— 里克·梅奥尔

1月1日

合上2000年的日记本我才发现，日记写得越来越像笔记了，甚至还空了几页……这是好事还是坏事？是我越来越有包袱了，还是我越来越封闭了？

1月4日

新家——第一天。终于收房了。

下午6点前往韦斯特伯恩露台街38号拿钥匙。

1月5日

和卡洛琳约在38WT见面。我能感觉到，钱马上要从支票簿里飞出去了。房子很漂亮，但还得收拾。

1月9日

《哈利·波特》。10点半出发。拍一月返校的戏。

2月2日

7点半，去看《毕业生》，也是为了去见杰瑞·霍尔。

她是一位了不起的女性。看她在舞台上的样子，你就能感受到她在台下也会很温暖。

2月7日

给卡洛琳开了第一张支票，价格不菲。和上爱迪生花园街那套公寓一样，又得破财了。

2月13日

上午11点就开始候场。

又是试装又是做准备，走过来走过去，结果今天我的戏不拍了，于是一天都在巴斯闲逛。

4点45分出发，排练上课的戏份儿。因为昨天已经排练了一点，今天这场戏算是像模像样了。

2月14日

早上8点出发。

拍这场戏时，我进入了专注/排外状态，我意识到了这个问题，并且很不满意。我这样，外面那些无辜的人（化妆师、小演员们）隔着墙都吓得不敢出声。接着，我又因为房车的事发了火。英国的阶级问题走到哪儿都有，就没有人管管吗？

这场戏拍得还行吗？我是不是老毛病又犯了？

2月19日

最后一天拍摄《哈利·波特》。

那天结束时，猫头鹰海德薇飞过大厅，将一把“光轮2000”扔在哈利的腿上。训鸟师戴夫因为这场戏担心得一晚上没睡着。真是单纯的人，但很了不起。

3月4日

在肯萨尔格林参加约翰·戴蒙德*的葬礼。

是海伦娜·肯尼迪建议我们来的，可我一到现场就有点后悔。的确，很多老朋友都到了，但整个仪式却很平静，中规中矩，缺乏情感。倒不是说悼念仪式不打动人。多米尼克·劳森**朗读了约翰生前最后写下的文字，其中一些内容非常有趣。当他写到他和奈杰拉如何“让彼此变成他们现在的样子”，让人十分感动。奈杰拉看上去非常美丽，她微笑着向经过的人点头示意。约翰的朋友查尔斯·埃尔顿回忆约翰在最后几个小时经历的悲伤和欢闹。室外，有一个女人在唱着“人们需要彼此”“天堂，我在天堂”。

---

* 约翰·戴蒙德（John Diamond，1953—2001），英国记者，奈杰拉·劳森（Nigella Lawson，1960— ）的丈夫。

** 多米尼克·劳森（Dominic Lawson，1956— ），约翰·戴蒙德的内兄。

这歌声仿佛在呼唤他，是时候动笔了。

3月5日

今天报纸上全是对我和鲁比的报道（这个情况是从昨天开始的）。《智者为王》[1]把我的声音评为“最适合伴人入眠的声音”之首。还有一篇写李安的文章提到了我。事情有点不对劲……

3月28日

纽约。

1点半，在拉古留餐厅和娜塔莎见面。她思维就像小动物一样活跃。如果她脾气不那么大就好了，但谁能责怪她呢？她与拉尔夫·费因斯聊起了《私人生活》。一回到酒店，我就收到一条伦敦发来的信息——还是关于《私人生活》。让我和琳赛·邓肯一起出演……

3月29日

6点45分，看《爱的发明》[2]。因为我还没有完全倒过来时差，在黑暗中隔着走廊和汤姆·斯托帕德并排坐着，让我忧心忡忡。尽管我只看懂了这部戏的三分之一，但故事非常感人，鲍勃［克劳利，布景设计师］做得很好。

哈德逊剧院的派对上，帕特洛女士踩着高跷走了进来……

4月2日

早上6点出发，8点25分→伦敦。

晚上9点左右到家。

4月5日

买了第一笔溢价债券！

4月26日

10点40分→都柏林。

克拉伦斯酒店套房非常舒适，客房设有阳台，可以饱览利菲河的美景。

下午和艾莉森·迪根*一起工作。[《小混乱》项目。]

她有时让人如沐春风，有时却有点难搞。但她的固执不无道理——在没搞清楚事情之前，为什么要屈服？有时，我们俩会遇到一些意想不到的状况。

5月2日

下午4点，回到德文沃特小学——多么怀旧的旅行。我的母校……很多往事历历在目。奇怪的是，学校看起来并没有变小。看到一张肯德尔小姐在教室里拍的相片，相片的细节让我记起她这个人、她的眼镜、她的头发——她午饭后使用护手霜的习惯。她的双手异常白皙。

5月3日

今天在皇家宫廷剧院排练《橡皮泥》。

第33场的戏已经排练一天半了，这场戏有33个人物。怎么说呢，剧本有点像《猜火车》和《购物与他妈的》的综合体，但又有自己独立的灵魂。瓦西里**出身于艾滋病肆虐的乌拉尔工业区，这出戏讲述的是他的生活，他的城镇，他的国家——在这里，简单的善意会遭到误解，招致辱骂。

5月4日

下午4点，朗读会。

台下座无虚席，演员们表现得都很英勇。

5月8日

保罗·里昂-马里斯告诉我，修道院剧院和塞巴斯蒂安·巴里都担心他们的项目会排在《私人生活》之后。剧院方想要坚持原来的排期，但这会

---

* 艾莉森·迪根（Alison Deegan），爱尔兰演员、编剧、版画家，小说家塞巴斯蒂安·巴里（Sebastian Barry，1955— ）的妻子。

** 瓦西里·西加廖夫（Vassily Sigarev，1977— ），俄罗斯剧作家。

和《哈利·波特与密室》撞上……问题又来了……

下午与塞巴斯蒂安·巴里聊，他比我想象的要放松一些。当然，他也需要用钱。

5月14日

躲过了可怕的戛纳之旅。

5月26日

12点→海怡市。

下午6点左右。在接待区遇见杰曼·格里尔[3]。她的每一个问题、每一句话都在挑衅我。才5分钟，我就筋疲力尽了。

8点半，克林顿演讲。国际事件内政化，在某种程度上让人想到契诃夫的小说。“阿拉法特想带枪参加会议。”（克里斯托弗·希钦斯在我身后嘀咕，“就从没有过这个先例”。）当主持人伊恩惹得克林顿不满意了，他每提一个乏味的问题，克林顿就回一个乏味的答案……这种情况，在谈到中东问题时特别明显。克里斯早早退场，大声念叨着“再挖不出什么料了……”

6月1日

答应了埃迪·伊扎德，周日和他一起参加国际特赦音乐会。

6月3日

下午4点，温布利体育场。在埃迪的更衣室换了衣服，然后和维克·里夫斯还有哈利·恩菲尔德一起排练（巨蟒剧团的小品《四个约克郡人》）。再然后，登台表演，这是我第一次看到这片舞台……

7点半，演出。一切顺利。我们得等到将近11点。这感觉就像在钢丝上行走，我的剧本牢牢贴在《星期日泰晤士报》的内页里。其他人的表现都很棒，也很有趣，而我紧张得要死，就只能直直地盯着他们看。后来在酒吧和汤姆·琼斯聊天的时候，他引用达斯汀·霍夫曼对他说过的话来评价我当时的表现：“我还以为你嘴里跑出了只动物。”

6月7日

选举日。

10点45分，去琼恩·雪诺家做客。迈克尔·富特[4]也在，他得了帕金森，一个人孤零零的，到现在都没有好转。

6月8日

凌晨4点，上床睡觉。

下午1点，和伊恩·麦克莱恩在82号狭巷餐厅吃午餐，这里才彻底翻修过。伊恩谈道，国家剧院在挑选新任艺术总监时，那副狭隘的做派令人称奇；他还说剧院那些人对裘德·凯利*偏见很大。

6月13日

6点半，单亲家庭慈善公益活动正式在J.K.罗琳家启动。

罗比·C.、内尔·皮尔森、梅拉·沙尔、凯西·莱特均在场见证。罗琳的发言妙语连珠（那是自然），她本人则是既热情又敏感。要是房子能按照卡洛琳·霍尔达维的风格来布置，那就更完美不过了。

6月16日

去给梅尔·史密斯过50岁生日。不对。我们到了之后才发现搞错了寿星，赶紧把礼物藏起来。今天其实是帕姆[5]的53岁生日。

还是老样子，场面乱哄哄的。烟花升起时，梅尔当着理查德·奥布里恩的面，演奏了佩图拉·克拉克的音乐，休·格兰特和帕齐·肯西特则不请自来。帕姆还是一如既往地淡定，我们进门才不到两秒，她就跟我们说："我整容了——你们想看照片吗？"

7月12日

2点半，RADA理事会。

---

* 裘德·凯利（Jude Kelly，1964—　），英国戏剧导演。

不知道是不是我想多了，我总觉得今天得给他们签一张大额支票。我也没法儿和他们解释说这钱我不能出，家里还得装修。

7月17日

10点，沃灵福德——农贸市场。

在城镇广场下车，一派欢宴场景：烤全猪、滋油的培根、切片火腿、倒入杯中的葡萄酒。今天恰好是保守党领袖第二次投票的日子，要是人们得知，他们还得走伊恩*的老路，口中不知是何滋味。

8月1日

2点05分，英国航空→罗马。

8月4日

再次陷入沉默和僵局。虽然这不是什么新鲜事，但总觉得风暴将至。

读了会儿《私人生活》，却无益于缓解情绪——里头净是些任性自我、疯疯癫癫的角色。

在泳池边吃了午餐。

8月10日

去了蒙塔尔奇诺市场。

坐在咖啡馆里读《卫报》，心里一沉。英国媒体怎么就这么死心眼，非黑即白的？就不能给戏剧一些实验空间吗？就算失败了又有什么大不了的？这些幸灾乐祸的论调让我觉得这个国家总是在用娱乐化的方式来解构失败情绪，就好像只有这么做才能有安全感一样。罢了，我还在期待些什么呢？一切不正如我所料吗？期望越高，越不会有好果子吃。已经尽力了，就这样吧，好自为之。

---

* 伊恩·邓肯·史密斯（Iain Duncan Smith，1954— ），2001—2003年担任保守党党魁。

8月16日

赛马节。

在泳池边待了一个小时。

中午12点→锡耶纳，在勒洛格餐厅吃的午饭。然后去找哥伦比娜（·弗朗西斯卡），她那间漂亮的公寓，窗子正对着坎波广场，比赛的起跑线正巧就设在这里。我们欣赏着窗外的景色，从4点半一直坐到7点15分，然后比赛正式开始。乐队、旗帜、马匹、人群陆续涌入坎波，聚成一片熙熙攘攘的“人海”……像往常一样，我又因为捣鼓望远镜而错过了比赛的开头，但这场比赛本身就足够让人回味了。一天就这么过去了……晚饭后我们去坎波喝酒，看热闹，然后穿过获胜的德拉戈区取了车子回程。这次轮到我开车了。

8月21日

2点半，驱车前往罗马。

6点45分→伦敦。

8月22日

12点，约翰·麦高恩发来消息，说玛丽去世了。用她自己最爱的词来形容，她是位伟大的女性。她的去世是一个巨大的损失，因为她总是那么地冷静、专注，振奋人心。她酷爱香烟和红酒，坚持阅读，生活充实，只会因为“日渐衰老”而沮丧。当然，对我们来说，她的优雅永驻。

9月7日

7点45分打车到尤斯顿，再乘8点40分的火车去考文垂，然后打车到斯特拉特福，（最终）抵达圣格雷戈里教堂参加玛丽·麦高恩的葬礼。我们到那儿的时候，茱丽叶特、休还有菲菲都已经到了。牧师的祷告糟糕透顶，弥撒也是冗长乏味，但玛丽的儿子约翰的悼词却优美、简洁，令人动容。

12点15分，和菲菲一起开车回来。

2点半，排练。

9月9日

8点，和迈克尔、桑德拉·凯曼一起，还有格雷格［编舞］。不知怎的（瑞玛直接问了出来），迈克尔患有多发性硬化症已成为一个公开的事实。

9月10日

下午发生好几件怪事。先是简·L.打来电话，她不停地说："我没有咄咄逼人吧？如果有的话，我必须得告诉医院。"基本上这通电话都是她在说，她说她前前后后经历了这么多事，我们这些朋友也当得太差劲儿了。然后她一句再见也没说，就挂了电话。我给她写了一封信，她没有说错，我们的确做得不够好。但是她这么要强，凡事一个人扛着，很让人担心。

接着，吉莉［楼上邻居］家的淋浴间漏水，从我家的天花板滴了下来。吉米手里拿着一个拖把出现了。

9月11日

纽约世贸中心遭到恐怖袭击。

11点半开始排练。顺了一遍第一幕。

我们正要开始练习［《私人生活》中的］舞蹈，从纽约传来了恐袭的消息。所有人都震惊不已。彩排显得无足轻重，无关紧要。我们还是照常进行，可所有人都六神无主的。

7点半，终于到家，在电视上反复看恐袭的新闻，仿佛要将今天刻进脑子里、烙在心上，融入生活中……看着那架飞机撞上大楼，就好像看着一把刀插入黄油。

9月14日

上午11点——和隔壁的［《刁蛮公主》］班底在排练室共同默哀3分钟。

在家吃晚饭，继续看恐袭的报道。我还在尝试理解为什么会发生这样的事。然而，阿富汗有400万人正在挨饿，伊拉克有大量的无辜平民流离失所，这些都是不争的事实。美国的政治太天真了，一张五个巴勒斯坦人在街上跳舞的照片，就试图掩盖全局。

9月21日

晚上8点，第一次预演。

“感觉像是回到了戏剧学校。”漫长的一天里，琳赛忽然冒出这么一句。也不知是哪一幕表演触动了观众……我们收获了热烈的欢笑声和掌声。霍华德［·戴维斯］为演员们的勇气感到由衷的自豪。他很喜欢演员，并热衷于欣赏他们的身姿与创造力——当这种特质出现在一位导演身上时，就格外地打动人。

9月25日

今晚的观众感觉很疯狂，几乎失控了。每一句台词他们都想笑。

在希基餐厅，向尼克·海特纳献上香槟——这下官方盖章了——他是国家剧院最新的领袖。

9月28日

今天的演出精彩纷呈——主要因为琳赛贡献了更轻盈、更轻佻的表演。

10月2日

今日演出遭遇“诡异星期二”。第一幕，阿曼达*严重发挥失常，我本不该多嘴，可是没忍住……第二幕，一切回到正轨。关键就在于——我们俩必须全程都保持对话交流的状态，这出戏才有意义。一旦任何一人出了岔子，就会一起陷入麻烦。

10月3日

9点15分，根据BUPA[6]的检查，里德医生开始帮我做磁共振扫描。他还谈到了皮脂囊肿切除和心脏病检查。

10点半，在李斯特医院，给瑞玛的膝盖也做了磁共振扫描。她在仪器里躺了20分钟，全程听的是我从曲单里给她选的音乐《巴洛克早餐》。

---

* 琳赛饰演的角色。

购买开幕演出的礼物。

3点半，排练。

晚上8点，全场座无虚席，一听到“上场”这个词，所有人迫不及待。“上场”这个词有点控制狂的意思。

10月4日

媒体之夜。说真的，今晚和我预想的一样顺利。霍华德提醒过我们要注意媒体的“首演冷淡症”——他们会用审视的眼光看戏，也可能因为太过谨慎而无法大胆地表达支持。而我们剧团上下一心，完成了首演，这就是我一直想做的。

10月5日

为了躲电话，迷迷糊糊地（再次睡眠不足）一手举着咖啡，一手拿着玛芬，步行去38WT。

回到家后发现，现在媒体的正负反馈比例是2比1。天呐，我讨厌他们的工作模式。有三分之二的评论是在他们进剧院之前就写好的。

10月7日

保罗·里昂–马里斯打电话说，评价非常好。这样一来，我们就可以继续这套奇怪的叙事方式，拿着官方的认可放心开始巡演了。

10月10日

难忘的演出，因为前排有个观众发出愚蠢的笑声……这声音毫无智慧与乐趣可言，只会影响到其他观众，让别人分心。

10月21日

希基餐厅，与安娜和乌利共进晚餐，他们对演出都不吝赞美。安娜曾说过，她讨厌这部剧，讨厌里面的人物，讨厌这部剧所代表的意义等等，能获得她的认真可真是一项殊荣。而且我们在排练时也想着她，一切为了赢得安娜的关注……

10月23日

大卫·海曼来电，赞扬我在《哈利·波特与魔法石》中的表演有多么出色……家里的传真机发来媒体的评论，反响之热烈令人难以置信。难怪这么凑巧，D.H.这个时候给我打电话……

11月4日

6点半，《哈利·波特与魔法石》首映礼。

这部电影只能在大荧幕上观看。只有大银幕的广度和深度，才能与约翰·威廉姆斯那让人震颤的配乐相得益彰。首映之后，在萨沃伊酒店举办的派对更加有趣。

11月6日

哈雷街66号，开始做心脏检查……我喜欢这个医生。

下午，在回家的路上得知，霍华德、琳赛和我均获得《伦敦标准晚报》的提名。

11月23日

晚上8点演出。除了前排有些躁动，全程没什么问题。结束后，化妆间就像一个酒吧。→凯文·史派西带着朋友来了，棒球帽反戴在头上。

11月26日

11点15分，温坡街55号——验血。

11点半，哈利街66号——（24小时）心脏监测。

12点45分，萨沃伊酒店，《伦敦标准晚报》颁奖典礼。

11月27日

下午2点，哈利街66号。还是那套流程，又做了个超声波扫描。

12月4日

下午2点，哈利街66号。罗德尼·福勒*给我面诊（我喜欢这个人），各种心脏检查的结果都出来了。一切都很好，只有一张报告显示我有高血压，晚上得少喝点红酒了。

12月5日

晚上8点演出。查尔斯和卡米拉来现场了。这条蛇叫查尔斯，第一场戏都是讲戴安娜的。当然……

12月15日

希基餐厅。今天有很多难忘的时刻……特别是比尔·克林顿来我们这桌打招呼。我称呼他为“总统先生”，是为了提醒自己，这是位总统，可不是哪位演员或待者……

12月19日

演出。今晚的演出从一开场，就被里克·梅奥尔牵着走。他美妙的、不受控制的、快活的笑声，给其他观众起了个头，也把我们吓坏了。不过，我们还是把晚上的时间抢了回来。

注释

1《智者为王》（*The Weakest Link*）是一档电视问答节目。

2《爱的发明》（*Invention of Love*），汤姆·斯托帕德（Tom Stoppard，1937— ）1997年创作的一部戏剧，讲述了诗人A.E.豪斯曼的生平。

3 杰曼·格里尔（Germaine Greer），澳大利亚作家、记者，被视为20世纪下半叶第二波女性主义运动的代表人物之一。

4 迈克尔·富特（Michael Foot，1913—2010），英国政治家，1980—1983年担任反对党领袖和工党领袖。

5 梅尔的妻子。

6 英国保柏健康保险公司（British United Provident Association）。

---

* 心内科医生。

2002

— 《哈利·波特》

— 开普敦

— 米瑞安·玛格莱斯

— 韦特斯伯恩露台街

— 《私人生活》，纽约

— 托尼奖提名

— 连姆·尼森，娜塔莎·理查德森，梅丽尔·斯特里普

— 查理·罗斯

— 雪儿

— 乔安娜·伍德沃德

— 保罗·纽曼

— 休·克鲁特韦尔

— 《真爱至上》

— 酷玩乐队

— 凯瑟琳·卡特利吉

— 退出《哈利·波特》系列？

— 罗马

— 约翰尼·哈里戴

— 唐·麦库林

— 楚蒂·斯泰勒和斯汀

1月2日

1点半，看了牙医。奇迹出现了，牙上的毛病已经四年了，却不怎么需要大修大补。

1月8日

2点，去罗汉普顿玛丽医院看望休·克鲁特韦尔*，他的情况，让任何抱怨生活的人感到羞愧。他现在半个身子都不能动了，视力也受到了影响，但思维依旧敏捷，人依旧真挚。上帝保佑他。

1月9日

2点，做了牙齿漂白。可真难受！

4点，《哈利·波特》（又一次）试装。有必要先稍微感受一下角色。

1月10日

同大名鼎鼎的托尼·本和他女儿梅丽莎以及萨弗蓉·布罗斯、麦克·菲吉斯共进晚餐。麦克还没看过我这部戏（他只能自行想象我在诺埃尔·考沃德的戏里的模样）。

1月11日

8点，看了场演出。第二幕开始的时候，观众席出现了一阵骚乱——大声喧哗，四处走动之类。动静传到了台上，我们都以为是有人神志不清，或是发酒疯，好在没什么大事……后来我们才知道，是有位观众糖尿病突然发作，家属们急着往他嘴里喂薯片，我们之前还那样揣测，真是惭愧。

1月14日

《哈利·波特与密室》。

清晨6点50分出发（斯内普的书房）。

---

* 休·克鲁特韦尔（Hugh Cruttwell，1918—2002），1965—1983年担任RADA的院长。

（只不过，现在写下这些，当然还带着凌晨2点熬夜的后遗症）

大家又聚在一起真是高兴，像是做梦一样，就好像从没有分开过。不过，在某种程度上，这个梦的确还没有结束，也不会结束……

发现理查德·哈里斯得了重感冒——怪不得玛吉·史密斯忙用纱巾把她的脸给包住。一天的拍摄间隙，我们有机会就聊几句《私人生活》，有种串了片场的感觉。“那是鲍勃*最疯狂的一次表演。”“可是演得非常好。”

一天下来，筋疲力尽。只睡一个小时看来不太够。

回到酒店，等着我的是俱乐部三明治、薯片、红酒、《地面部队》**还有床。

1月18日

6点15分起床。

《卫报》公布了奥利弗奖的入围名单。林赛（获得两项提名）、亚当［·戈德利］、艾玛［·菲尔丁］还有我都在名单上（再加一个霍华德），不过，这种事（一半看资历，一半看业界的共识）其实挺没劲的。要考虑得太多，包袱也太多。怎么不见勒帕吉、黛博拉［·华纳］，还有菲欧娜的名字？难道提名的原则是不得罪人、不冒险，让大家都满意？《助记符》似乎也与奖项无缘了……

1月21日

9点15分出发→《哈利·波特》片场。

画好妆准备完毕却没有拍摄的一天。

在看到戈马火山爆发的照片后，一切都真的微不足道。人们冒着生命危险，绕开岩浆想要回家，家园却不复存在。

1月23日

夏琳的伯恩斯之夜。我和艾玛进去时，主人夏琳、帕特里克·道尔、

* 罗伯特·斯蒂芬斯（Robert Stephens，1931—1995），英国演员，玛吉·史密斯的丈夫，曾在1972年与艾伦共演过《私人生活》。

** 《地面部队》（*Ground Force*），花园改造类电视节目。

比尔·福赛思、伊万·麦格雷戈、哈吉斯、克拉纳坎都已经到了。到处是风笛声、舞蹈、格子裙。

1月25日

8点演出——是谁咳嗽个没完。

1月28日

上午8点出发→帕丁顿。

8点57分→格洛斯特。

到了现场（也就是格洛斯特大教堂），风把帐篷刮得差点儿要起飞，我们将几处片场封住，吃完午饭，大家就都回酒店了。艾玛·沃森身体不舒服，也没什么能拍的。

7点钟，我下楼去了酒店的酒吧，发现玛吉·史密斯在看书。不一会儿，肯·布拉纳也下来了。先是玛吉分享了她和雪儿合作的故事，肯又给我们讲了罗伯特·德尼罗试戏和排练的故事*，越说越起劲儿，大家发出阵阵大笑。

1月31日

瑞玛的生日。我们已经好多年没能在1月31日这一天见面了。

2月2日

晚上8点，琳赛一直吐个不停，脸色苍白。拉幕延迟了，观众看上去都像被下了药似的。

演出结束后……凯特·温斯莱特和她的朋友普拉克西来了……我们一起去希克斯餐厅吃饭。我记得我装模作样地就“好奇心”和“确定性”发表了一通观点。而凯特则一整晚都在怼天怼地，从她的前夫到乔治·布什，都未能幸免。

---

* 指《科学怪人》（*Frankenstein*）。

2月17日

12点，见了戴维、克里斯、希拉和约翰夫妇——他们都刚从墓地回来。我实在是看不惯，希拉和约翰还把女儿们当作只有10岁的小孩子，不过我忍住了没有……

下午4点，演出。

前排的一位女士带了一包糖，嘴巴就一直没闲着。

2月20日

预订了去开普敦的行程。

2月21日

今天是我的56岁生日——老天，时间怎么过得这么快？

3月2日

下午3点，演出。除了“怪”，茱丽*都不知道怎么评价今天的演出。我能理解她，但还是很遗憾她没能对琳赛再宽容一些。何必呢？

3月3日

下午4点，演出。这是休·克鲁特韦尔在伦敦的最后一场演出。演出很成功，真替他高兴。不过这戏也就是妙在了结尾。开头和中间部分都还是差了点儿意思，很难说有多出彩。

8点，在希基餐厅吃的饭。享用了他们自家的香槟和晚餐。

3月5日

在克伦威尔医院做膝关节镜手术。写下这段话的时候，麻醉还没有完全消。麻醉师（又或者是外科医生皮特·布雷德）告诉我，你什么都不会记得。的确，我觉得整个手术30秒就结束了。

---

* 茱丽叶特·斯蒂文森。

康纳和瑞玛一前一后来探望病号。

3月6日

早晨6点就醒了，正赶上换药。过去这24小时很适合啃剧本。膝盖还是很痛，但肯定会缓解。

中午11点，主治医生检查一切正常后，一瘸一拐地上车回家。医生给我的嘱咐有些自相矛盾——多走动，但别拄拐；多休息，记得敷冰袋。

3月8日

看完了《高斯福庄园》[1]——剧本被完美地搬上荧幕，我却很难入戏。或许问题就出在没有一个角色是我真心在乎的。看得出来，罗伯特·奥尔特曼已经尽力了，可他还是没能通过仆人的视角，让我们看到故事的发展——上层阶级不会允许这么做的。这就是问题所在。

3月15日

下午5点→开普敦。

3月16日

疲惫不堪，换着各种姿势瘫了一整天——既是因为缺觉，也是因为当下神经紧张，还因为脑子里总在反思……不过身体知道，现在是休息时间，于是快乐地缴械了。

3月24日

一觉醒来，就开始琢磨怎样才能在这里有一栋房子，什么时候买，买在哪里。风停了，上午阳光灿烂，平静的海面召唤着我，让置产的主意更有吸引力了。

不过，也可能不是个好主意。我们多久才会来一次？当然，其他人也可以来住，但谁来打理呢？

安妮·玛丽带我们看了几处房子，其中一栋是克里斯蒂安·巴纳德的故居。我都不知道他已经过世。参观他的家，有种奇怪的感觉——这里还完整保留着他儿子和家人的照片。开车返回的路上，安妮给我们讲了他离异后孤身一人的悲伤故事。

3月26日

去普林格尔的面包店买牛奶和报纸，看看今年的奥斯卡得主是谁——在我看来都有点政治正确的意味。真是奇迹，丹泽尔·华盛顿感谢了所有人，唯独忘了他自己——现在你知道是谁获奖了。演员关注的是奖项，但奥斯卡不仅如此，还意味着数小时的免费电视放送，设计师也要推销裙子。

3月30日

早上8点，沿着海滩散步，沐浴在清晨美好的阳光中。一小时前，一些狂热的冲浪爱好者就已经下水了。还有一些遛狗的人。回到住处，打包，整理，做早餐。坐在走廊上享用培根、鸡蛋、番茄和橙汁，周末都变长了。

打扫走廊时，突然"嗖"的一声，一只狒狒爬上了栏杆，又蹿上了屋顶，后面还跟着几只同伴。我赶紧关门进屋，没过几分钟，狒狒的一大家子都来了。我倒是愿意相信它们是为了道别而来，可它们更像是闻到了培根的香味儿。

下午5点→约翰内斯堡。

8点45分→伦敦。

4月2日

7点14分出发→《哈利·波特》片场。

在魁地奇看台上，米瑞安·玛格莱斯（她用特有的方式告诉我，她将被授予官佐勋章，还轻了20磅）和詹森·艾萨克，他则是初为人父。今天拍的是一得分就满意地点头的过场戏，不过今天拍得很快，午饭时我们就可以撤了。我刚好可以去趟38WT。

在家吃晚饭，继续分类整理，才发现我有这么多行李……

4月5日

打包日。

上午8点半，GB搬运*的奈杰尔、斯科特和保罗准时上门，立即开始行动。一整天报纸四处飞，纸箱一个接一个被撑开——全部身家都打包妥当了，明天只消5分钟车程就能运走。

有将近10分钟，保罗都一直在说："真对不起，一直盯着你看——我有点激动。"他的话还让我一阵思索。可他只用了一分钟就清醒过来，意识到他眼前的不过是一个面色疲倦、灰头土脸的普通人。

4月6日

搬家日。

人怎么会囤积这么多东西？为什么会想要这么多东西？

免不了要在屋里再走几圈——13年时间，各种温暖的画面涌上心头。这间公寓曾被爱意填满，也用爱回馈过我们。

头一次在38WT过夜。就好像前几天，44号公寓用变形的门锁惩罚我们的离去一样，现在，38号也要考验初来乍到的我们——没有暖气，报警器每30秒就响一次。

4月7日

下午1点，家人来了。

愿上帝保佑他们。谁也没有挑这间房子一点儿毛病——大家都笑呵呵地参观我的新家。

4月8日

牛津基督教堂学院。

---

* 搬家公司。

《哈利·波特与密室》的最后一个拍摄日。

一向不拘小节的大卫·海曼问："下一部你还会来吧？"说到第三部的导演人选，大卫心中的人选是阿方索*，克里斯却更倾向于肯·B.[2]。我只能拭目以待。

4月9日

在新的公寓醒来的感觉棒极了——尤其当报警器不再每30秒就响一次。

6点左右，杂物间又差点儿被淹了。

7点半，38WT——把新家拖了一遍。

4月11日

1点25分→纽约。

在飞机上看《暗夜摇篮曲》。这部片子实现了《黑色港湾》想达到的效果。蒂尔达［·斯温顿］在片中表现得尤为专注，她的表演想必为糟糕的剧本增色不少（她本人也增加了影片的悬疑感……）。总的来说，这部电影风格大于内容，但似乎又不止于此。

4月12日

纽约。

发现好多衣服都落在了伦敦……

4月18日

12点半去剧院。

7点半带妆彩排。**

* 阿方索·卡隆（Alfonso Cuarón，1961— ），墨西哥电影导演。

** 继在伦敦大获成功后，《私人生活》原班人马转战百老汇，2002年4月28日，戏剧在理查德·罗杰斯剧院开幕，连演127场，9月1日封箱。外界对这部戏反响热烈，其中一位剧评人认为"艾伦·里克曼和琳赛·邓肯的演技均堪称卓越"。琳赛·邓肯凭借这部戏，获得托尼奖最佳女主角，同时，《私人生活》还获得最佳重演剧目。

4月19日

下午1点，在去剧院的路上，顺便去了趟3B家居，看看窗帘的样式，还给琳赛买了几个编织筐。总是这样不分轻重缓急。

晚上8点，首场预演。不成功，便成仁。

4月24日

8点演出。效果没那么理想，音效糟糕透了，观众都昏昏欲睡（只有一半）。

4月27日

有点难受。是胃里有虫吗？更别提膝盖的疼痛了。

4月28日

下午6点，*首演之夜*——真不容易，第一幕还算过得去。第二幕时，观众像是消失了，到了第三幕，观众似乎已经到家了，再然后，他们又纷纷开始喝彩……

化妆间里——迈克·尼科尔斯、劳伦·白考尔、艾玛·汤普森、汤姆·汉克斯和丽塔·威尔逊都来了。

4月29日

评论界一片称赞，显然，这下我们可以放心演了。

5月4日

日子过得飞快，又长得很。

5月5日

6点15分，在温德姆酒店和艾德娜·O'B.一起喝了几杯香槟。琳赛说她是个磨人精，因为她不让我们去看电影。没用的，我铁了心要看成电影，所以我叫了辆出租车，去第12大街看了场《钢琴教师》。影片毫不妥协，伊莎贝尔·于佩尔一如既往地无畏。

5月6日

我入围了托尼奖，我们一共有六项提名。我厌恶这一切，尤其是亚当和艾玛都没有被提名。海伦也入围了，但伊恩等人也不在名单上。这种提名除了分裂我们，扰乱我们，毫无用处。

5月7日

上午6点就醒了——闷闷不乐地写下这一页和上一页。找到一条去年夏天克里斯蒂娜给我的留言——信任、一往无前、转变、神的庇护、力量、能量；摆脱对新事物的畏惧；摆脱对爱、对亲密关系、对智慧和直觉的恐惧；创造，行知合一。

5月18日

晚上8点演出。

演出结束后，我们才知道妮可·基德曼和托比·马奎尔迟到了半个小时，那他们还来做什么?

5月19日

上午6点，比尔·埃文斯［公关］来电，获奖名单出来了。

晚上7点，和琳赛还有比尔·埃文斯在艺术家咖啡馆。

纽约剧评人奖。我们的制片人还是一如既往地谄媚。琳赛表现得不卑不亢。

随后，卢克斯咖啡馆，娜塔莎和连姆隔着大厅招呼我去落选者的那一桌坐。

5月20日

6点半，《关于一个男孩》，典型的英国电影，基调压抑，片子里的单身母亲和移民保护工作者都其貌不扬，穿着邋遢宽大的毛衣。

5月26日

6点半→见连姆和娜塔莎。

往北开2小时，到达他们气派的家。一起吃饭的还有约翰［·本杰明］·西基和詹妮弗［·卡彭特］，两人一起主演了戏剧《激情年代》——哦，梅丽尔也在……梅丽尔·斯特里普的梅丽尔。没想到她本人很有趣，也爱讲八卦。但是我也不容易——谁能比梅丽尔·斯特里普更有吸引力呢？所以免不了我要盯着她看……

5月27日

在露台上吃午餐，连姆的两个儿子也和我们一起。娜塔莎是最好的女主人，真是面面俱到。

下午4点，丹尼尔·戴-刘易斯过来打网球。

6月1日

下午2点，演出。

我们下台后发现，梅丽尔·斯特里普就站在门口。她很喜欢今天的演出，她的女儿格雷斯也一样。有那么一个时刻，我在剧院后门给剧迷签名，她就在我的化妆间等着……

6月5日

10点出发→《查理·罗斯访谈》。他本人和我预想的一样——善于即兴发挥的倾听者，访谈原本可能走上奇怪方向。

6月6日

晚上8点，演出。

据说，今天的观众席很热闹。

6月25日

很显然，雪儿来现场了。今天开场晚点也就说得通了。

7月16日

晚上8点，演出。池座中，坐着保罗·纽曼和乔安娜·伍德沃德夫妇。

7月27日

晚上8点，演出。从开场前到演出结束，我都有种说不出的累。真是遗憾，因为今天的观众都很敏锐。霍华德看了第一幕，觉得挺好。到了第三幕，琳赛的声音也逐渐稳定。但因为我最近状态不佳，又吃了抗生素，还是在演出结尾的时候掉了链子。

8月20日

晚上8点，演出。

10点半，与保罗·纽曼和乔安娜·伍德沃德夫妇，还有歌手达利亚聚会。

我整晚都用惊叹的目光注视着这对伉俪，他们不讲派头，为人慷慨开放，充满童真，又与时俱进。

8月24日

和伊安·霍姆共进晚餐……他依旧一副醉酒牛仔的做派——“好吧，你们这些笨蛋，这可真是一塌糊涂！”……

8月25日

休·克鲁特韦尔去世了……这对我们来说都是件大事。快乐的回忆、死亡的感伤、一位大师辞世的隆重、他生平为人的体面。

8月26日

9点半看牙医，直到下午2点才结束。杰夫*好好地修理了我的上牙。至于下牙和仅剩的一颗牙齿，全都换掉。

---

* 杰弗里·戈卢布-伊凡斯（Jeffrey Golub-Evans），纽约牙医。

9月1日

下午3点，《私人生活》——封箱演出。

演出中有几个惊险时刻，不过观众们反映热烈，吉米*还举了一块牌子，上面写着“我太爱你了”。

晚上10点半，露咖啡馆……我们在一个8人桌坐下，旁边就是钢琴。琴手早就准备好了诺埃尔·考沃德的歌单。艾玛·菲尔丁选了一首《终有一天我要找到你》，我们就着红酒的醉意合唱。终于结束了！

9月11日

决定过了今天再飞回家。太过匆忙，似乎有失尊重。电视上的悼念活动庄重克制，让人揪心又感动，活动的焦点完全落在个体上——母亲、父亲、子女纷纷捧着照片，坐在归零地遗址的花丛中。其中一幕将永远定格：2 800个名字被一一念出，他们都是世界的公民——他们来自南美、日本、亚洲其他国家和地区以及欧洲……一年过去了，人们还是做不到平静地提起那一天……

9月16日

《真爱至上》——第一天拍摄。

9月21日

11点英国泰特美术馆——卢西安·弗洛伊德展。

看着这些伟大的画作，就好像瓦格纳、马勒和埃尔加在纵声演奏。这些英勇、孤独、毫无保留的形象。

9月25日

9点45分出发。

拍的是艾玛和我从孩子的圣诞音乐会回到家的一场戏。有难度，气氛

* 詹姆斯·内德朗德（James Nederlander，1922—2016），美国戏剧制片人。

微妙、凝重。心中翻江倒海，脸上却不动声色，这种戏一直很难演。

回家的路上，去了趟彼得·琼斯商店（买了几支马桶刷），还去了通用综合商社（幸运地找到一个浴室垃圾桶）。生活如麻，就是这么回事。

9月28日

8点半，与丹尼和蕾拉小聚。

瑞玛说，丹尼说话的口气越来越像《每日邮报》的喉舌。

10月4日

格雷·怀斯也在片场，但我没机会和他说上话。

10月13日

下午2点，《甜蜜十六岁》。

肯·洛奇的新片，他又向民粹主义走进了一步，不过马丁·康普斯顿是个出色的年轻演员。

10月21日

晚上8点，我、比蒂·埃德尼还有亚当的女友露西，一起坐琳赛的车去温布利体育馆看酷玩乐队的演唱会。现场棒极了——几乎每首歌都是大合唱，这么多人都能记住歌词，太让人感动了。在后台的酒吧中，格温妮丝·帕特洛［嫁给了乐队主唱克里斯·马丁］向我做了自我介绍（她真人比银幕上还要漂亮），随后［我们］和理查德·柯蒂斯在包厢中与乐队成员见了面。

10月25日

2点，布莱斯德广场。鲁比半开玩笑地说，羡慕我能和朋友一起跟着一部戏到处巡演。

我们说说笑笑，本想走到希克斯餐厅门口打车，结果却在餐厅点了一瓶香槟坐了下来……我和鲁比都能感觉到环境在发生变化。演艺行业越来越没有吸引力。我们需要为真正的好作品培养机会。

10月26日

凌晨2点半临睡前。

这个美丽的家一定要能滋养人，要能会客（尽管现在这里可能还不够质朴），所以家里一定要充满积极的能量、乐观的精神，环境既要质朴，也要松弛。

想去科兰家具店，给沙发选个料子，结果没挑中。

11月1日

在愚蠢的争吵中结束了这一天。因为家里没打扫干净，到处又是一层白灰。凌晨1点，还一手握着扫把，一手提着水桶。

11月10日

下午7点，皇家宫廷剧院。

凯瑟琳·卡特利吉*的追悼会。五脏六腑翻江倒海似地难过，难以接受（那我为什么还要来？），但有种真实的感觉，她仍在我们身边。K.C.的丈夫，勇敢慷慨的彼得［·吉维瑟］，用歌声送别妻子；我还记得她曾为凡妮莎·蕾格烈芙挺身而出，在《暂停》杂志撰文斥责采访凡妮莎的记者。

11月17日

9点10分，《科伦拜校园事件》。

很多你曾深信不疑的观点，会因为这部片子产生动摇。真实的事件，有理有据的论证。一个国家，打着自由的旗号，一再诉诸枪支，冷漠又令人恐惧。

* 凯瑟琳·卡特利吉（Katrin Cartlidge，1961—2002），英国演员。

11月25日

8点半，晚餐。在座的有罗斯和理查德·罗杰斯夫妇，艾德华和玛丽安·萨义德夫妇，丹尼尔·巴伦博依姆和伊莲娜，艾伦和琳赛·鲁斯布罗格夫妇……望而却步，大概能形容我的感受。萨义德一家很有魅力，巴伦博依姆一家让人不安，罗斯布里奇还是老样子，仿佛被掏空了求知欲、好奇心和生气。他的妻子就像是鼹鼠太太[3]，紧张地笑个不停。

12月3日

贝尔维帝餐厅。

梅尔·史密斯的50岁生日。帕姆没来，有点奇怪。

12月4日

和戏剧经济人保罗·里昂-马里斯商量退出《哈利·波特》系列一事，他觉得很有可能走到这一步。我们又碰到项目撞车的情况。

不要再提《哈利·波特》了。他们真的不想听。

12月7日

罗马。

下午3点半，歌剧院，和约翰尼·哈里戴*一起排练——梅尔·史密斯终于从电影片场赶来了。哈里戴先生（我年轻时曾在巴黎看过他的演出，从那时起就印象深刻）很有魅力，明显做过拉皮手术。

6点半，从歌剧院出发，参加欧洲电影奖颁奖典礼。波兰斯基、阿尔莫多瓦、文德斯、珍妮·莫罗、肯·洛奇、迈克·李（我和他共用一辆车）悉数到场，还有数十位美艳的意大利女演员。

颁奖礼后，晚宴在展览宫举办——梅尔和帕姆是我们这桌的主持人。梅尔见他的作品无人问津，很是困惑。原因何在？他严重误判了形势。你能和他怎么说？他的剧本太差了。

---

* 约翰尼·哈里戴（Johnny Hallyday，1943—2017），法国歌手。

12月8日

［晚上］7点35分→返回伦敦。杰瑞米·艾恩斯恰好也在休息室，很高兴见到他，我们聊了聊爱尔兰和昨晚的活动。

12月11日

8点45分，与萨布丽娜［·吉尼斯］见面。然后乘车前往卡文迪什广场5号参加米克·贾格尔的晚宴。

12月16日

艾德娜·奥布莱恩打来电话——“你看过《生命之息》*吗？”她就那么一问，她肯定已经看过了，而且被吓得不轻。“没看过。”“这也太可怕了，我想我可能会（她停顿、犹豫、试图搜索一个合适的词）……爆炸。”

12月19日

12点，唐·麦库林**正在给我拍人物肖像。真奇怪，他是我见过最害羞、最容易紧张的男人。当他谈到即将出生的孩子时，语气是那样的可爱——“我在做什么啊？我都67岁了”。当他谈到前妻——“她带走了一切。我必须重新开始——下周我要去拍摄库尔德人……这束光太棒了……再拍一卷，我们就结束……抱歉花了这么长时间……下周我要拍朱迪·戴什……我不擅长拍女人……”

12月21日

楚蒂和斯汀的圣诞派对，就像拜占庭遇见仙境。他们搭了一座带有红色褶皱幕布的戏台，理查德·E.格兰特登台朗读了一段《圣诞前夜》，赛奈达·雅诺斯基***和安德鲁·缪尔跳了一段《胡桃夹子》，拉祖莫夫斯基乐团演

---

* 《生命之息》（*Breath of Life*），戴维·黑尔的戏剧。

** 唐·麦库林（Don McCullin，1935— ），英国战争摄影师。

*** 赛奈达·雅诺斯基（Zenaida Yanowsky，1975— ），法国芭蕾舞者。

奏了《勃兰登堡协奏曲》，瓦思科·瓦西里夫*则拉着小提琴，从《卡门幻想曲》开始加入了他们。美食、美酒、库克香槟，一应俱全。但最重要的，或许是我有机会向埃尔顿·约翰和戴维［·弗内什］介绍S.A.F.E.［“赞助艺术教育”，一家肯尼亚慈善机构］，并获得他们的支持。

12月24日

11点45分，终于赶到圣彼得堡广场的教堂——这场集会让人想到费里尼的构图、弗朗西斯·培根的色彩和肯·洛奇的叙事。不过，管风琴乐手和合唱团水平极高，一曲《起来，宗主信徒》相当惊艳。

12月30日

［上午］12点半，在四台看了一个小时的《冬天的访客》，然后回到剪辑室。令人惊讶的是，与自己的作品保持一段距离，再看不仅不会失望，内心的看法还发生了一些变化。（有时）缺乏勇气，音效太差，动人的表演。

12月31日

去塞尔福里奇百货公司，还有好多礼物没有买。有点儿慌。

注释

1《高斯福庄园》（*Gosford Park*），由罗伯特·奥尔特曼（Robert Altman，1925—2006）执导的喜剧悬疑片，该片讲述了威廉爵士和他的妻子在参加高斯福庄园举行的狩猎会时，威廉爵士意外身亡，由在场的名流为他寻找凶手的故事。

2 肯尼思·布拉纳（Kenneth Branagh，1960— ）。

3 鼹鼠太太（Mrs. Mole），英国儿童绘本中的经典角色。

---

* 瓦思科·瓦西里夫（Vasko Vassilev，1970— ），保加利亚小提琴手、指挥家。

2003

— 马丁·巴希尔，迈克尔·杰克逊

— 《哈利·波特与阿兹卡班的囚徒》

— 丹尼尔·雷德克里夫

— 托尼·布莱尔

— 吉米·卡伦

— 王室

— 安妮·蓝妮克丝

— 约翰·麦肯罗

— 戒酒月

— 保罗·麦卡特尼

— 艾玛·汤普森

— 洛杉矶

— 茅斯·达夫

— 《神迹》

— 安提瓜

— 哈维·韦恩斯坦

2月6日

赛琳娜赢了几张滚石乐队洛杉矶演唱会的门票，她又一次给我们的北京之行打了预防针……唔。

下午1点，弗雷迪·芬德利过来吃午饭，他今年19岁了。我们很快就直奔主题，他最近一直在戒毒，已经93天没有碰毒品了，他的经纪人也不要他了。透过他的眼睛，我还能看见那个12岁的金发少年，然而现在他却被一个酒鬼父亲和一个罹患躁郁症的女朋友纠缠着。

2月8日

上午11点，菲利达来访。她来晚是因为走错了地址，又在韦斯特伯恩露台街上来回徘徊，顺着门窗一家家地找，这才找到我家。她仍然是这个世界上最美丽的人之一。

看迈克尔·杰克逊的纪录片，马丁·巴希尔太可耻、太自私了，他拍这部片子花了多少钱？居然拿迈克尔和那些鸡奸者、恋童癖者作比，还把他做过的事和南亚每天有数千儿童死于艾滋病这种事相提并论。巴希尔一副关切的表情，居然拍了这么一部片子。

2月9日

1点半，河边咖啡馆，在座的有鲁思·罗杰斯和理查德·罗杰斯、安德鲁·马尔和他的妻子杰基以及孩子们（最大的孩子在拉蒂默上学）。可爱的周日午后，和人闲聊（倒不是和这些人）。

2月14日

早上8点，电话铃响起，是朱迪·戴什打来的。奥兰多·塞斯蒂在西班牙的一场车祸中丧生，年仅22岁。在某种程度上，就好像有人将他从我们身边夺走了。他是那种人，你远远望着他，希望自己也能像他那样生活。

下午，疯狂还在继续。瑞玛的父亲去世了，倒不至于令人意外——他已经97岁了。但他可是瑞玛的父亲，也是所有霍顿家风的缔造者。

2月15日

12点，约克公爵剧院。

去参加游行*，不过我们没有去成约克公爵剧院，根本就打不到车。我们先走到皮卡迪利广场……然后从那里加入了游行的队伍。走到海德公园时，沿途经过的游行队伍仿佛有一百万人，布鲁斯·肯特和塔里克·阿里举着麦克风。可明妮·德瑞弗和蒂姆·罗宾斯的出现再次提醒我们，还是名人的影响力大，真的。

2月27日

→伯恩茅斯，参加瑞玛父亲的葬礼。

3月9日

下午4点，老维克/休·克鲁特威尔的追悼会。

最重要的是举办这场追悼会的意义，而非形式。话虽如此，格雷格和杰拉尔丁**的发言都很精彩。最后，全场大合唱《在我朋友的帮助下》。

3月13日

6点半出发，《哈利·波特与阿兹卡班的囚徒》第一个拍摄日。

4月3日

我本来在日记里很少谈及战争，然而此时此刻，在距离巴格达15英里之外的地方，可能存在生化武器的威胁，所以我必须在此表个态。拉姆斯菲尔德现在成了众矢之的（布什倒成了无关紧要的人）。

4月7日

我不常讨论战争，是因为那些政客我一个也不相信。布莱尔人还可以，

---

* 抗议伊拉克战争。

** 杰拉尔丁·麦克伊万（Geraldine McEwan，1932—2015），英国演员，休·克鲁特威尔的妻子。

但他总是过于充满希望，实在是太理想主义。布什就拉倒吧——瞧一瞧拉姆斯菲尔德和切尼你就明白了。你愿意卖给他们什么？又从他们那里买什么？

4月14日

上午7点出发——《哈利·波特》片场。

和一众教授拍高桌上的戏份儿——大卫·休里斯、迈克尔·甘本、玛吉·史密斯、沃维克·戴维斯。

每一遍其实都差不多，但你还能指望什么呢？无非就是为了取几个镜头——大合唱的镜头、300个孩子的镜头、讲话的镜头。人们在后头阅读。

5月2日

8点40分出发。

和丹·雷德克里夫拍走廊里的戏。

他现在非常专注，很严肃，也很认真——但又有点好玩儿。我觉得他还算不上真正的演员，但无疑未来会成为导演，或参与制片。他的父母默默地、坚定地支持着他。慢慢来吧。

5月12日

下午1点和马克·梅兰［声音教练］见面。

在我的音域里，肯定还有更多音调亟待发掘。我在说话、呐喊、歌唱的时候，都能感觉得到。克里斯汀·林克莱特的书名再贴切不过了——《释放原声》。我感觉，我好像从来就没用过原声，我现在的这副嗓音，很多人模仿，却让我感到压抑，这声音似乎和我没多大关系。继续释放。

5月17日

下午6点，乘车前往首相别墅……穿过一道道门，仿佛真实地走进历史。

我们一行八人，7点半到达，见到了本·金斯利夫妇、彼得·海恩、斯

所有图片由瑞玛·赫顿/艾伦·里克曼遗产委员会提供，另加注者除外

选自艾伦亲笔日记的插画

享受在公园度过的完美日子

（2013年6月30日）

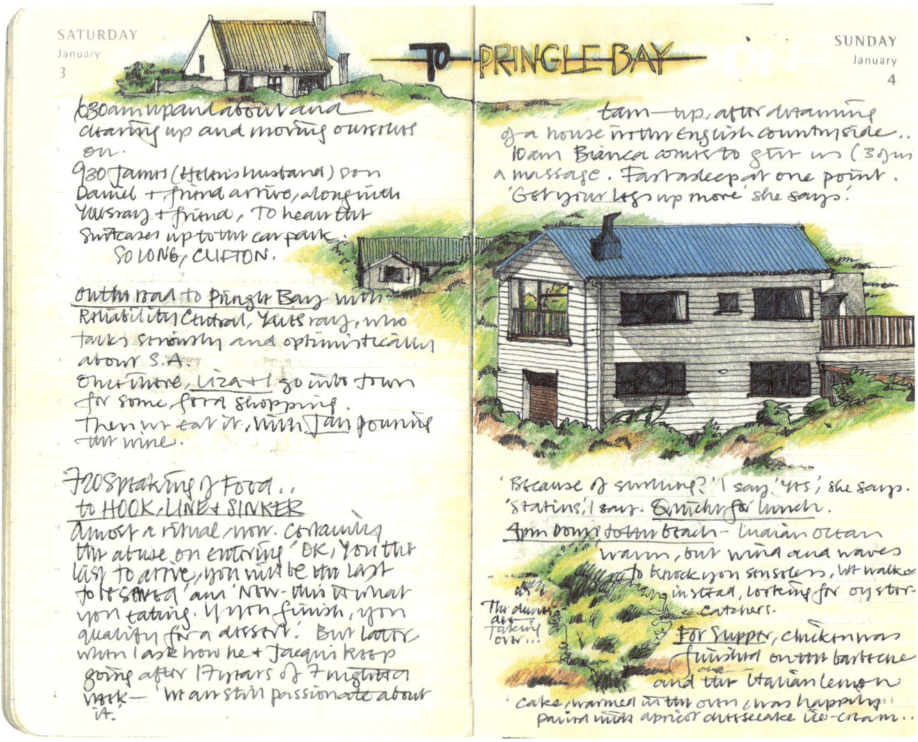

在南非普林格尔湾度假（2015年1月3日—1月4日）

和朋友度过的“愉快夜晚”（2013年8月31日）

在南非海滩上（2014年跨年夜）

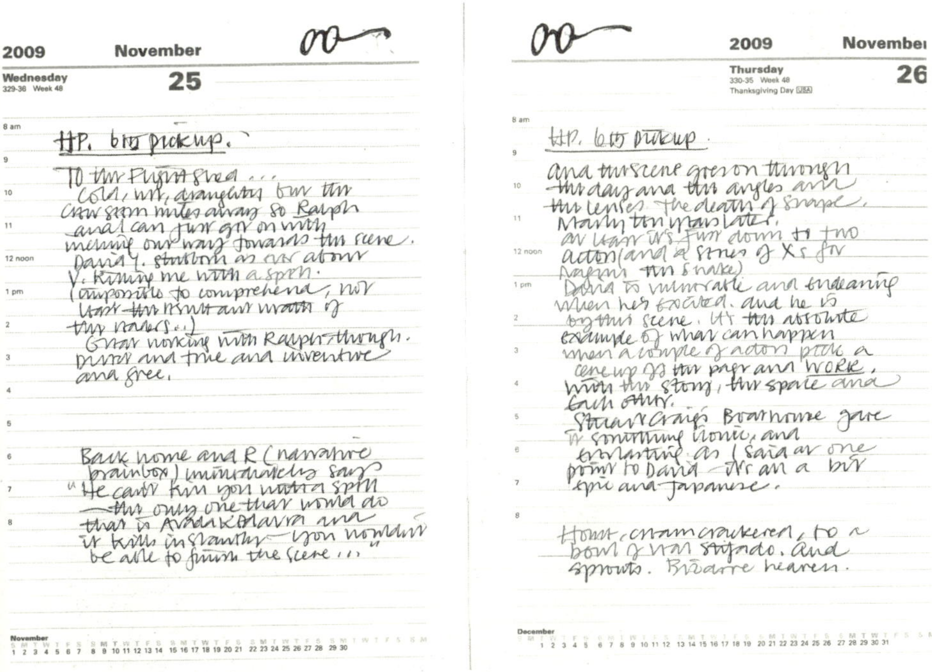

拍摄“船屋场景”，又称“斯内普之死”，《哈利·波特与死亡圣器》（下）（2009年11月26日）

LANDMARK MEDIA/Alamy Stock Photo

Photograph copyright © Tristram Kenton

舞台上：艾伦与海伦·米勒在奥利弗剧院出演《安东尼与克莉奥佩特拉》(1998年)，以及和琳赛·邓肯在奥伯里剧院出演《私生活》(2001年)

LANDMARK MEDIA/Alamy Stock Photo

Photo 12/Alamy Stock Photo

艾伦初次参演电影，饰演《虎胆龙威》(1988年)中恐怖分子的首领汉斯·格鲁博，以及和茱丽叶特·斯蒂文森联合主演《未了阴阳情》(1990年)

Everett Collection Inc/Alamy Stock Photo

Moviestore Collection Ltd/Alamy Stock Photo

Photo 12/Alamy Stock Photo

《侠盗王子罗宾汉》（1991年）、《新爱情乐园》（1995年）与《理智与情感》（1995年）剧照

Maximum Film/Alamy Stock Photo

饰演《迈克尔·柯林斯》(1996年)中的伊曼，连姆·尼森饰演迈克尔·柯林斯，以及在《怒犯天条》(1999年)中饰演堕天使，背着令他背部受伤的翅膀

LANDMARK MEDIA/Alamy Stock Photo

和艾玛·汤普森共演爱情喜剧《真爱至上》(2003年)，以及饰演《哈利·波特与火焰杯》(2005年)中备受喜爱的巫师西弗勒斯·斯内普

Album/Alamy Stock Photo

艾伦与凯瑟琳·维纳共同编写的舞台剧《我的名字是瑞秋·科里》(2006年)首演

Pictorial Press Ltd/Alamy Stock Photo

《香水》(2006年)剧照，改编自帕特里克·聚斯金德的小说

Moviestore Collection Ltd/Alamy Stock Photo

与科林·费斯共同出演《神偷艳贼》(2012年)

摄《小混乱》(2014年)过程，艾伦担任导演出演男主角路易十四

选自艾伦个人收藏的照片，其中两张包括他的灵魂伴侣瑞玛·霍顿——一张拍摄于《小混乱》片场，一张是在去阿拉斯加旅行时拍摄的。两人在十几岁时认识，后来于2012年在纽约完婚

特罗齐公主等人……接着理查德和朱迪也来了，然后是托尼和切丽夫妇，托尼怀里抱着他们3岁的儿子里奥，小家伙还穿着睡衣。

25人的晚餐。托尼在门口徘徊，想和我说句话。（只有我一个人公开表达过异议吗？）我聊到了外汇管理局、上议院的瑞玛和美国的黑名单——聊了4分钟，还不赖。

离开时我对托尼说："幸好你跟那群疯子*在一间房间里。"他抬了抬眉毛，回道："谁说不是呢……挺难做的。"我们驱车离开时，托尼就穿着米白色斜纹布裤和蓝色开领衬衫站在门口目送我们。

5月21日

我可真蠢，平底锅已经在火上烤了15分钟，我居然一把就拿了起来，这下好了，一晚上都毁了。哪怕我当时立刻就松开手，也被烫得一整晚都得把手塞进冷水中，直到上床时，手里还攥着冰袋。

6月2日

3点半，乘车去圣詹姆斯宫，和吉米·卡伦还有其他人一起为今晚的餐后歌舞/助兴表演彩排。

9点35分，准时登台。台下整个王室都来了，有四五十个人。表演很顺利，罗尼·巴克和琼恩·维特费尔德演出一结束就离场了，但他们的诗朗诵和吉米的唱跳表演配合得很好。演出结束后，王室成员纷纷前来慰问——各大媒体不愁没有新闻了。女王、菲利普、查尔斯、卡米拉（我亲吻了她的双颊……）、安德鲁、安妮、爱德华、苏菲、威廉、扎拉、彼得……我的好奇心得到了充分满足，接着我们前往丽兹酒店继续畅饮香槟。

6月3日

8点，参观泰特现代美术馆摄影展。见到了马丁·帕尔[1]——他是我的英雄。

---

* 此处指布什政府成员。

6月6日

晚上8点，萨德勒威尔斯剧院，安妮·蓝妮克丝的音乐会。伟大的声音，伟大的音乐会。《为什么》（*Why*）现已成为20世纪的颂歌。后来去和安妮打招呼时，她显得安静、好奇、温柔、害羞……

6月26日

8点半，在赞卡餐厅宴请帕蒂和约翰·麦肯罗，作陪的有鲁比、埃德、苏珊娜、尼基。

麦肯罗和帕蒂［·史密斯，他的妻子］在一起很恩爱，而且他一点儿也不目中无人，反而很有礼貌。我能确定的是，他肯定是个好父亲，也将是位无比忠诚的朋友。谁能猜到他竟是这样的人？而且他也不介意我们讲八卦——因为没有人喜欢鲁塞德斯基[2]。

6月28日

一整天不是躺在沙发上就是钻进厕所里。拜你所赐，标准餐厅（Criterion Brasserie），我谢谢你了。

更不用提他们家的椅子让我腰疼的老毛病又犯了。后来除了一碗粥，什么也吃不下。

6月29日

真是受够了，胃稍微好了点。

7月21日

7点15分出发。

今天拍的戏，又是从洞里爬出来，又是假装和狼人打斗，诸如此类。阿方索看上去压力不小。我谢谢你们了，华纳兄弟。

7月27日

1点半，理查德·罗杰斯在河边咖啡馆举行70岁的生日派对，邀请了数百位密友……

7月30日

上午7点出发。斯内普和卢平在教室对峙的一场戏。

这一天可是开了个好头啊，摄像机屏幕突然掉下来，差点儿结果了我的脑袋。接着忽然断电了，大家一整天都闷闷不乐的。我对着一张带有生殖器的、莱昂纳多变成狼人的草图（随口）说了一句："华纳兄弟肯定不要这样的。"这话不仅帮不上忙，还惹得阿方索跟我生闷气。可是我太爱他了，绝不会让他一直生我的气，所以我私下去找他，化解了矛盾。这也正常，他现在因为导演《哈利·波特》倍感压力，连他都开始提前彩排镜头调度了，而且那些小演员还需要他的指导。孩子们总是记不住词，艾玛［·沃森］的口音有时半像英国人半像阿尔巴尼亚人。多说一句，我的彩排是和一个替身一起完成的，还是个法国人。

7月31日

早上7点出发。

疲惫、紧绷、自闭。斯内普附身。欢乐的片场不需要这些情绪。

8月11日

8点，去玛丽亚·艾特肯*家做客。

爱德华·希伯特**、帕特里克·麦格拉思、爱德华·圣奥宾***也在。我们讨论了玛利亚和帕特里克为《希望》改编的剧本。我的观点是，这一稿像是把两个独立的故事接在了一起——《小于零》和《高斯福德庄园》。应该把这两个故事糅起来，而不是一个跟着另一个。他们似乎都同意我的观点，马上开始着手改第二稿。

---

* 玛丽亚·艾特肯（Maria Aitken，1945—　），英国导演、演员，小说家帕特里克·麦格拉思（Patrick McGrath，1950—　）的妻子。

** 爱德华·希伯特（Edward Hibbert，1955—　），美国出生的英国演员。

*** 爱德华·圣奥宾（Edward St Aubyn，1960—　），英国小说家，《希望》（*Some Hope*）的作者。

8月24日

开车去特威克纳姆听滚石乐队的音乐会。贾格尔论热情、论专注度、论嗓音都无与伦比。有力地反击了一切会让他退休的力量。

9月10日

终于开始戒酒一个月。在家里吃了晚餐。

9月11日

有趣，一觉起来，神清气爽。

8点半，丹尼和莱拉过来吃晚饭。都是家常菜，但是很美味。尤其是简易柠檬冰糕配威士忌，棒极了。

9月19日

5点50分，《日历女孩》——惠特尼主演。

总的来说，我并不喜欢《一脱到底》/《跳出我天地》/《我爱贝克汉姆》这些片子里的英国。但这部电影的主演都是我的朋友，清一色优秀的演员——海伦·米伦、朱莉·沃特斯、西尔斯[·西莉亚·伊姆里]、罗斯[·马奇]、塞伦[·希德]、杰拉丁妮[·詹姆斯]。有老戏骨加成，再加上剧本自身完整性不错，这让电影变成了一场真正的演技盛宴。而且[在奈杰尔·科尔的导演下]这部影片比上述几部都要好，条理清晰，机智又诚实。

10月2日

6点去皇家宫廷剧院，在伊恩[·里克森]的办公室里见到了辛迪和克雷格·科里夫妇，也就是蕾切尔的父母。这是一对了不起的夫妻，礼貌，敏锐，善于倾听，举止优雅。

10月8日

7点出发，乔治[·哈里森]悼念音乐会7点半开始。音乐非常动人。

我们在披头士乐队的歌曲中追忆人生。乔治的儿子［丹尼］和他父亲一个样。在男士盥洗室里与保罗·麦卡特尼击掌打了个招呼。

10月9日

哈里酒吧，参加为斯汀（CBE）而设的午餐宴会……盖尔多夫和斯汀的发言十分精彩……斯汀（针对音乐）的发言直触接受这一奖项的道德困境。

10月10日

9点45分出发，《真爱至上》的宣传季开始了。

下午4点，金色广场，《真爱至上》放映会如期举行。我、玛汀·麦古［基安］[3]和她的两个朋友共同出席。

事实上，玛汀是这部电影中最棒的部分之一。一尘不染，坦诚且直接。

10月11日

12点半出发→多切斯特。

下午6点，与艾玛一起接受电视采访。她看起来漂亮极了，上节目也很卖力……不一会儿，我们俩就开始像在说双簧。不过，她很难交出主导权，好在她也真的很擅长。

10月13日

9点半→多切斯特。

不知道为什么，艾玛今天更来劲了。我感觉，她是觉得自己有义务给我的表现找补，至于找补什么……谁知道呢。今天一整天又发生了另一些尴尬的事，让我变得非常地低气压。我当然知道我这样很不合时宜——在2点钟保持微笑至关重要，大家都明白这个道理。

10月15日

下午5点见到迈克尔·凯曼。

他吸了大麻，正飘飘欲仙……能享受为什么不享受……

音乐还得再筛选一下，每一段叙事要配上合适的音乐，他就在着手做这事儿。

11月3日

上午8点出发。

10点55分→纽约。洛厄尔酒店。

11月7日

11点55分→洛杉矶。四季酒店。

11月12日

《吉米·坎摩尔直播秀》*。

“所以这是部小鸡电影？”

“不，这更像是一部鸡巴电影。”

我说这话的时候被消了音，不过几分钟之后就换托比·基思上场了，他鬼哭狼嚎地唱了一曲《美国士兵》。我和一位单口喜剧演员、一位小号手以及红辣椒乐队的一个成员一起坐在沙发上。场面有点儿吓人。

11月20日

雨果·扬的追悼会。

某种程度上我对这场活动心存感激。一小时左右的悼念活动在威斯敏斯特大教堂举行。精彩的发言，动人的音乐，给我足够的空间追忆迈克尔、吉莉和雨果。

11月22日

7点半，皇家音乐学院。迈克尔·凯曼的追悼会。

---

* 《吉米·坎摩尔直播秀》（*Jimmy Kimmel Live*），美国脱口秀节目，以出人意料的节目内容而闻名。

安妮·蓝妮克丝演唱了《主啊，我所有的考验》。大卫·吉尔摩和布莱恩·亚当斯也纷纷献唱。迈克尔的兄弟们（兰尼、保罗、约翰尼）上台致辞。我上台致辞。接着迈克尔的女儿们（佐伊和萨莎）上台致辞。迈克尔的父亲也到场了，那场面令人心碎，就好像莎士比亚笔下漏写的悲剧。

11月28日

上周一周保持待命状态，筋疲力尽。因为不得不在两场追悼会上致辞，压力无处排解。再加上时差的问题……

11月29日

下午2点→巴尔的摩。

5点55分出发→港点酒店。

下午去看《意大利工作》，就是为了看茅斯·达夫[4]的表演。他很会演，好极了。

12月1日

［为《神迹》[5]］试装。所有衣服都太大了。

下午，通读剧本。

茅斯很真实，也非常聪明，但不知他的专注程度如何。

换房间啦！万岁！

12月2日

7点半，出发。

带妆试镜。其中有几个镜头让我心里一沉。“再打一些阴影——他看上去脸色苍白。”

对剧本进行了温和的处理。

12月4日

晚上8点回到酒店，帕姆·施莱弗留言，邀请我今晚去她的“主场”

参加罗迪克/布雷克网球慈善大赛。其他任何时间我都可以去，但今天我太累了。

12月8日

凌晨4点15分出发。

拍摄第一天。

今天连续工作了18个小时。回到酒店，软骨疼痛加剧，疼得我睡不着。

12月9日

［上午］10点15分出发。

我中途提了个小意见，应该让演员提前排练。

［晚上］11点半才回到酒店。

12月10日

制片人（选角方向）罗伯特［·科特］又和我聊了一次。他说，我听，然后我拒绝了他的提议……

12月11日

算是和乔［·萨金特，导演］就他的无能吵了一架，他总是念叨个不停，又是提到动作，又是说出不合时宜的想法，都不能让我们好好把一场戏演完，他当然感到了威胁，但我也并没有占上风。茅斯更是不知所措。

12月12日

罗伯特来到我的房车，又是一通长篇大论。他总是这样，这次他说我像罗德·斯泰格尔一样（意思是说我脾气暴躁），还说他能帮到我。我知道他都是出于好意，但如果他做不到让我们顺利彩排——帮我又有什么意义？

12月13日

冷飕飕的一天。

步行到海港购物中心的巴诺书店。我心想，书都太重了，于是径直走到了CD区。买了埃尔维斯·科斯特洛、凯斯·贾瑞特、尤苏·恩多尔、茅斯·达夫的专辑。

12月15日

琐碎的一天。

我今天的热情不高。

毫无意外，今天的创作成果比所需要的更为平淡，但大家都挺开心的……吧。

尽管如此，我认为同组的演员还是乐于接受挑战的。

当罗伯·C.* 发现好像没人因萨达姆被捕而感到高兴，他有些失望（他支持共和党）。

12月16日

乔打电话告知我明天一早4点45分开工，因此我只能取消晚餐的约会，在家看黛安·索耶对乔治和劳拉·布什的采访。毕竟是采访总统，黛安表现得当，并没有失礼——但还是可以从她那双眯着的小眼睛中看出她的质疑，她那些微笑的小表情中也透露着一丝不屑。布什这个人显得如此渺小。和他身边的妻子比起来，一个像鲨鱼，一个像蝌蚪。

12月19日

11点半出发——本来今天应该休息。

12点，做造型做了很久。另外，彻底重写过的最后一场戏的剧本交到了我的手上，事先从没人和我说过这事，也没人和我商量过。按照现有的剧本，这场戏根本没法演，写这出戏的人既不懂留白的力量，也不懂表演。

* 罗伯特·卡斯韦尔（Robert Caswell，1946—2006），剧作家。

气死了，气死了，直到我和埃里克［·黑特泽尔，执行制片人］谈过之后，他们才同意我的修改意见。非常遗憾，有些话不得不说，如“我可说不出这种台词”。

12月22日

今天一整天阳光灿烂，很适合赶拍外景戏。虽然单看通告排期难以实现，但我们所有人都加快了进度，如跳踢踏舞一般健步如飞，不知怎的，一天下来该拍的都拍完了。假期临近，这对提升团队士气很有帮助。

5点左右，瑞玛来了。

12月24日

又是艳阳高照。太阳都是从哪儿来的？

11点驱车前往华盛顿。

又下雨，又起雾，这才像是今天该有的天气。

不论如何，坐在车里，我感觉找到了一些新的方向。在过去的几天里——我重写了两场戏——这让我更确定，时机一到，可以改编成一本书，做新的尝试。

2004年，放马过来吧。

12月27日

4点半→杜勒斯机场，坐7点的飞机→圣胡安。

1点40分→安提瓜岛。

4点半，终于抵达码头→芭芭拉和肯［·福莱特］早已等候多时，要带我们去他们的美屋做客。

12月28日

瑞玛和芭芭拉在拼字游戏中配合得很好，她还把《泰晤士报》上剩余的填字游戏都做出来了。

7点半，去酒店参加烧烤之夜。和哈维·韦恩斯坦打了招呼，他似乎并不想被认出来——也可能是我想多了。

12月30日

6点半，又是一场鸡尾酒派对——派对在贝弗利山庄的一栋豪宅中举行，主人是医药大亨，来宾非富即贵。

注释

1 马丁·帕尔（Martin Parr，1952— ），英国摄影师，作品风格剑走偏锋，引领了近年来兴起的“概念摄影”的先潮。

2 格雷格·鲁塞德斯基（Greg Rusedski，1973— ），英国前职业网球选手，以大力发球而闻名网坛，绰号“大力水手”。

3 玛汀·麦古基安（Martine McCutcheon，1976— ），英国演员，在《真爱至上》中饰演娜塔莉。

4 茅斯·达夫（Mos Def，1973— ），美国嘻哈歌手、演员。

5《神迹》（*Something the Lord Made*），由约瑟夫·萨金特执导，艾伦·里克曼、茅斯·达夫等人主演的传记片。

2004

— 《神迹》
— 巴尔的摩
— 纽约
— 劳伦 · 白考尔
— 巴黎
— 斯蒂芬 · 波利亚科夫
— 萨默塞特
— 琼 · 贝克韦尔
— 阿根廷
— 肯尼亚
— 开普敦
— 玛丽 · 塞尔韦
— 洛福斯 · 温莱特
— 纽约
— 《哈利 · 波特与阿兹卡班的囚徒》
— 迈克 · 尼科尔斯
— 多伦多
— 圣特罗佩
— 《哈利 · 波特》
— 洛杉矶
— 艾伦 · 贝茨
— 《银河系漫游指南》
— 玛吉 · 史密斯、迈克尔 · 甘本
— 本 · 金斯利
— 《我的名字是蕾切尔 · 科里》
— 安缦璞乐

1月3日

［拍摄《神迹》。］

巴尔的摩。

闲逛了一整天。

1月4日

5点半出发，今天又是镜头第一，表演第二，真是疯了。有一场戏的重点好像完全是茅斯、拖把和一个水桶，无论摄制组如何恳求，乔也不为所动。每拍一条，工作人员就得跪在地上，用毛巾把地板擦干。

1月8日

洛杉矶。

做了一晚上的梦，一个比一个生动。坐在一个礼堂里——很好玩儿——发现我和瑞玛跟老布什一家坐在一排（奇怪的是，小布什却不见踪影）。老布什突然开始滔滔不绝：“好吧——关于牛肉你有什么想说的？”我推了瑞玛一下，让她回答，却没有人说话。

1月9日

洛杉矶。

我对洛杉矶的态度真是常见常新。这里依然是度假的好地方，就是此地的名流文化让我很是反感。

1月10日

洛杉矶→巴尔的摩。

洛杉矶千篇一律，的确让人安逸。然而安逸之下，人们散漫、野蛮、活在当下，人人都在审视他人——你是个人物吗？你曾经是个人物吗？你有没有红过？你能红吗？或许，这些人的先见之明和聪明之处莫过于此，可这说到底不过是一种动物本能——他们还算不上那种有尊严、遗世独立的动物，而是那种紧张地眯着眼睛、居无定所、在一个地方吃饱了就会挪窝的动物。

1月11日

巴尔的摩。

茅斯和乔一直在长谈，一时半会儿没法结束。我先是对着窗外发呆，然后带着妆回酒店休息，下午6点才返回片场继续拍大会演讲的戏，一直到晚上11点才收工。又是连续工作17个小时的一天，以一个特写镜头收尾。

回到酒店，看白兰度、德尼罗和［爱德华·］诺顿主演的电影［《大买卖》］。有趣得很，诺顿完全被德尼罗压制，而德尼罗又完全被白兰度抢了风头（话说，白兰度到底出演了吗？）。

接着，看了由拉里·金制作的关于詹姆斯·迪恩的特辑。迪恩是真正的巨星，坦诚、经久不衰，兼具男性的阳刚和女性的柔美，深受所有人的喜爱。

1月17日

巴尔的摩。休息一天。

去巴诺书店买礼物，还买了几张吉米·史考特的CD。

1月19日

下午6点15分抵达片场。这里是巴尔的摩相对破败的一面。加布里埃尔*从房车上下来时，划破了裤子。我听见一阵敲门声，原来是个10岁的孩子想要我的签名。

1月29日

巴尔的摩。

最后一天拍摄。

3点半出发。

---

* 加布里埃尔·尤尼恩（Gabrielle Union，1972—　），美国演员。

以惊人的速度完成了最后四场戏。

1月30日

巴尔的摩。

晚上7点，杀青派对。

可怕——吵死了。（一句话也听不见，而且没有人跳舞，派对的意思何在？）多亏我到得早，所以还能吃上点东西。

2月2日

纽约。

8点，《定义诗歌》，晚餐俱乐部。

参加茅斯主持的HBO电视节目的录制。算上玛西亚·费雷斯滕和我，观众席大概只有6位白人。现场就像一场摇滚音乐会，只不过歌词都是诗……

2月5日

下午1点，和尼娜·达恩顿见面。

老天，她就不能放轻松，顺其自然，就非得事事提前做打算，总是想着在大难来临前未雨绸缪。

话虽如此，她虽然爱算计，却勇气可嘉，我很欣赏她这一点，要是她没那么端着就更好了。

2月6日

11点，奥索餐厅。

从男士洗手间回来的路上，差点儿从劳伦·白考尔身边走过。她那独特的嗓音让我停下了脚步。我在她那一桌坐下，听她讲了英国、检疫、宠物犬的故事。

2月8日

9点左右回到家。

瑞玛生病了，吃了处方药，这会儿不太好惹。

我在家里走来走去收拾东西，早知道就在纽约不回来了。

2月17日

迈克尔·阿滕伯勒［戏剧导演］绝对是我见过最口无遮拦的人——他的中间名应该改成“就算X是谁的好朋友我也要说……”演员还在场的情况下，他就公开表达对演员的偏见，这可不是件好事儿……

2月20日

巴黎。

6点半乘车去滑铁卢车站，7点半乘坐欧洲之星前往巴黎。

2月21日

散步，逛三宅一生。

在夜之幽灵餐厅享用生日晚餐。

食物非常美味。可这家餐厅的服务却是家庭作坊的水准，他们就该派人去露台伊娃餐厅学学怎么在店里来回走动、散播欢乐，而不是安静地等着客人召唤。不过，法国人才不会理会我的建议。

2月25日

在奶牛餐厅和斯蒂芬·波利亚科夫共进晚餐。《闭上我的眼睛》就要发行DVD了，他想要接受采访。除此之外，他的思维依旧发散而活跃，和他聊天必须非常具体，要是一句话没有说全，他就会像猫逮住毛线球一样把话头接过去。

2月26日

4点半，拜访蔡医生。

他说（得有道理），为什么只有男人必须起夜，为什么只有男孩才会尿床？他认为我们可以训练自己克服这种冲动，但你要问他具体如何训练，他则语焉不详。

2月27日

2点半，布里克斯顿路，椭圆形剧院。

工作坊表演，维多利亚·伍德的音乐剧《橡子古董店》。演出开始前，在街角的商店里，特雷弗·纳恩［导演］对我的到来感到震惊。他离开后，理查德·E.格兰特也来了。事实证明，我们过去全是为了支持他们，其间又是大笑又是鼓掌的。这部戏结构巧妙，剧情诙谐，歌曲美妙，演员们演技精湛。

2月29日

萨默塞特。

早晨阳光明媚，风景秀丽。我们穿过田野，走过小巷，参观了玛格丽特·费时花园，还在酒吧喝了一杯。之后，米兰达［·理查森］带我参观了即将完工的工作室和规划中的湖址。有一家人来挑选小狗，他们离开后，我们才去吃午餐。有点伤脑筋，看他们选小狗就像参加了一场试镜。

经贝辛斯托克返回伦敦——漫漫周日旅程。但约维尔车站的自助餐令人难以忘怀。就像40年代的电影中的一幕：一条现代风格的长柜台，炉栅里（假）火闪烁。

3月1日

8点半，和鲁比还有埃德约在阿芙罗狄忒餐厅。

鲁比看都没看，就买了一辆购物车，埃德也心不在焉——麦迪［他们的女儿］做了新支架，正躺在家里痛苦不已。鲁比因为孩子的事喝了不少酒，最后还哭了。我盯着这两口子，不知所措。

3月4日

下午3点，和斯蒂芬·波利亚科夫一起，为《闭上我的眼睛》的DVD版发行接受采访。我明明看着他，还每次都得说“斯蒂芬说……”，感觉挺怪。令我惊讶的是，他竟然顺水推舟地聊起了《虎胆龙威》的八卦。“这些故事你以前讲过吗？”营销总监战战兢兢地问我。

乘车去奥林匹亚［的古董展］。买了4把椅子，还有一盏丰塔纳艺术（Fontana Arte）的台灯。

6点45分，在林肯客栈参加海伦娜·K.的新书《唯有法律》的发布会。如果这个房间里的人都是犯罪嫌疑人——全部在此遭围捕，那么在这个疯狂的英国，我很乐意成为他们中的一员。

3月6日

［RADA周末工作坊。］

上午场9点开始。

这个周末还是一样的感觉，工作人员只是想要验证事先早已做好了的决定。没有人愿意自我批评，指责他人反倒容易一些。

3月7日

下午1点，和琼·贝克韦尔去巴斯多元艺术节。她很会在好奇心和道听途说之间把握一个度，在谨慎和轻率之间取一个平衡。我猜这就是为什么她能成为琼·贝克韦尔。

3月9日

去疗养院看望多莉婶婶和维克叔叔。看到他们的第一眼，就像是目睹人生中必经的一场仪式——他们坐在病房中的扶手椅上（我穿过走廊，闻到一股尿味），两个人都睡着了，面色蜡黄。等他们醒来之后，还和以前一样，都是多莉婶婶在说话——他们很喜欢这里，工作人员都很好，但他们也有顾虑，因为住在这里总是要花钱……我们时不时地交换一些回忆，维克叔叔一提到故人故土，就默默地哭泣。

3月10日

去阿根廷。

7点15分→马德里→11点40分→布宜诺斯艾利斯。

3月12日

上午9点，看《冰峰168小时》*。他们必须对这个故事做出戏剧化的改编，因为两位人物原型本身没什么魅力。但影片的镜头令人惊叹，他们所遭遇的长时间困境也令人震惊。

3月14日

10点半，去健身房把阿根廷牛肉的热量消耗掉。

3月17日

下着大雨往礼堂赶，想看一场巴西电影，但雨太大水太深，没法下出租车——只好回酒店收拾行李。

3月18日

阿根廷。

参观维多利亚岛，纳韦尔瓦皮湖。

在飞往巴里洛切的飞机上，吃了一份生菜三明治、一个包着马苏里拉奶酪和煮鸡蛋的肉卷、一盘热气腾腾的西梅土耳其烤肉配鸡肉吐司，酱料是菠菜、奶酪和奶油味儿的；还有两个面包卷、一包脆皮玉米粉圆饼和一个加太妃糖酱的奶油牛角包……

3月19日

上午11点，骑马，同行的人除了导游马库斯，还有酒店里除我之外唯二的客人：玛丽安娜和保罗。玛丽安娜是一名旅游中介（多巧啊），保罗则是工程师兼农民，他们是布宜诺斯艾利斯人。幸好瑞玛没有来——她绝

* 《冰峰168小时》(*Touching the Void*)，讲述两位年轻的登山员乔·辛普森（布伦丹·麦基饰）与西蒙·耶茨（尼古拉斯·阿隆饰）在攀登安第斯山脉时意外被困的纪录片，于2003年上映。

对受不了那些马毛。我骑着马，又是下坡，又是小跑，还穿过茂密的树枝。梦想实现了：在巴塔哥尼亚骑行。

3月20日

下午1点，乘船回到大陆，然后前往度假屋。迎接我的是拉奎尔，她说："准备好开始你的旅程了吗？"现在我明白"一瞥巴里洛切"是什么意思了。实际上，这里的一切都值得欣赏。

下午，瑞玛在房间外的花园里充分享受观鸟的乐趣。光朱鹮和田凫好像就有十几只。

3月21日

2点半，乘车前往巴里洛切机场。有人用手指着我，过了好一会儿才认出我是谁，然后大声喊道："是他！"我这才发现，其中一人是卡洛琳·肯尼迪*……

注意：聊天时，我们一致认为，不能让无关的事和人占据我们太多时间。这趟旅程，这份独处的机会，都提醒我要拥有富有创造力的空间和时间。不要因为别人想一出是一出，就被牵着鼻子走。如此一来，肯定会更加清爽，更有目标感。

3月22日

注意：继续昨天的话题。最近电话总是响个不停，太多的约要赴，把工作计划都打乱了。我应该珍惜自己的时间。把时间用在健身上，把时间用在思考上。

3月31日

注意：越经常出门旅行，就越能清醒反思自己的生活。轻装上阵，少带几件衣服，旅行箱都是麻烦。不要又缩回原有的生活习惯中。有计划，

* 约翰·肯尼迪的女儿。

那就快执行。

10点50分，乘车回到韦斯特伯恩露台街，阳光明媚。

一进门就烦躁不安。整理行李，回复（或者说打开）邮件，检查电子邮件，检查电话答录机。伦敦生活简直一团乱麻。人们立刻就想要将你的时间打碎……他们像鹰一样盯着你……聊起工作不是自由，而是枷锁——这意味着什么？一切都看似是种不可避免的麻烦——我既不满意ADR*，也不满意目前收到的关于《哈利·波特》的采访提纲（也难怪，毕竟两者都毫无新意可言）。

4月12日

今日宅家。除了连看几小时电视，我到底做了什么？一堆材料还没有看，一大堆问题还没来得及思考，居然被愚蠢的电视节目迷了心智。再也不能这样了。

公寓的内装还没结束，有些东西不要了，有些东西还得添。如果家里太舒服，就会变得懒懒散散，死气沉沉。需要给家里创造一些严谨的元素。

8点45分，前线俱乐部，和鲁比、埃德两口子小聚。

这就是一个舒适圈，有好处也有坏处。老朋友聚在一起，如果只是相互说说最近都在干什么，没人会挑你的毛病，但也很危险，大家都太熟了，却也藏了好多话说不出口。

4月13日

在新的健身俱乐部游泳。太好了，光线不强。泳池边有蒸汽房，外面有家星巴克。

2点，德克斯特顺路来找我，我们在阳台吃午餐。阳光一照，我变得焦躁起来，他看上去很是小心翼翼。

7点45分，国家剧院，《永久之路》。

戴维·黑尔的剧本（麦克斯［·斯塔福德-克拉克］执导），故事讲述了

---

* 补录的对话（additional dialogue recording）。

铁路私有化和近年来的重大事故。快结束时，一个角色说出了我的心声："我们在英国的公共事务上做得不好"。不——我们知道如何发号施令，也知道如何卑躬屈膝，但要让我们乐于给别人干活——可太难了。正因如此，才会有《每日邮报》这种报刊存在——充满仇恨、嫉妒和惩罚。足以让人想要打包行囊跑路了。

后来阅读吉尔古德[1]的书信集。三十年未到，今日就已不同往日。如今，演艺圈乱七八糟，到处都是投机取巧，巧取豪夺。我们必须回到舞台，享受表演带来的乐趣。

4月16日

研究航班，以及怎么换乘*。

下午2点，打了4针疫苗，还开了预防疟疾的处方药。我要把半个药妆店买空了。

晚上8点，河边咖啡馆。和艾伦、琳赛·鲁斯布罗格夫妇小聚。艾伦比我刚认识他时放松多了，也可能是这回人少的缘故。露丝的宾客名单或许令人望而生畏，不过她对细节的关注却不容小瞧，她让我们帮她看看最新一版服务员评价表——身上是否穿孔？没有。是否卷起袖子？这谁会在乎。有一些词她也不让这里的服务员说，比如"享受""你们大家"之类的废话。这让我想起了一位说话声音很尖的空姐："您现在想喝点饮料吗？"

4月20日

肯尼亚。

昨晚，帕齐·波洛克［选角导演］的一通来电，让我整晚悲伤不已。她在电话留言里哭着说，玛丽·塞尔韦病得很重，时日无多。了不起的玛丽。

8点半→希思罗机场，10点25分→内罗毕。

写了会儿日记，看了会书——［艾里斯·默多克的］《大海，大海》。

---

* 为了前往肯尼亚。

这本书真的令人困惑，时而充满力量，时而令人不安，差点沦为情景喜剧。

乘车前往诺福克酒店。是时候突袭迷你吧了，今天就不测试客房服务的质量了。因此，晚餐是1瓶健怡可乐、1包烧烤薯片、1包腰果、1包澳洲坚果（蜂蜜味的，果断弃之）。在电视上看波士顿马拉松比赛，肯尼亚人包揽所有大奖。

希望这些日记能学学西蒙·格雷《吸烟日记》的写作风格——他对姜黄色头发、偷躺椅的新来者的描述，简直像我真正经历过的事情。

4月21日

11点15分→在飞往马林迪的飞机上有一个3岁的孩子真的很会哭。她先是不停抽泣，花了好长时间才找回呼吸，你以为她终于不哭了，她却环顾四周，像是经过了一番思索，又开始*真的*放声大哭。

12点20分，尼克·雷丁*来接我，先送我去和剧团会合，再送我去找酒店。“50英镑一晚，可以吗？”这话可不常听见。午餐我们吃了鱼和米饭，然后又去看村里的演出，这座村庄像是迪士尼会搭建的那种。乐队、鼓、害怕镜头的孩子们，大约500人把剧团围了起来，大家在一起边听边笑。很多年轻女孩背上都背着小婴儿，可能是她们的妹妹或弟弟。演员都非常专注，演出非常精彩。演出结束后，我们沿着一条路前往船坞咖啡馆喝了杯冰镇啤酒，最后返回酒店冲澡。

4月23日

蒙巴萨→内罗毕。

7点45分出发，今天的行程是：诊所—公寓—（剧团演员）詹姆斯的家—自助午餐—车站—乘车去机场—返回内罗毕。

其他任何时候，我都会乐观地看待这一切，而且我也着实全力支持了，只是事已至此，尘埃落定。这样的情绪，只有时间或一股强大的外力才能改变。

* 尼克·雷丁（Nick Reding，1962— ），英国演员。

阅读《苦旅指南》（*Rough Guide*）——这本书对蒙巴萨做了详细、精准的描述。在我短暂的旅程中，我感觉，这里的氛围比内罗毕友好得多。内罗毕是一座混乱不堪的城市，杰弗里告诉我，晚上开车去内罗毕（可不是个好主意），有人会故意在路上放钉子，乞丐怀里抱的可能不是真的婴儿，而且司机绝对不能摇下车窗和人说话。这地儿到处都是黑社会。

4月24日

内罗毕→约翰内斯堡→开普敦。

在护照处还是移民局还是随便什么的柜台前，一位女士抬头看了我一眼，说："你看起来这么严肃，怎么当演员。你演的都是严肃的角色吗？""不全是。""那就是悲伤的角色……"

打电话回英国——玛丽·塞尔韦去世了。

4月28日

开普敦。

与皮尔莉·朱伯特［记者］共进午餐——她还是一如既往地敏锐风趣。据她回忆，英国安全局曾就她的津巴布韦之行对她进行了电话采访。其中一段对话内容如下：

"如果有人用枪指着你，你会怎么做？"

"举起手来和他打招呼，先生，你想要口交吗？如果他说不——我他妈的就赶快跑。"

"这可不是在开玩笑，女士。"

4月29日

在飞机上继续阅读西蒙·格雷的日记。日记中记录他父亲和兄弟的部分非常令人感动，记录猫狗的部分则非常有趣。日记中充满了他对妻子的爱，主要因为他只是隐隐约约提到了她——你就能感受到她的美丽、她的优雅和她的笑声。

1点半，在哈查兹书店消磨时间，一位很有礼貌的女士向我走来，简短、清晰、由衷地对我说了声“谢谢”。之后，去詹姆斯教堂参加玛丽·塞尔韦的葬礼。和保罗·布鲁克*还有其他朋友们坐在一起。整场仪式简单又美好，为了悼念这位伟大的女士，教堂里摆满了粉色和白色的牡丹。

5月1日

……西格妮发消息说，今年夏天她要在纽约演一部戏……

还和伊恩·麦克莱恩通了电话，他昨晚看完《哈姆莱特》**，对整场戏的表演水平感到震惊。多么疯狂啊，业界和媒体都流着口水，翘首以待，这偏偏又是演员的首秀。

5月3日

9点15分，沃斯里餐厅，同伴有茱丽叶特·史蒂文森和马克［·希瓦斯］。卢西安·弗洛伊德就坐在隔壁桌……鲍勃·霍斯金斯也在……上帝啊，这可是卢西安·弗洛伊德——他的领带也很漂亮。

5月6日

晚上9点，丁沃尔斯酒吧，参加洛福斯·温莱特的演出。一个词形容——荡气回肠。他很喜欢发出各种音效，不时来一个辅音，人心都叫他唱碎了。演出结束后与他交谈，发现他的笑声居然是高亢的，我大吃一惊。

5月7日

这是什么美梦。（1）琼·柯琳斯。我要为一本杂志采访她，请她回忆在RADA的经历。她从门厅走进来，拍了拍我的肩膀——没有化妆，头发灰白。（2）保拉·戴安尼索提。当她讲述自己给某个外国明星上方言课的沮丧经历时，我正在将一小撮假想的三角形阴毛缝在她的裤子或者短裙上。［理查德·］阿滕伯勒推门进来，说我们错过了一顿大餐。

---

* 保罗·布鲁克（Paul Brooke，1944—　），英国演员。

** 由迈克尔·博伊德（Michael Boyd，1955—2023）执导，托比·斯蒂芬斯（Toby Stephens，1969—　）饰演哈姆莱特。

他说的可能是对虾。

5月13日

7点45分，国家剧院，《历史系男生》。

阿兰·本奈特的新戏。开场很精彩，充满了学生时代和老师的回忆。这部戏是写给学生时代最独树一帜、最有天赋的那群学生的赞歌。没必要把那些灵魂已经死去的老师放在心上。我很想和特德·斯特德一起看这部戏。格里弗*太棒了，弗朗西斯［·德·拉·图瓦］就像一颗燃烧弹。克莱夫·M.**把盘子都舔干净了。

5月14日

纽约。

不出所料——连着三周，根本没有收拾行李。我隐隐约约记得哪些衣服需要洗；不用担心熨衣服的事——酒店可以帮忙——这还是我吗？？

1点45分乘车前往希思罗机场。航站楼外人满为患，让我有一丝恐惧。安东尼·M.也在办理登机手续，见他和我一班飞机，立刻放下心来。

6点45分，纽约。入住洛厄尔酒店。

5月15日

8点，观看《跳楼》。

斯托帕德再一次让我感到无聊透顶。埃西·戴维斯还给予这部戏明星般的待遇。西蒙［·拉塞尔·比尔］……我希望有人能告诉他别那么惹人怜爱。就好像他需要的是一巴掌，而不是一个导演。

5月18日

巴尔的摩。

---

* 理查德·格雷弗斯（Richard Griffiths，1947—2013），英国演员。

** 克莱夫·梅里森（Clive Merrison，1945—　），威尔士演员。

5月19日

巴尔的摩→洛杉矶。

严重宿醉，不能再喝了。我不能再像这样东倒西歪的——脑袋（谁的脑袋？什么脑袋？）和脖子分了家，腿也不听使唤。他们说酒精即是毒药，就是这个意思吗？

5月21日

洛杉矶。

打电话时，思绪乱成麻，不知道说什么，一句话也听不进去，有些人看待世界的眼光如此狭隘。只要睁开眼，解决方案就在身边。

苹果专卖店。

我是不是也需要一台电脑？其他人似乎都很需要。我写下这些话的同时，有个人正坐在我的对面敲键盘。我觉得我还是更喜欢纸和笔，暂时还无须通电。

和斯蒂芬·波利亚科夫通电话，《卫报》想就《闭上我的双眼》发行DVD一事采访我们。巧了，《哈利·波特与阿兹卡班的囚徒》首映在即……还是算了吧。

5月22日

洛杉矶→纽约。

11点10分→纽约。

我像一只归家的信鸽，一回家就打开日记本。我的左脑明显发出了写作的冲动。或许这就是左脑处理文字的意思。

5月23日

纽约。

下午4点，《哈利·波特与阿兹卡班的囚徒》全球首映。

一到达无线电城音乐厅，我就感觉自己像披头士乐队的成员。我们一下车或者一出现，成千上万的粉丝就开始尖叫，他们大多为丹尼尔·雷德克里夫而来，但是看见其他演员也激动得不行。我们登上舞台时，台下有6 000名观众，那种尖叫声更不必说。

这部影片，阿方索完成得极为出色。作品非常成熟，充满了大胆的元素，让我很高兴。每一帧都是艺术家和故事讲述者的诚意之作。令人惊艳的特效是这部电影重要的一部分，这绝非在炫技。后来和埃莱尼还有阿里尔·多夫曼结伴返回酒店，阿里尔·多夫曼将狂妄自大拉升到迷人的高度。他就是喜欢做自己。

5月25日

5点半，迈克·尼科尔斯。他们搬进了顶楼的套房——黛安［·索伊，迈克的妻子］已经睡了，她凌晨3点就得起床主持《早安美国》。迈克倒了几杯红牛，我们俩来到露台上，纽约的景色尽收眼底。和往常一样，和他的聊天内容包罗万象，文雅机智，饱含激情。我们谈到了布什、《安东尼和克娄巴特拉》、帕西诺、［迈克的］音乐剧新作，还有凯特·内利根*——“我认为她失去了希望”——最后还聊到了新西兰……真是一场优雅的长谈。我离开时，他对我说：“记住——你永远是第一。”我的心也跟着提起劲儿来。

5月26日

11点10分（或11点半）→多伦多。

2点15分，和大卫·柯南伯格去普雷戈餐厅吃午饭。他们说，在他的片场总是氛围绝佳，我可以相信这一点。他风趣迷人，但洞察细节时却十分严谨。我们聊到了《大海，大海》，发现我们的观点一致。

7点半，戴维·扬来接我去他的新家参观。迈克尔·翁达杰也来找我们喝酒。

5月28日

多伦多→伦敦。

---

* 凯特·内利根（Kate Nelligan，1950— ），加拿大演员。

上午6点15分，希思罗机场。

7点左右到家。处理信件、电话、衣服、电子邮件等杂事。

昨天我才了解到，大卫·麦克唐纳*的葬礼就在今天。

上午10点，肯萨尔绿野公墓。

与其说我是个外人，不如说我是个旁观者。我一直觉得大卫有点吓人，但他们那一批人都自带威严。70年代时，我坐在票价50便士的座位上，听着那些震撼的曲目，当时他们就是我的神。大卫是英国戏剧界的传奇，他的葬礼我们都应该到场。优美的音乐，简朴的仪式，结束后乘米歇尔·古什的车去切尔西艺术俱乐部。贾尔斯·H.** 看上去魂不守舍的……菲利普*** 也在，又贴心又爱挖苦人。

5月30日

下午5点，乘车前往莱斯特广场参加《哈利·波特与阿兹卡班的囚徒》的伦敦首映。8 000多位粉丝大声尖叫（显然有些人凌晨5点就已经来了）。

9点半，在国家历史博物馆参加派对。奇怪，这里设有一个VIP区，当然每个人都想进入，但不是每个人都进得去。不确定这是否有点在制造隔阂……

5月31日

11点左右，奥尔索餐厅。我进去时——西蒙·格雷坐在一张桌子前。他举起手和我打招呼。过了两分钟我才反应过来，“尼科尔斯先生。”我和他打招呼。早上收到了一封信……

6月1日

给西蒙·格雷回了一封信。

---

* 罗伯特·大卫·麦克唐纳（Robert David MacDonald，1929—2004），苏格兰编剧、戏剧导演，格拉斯哥公民剧院（Glasgow Citizens Theatre）。

** 贾尔斯·哈维格（Giles Havergal，1938—　），戏剧导演，曾在公民剧院与大卫·麦克唐纳共事。

*** 菲利普·普劳斯（Philip Prowse，1937—　），公民剧院的戏剧导演、剧场设计师。

8点半，布莱恩·考克斯的生日派对。

派对地点被称为布莱恩城堡，尽管如此，庄园的外观是纯粹的好莱坞风格，位于卡姆登马厩，非常漂亮。露露又来了。伊恩·里克森提到了为我、弗朗西斯·B.和米兰达创作的一出戏，罗杰和苏·格雷夫最终成功载我回家。一晚上发生了好多事儿。

6月2日

上午，把有望开展的项目列个清单似乎是个不错的主意：

"曼联毁了我的生活"；

"最后四首歌"；

"瘟疫之家"；

《小混乱》；

"三人舞"；

法国电影；

"雪季过客"；

"法恩斯沃斯夫人"；

在皇家宫廷剧院演出？？？？

6月8日

11点半，RADA的午餐宴会在伦敦市长官邸举行——1点15分，女王出席。

现场的快照肯定是人头攒动的，每个人都看着忽然苍老了，有的人戴着帽子在闲聊，穿着红色制服的男人拿着长矛（戴着眼镜的那群人令人失望）。我们恐怕得接受自己在当权派面前的位置，或者不用。老天，薇薇安·韦斯特伍德也在。女王一身黄色套装，笑着面对理查德·威尔逊。迪基·A.适时地提到了周日的诺曼底登陆庆祝活动。我使出浑身解数拉拢唐纳德·戈登*，想让他加入我提议的项目。不过，大部分时间我都抬头望向

* 唐纳德·戈登（Donald Gordon，1930—2019），南非商人、赞助商。

楼上身着T恤、俯瞰我们的学生——仿佛看见了30年前的自己。我在心里暗暗地为能站在这里而感到自豪。

6月20日

回家收到琳赛的留言，她要去参加迪伦的演唱会，问我要不要去。去不去呢？外面在下雨，家里又这么暖和。我一想到路上很泥泞，到处都是人，就有点犹豫。但我会去的，我给她回了电话——她却已经出发了。所以——我也没去成。我向她提议，演出结束后把亚当·杜里茨和任何没处去的人带过来，她立刻同意了……突如其来的美好夜晚。

6月26日

法国。

清晨5点闹钟响起。

继续给花园浇水。

5点45分坐上车。

6点半到达机场。

7点40分（好吧，是8点10分）搭乘飞往尼斯的航班。

飞机一落地，司机很显然搞错了地址。给娜塔莎·理查德森打电话，要到了正确的地址，然后前往一小时车程外的公爵之巢*……这个地方真的很神秘，已经有不少介绍此地的书籍出版，这里在70年代很流行。

8点半→圣特罗佩。在一条小街上的本地小馆享用晚餐，在一排咖啡馆对面的港口，停着一排排游艇，每艘游艇都比下一艘更大。

回家享用柠檬酒、桃红葡萄酒、巧克力和游戏。我之前读过一些托尼·理查森的书**，我觉得我们秉承了霍克尼、施莱辛格、尼科尔森和雷德格雷夫斯时代的优良传统。

---

* 公爵之巢（Le Nid du Duc），大卫·霍尼克多幅画作的取景地。

**《长跑者：回忆录》（*The Long Distance Runner: A Memoir*）。

6月27日

我正在葡萄树下看书时接到斯蒂芬·鲍克斯*的一个电话，告诉我们彼得·布莱斯去世了。他得病已有一段时间了，一直没人知道。可怜的哈丽特［·沃尔特，彼得的伴侣］，她这一年承受得够多了。这糟糕的一年。

晚餐在家里吃，饭桌上大家都聊到朋友亲人离世的情况。接着大家坐在露台上闲聊，理查德·哈里斯唱起了《圣城风云》的选段。凌晨3点，中了大奖——头撞到了门上，感觉鲜血顺着额头流下来。

6月28日

一觉醒来，头没事。

在家做晚餐——羊肉和普罗旺斯杂烩，还是那么美味。吃甜点时，娜塔莎提到她带了些药片儿，理查德他们都拒绝了，只有我和她一起探索了未知的领域。一开始，我感觉有些恶心，接着心潮澎湃，（这个点儿了还和伊恩·麦克莱恩在电话里）畅聊，接着又到花园里散散步，继续喝了几杯，继续聊天，最终在凌晨3点上床睡觉。特别奇怪，根本睡不着。直到今天，脑子还转得飞快。当然了，有这样的反应也正常。

6月30日

到家后问自己，这一切真实地发生过吗？想到这几天的经历——我们真的在那个美妙的地方停留过吗？有我和霍克尼、普罗克特、凡妮莎，我们在托尼·理查森的带领下，懒洋洋地、嬉皮笑脸地模仿了70和80年代的各种角色。

7月3日

我和戴维接维克叔叔去医院看望多莉婶婶。她现在没那么糊涂了。我们安排了两把轮椅，让他们能够互相亲吻告别，这一幕可真令人难忘。

---

* 斯蒂芬·鲍克斯（Stephen Boxer，1950—　），英国演员。

7月11日

《抱歉我一无所知》[2]这一季收官。真难过啊。

戴维来电，多莉婶婶的情况看上去不容乐观。

7月12日

凌晨接到电话，多莉婶婶去世了。世事流转，我们只能用那套老生常谈安慰自己：她没有受罪……或许这样走最好……好吧，不是这样的，还有另一种离开的方式：在家里，在家人的陪伴下。可是这年头如何实现？愿她的灵魂安息。

7月20日

多莉婶婶的葬礼。

1点半，乘车前往布坎南疗养院。亲戚们都来了，大家从前院走到大堂，最后全部去了餐厅，像在进行一支缓慢的黑衣舞蹈，没人懂舞步，也没人知道拍子。

下午3点，维克叔叔挽着美狄亚［也就是艾琳表妹］出现后，送葬的队伍出发了。他扶着助行器，慢慢地挪着步子，然后停下脚步，泪流满面。我们家的人都这样，很快他又能笑得出来。在教堂里，特雷弗［阿尔文的表弟］独自坐在长凳上，和他那些穿得像希腊合唱团的外甥女们离得远远的。整场葬礼让人感觉很真诚。酒吧的餐食一般。一大家子聚在一起，最糟糕的那种情况并没有发生。

7月26日

晚上6点10分，《华氏911》。

不管别人怎么说。迈克尔·穆尔都才华横溢。这是一部重磅之作，不论那些既得利益者如何吹毛求疵，都不能掩盖贯穿这部影片的令人作呕的真相。

7月31日

上午11点出发→奇西克市政厅。为《时尚》杂志拍摄圣诞特辑。不知道当时我是如何又是为什么要接下这个活儿。

8月26日

我现在逐渐开始清空所谓宣传/公关工作了。我总觉得人一旦回看采访和照片，就会变得非常沮丧。最勇敢的应对方式就是每接受完一场采访，就将其抛之脑后。这一点我想我很快就能做到。抓住主旨，说几句金句，随便拍几张照片，这事儿就过去了。当然，经过最近的减负工作，我周围的空气都变得更明亮了。我会坚持下去。

8月29日

和戴维一起去看望维克叔叔。他对我们说“你们好啊，陌生人”，然后就在浴室门口大声痛哭起来。我们陪他散散步，陪他坐下休息，他冲我们微笑，又大哭起来。很显然，他独自承受了这一切。继续聊天、睡觉、看电视，去吃午餐。

戴维跟着我回家，我们一起看到阿米尔汗*错失金牌。我知道我的期望很可笑，但还能有什么新鲜事发生吗？

9月2日

12点，风水专家莎拉·准恩[3]来访。她这个姓应该是一个新名词。她的“准”让我有点恼火，她说家里格局杂乱，不利风水——我之前就强烈感觉到这个问题。她对我家的风水分析是——过于男性化，休闲区域不够，金属过多，水流方向不对。

9月14日

重返《哈利·波特》片场。

7点40分，《哈利·波特与火焰杯》第94场戏。

我们应该成立一个名为“老戏骨群演”的组织，成员包括玛吉·史密

---

* 阿米尔·汗（Amir Khan，1986—　），英国拳击手。

斯、迈克尔·甘本、罗伯特·哈迪、米兰达·理查森、罗比·考特兰和弗朗西斯·德·拉·图瓦，不要管那些小演员。有一类群戏，总是要一遍又一遍地拍——过程中突发一个状况——又得再来一遍，大家全都得上，还没什么台词。

9月15日

《哈利·波特》。

早上7点出发，今天我们要跑进魁地奇球场，施用一些奇怪的液体。

9月17日

洛杉矶。

9月19日

下午3点，朱迪来找我，我们一同坐进一辆豪华轿车，前往圣殿剧院参加2004年艾美奖颁奖典礼。*

9月26日

晚上7点，艾伦·贝茨的追悼会。美丽的贝茨，美丽的仪式。有一个环节很精彩，众人一起追忆他——希拉·巴兰坦、马尔科姆·麦克道威尔、阿兰·本奈特、基斯·巴克斯特**、艾琳·阿特金斯***、弗朗西斯·德·拉[·图瓦]、西莉亚[·伊姆里]等等。他的才华一直在进步。他的存在提醒我们，演员一定要有宽广的胸怀。

9月28日

《哈利·波特》。

7点55分出发。猛拍丹尼尔[·雷德克里夫]和鲁珀特[·格林特]的

* 艾伦凭借《神迹》被提名为最佳男主角，但奖项最终颁给了阿尔·帕西诺。
** 基斯·巴克斯特（Keith Baxter，1933— ），威尔士演员。
*** 艾琳·阿特金斯（Eileen Atkins，1934— ），英国演员。

后脑勺——毫无疑问，这场体罚戏将会引发一场争论。

9月29日

7点10分出发。

继续拍敲脑袋的戏。这样设计其实挺有趣的，增加一些轻微的体罚，反而更能衬托出这场戏鸦雀无声的氛围。

10月3日

午餐——应凯西·雷特和乔弗里·罗宾逊*之邀。

恐怕只有凯西才能让这样一群人聚在一起——碧安卡·贾格尔、约翰·莫蒂默、凯莉和丹妮·米洛、海伦娜·肯尼迪还有弗里达（阿巴乐队成员）。乔伊斯·海特纳**和孩子们玩起了拼字游戏，玩得有模有样。聊天聊到一半，弗里达突然问“你有牛皮癣吗”，然后给了我一个她熟悉的诊所的号码。凯西曾在邮件中提到她，她过着离群索居的日子，人却很有意思。

晚些时候，肖恩［·比格斯塔夫］来做客，我带他去吃了顿咖喱。奇妙的是，我们回到家看到，第五频道上正在播阿巴乐队的歌曲。随着《舞蹈皇后》、《费尔南多》和《奇基蒂塔》的节奏，我们挥舞着手臂。

10月4日

一天半时间。

第一天9点半，去为《银河系漫游指南》中的马文配音。第二天，下午不到1点半就配完了。这次，我用的是自己原本的嗓音，只是加了点伦敦南部的口音。

10月5日

10点半，皇家宫廷剧院。

---

* 乔弗里·罗宾逊（Geoffrey Robinson，1938—　），工党政治家，凯西·雷特（Kathy Lette，1958—　）的丈夫。

** 乔伊斯·海特纳（Joyce Hytner，1935—　），戏剧导演尼克·海特纳（Nick Hytner，1956—　）的母亲。

同埃莉丝·道奇森［戏剧制片人］和凯瑟琳·维纳*会面。凯瑟琳早期曾做过一些很有价值的采访和校对工作，现在正试着同时处理好几件事儿，并把一件重活儿拆成一个个小任务来推进。

10月13日

7点10分出发→《哈利·波特》剧组。

片场外，玛吉和迈克尔回忆起在国家剧院演戏的日子，两人之间的对话十分精彩，不容错过。接着，奥利维尔、科沃德、伊迪丝·埃文斯谈论起马上开幕的戏。迈克尔说："瑟琳娜（伊恩·麦克莱恩）要演他的女爵。"起初我以为他是说"阿琳娜要演女爵"。"朱迪吗？"我问道，他们一脸茫然。被纠正后，我说："到时候得坐满了。""什么满了？"玛吉说。

10月18日

"哈利·波特。"

我今天的台词就这一个名字。毫无意义。不同的角度拍了好多次，然后我们就收工了。简直令人发狂。

10月20日

2点半→继续拍坐在大礼堂中的戏。"你用的是哪种表情？"玛吉说。早些时候佐伊来电，问我她是否应该在《贝尔纳达·阿尔巴》中扮演拉庞西亚，我没有多大的兴趣。佐伊说，最开始他们想让玛吉来演贝尔纳达，她的回答从"我可不想演那个老家伙"到"轻喜剧都怎么了"。她对我说："我的意思是，你能想象我说'男人们还在田里'吗？"

10月21日

6点半，彼得·曼德尔森的离任派对。看着一个人专程赶来赴宴，只是为了说一句"很抱歉离开"，这感觉很奇怪。隔着玻璃，我试着用

* 凯瑟琳·维纳（Katharine Viner，1971—　），与艾伦合作编写《我的名字是蕾切尔·科里》的剧本。

唇语解读安德鲁·罗恩斯利*的话，他好像在对杰夫·胡恩**说"这周可真不好过"。萨莉·格林***还是像往常一样冷淡；盖尔·瑞巴克****仍然想让我写本书。

10月29日

《哈利·波特》。

上午9点，奖杯室——这间屋子恐怕要改名为"本·金斯利专用间"或是正如邓肯·希思[4]后来所说……按照合同里的要求，更名为"金斯利爵士房间"，怎么会有人如此痴迷这些东西？迈克尔、伊恩、玛吉、朱迪等人从来不会这样。我觉得这都是因为他严重缺乏安全感。

11月11日

《哈利·波特》。

7点15分出发。

和玛吉一起拍在邓布利多办公室里的戏……斯内普的腔调太独特、太难学了，大家都忍不住笑了出来。再加上玛吉给我们讲了米瑞安·玛格莱斯[5]在《等爱的女人》首映式上闹出的笑话——"她穿着亮片裙看起来就像一辆谢尔曼坦克"，这笑声就更止不住了。

11月15日

下午3点，在柯特与格罗斯［眼镜店］带瑞玛做视力检测，并配了副新眼镜。贵得离谱……

今天我上了《时尚》杂志的榜单，《大学挑战赛》还出了一道跟我有关的题目（没人能答得上来）。

---

* 安德鲁·罗恩斯利（Andrew Rawnsley，1962— ），英国记者。

** 杰夫·胡恩（Geoff Hoon，1953— ），工党政治家，当时的国防部长。

*** 萨莉·格林（Sally Greene），旧维克剧场的负责人。

**** 盖尔·瑞巴克（Gail Rebuck，1952— ），英国兰登书屋总裁。

11月17日

《哈利·波特》。

7点15分出发。

这场戏是我冲进去，手里举着魔杖。后期要做像《神秘博士》那种特效，很贵。玛吉和迈克尔也开始有点儿不耐烦了，他俩现在也觉得拍这些戏极其浪费精力。

11月23日

《哈利·波特》。

7点15分出发。整部电影里唯一一场斯内普和哈利·波特的对手戏，我竟然被耍了。首先，8点的走位就是和替身一起完成的。既然这样，为什么不提前通知我一声？我们都已经开始排练了，剧组这才宣布，他们在这场戏里布置了相当多的机位，所以我们走位时必须得格外注意镜头。搞什么啊。

12月7日

《哈利·波特》。

7点40分出发。

霍格沃茨礼堂，圣诞舞会……他们总想让我跳舞。为什么要跳？和谁跳？有什么理由？最好别叫我去那儿，如果非去不可的话，斯内普也只看不跳。

晚上8点，铺天盖地都是《独立报》关于蕾切尔·科里*项目的报道，标题极具煽动性。那个“女性电影人”颁奖典礼上的记者声称自己来自

* 蕾切尔·科里（Rachel Corrie，1979—2003），1979年生于美国，以学生身份走访加沙时，加入了抵抗以色列军队摧毁巴勒斯坦军队的运动中。2003年3月16日，蕾切尔被以色列国防军装甲车碾压致死，关于此事是军方故意为之还是意外，众说纷纭。2005年，蕾切尔的父母克雷格和辛迪·科里对以色列政府提起民事诉讼。同年，艾伦·里克曼和记者凯瑟琳·维纳制作了戏剧《我的名字是蕾切尔·科里》，在伦敦首映后计划转至纽约戏剧工作坊（New York Theatre Workshop），却被无限期推迟。艾伦对此提出了审查指控。这部剧后来参与了爱丁堡边缘艺术节，并最终于2006年10月15日在百老汇开演。

《独立报》，但是当然了，实际上她是《每日邮报》的。

后来又和西格尼聊了聊《范斯沃斯太太》和《雪季过客》。要是我俩的意愿加起来能改变些什么就好了。

12月8日

《哈利·波特》。

两天一动不动地站着，鼓掌两次，看着其他人跳舞。

不过，这两天蕾切尔·科里的项目取得了实质性的进展。鉴于昨天媒体的闹剧——我们可能会少用，甚至不用加沙的内容。她的历程看起来已经很充实了。

12月13日

《哈利·波特》，最后一个拍摄日？

上午7点出发。

最后一场戏是和佩达*一起完成的，我开玩笑说他就［像］是一个带轮子的橱柜。我这么说，和他的性格无关（他是一个复杂、欢快的人），主要是因为他一有机会就往人身上撞。

就算迈克**的出发点是好的，拍这部电影我还是觉得被坑了。他（和阿方索一样）顶着巨大的压力，因此必须得确保镜头尽善尽美。一场戏都拍到第4条了，我才能和他稍微探讨一下该怎么演。万变不离其宗。

2点半，《我的名字是蕾切尔·科里》。第一次剧本朗读会。

12月21日

希思罗机场→香港。

下午2点乘车→希思罗机场。

发现我们去不了上海（因为没有签证），但是可以去香港。事实证明，

---

* 佩里德拉格·比耶拉克（Predrag Bjelac，1962—　），塞维利亚演员。

** 迈克·内威尔。

这个选项更好，因为每天有四趟航班从香港飞往马尼拉。在香港机场一番舟车劳顿后，我们决定留下来住一夜。下榻半岛酒店。壮观的海港，壮丽的景色。

在28楼的北京一号餐厅吃晚餐……服务员提醒我们白菜卷很辣，可我们还是决定一试。我吃完了一整个卷，瑞玛只吃了一半。嘴里辣得冒火。

12月22日

香港→马尼拉。

12月24日

马尼拉→安缦璞乐。

12月25日

安缦璞乐。

才5点20分就醒了？等待黎明——泡茶，反复看CNN的报道，起床，吃芒果，喝汽水，拆礼物，去俱乐部吃早餐，回到我们住的小屋，在沙滩椅上躺下，去船坞看邻岛的孩子们穿着鲜红、白色、黄色和粉色的衣服跳舞——没有人微笑，却都手脚轻盈。回去后继续躺在沙滩椅上，上到小屋，伴着《那就是爱》的旋律，我修脚，瑞玛做美甲——这张迪恩·马丁的CD是我收到的圣诞礼物。我断断续续地打着盹，不停地做梦——梦里，我的手里一直捧着一本杰夫·戴尔的《为懒人写的瑜伽书》——我读过这本书吗？还是我参与写过这本书？一定得问问他。所有的一切都变得模糊。或许是因为这一切都太完美，太诱人，被安排得井井有条……

7点半，火鸡晚餐。火鸡剔了骨头，馅儿是西梅还是核桃味儿的？完美。

注释

1 约翰·吉尔古德（John Gielgud，1904—2000），英国演员，现代戏剧的先锋，以擅长扮演莎士比亚戏剧闻名于世。

2《抱歉我一无所知》(*I'm Sorry I Haven't a Clue*)，BBC四台喜剧类游戏对抗节目。

3 莎拉·准恩（Sarah Shurety），这里艾伦在说Shurety谐音surety（意为“准确性”）。

4 本·金斯利的经纪人。

5 米瑞安·玛格莱斯（Miriam Margolyes，1941— ），英国演员，在《哈利·波特》系列电影中饰演斯普劳特教授。

2005

— 安缦璞乐
— 马尼拉
— 《我的名字是蕾切尔·科里》
— 巴黎
— 希拉·吉什，丹尼斯·劳森
— 多伦多
— 《雪季过客》
— 温哥华
— 西雅图
— 洛杉矶
— 罗比·威廉姆斯
— 伦敦爆炸
— 坎帕尼亚蒂科
— 巴塞罗那，《香水》
— 凯文·史派西
— 布克奖
— 洛杉矶
— 汤姆·威茨
— 《诺贝尔赎金》
— 莫琳·利普曼
— 纽约
— 慕尼黑

1月1日

安缦璞乐酒店。

CNN和BBC世界新闻不间断地播放关于海啸的报道。* 今天是新年的第一天，时间却似乎停止了。

1月4日

马尼拉→香港→纽约。

1月7日

今日痛悉阿滕伯勒爵士的一个女儿和孙女在海啸中丧生。

下午5点，和西格妮·韦弗在酒店小酌。

1月9日

纽约→伦敦。

9点10分→希思罗机场。被人认出来也是有好处的，至少有人护送登机，服务也更加周到。维珍航空的床可以放平，这就意味着我们可以补觉3个小时。

1月12日

我很是不满，我人都不在，也没人知会我一声，就擅自把活干了。** 不过正因如此，我反而能更专注地对比两个剪辑版本。

但愿新的版本对角色的刻画会更加精准，让梅根*** 能有更大的发挥空间。

1月15日

这周，哈里王子穿着一件袖子上纹有纳粹标志的衬衫，跑去参加

* 2004年12月26日，印度尼西亚苏门答腊岛西海岸发生地震，引发一系列海啸，波及范围甚广，损失惨重。据估计，14个国家发生海啸，造成至少22.7万人死亡，其中受影响最严重的是印度尼西亚、马来西亚、马尔代夫、缅甸、斯里兰卡、塞舌尔、泰国和索马里。这是现代历史上最为严重的一次海啸。

** 这里说的是《我的名字是蕾切尔·科里》的编辑工作。

*** 梅根·多兹（Megan Dodds，1970— ），美英双籍演员，饰演蕾切尔·科里。

一场时髦的化装舞会。蠢货一个。不出所料，八卦小报全都张牙舞爪地扑了上去。头版头条全部给哈里腾地方，那阵势像是又来了一场海啸。

1月22日

哈罗德商场，最后一个打折日，又要花钱了。又买了一大堆衣服，还特意买了一个意式咖啡机。

1月25日

11点半，皇家宫廷剧院。

一边记笔记，一边尝试不同的表现方式，这样做的目的在于，既要保持表演的节奏，又要留一些气口。科里一家明显都很高兴，他们觉得我们呈现出了蕾切尔真实的一面。这点是巨大的加分项。

1月27日

5点半，拜访剧作家戴维·黑尔。他的思考是站在制片的角度，而非仅从文本角度出发，令人欣慰——我很高兴他能向我提出这些问题。他有种大刀阔斧理清方向的感觉。

1月31日

瑞玛的生日。

下午1点，皇家宫廷剧院——股东权益部的马特·胡德为筹资而来，可问题是，现在工会说话已经不算数了，不差钱的演员就要问了："我为什么要交这笔钱？"

2月1日

7点，柯文画廊，克洛伊·菲内曼的私人画展。画如其人——克制、礼貌、敏感，充满了画家的探索，有种追忆往昔的飘渺。艾伦·霍林赫斯特也在场，我打赌他肯定也对这些优雅大胆的画作欣赏有加。

2月24日

11点，皇家宫廷剧院。

排练上半场——35分钟。

充满欢乐。我发现我在主动寻找政治动物，主动和他们开诚布公地讨论这些问题。

午餐。

下半场——50分钟。

节奏更快，但这意味着整个晚上只需要一个半小时。

显然还有很多工作要做，但工程浩大的第一阶段终于告一段落。第二阶段7号开始，在那之前梅根要好好学习。在第二阶段，个人观点和政治视角的平衡，将是我们关注的焦点……

2月27日

巴黎。

深夜，卡纳瓦雷博物馆，参观塞维涅夫人的房间……

1点20分，去伊莎贝尔［·于佩尔］的公寓喝茶。她可真是厉害——她家里正在装修，我去的时候她正要收拾行李，而且她下午还有一场演出。

下午3点，《海达·高布乐》。缓慢的节奏、对细节的关注、史诗般的规模——这部戏都做到了。感觉就像一出希腊悲剧。伊莎贝尔的表演令人着迷，细节到位，非常出色。

3月4日

12点，见科西莫和帕洛玛[1]。

聊到坎帕尼亚蒂科的度假屋有望在6月完工。回去继续挑选水龙头和马桶。

3月7日

12点，和梅根开始工作。

我不在最好的状态，梅根总是容易退缩——缩回舒适区——一道眉毛挑着。不过，我们还是持续推进，有一些很棒的发现。

3月9日

……美丽勇敢的希拉·吉什去世了，她的人生就像是一曲音乐缓慢推向渐强。然而，命运是如此不公。我不知做何感想，心里只是念着她的谦逊和勇气。

3月13日

计划5点15分乘车前往市政厅参加帝国奖颁奖典礼，结果5点40分才急匆匆出发，还好没迟到。我们到现场时，其他人还没有入座。凯文·史密斯、詹妮弗、杰森、马特·达蒙、梅尔和帕姆、海伦·M.等人出席。斯蒂芬·弗里尔斯也在——当然了——他是顺便来蹭顿饭的。我登台发言，并为凯文颁奖。结束后，我带他们去了滑铁卢桥——这是他们五天内唯一参观的景点。

3月16日

蕾切尔·科里去世两周年纪念。

12点，和媒体及前场接待人员开会，讨论方案和访谈内容。

在蕾切尔的照片和鲜花旁点了一根蜡烛，然后开始彩排。

3月22日

希拉·吉什的葬礼。

12点，海格特圣迈克尔教堂。

希拉的棺椁上画满了向日葵。当人们抬起她的棺椁，沿着教堂的走廊朝外走出时，全场响起了掌声。这场葬礼完全是世俗的，弗朗西斯·德·拉·图瓦开了个好头——朗诵了《我可否将你比作夏日？》，我们都唱起了B.B.金的布鲁斯。琳赛表演了一段《盘中菜》，精彩极了，大家纷纷鼓掌。

6点，奥德维奇1号酒店。我到那儿时，大家都聚在酒吧里。我们一群人就带着丹尼斯*下楼去吃饭，他看上去平静、警惕、出离，沉浸在自己的世界里。

3月27日

上午9点→多伦多［拍摄《雪季过客》］。

3月30日

9点出发去蹦床，我似乎很有天赋，我猜是因为这结合了跳舞和跳高。不出所料，就像是滑雪，我体会到了危险带来的刺激，越跳越高。

12点，剧本朗读会。

4月3日

10点35分去彩排室。

一整天都放任西格妮自顾自地拉伸胳膊腿，直到我不得不拉她一起继续修改剧本，这个剧本我们都已经改了一星期了。为什么，他们为什么要这么写？一点空白和气口都不留——全部都是即兴发挥的垃圾，每一场戏都要用一句台词收尾。

4月5日

9点出发去蹦床。我会习惯的。“悬空”状态应该对健康颇有好处。

4月6日

6点15分，多伦多→伦敦。

* 丹尼斯·劳森（Denis Lawson，1947—　），苏格兰演员、导演，希拉·吉什（Sheila Gish，1942—2005）的丈夫。

4月7日

睡了4个小时。我谢谢你了，白色小药丸儿。

7点45分，《我的名字是蕾切尔·科里》首次预演。我发现我在脑子里自动屏蔽了好的部分，只关注那些需要改进的地方。不过，梅根的表现好极了，演出结束后，大家一致叫好，艾德娜说“确实得夸”。

4月8日

凯斯·维纳的文章今天在《卫报》发表，这对我们很有利。我都觉得我之前是不是有点太谦虚了，不过正如我一直强调的，这部戏的主角始终是蕾切尔和她的家人。

3点15分，希思罗机场→多伦多。

4月12日

沃瓦［加拿大安大略省的一个小镇，《雪季过客》在此地拍摄］。

5点半起床。

6点05分，继续拍车祸的戏，人被困在一辆翻了的车里，感觉很不安。翻车后还要从坡上滑下来，还有受到撞击/呕吐的镜头。

回到小木屋后就赶快洗澡。或者更准确地说，是躺在淋浴盆中。

4月14日

沃瓦。

昨晚［伦敦的］演出，观众为梅根起立叫好。她看着克雷格和辛迪，泪流满面。

在剧院与伊恩［·里克森］沟通，他想在8月把演出挪到楼下去。

下午1点，去化妆间看梅根，她看上去很镇定，胸有成竹，也很自豪，好样的。

准确地说，与西格妮合作就像是和一个自闭症患者合作。我和她说，今天这场戏的关键在于她的自由发挥——正是如此，而我需要的是一些张力。真是难办。

4月15日

沃瓦。

早上5点42分。我还想再睡一会儿，而住在我脑子里的另一个人已经起床并穿戴整齐了。为了抹除我的脑内小人，需要思考的东西太多了，因此我打开灯，拿出笔。表面上让我闷闷不乐的主要是，西格妮有专门的发型师和化妆师，她自己在房车里一个专门的区域做造型。现在这个情况，她搞这种特殊待遇（通常情况下，我会觉得这种自带妆发的行为很可笑），一点儿用都没有。

4月18日

沃瓦。

午餐时间，找了个地方给梅根打电话，她在化妆室。这才周六下午她就已经累坏了……如果这部戏还想继续演，就要给她支付合理的报酬。不过，现在评论界的态度，都是希望我们能延长这部戏的演出周期，所以压力给到制作方。

4月21日

沃瓦。

又工作了足足14个小时。

朱迪·霍夫兰德来电，接下来的6周她都会在英格兰，拍一部叫《皆大欢喜》的电影。这是她第一次提到这部电影，我怎么就已经听累了？

5月19日

多伦多。

8点45分出发。

今天拍艾利克斯［艾伦的角色］和琳达［西格妮的角色］告别的戏，按部就班地道别，心情却如鲠在喉。这也很符合今天片场的氛围，大家都这么熟悉了，之后很多人却可能再也见不到了。和西格妮较了这么久的劲，这是我们共同经历的最特别的一次体验，是一场真正的旅程。

11点，你能想到的最扫兴的结尾发生了。吉娜［·卡特，制片人］和杰西卡［·丹尼尔，制片人］过来和我说："我们正在争取，要一个小时才能架好灯。"我都看见剧组工作人员在我身后开始收工了。我要是反应再快点，就会——也应该回她们一句："骗子！根本就不是灯的问题，是钱的问题！"就这样，去杀青派对的路上，我们所有人的兴致都不高。

6月1日

温哥华/托菲诺。

6月3日

托菲诺。

观鲸之旅。一瞥灰鲸的背部和几次喷水。

下午回到酒店，瑞玛去观鸟了。在电视上见证了超级新星拉斐尔·纳达尔诞生，他在西班牙被称为"拉法"，现在全世界都这么叫了。

8点，庇护所［餐厅］。

土豆泥和芦笋佐大块猪排，波特酒调味，十分可口。

我的日记似乎都是在吃，几乎没有关于锻炼的记录……腰围越来越大……

6月4日

托菲诺→苏克海港酒店。

6月5日

苏克→维多利亚→西雅图→奥林匹亚。

2点15分，西雅图——克雷格和辛迪·科里来接我们。我们一路途经的路牌，穿过的街道，我都有种似曾相识的感觉，但这却是我第一次来西雅图，感觉很奇怪。

6月6日

奥林匹亚。

9点15分，在路边散步，克雷格来找我们，我们在海边的市场喝了杯咖啡。

“嗨，你就是那个演员吗？”

可不就是那个演员。

“什么？不好意思——我没有别的意思。”

6月7日

西雅图→拉古纳。

6月25日

拉古纳→洛杉矶。

6月29日

洛杉矶→伦敦。

5点半，维珍航空→伦敦。

罗比·威廉姆斯和我乘同一班飞机，他是要去参加Live 8音乐会，这趟他大概不用花钱（不然他为什么愿意等摆渡车，他就不嫌麻烦吗？）。

7月7日

今天伦敦发生爆炸袭击。一夜之间变了天——昨天还在举国欢庆*，今天就上下无措，一辆公交车袭击了三个还是四个车站？数百人受伤，（截至今天）已有37人死亡。

布什居然还有胆子提到“滥杀无辜”，布莱尔发言时一副“我深为触动”的腔调。不论从哪个角度看，这都实在是一场悲剧。然而和以往一样，

* 伦敦刚刚赢得2012年奥运会的举办权。

又是阴谋论满天飞。

帕克斯曼在《新闻之夜》又开始发表他的那套言论。目前在所有报道中，我觉得托尼·本分析得最有道理。

我们一整天都待在家里。在电话中回复亲友们的关切问候。盯着电视机。

7月20日

伦敦→罗马→坎帕尼亚蒂科。

4点半，看到房子终于可以住人了，帕洛马、克劳迪奥还有利亚都觉得有些不可思议。帕洛马的脸上还有一点儿白色的油漆。她和科西莫的活儿都干得很漂亮。这栋房子有一个阳台，还有好几个卫生间，以及储物间。房子被彻底翻新了。

7月25日

其他人都去海边了，我留下来给克劳迪奥派活儿。利亚走的时候说没电了，分别给帕洛马、克劳迪奥、雷蒙多三人都打去了电话——谁来都说断电跟他们的活儿无关，还好我有黄页——找到意大利能源公司，给他们打了电话，40分钟之后工作人员来了，他们推了一下门外的电闸就离开了。我可真不怎么聪明。是时候学意大利语了。

8月7日

11点，维克叔叔来了——他一看就过得不错，不过他一看见我就说："艾伦！我的老天，你长高了……"

8月15日

这趟飞行实在非我所愿。去多伦多参加卢克·格林布拉特的葬礼。出发前收到了凯特［卢克的母亲］的信息，她希望我能在葬礼上发言。我在飞机上写了稿子，一边写一边留下了眼泪。

8月20日

→巴塞罗那→《香水》*。

5点左右，丽思（但因合并纷争，现更名为皇宫）酒店。

这个时候就要气得跺脚了，前台一个人都没有，还得大声问“有人在吗”，礼宾也爱搭不理的。想要借一部DVD，竟然回复我说“今天不行”。迷你吧里的东西少得可怜。客房服务做得也不到位，枕头都是化纤的。

8月21日

换了新枕头，多要了几个衣架，DVD播放器马上就送来了。

8月22日

下午4点，骑行课。

8月23日

《香水》第一天。

8月24日

傍晚出发，先和本·卫肖彩排，再和本·卫肖以及蕾切尔［·哈伍德］拍完了卧室场景的戏，汤姆［·提克威，导演］的情绪控制得特别好——他十分注重细节，充满热情，帮助演员。哈利路亚——连续遇上两个［很能干的执行导演］——真无助啊。

凌晨5点20分才回到酒店。

8月25日

一觉睡到12点半。

---

* 《香水》（*Perfume*），由汤姆·提克威执导，本·卫肖、达斯汀·霍夫曼等主演的剧情片。艾伦在这部影片中饰演安托万·瑞奇斯。

下午4点半出发。

今天拍骑马的戏，这匹叫坦博的黑马体格很大。我的腿太短，没法一蹬就上马。

凌晨2点才到家。

8月26日

傍晚7点去片场，瑞玛和艾琳娜在片场晃悠到1点才去吃晚饭，真厉害。我就没那么厉害了，脚疼得不行。

早上7点返回酒店→吃了培根和鸡蛋……我的脑子里有一个声音告诉我“别睡，反正你现在也醒着”——而另一个声音则抗议说“不，你没有”，因此我瘫在床上，一觉睡到了下午2点。

8月29日

下午3点，媒体发布会。

“蕾切尔，你变美的秘诀是什么？”

“艾伦，你觉得巴塞罗那是什么味道？”

9月5日

这一周都拍小镇广场上的戏。到了片场看见有750个裸体的群演。

8点45分，参观卡尔维特之家。

这个建筑出自高迪之手。他曾经的办公室如今被改造成一间餐厅，非常漂亮——白色的瓷砖、抛光的地板、木质的包厢、彩色的玻璃。餐厅的菜品则令人震惊，本（吃饭的口味很简单）在不知情的情况下点了一盘黑色的墨鱼意大利面。

9月10日

下午，凯文·史派西从他的化妆间打来电话，他正在《理查德二世》的项目上，他说很喜欢和特雷弗·纳恩共事。我则告诉他我正要穿过750个正在表演群交的裸男裸女，我很想从戏服的口袋里掏出一个迷你相机。史派西说“那你就和剧照摄影师交上朋友”，是个好主意。

他们想让我出演阿瑟·米勒的《复活蓝调》，项目明年2月启动，导演是奥尔特曼。呃……

9月26日

那瓦塔（菲格拉斯）。

10点40分出发，都快开到西班牙和法国的边境了。取景是一片美丽的乡村……要在这里拍摄骑马进山的戏。

（我的马）“猛男”看见不到两英尺的水，就吓得不行——一点儿也不意外（上次一个栅栏就把它吓得半死）。因此我们只好暂停拍摄，让它先熟悉熟悉环境。

9月30日

菲格拉斯（那瓦塔）。

下午3点开车去巴塞罗那机场。

6点半→伦敦。

10月3日

接受《星期日泰晤士报》的记者安·麦克费伦的采访。

还是老样子，他们不是对我20年前的作品感兴趣，就是想和我聊《哈利·波特》、《哈利·波特》和《哈利·波特》。

我应该感到惊讶吗……？

10月9日

8点，与塞巴斯蒂安·巴里、艾莉森、克里斯、鲁比和康纳共进晚餐。

布克奖揭晓在即。

塞巴斯蒂安的作品兼具智慧与童真。我们一致认为“双手做好鼓掌的准备了”。

10月10日

塞巴斯蒂安没有获奖（布克奖颁给了约翰·班维尔）。

10月13日

7点半，预演。梅根在化妆室里遇上"灾难"，没什么大碍，但是如果她太放松，演出就会有不稳定因素。今晚的情况，恰恰说明了她为了这部戏必须付出努力。有几场戏，她还可以顺着演，但其他的部分都充满了想法和想象力，需要演员当下充分发挥。

10月14日

7点，媒体之夜。

梅根完全灵感爆发，这是我在剧院里最美妙的夜晚之一。在座的观众都被她带入戏中。我站在后面，偶尔瞥见观众脸上专注的神情。做了6处笔记，长吁一口气。

10月16日

菲格拉斯。

11点15分→巴塞罗那。

晚上8点出发。

今天拍刑房的戏，场地是在一座（17世纪的）城堡，这里一度能容纳3万名士兵。如今这场戏，这里备了一大桶水，让本浸泡在其中，结果每次入水前，都有一个声音数"1—2—3"。斯坦尼斯拉夫斯基会对这场戏提出什么建议？不知不觉，我们终于拍完了，大家纷纷鼓掌，和瑞奇斯［艾伦的角色］告别，并献上鲜花。是我想太多了吗，我怎么觉得花不是献给我的，而是一把递到我面前的……

10月17日

菲格拉斯。

凌晨4点，上床睡觉。

上午8点，听到汽车从片场返回的声音。

［晚上］8点半，在水疗餐厅举行杀青派对，这个场地实际上很不错。我被逼着讲了两句……然后本拍了拍麦克风，说了句很有道理的话："反正没人在听——让我们喝个大醉吧。"

10月25日

下午6点，切尔西学院演讲厅。

接受安德鲁·马尔的采访/对谈。他很有才华，一边认真听我讲话，一边又能在我陷入一个问题之前，马上进入下一个话题。这次受访给我一种非常奇怪的感觉，我同时做到了坦诚和谨慎，这感觉还不赖。

10月28日

洛杉矶。

1点55分→洛杉矶。

朱迪·霍夫兰德和碧安卡·贾格尔也在飞机上，他们昨晚都来看演出了。

10月29日

7点15分，玛西亚来接我，去柯克道格拉斯剧院参加为无家可归者举办的慈善演出。参加这次活动的还有：阿尔法［·伍达德］、唐·钱德尔、伊娃·门德斯、摩根·弗里曼、玛丽莎·托梅、蒂姆·罗宾斯。汤姆·威茨就站在钢琴旁边，单他一人到场就值回票价了。前一个小时是精心准备的发言，接着汤姆·威茨献唱了3首歌曲。《玛蒂尔达华尔兹》的音乐响起后，我整个人轻飘飘的。

9点半，我见到汤姆·威茨了——太了不起了。事实证明，他时尚又温柔（那些悠扬的钢琴和弦就足以证明他的性格）。

10月31日

7点10分出发，《诺贝尔赎金》[2]第一天拍摄。

11月3日

洛杉矶。

前往丽亭酒店拍摄。

“你好，林迪*，我是艾伦。”然后直入主题，在办公桌上做起爱来。

晚上7点，与玛丽［·斯汀伯根］还有特德·丹森一起吃饭（午饭晚餐放在一顿吃），我们泛泛地聊天，话题又转到美国的问题上……玛丽是真心喜欢并钦佩比尔·克林顿，她说他不虚荣，而且对解决问题充满热情。特德的辨识度很高，让人对他充满好奇。

11月4日

三个女人脱掉衣服，我们摆出明目张胆的姿势。“你好。你介意我把拇指勾在你的丁字裤上吗？”

11月7日

戴维·约翰逊［制片人］发来一封传真，充分表达了他对《我的名字是蕾切尔·科里》的支持，还附上莫琳·利普曼在《卫报》上发表文章的新闻。

11月8日

在去片场的车上，我动笔给莫琳·利普曼回信。毫无疑问，这将会成为一封官方回复。

11月28日

12点45分，《伦敦标准晚报》戏剧奖设午餐宴。

与莫琳·利普曼聊了聊她在《卫报》上发表的关于《蕾切尔·科里》的评论——我现在感觉她分不清［皇家］宫廷戏院和哈克尼帝国剧院。

---

* 林迪·布丝（Lindy Booth，1979— ），加拿大演员。

布莱恩·弗里尔和我相互打手势。你——写给——我/我——写给——你/那么——开始——做吧。

11月30日

戏剧观众网站（Theatregoer.com）公布提名名单。我们入围了最佳个人表演、最佳戏剧和最佳导演奖。

下午，埃莉丝·道奇森来电称，《我的名字是蕾切尔·科里》获得了南岸地区戏剧表演奖（South Bank Show Award）的提名，一同被提名的还有《玛丽·斯图尔特》和《慈善家》。

《伦敦标准晚报》的评论开始显得无礼了，或许我们是受到了审查。

12月1日

上午8点半，哈雷街149号，拜访贾斯汀·维尔教授。

终于，医生根据我6月份的就诊记录，确诊我得了PC*。贾斯汀·维尔对这个病的解释很清晰，也对我的病情感到乐观。而我的大脑、我的意志，都像给果酱罐封口的金属边一样紧紧夹住。他告诉我，我说的这些，你一个字都不用在意。可他每说一个字，我心里就一紧。

教授的接待员帮我预约了BUPA体检筛查，我整个人全程都是恍惚的。一阵眩晕和漆黑似乎要淹没我，今天的日记实在叫人无法承受。

12月2日

与杰里米·L.聊了我的病，他当时也在场，人很镇定，也很能体恤我的感受。

杰里米发来消息问我——需要他过来陪陪我吗？这，就是朋友。

12月7日

很享受一整天穿着睡衣在家里闲逛的感觉。这是在提示我——不要再

* 艾伦被诊断出患有前列腺癌。

东奔西跑了。还不如多跑跑步（增加锻炼）。

12月8日

（下午）3点，哈利街149号。磁共振。

12月9日

凯斯·维纳打电话说莫琳·利普曼今天在《卫报》上承认了“是我的错（Mea culpa）”。好样的，莫琳。

12月15日

6点，贾斯汀·维尔的秘书终于来信，扫描结果没有问题。

12月20日

晚上8点，斯汀和楚蒂在他们位于安妮女王之门的家里举办了俄罗斯帝国主题派对。屋外备有马车（后来我们还乘马车绕着街区转了一圈）……他们的花园白雪皑皑，到了圣詹姆斯公园就开始下暴雪……派对还有一个角落给我们准备了鱼子酱……

12月22日

李斯特诊所。格罗夫纳客房。

商讨各种治疗方案，我仍然很迷茫，每位医学顾问都有自己擅长的治疗方向。

6—9点，见海伦娜和伊恩。

阿拉斯戴尔·坎贝尔人很随和，好相处。我有点恭维他，说我从没见过哪位政客像他这样有好奇心——主动提问，而非光是发表一些见解——不过现在回想一下，尼尔·金诺克和罗宾·库克也是这种风格。

12月23日

家里又没有暖气了。

12月28日

9点半乘车→希思罗机场→纽约。

12月30日

上午11点，慕尼黑。

我们今天看的这部片子很枯燥，就好像斯皮尔伯格在拍这部电影时，就已经想着筹备他的下一部电影了。这部片子中规中矩，不会招骂，自然也就少了些灵魂。

注释

1 两人是建筑设计师，为艾伦处理坎帕尼亚蒂科的房屋装修事宜。

2《诺贝尔赎金》（*Nobel Son*），由兰道·米勒执导，艾伦·里克曼、布莱恩·格林伯格、肖恩·海托西等主演的黑色喜剧电影。

2006

— 纳什维尔

— 《哈利 · 波特与凤凰社》

— 柏林

— 《雪季过客》

— 阿勒浦

— 《我的名字是蕾切尔 · 科里》

— 瓦妮莎 · 雷德格雷夫

— 林恩 · 巴柏

— 卢西安 · 弗洛伊德

— 《哈利 · 波特》

— 鲁比 · 瓦克斯

— 坎帕尼亚蒂科

— 理查德 · 威尔逊

— 纽约

— 爱丁堡

— 《雪季过客》

— 慕尼黑

— 纽约

— 《香水》

— 安德鲁 · 马尔

— 与娜塔莎 · 理查德森和连姆 · 尼森（以及米娅 · 法罗、贝蒂 · 米德勒、梅丽尔 · 斯特里普、斯坦利 · 图齐……）一起过圣诞节

1月4日

下午2点→纳什维尔。

3点半，车来接我，去范德比尔特大学找主治医生做术前会谈，杰伊·史密斯医生冷静、专注、敏感。*

1月5日

凌晨5点，起床。

5点45分，开车去医院。

凌晨6点，术前准备。

一切就像是电影布景，毫无真实感。

进了康复室，止疼药起了作用，对手术的过程完全没有印象。大家对我照顾有加。

回到病房，戴维已经在等我了，他是最好的护工。瑞玛也在（手上拿着一本书）。

下午，史密斯医生查房。

我和瑞玛一边吐槽，一边看《与星共舞》。晚上9点她才回酒店。

从今天开始，要格外注意各种缓解疼痛的姿势和药物，我身上似乎插满了管子。

1月6日

一宿没睡。

早上6点半，医生查房。生活起了变化，这才有了真实感。

11点，瑞玛来了，吃午餐，散步。

下午，洛克西［护士］带瑞玛去超市，买些食物、运动裤之类的日用品。

---

* 艾伦·里克曼因确诊恶性前列腺癌，整个2005年一直在接受治疗。经确认，最佳治疗方案是切除前列腺。为此，他和瑞玛前往美国田纳西州纳什维尔的范德比尔特大学医学中心。在那里，该领域最领先的外科医生之一约瑟夫·杰伊·史密斯医生为他进行了手术。

1月7日

一整晚都感觉很冷，胃都在收紧。

神奇的是，散步或者耐心上厕所都有奇效。

史密斯医生来查房，他是个文化人，好奇心强，问了我几个关于工作的问题，问得很直接、很有水平。他让我再留院观察一天。

1月8日

凌晨5点，耐心终于得到回报，终于有力气控制导尿管了。

7点，医生过来处理完导管并引流之后，紧张兮兮地切入正题——“《虎胆龙威》最后那一场坠落，你是怎么演的？”

出院→在纳什维尔市中心的冬宫酒店修养一周。史密斯医生充当了导游，他告诉我们，猫王的故居雅园（太远了）过去要200英里，不如去逛逛杰克丹尼尔啤酒厂。不过田纳西州禁酒，所以不提供免费试喝。

我们住的酒店完全值这个价。下午晚些时候——漫步在纳什维尔安静的街道上。非常像阿尔法城，看到一个戴牛仔帽的怪人。

“导尿管学院”又有一位学员学成毕业了。

1月13日

吉娜发来传真，《雪季过客》将作为柏林电影节的开幕电影。另外，有消息称《我的名字是蕾切尔·科里》获得了戏剧观众网的最佳戏剧奖、最佳个人表演奖和最佳导演奖。因此，今年不存在黑色星期五。

天灰蒙蒙的，下着雨，吃完三明治和咖啡后匆忙赶回酒店。

就像躲起来了，不过从某种程度上来说，确实如此。

1月16日

上午7点45分→范德比尔特。

史密斯医生帮我拔掉了剩余的管子，连同胶带一起撕掉。整个过程没发出声音，维护了我的尊严，体现了他的智慧。

1月17日

我带着某种胜利的心情向史密斯医生汇报说，昨晚未发生漏尿问题，但站立和走动还是有问题。不过，他看上去很满意，这意味着很多辅助工具我都可以不要了。

不要的东西瑞玛负责倒，她佯装无知地朝公共垃圾箱走去。

3点25分→纳什维尔出发至拉瓜迪亚，然后→默瑟酒店。

1月22日

伦敦。

家里收到一沓信件。

1月24日

11点半，和会计戴维·科珀德开会。

我才知道，受汇率影响，《哈利·波特与火焰杯》的片酬居然低于《哈利·波特与阿兹卡班的囚徒》，真有意思。

1月30日

终于，答应继续拍《哈利·波特与凤凰社》。心情不上也不下。我之所以点头，是因为有人告诉我“坚持到底。这是你的故事”。合同上增加了一条内容：每一部7周内完成拍摄。

2月8日

和安德鲁·沃德*聊完后，我们决定趁我过生日，去阿勒浦来一场逃跑之旅。去趟荒原，和当年在我们的公寓里订婚的老朋友一起，再带上他们一岁的儿子。感觉这趟旅程会结下善缘。而且我们坐火车去，路上还能看看书，看看窗外。

---

* 安德鲁·沃德（Andrew Ward），艾伦在艺术学院求学时的老友，长居爱丁堡，娶了艾莉森·坎贝尔（Alison Campbell）为妻。

另外，弗朗辛·勒弗拉克打来电话，他对《我的名字是蕾切尔·科里》的纽约首映有各种不祥的预感。可我都说了，事已至此，我不能（也不会）做删减。美国这国家，虽说为言论自由而战，却也很重视审查。

2月9日

上午7点坐车出发，8点55分→柏林。一辆宾利轿车将我们送到丽晶酒店（前身为四季酒店）。我靠在引擎盖上拍了几张照片，这段时间这辆车归我们使用。

9点，《雪季过客》为柏林电影节开幕。在大荧幕上看，片子很不错。小小的奇迹故事，竟然变成了史诗电影。观众边听边笑，掌声不断。就像是玩老虎机，三个图案全中。

2月17日

戴维·约翰逊告诉我，迈克尔·摩尔给我们捐了1万美元。我打电话将这个消息告诉了宫廷剧院的黛安·伯格［总经理］，却得知纽约戏剧工作坊（NYTW）想把《我的名字是蕾切尔·科里》"延期一年"，他们相当于委婉地告诉我们说"我们怕了，没有公关公司愿意接触我们，我们也不敢直接拒绝你们"。

2月18日

来回打了好几圈电话，不得不把这个消息告诉梅根。黛安很有条理，埃莉丝还是那么容易激动，梅根则出奇地冷静。戴维·约翰逊大谈特谈在美国之前的西区，埃莉丝想要揭露整件事，黛安想要谨慎行事，梅根处在风口浪尖，要保持坚强。就像我和黛安说的，我们不住在纽约，感受不到他们的压力，但诚实一点总能派上大用场。用哈马斯政府作为延期的理由，实在荒谬，谁能保证一个月、六个月、一年或十年后会是什么情况？道德上的怯懦，只能披着陈旧的外衣来掩盖。或者这只是法西斯卷土重来？当然，审查制度又回来了。

2月19日

晚上8点，尤斯顿车站。乘喀里多尼亚卧铺列车前往因弗内斯。晚餐后吃了一片药，只管2个小时。药效一过，夜里就会被突然的颠簸和震耳欲聋的警报惊醒。

2月20日

9点半，火车晚了半个小时才到因弗内斯。一位好心的女士开车来接我，半小时车程后，到达阿勒浦，入住同乐会广场酒店。

12点半，在酒店与安德鲁、克斯汀和卡琳一起吃午餐。我真的很喜欢这个孩子。

驱车前往灯塔，就在安德鲁和克斯汀两人想建房子的那块土地边上。把车停在了纤道尽头的临时停车点。斯托诺韦渡轮每天经过两次，让这座饱经风雨的灯塔显得格外光彩夺目。

下午6点，安德鲁来接我们。我们在他们的小别墅里享用了海带，佐以燕麦/羊杂碎肚、芜菁还有土豆。都是苏格兰的灵魂食物，美味极了。克斯汀对谷物的看法很对：如无必要，尽量别把它们磨成粉。吃了这么多新奇的东西，胃也没向我抗议。

2月21日

在凯尔特荒原上过生日。

安德鲁先带我们参观了他的画坊，为我们演奏了几曲马丁·贝内特的音乐，再带我们回家吹蜡烛，接着，我们沿着往阿奇尔蒂布伊去的方向继续徒步，还在附近的海滩野餐。

7点左右，在酒店吃晚餐……之后让·厄克特*也来了，她是苏格兰民族党议员，我们交谈了一番。上床睡觉，感觉这一天很有干劲和前进的动力——而不再是伤感和麻木。

---

* 让·厄克特（Jean Urquhart，1949—　），当时是凯尔特酒店的老板。

2月27日

和《卫报》记者凯斯·维纳谈了谈。皇家宫廷剧院希望保持中立。

蕾切尔·科里只属于她自己，不为任何机构代言。人们因为恐惧而审查。不管世人是否同情科里，她的声音就像迷雾中的号角，值得被听到。

2月28日

媒体有报道出来了，都是《里克曼大发雷霆……》之类的标题，不过报道基本都做到了公平公正。蒂姆·罗宾斯来电：纽约不让演，来洛杉矶演。

下午，检查明天凯斯·维纳要在《卫报》发表的评论。不论是请我接受采访，还是要我周末上丁布尔比[1]的辩论节目，我全都拒绝了。就让这出戏上演，让蕾切尔·科里为自己发声吧。

3月2日

一整天几乎都在给各种人打电话：宫廷剧院的黛安、辛迪和克雷格·科里、戴维·约翰逊……公关部的珍妮“尽职尽责”，劝我和那些友善的媒体人好好聊聊。我抱怨道：“这事儿的重点不在我！”“但我们必须把戏卖出去！”他们反过来冲我嚷嚷。

3月4日

8点，赴琳赛和希尔顿的约。

路上和戴安娜通话，她和［纽约公共剧院的］奥斯卡·尤斯蒂斯聊过，尤斯蒂斯强烈支持《我的名字是蕾切尔·科里》在纽约上演，哪怕只是为了证明个别团体无法叫停一场演出。

3月6日

和宫廷剧院发往来传真，回复纽约戏剧工作坊的网站。现在他们希望《纽约时报》报道这件事。

3月7日

《纽约时报》又发一文，仍然将这件事归咎于我本人和我的"事业心"。

3月8日

戴维·约翰逊发来一封传真，劝我放过NYTW的吉姆*，否则可能会害他丢掉工作，言辞凿凿。正如戴维所言，真要是这样，每个人都会感到痛苦。这是典型的新保守主义政策，制造骚乱，全身而退，再看着自由派自相残杀。

黛安……希望的，不过是让吉姆停止与媒体接触。我却觉得，不论此事如何发展，宫廷剧院都不会再和他们合作了。真是一团糟。这个时候如果纽约市长或首席拉比再插一脚，情况只会更混乱。

3月17日

与乌利［·安德烈斯］通了电话，他对《我的名字是蕾切尔·科里》再次启动表示遗憾。后来，安娜［·梅西，他的妻子］解释说"他都80岁了"。她说这句话时，语气里满是自豪与爱意，也是在告诉我，没有再商量的必要了。乌利是俄裔犹太人，所以我对他的态度并不感到意外。对他而言，过去即现在。

3月19日

读林恩·巴伯对瓦妮莎·雷德格雷夫的采访，又是记者和演员相互不对付。出现这种情况，既和记者本人有关，也和采访主题有关，只不过，这次的记者风趣直率，反应敏锐，每一个话题的分析都点到为止，引用演员自己的原话收尾，然后再切入下一个话题。而且，记者通篇没有废话，这点很是吸引我。可就算记者再有水平，凡妮莎也不该被她牵着鼻子走，毕竟她的履历堪称伟大，林恩·巴伯可有什么建树?

---

* 詹姆斯·C.尼古拉（James C. Nicola，1950—　），纽约戏剧工作坊的艺术指导。

3月24日

亲耳听见自己应承下了BBC一台的邀约，下周上晚10点的整点新闻……昨天我可才拒绝了一档综艺《名人马术障碍赛》。

3月26日

我对接受BBC新闻的采访感到愈发信心不足。不论他们多么理解我，都会从负面的立场切入，我则会在一个原本根本无须自证的话题上陷入守势。而且，还存在互联网断章取义的风险。

3月28日

8点，《我的名字是蕾切尔·科里》伦敦首场预演。

梅根说她很害怕——谁知道会发生什么。结果演出一结束，观众全部都站了起来。

4月1日

鲁比开车/打车去沃斯里餐厅，和桑德拉·凯曼、安妮·蓝妮克丝还有芭芭拉会合。他们都才刚刚看完《我的名字是蕾切尔·科里》，大家都表示很喜欢。餐厅里，尼尔·坦南特就坐在对面，我们身后坐的是卢西安·弗洛伊德。我忍不住想着："我会是个耐心的模特——我保证。快选我吧！！！"安妮非常讨人喜欢，她总替我担心事情会朝最坏的方向发展。

4月6日

下午看了《香水》。汤姆拍了一部唯美的电影。影片对格雷诺耶完全不带偏见（本的表演太棒了）。美丽是嗅觉的阻碍吗？开车的人是谁？

4月12日

6点45分，出发去《哈利·波特》片场。

我很快就意识到，我只要一戴上［斯内普的］戒指，穿上他的衣服，就会产生一些变化。我不再健谈，收起笑容，把自己关了起来。这个角色让我画地为牢，精神紧绷。这种态度在片场可不是什么好事。我在其他片场，还从没这么沉默寡言过。还好有丹尼尔［·雷德克里夫］活跃气氛，他很放松，也很有魅力，关键人还年轻。

该回家了，没过多久又得起床。

4月21日

上午7点出发。

和玛吉还有迈克尔拍重返大礼堂的戏。伊梅尔达·斯汤顿怂恿我讲了和西格尔一起拍戏的趣事，还有我于奥斯卡当天上午在电梯里遇见邦妮·齐默尔曼*的事，几分钟内，所有人狂笑好几次。“我那部关于黛安·阿伯斯的电影一定得让你来演。你可以演一个缺胳膊少腿的角色。”

4月24日

晚上11点，沃斯里餐厅。终于说服鲁比·瓦克斯女士远离苏荷区那些廉价的小酒馆，她觉得沃斯里非常高档洋气。她先是一直否认，［后来］终于交代，她要参加《名人马术障碍赛》。她真是一点儿没变。

4月30日

10点25分→纽约。

5月4日

9点半，《雪季过客》。

投影的画质有点糊，但整体还是很好看的。观众静悄悄的，每到煽情处都很投入。电影演完后的问答环节很平静，也很轻松，我充满自信，觉得自己创作了一些体面的内容。

---

* 邦妮·齐默尔曼（Bonnie Zimmerman，1947—　），美国文学评论家，专攻于女性研究。

5月5日

……今天和瑞玛打电话，她输掉了席位。*这绝对是那些人的损失，不过她也自由了。

5月14日

4点，《我的名字是蕾切尔·科里》。

辛迪和克雷格今天来到现场。上台时间推迟了20分钟——电涌导致短路。

梅根今天呈现出一种非常纯粹的情感，应该与科里一家到场不无关系，完成得非常漂亮。

今天，《观察家日报》称我们的演出大获成功——戴维在接待室里好像不是这么说的。

5月21日

4点，伦敦封箱演出。全场座无虚席。梅根起步太快，后来逐渐进入状态，可临近结尾时又有点紧张。我在后台注意到，谢幕时有个女人一直在大喊大叫，整个下半场她都在抗议，难怪梅根吓坏了。最后一天，这是要给纽约的事做个标记?

5月30日

坎帕尼亚蒂科。

今天是我磨刀霍霍向花园的一天。把无花果树从猕猴桃树的藤蔓中解救出来，顺便把金银花安顿好，也让紫藤搞清楚谁才是老大……

6月7日

坎帕尼亚蒂科。

3月22日，罗伯特·勒帕吉致信ICM经纪公司称，法国发行商希望

* 地方选举，肯辛顿和切尔西行政区。

《龙之三部曲》获得更高的知名度。这让我想起一个时刻，是汤姆·克鲁斯在雷诺秀上，他当时看上去别扭极了。别人让你上你就上，让你下你就下——是谁这么想一出是一出的？

6月8日

坎帕尼亚蒂科。

开启DIY模式，我先是给门外的桌椅打了砂，又上了一层头漆（一种“保护”材料？）。

上完第二层漆，外观大变样，好像更好看了。

6月13日

去马里波恩大街购买大量生日和结婚礼物。

7月9日

12点理查德·威尔逊的生日派对……伊恩·麦克莱恩大胆致辞，句句直戳威尔逊，接着珍妮·斯托勒*和我赠书致敬理查德。

7点，沃斯里餐厅，有我、佐伊［·沃纳梅克］及高恩**夫妇。就在我们闲聊/讲故事/互相诋毁/瞎闹腾之时，佩妮·威尔顿来了，紧随其后的是安东尼娅·F.和哈罗德·品特……他们会提起那个话题吗？答案是肯定的，先开口的人是哈罗德（他的思路和他的皮肤一样清澈，更不用说他还很有礼貌，很慷慨）。他先是夸了夸蕾切尔·科里的戏，然后问我：你知道我有首诗叫《民主》吗？接着，他为我们朗诵起来……

理查德和哈罗德，一天之内两个标志性人物。

7月24日

前往纽约。

---

* 珍妮·斯托勒（Jennie Stoller，1946—　），英国演员。

** 即高恩·格兰杰（Gawn Grainger，1937—　），英国演员，佐伊·沃纳梅克的丈夫。

2点35分，英国航空→纽瓦克。

在飞机上终于看完了《长不大的国家》，文章写得很精彩，作者托尼·朱特认为以色列“行事像个青少年”，“为所欲为，不计后果，造成了永久性的影响”。而且，这篇文章还是写在黎巴嫩恐怖事件之前。

8月3日

→爱丁堡。

凌晨3点，倒时差睡不着，读汤姆·康特奈的书《亲爱的汤姆》(*Dear Tom*)。这本书让我想起年轻时的住所——厨房、浴室、前厅和卧室，现在的居住环境既让我满足又让我感到一丝不安，是不是就是因为这个原因？

11点，从国王十字车站坐火车出发。

5点55分，《我的名字是蕾切尔·科里》爱丁堡首场预演。乔西*的表演十分干净利落。

8点，海滨酒吧，利斯和大家都来了，场地选得完美。

下一轮，又去了普雷斯顿菲尔德酒吧，到处都是欢声笑语。

8月6日

戴维·约翰逊来电，说《苏格兰人报》给出很高评价。这篇报道显然是帮了他的大忙。

8月9日

6点半，瑞玛出发前往意大利。

8月11日

感觉这次去意大利越来越没有兴致。撇开机场的混乱不谈，压力还很大，感觉像是在经营一家酒店，没得休息。而且，花园还没开始动工……

---

* 即乔西·泰勒（Josie Taylor，1983—　），英国演员，扮演蕾切尔·科里。

8月12日

5点，［伦敦，］惠廷顿医院。

麦克斯［·斯塔福德-克拉克］的思维还是那么敏锐，记性也很好。他左半身瘫痪，眼睛都睁不开，但我们聊天时就好像什么也没发生过一样，希望这就是来看望他的意义所在。麦克斯问了有关科林·雷德格雷夫的尖锐问题，还提起艾伦·艾克伯恩中风的事，不过我们很快就略过了这个话题。

8月15日

11点，乘火车前往爱丁堡。

命运使然，让我读到（并且刚刚读完）汤姆·康特奈的书。书中随处可见的是我的平行人生，尽管我和他如此不同，经历却如此相似。生活中的很多场景，都如镜像一般与我重合：撇下一份事业加入RADA，提醒妈妈不要和媒体交谈，家中亲戚喧闹不断——不论是奶奶、爷爷、叔叔、阿姨还是住院中的妈妈。我感到一阵愧疚，此刻我正在前往爱丁堡的火车上，要去参加一场《雪季过客》的放映会，明天还有一场《我的名字是蕾切尔·科里》，可这些都是我引以为豪的工作。毕竟今日之我，皆得益于家庭的塑造。

7点《雪季过客》放映会。J.K.罗琳和尼尔［·默里，她的丈夫］、安德鲁［·沃德］和艾莉森［·坎贝尔］都来现场支持。

晚餐——附近的汉密尔顿餐厅。回答完大家的问题之后，（和布莱恩·德·帕尔玛）去阁楼画廊看展，然后去喜来登酒吧喝一杯。史蒂夫·库根全程都在，他人很聪明，也讨人喜欢。只是红酒下肚，我说话都没有动词了。真不知道我最后是怎么回房的？

8月16日

爱丁堡。

下午1点，牡蛎餐厅［皇家咖啡馆］。这么多年了，我怎么才发现这个好地方，简直是天堂。罗伊·哈特斯利走了进来，我们认出了对方，挥手打招呼。“你还在努力，还是已经绝望了？”“还要更糟。”我说。“一切都会好起来的。”他说。我觉得，他这个答复相当布朗主义。

9月7日

慕尼黑——《香水》首映。

媒体呀……“《香水》对你来说意味着什么？”“你最喜欢的香水/气味是什么？”“你会给女士送什么香水？”等等，等等，等等，等等。

9月9日

5点半起床。

凌晨6点乘出租车→医院。

1月的回声。工党的表现实在可悲——完全与现实世界脱节，制度化，茹毛饮血，狂妄自大，苦涩，扭曲，愚蠢。查尔斯·克拉克*——永远不能相信一个两天不刮胡子的人，而且他的脸还吃得那么肿。布莱尔则是马不停蹄地往以色列跑，想要快速展示一下他的政治才能。

9月13日

晚上9点，瑞玛从意大利回来了。

9月19日

下午3点，在怀特利的影城看《女王》。

影片满足了世人一窥女王生活的愿望，海伦［·米伦］的表演实在精彩。只是电影的调研工作是小报级别的，该严谨的地方不够到位。在圣詹姆斯宫与王室成员会面时会发现他们都是一群真正懂享乐的人。另外，殿下和菲利普分床睡，不是众所周知的事实吗？我怀疑女王的母亲影响力更大，哪怕在她90多岁的时候。总的来说，我看得很专注，但是片子很快变得乏味了——很遗憾，中间有点打瞌睡。

---

* 查尔斯·克拉克（Charles Clarke，1950— ），工党政治家，2006年被托尼·布莱尔免职。

9月29日

目前看来，我是诸事不顺——RADA、品特的新戏、《雪季过客》、《香水》放映会、《蕾切尔·科里》可能存在的潜在个性冲突等。所有事都有或都将有问题。究竟为什么会这样？就连别人的事我也看不惯——西格妮遭到哈维［·韦恩斯坦］令人发指的对待。我现在就想惩罚他，就好像人家能感觉得到一样……

11点15分，乘车→希思罗机场。翻篇了。

10月4日

纽约。

8点，带妆彩排。*

在场的还有几位制片人、一些市场工作人员和媒体人士。梅根的眼神和灵魂深处都透着疲倦，不堪重负，她变得消极又脆弱。

10月5日

8点，纽约首场预演。

她的状态恢复了。然而，观众的年龄层却令人堪忧。指望他们起立鼓掌是不可能了——站起来都需要花一点时间。

10月12日

有点措手不及——瑞玛在电话里说："我下飞机了，现在在路上。"

10月15日

7点，开幕之夜。

顶着纽约的压力，开幕演出的效果符合所有人的预期。人人西装革履，金钱和名望无处不在。散场后过了很久，观众还留在大厅，想要和科里夫

* 《我的名字是蕾切尔·科里》在纽约百老汇米内塔巷剧院（Minetta Lane Theatre）上演，由戴维·约翰逊担任制片。

妇交谈几句。

随后，在巴尔萨泽餐厅，黛安·伯格第一个暗示，《纽约时报》的评论或许“好坏参半”（糟糕的字眼）。又来了。*

10月16日

……见鬼的报纸，一家之言，闹心一整天——梅根承受的压力都写在脸上了。

10月28日

下午3点，布莉**的首场演出。

她比预估的演出时间快了6分钟，所以我在二层的观众席上暗自猛拉缰绳。不过演出结束时，观众还是为她起身喝彩，她的青春和活力无比感染人。

瑞玛→肯尼迪→伦敦。

11月3日

11点05分，看《波拉特》。非常精彩的喜剧——整部电影和演员的表演从头到尾都受到了天才的亲吻。

11月28日

纽约→多伦多。

6点半出发→多功能影厅，《雪季过客》首映。

后面的招待会上，一位58岁身患自闭症的女士告诉我，她正在努力管住嘴：“我可能会太过冒昧。”

12月3日

早上6点，倒时差，读安东尼亚·奎克的《德帕迪约夫人和美丽陌

---

* 《纽约时报》总结称：“不论她的政治立场站在哪边，科里小姐的世界观都受到颠覆，她不得不对‘坚持人类福祉’这一基本信仰产生怀疑。她的遭遇之悲凉，我们感同身受。”

** 布莉·埃尔罗德（Bree Elrod），美国演员，饰演蕾切尔·科里。

生人》。整整300页，读起来酣畅淋漓，很是享受。读其中一些章节，你仿佛看到一个湿漉漉、浑身是泥的五年级学生，她一把将曲棍球棒扔到房间的角落，然后拿起她的毛边日记本，跳上床，开始写、写、写。

12月5日

《香水》首映。

电影很美，300名观众看得入迷。

12月6日

11点半，乘车前往松林工作室。*

做石膏头套，非常诡异，被活埋一般的体验——不能咳嗽，看不见，也说不了话，工作人员不停地拍打石膏条，结果石膏的温度突然升高。然后是唱歌部分。我觉得保罗喜欢我反击那位极其粗鲁的钢琴家的方式……一个上了年纪的酒色之徒的形象逐渐清晰。有点莱斯·帕特森[2]的味道。

12月11日

伦敦诊所。验血时间。

离开时正好碰见安德鲁·马尔，他一只手正在打电话，看上去像是浑然不觉自己拄着拐，并且右腿还打着石膏。我等他挂电话后对他说："我知道你肯定都说烦了，但是你到底发生什么事儿了？""哦，就是肌腱撕裂，你知道卡文迪什街怎么走吗？"不清楚，但祝他一切顺利。开玩笑，我当然知道，出门，左转，步行100米，就到卡文迪什街了。我回头一看，发现他哼哧哼哧地往那边走去。

12月13日

皇家宫廷剧院50岁生日。

---

* 为《理发师陶德》（*Sweeney Todd*）做准备。

瑞玛后来说，派对在场的所有人都透着一股忧郁。她的感觉或许没错，而且宫廷剧院自我检讨的习惯也不会真的允许大家抛下过去。结束后，我们一行人都去了沃里斯餐厅。

12月15日

9点45分，松林工作室，参加了一场非常暴躁（我是说我自己）的彩排。时间太早了，嗓子还没开，高音唱不出来，平淡地坚持说一切都会好起来的……

12月17日

9点35分→纽约。

下午3点，《我的名字是蕾切尔·科里》。这是布莉的最后一场演出。整个舞台现在都是她了，她找到了属于自己的发挥空间。还是前一句台词的情绪还没有到位，就急着说下一句词了。不过，她为角色带来了奇迹般的新鲜感。几位演员中，只有她真的去过加沙。

晚上7点，凯瑞*的最后一场演出。她确实是个了不起的天才，人毕竟年轻，太用力也情有可原——她给人感觉就像“我一定要做到毫无保留”。不过，她很吸引人，一个音节都没有浪费，每一个音节都情感饱满。

12月25日

纽约上州，米尔布鲁克。

娜塔莎和连姆绝对称得上传奇般的主人……当我们推开卧室门想要煮杯早茶时才发现，有两只圣诞大袜子在等我们。

12月27日

米尔布鲁克。

《纽约时报》没说《香水》的好话。《每日新闻》倒是很喜欢。难怪梦

* 凯瑞·碧许（Kerry Bishé，1984—　），蕾切尔·科里的候补演员。

工厂一直表现得像个腼腆的门卫。

6点，娜塔莎和连姆的派对。吃的是印度菜，大家一起玩猜名游戏，有梅丽尔·斯特里普、贝蒂·米德勒（由她记分）、米娅·法罗、斯坦利·图齐和夫人凯蒂、艾丹·奎因和伊丽莎白［·布拉科，他的妻子］，还有阿兰·柯德勒。梅丽尔通过“外阴（vulva）”的口型，猜对了“《回归》（*Volver*）”*。法罗女士详细且专业地给我们介绍了达尔富尔的国情。

在尼森家的厕所里发现一本很棒的自我成长类书籍——《怎样才能快乐，该死》（*How To Be Happy，Dammit*）。新年将至，我却满脑子恐惧和担忧，而这些忧虑又恰恰成了失败的温床——的确，从来如此。但不能再这样下去了。这本书我可得好好拜读。

注释

1 大卫·丁布尔比（David Dimbleby，1938— ），美国时事和政治广播与电视节目的主持人。

2 莱斯·帕特森（Les Patterson），澳大利亚喜剧创作中的一个角色，形象粗野、好色。

* 由西班牙导演阿莫多瓦执导的影片，于2006年上映，西班牙语名为“Volver”。

2007

— 理查德·威尔逊

— 《理发师陶德》

— 瑞玛 60 岁生日

— 哈罗德·品特

— 戈登·布朗

— 洛福斯·温莱特

— 蒂莫西·斯波

— 理查德·阿滕伯勒

— 约翰尼·德普

— 鲁比·瓦克斯

— 托尼·布莱尔卸任

— 坎帕尼亚蒂科

— 第比利斯

— 《哈利·波特》最后一部出版

— 索诺玛，《酒业风云》

— 莱昂纳德·科恩

— 丹尼尔·雷德克里夫

— 纽约

— 芭芭拉和肯·福莱特

— 开普敦

1月1日

在克拉里奇酒店的套房参加完理查德的派对，凌晨3点半左右回到家……新年假期，无所事事，穿过公园去游乐场转转……然后去塞尔福里奇百货公司（冰淇淋店，享受当下的快乐），最后冒雨打车回家，雨中的游乐场灯火通明，显得十分无畏，只是现在却空无一人。快行动起来——写剧本，拉投资，拍电影。

1月3日

［晚上］9点半，三轮车剧院，《香水》放映结束。电影结束后的问答环节看上去进展得很顺利，观众很喜欢这部片子，现场座无虚席。观众对电影感兴趣，因此问题也提得有趣。

1月4日

3点半，克拉里奇酒店。瑞玛要过生日了，我们预订了2月3日的场地，然后开始张罗生日宴。

1月5日

10点，马克·梅兰的声乐课。

过去5天，滴酒未沾，不存在脱水的情况，这就意味着嗓音更加灵活……证明完毕。

1月8日

11点40分出发→松林工作室。这一趟特意为“进修”而来。走进工作室，合唱团已经全员就位。有克里斯托弗·李、彼得·鲍尔斯、安东尼·海德、迈克尔·哈伯*、丽莎·萨多维。（谢天谢地）蒂莫西·斯波也在，更不用说斯蒂芬·桑德海姆了……

那就，开唱吧！

---

* 迈克尔·哈伯（Michael Harbour，1945—2009），苏格兰演员。

1月9日

11点半，马克·梅兰的声乐课。

12点半→松林工作室。

基本上就是，我唱《漂亮女人》，桑德海姆点评。多亏马克的指点，现在高音分得清音阶了，掌握呼吸节奏的建议也很管用。桑德海姆所理解的法官形象［塔萍法官，艾伦饰演的角色］，比我理解得要干净利落得多。我只能想到一个指甲里满是面包屑、头皮屑和泥垢的人。这可真让人着迷。

1月17日

花了一小时，迅速［给瑞玛的生日宴］排好了座位表。当然，本来就不是什么难事，其实随便坐就行。不过有那么一两组人可能相互不待见，所以最好把他们分开，对不对？

1月21日

10点45分，坐车去萨德伯里看望维克叔叔。我差不多有一年没见他了，他似乎老了很多。他问我："你认识我太太吗？""我们熟得很，维克叔叔。""我实在很想她。"

1月26日

《理发师陶德》录音。

11点半，《漂亮女人》第一遍录音。新一曲是新版本，约翰尼·德普演绎得很美。蒂姆·伯顿来了，谢天谢地，马克也来了。迈克和其他录音师也都在。大家看上去都很满意。我还是老样子，难免自我批评，不过也感到松了一口气，心中狂喜。

1月31日

瑞玛的生日。

上午，穿着睡衣，喝咖啡，拆礼物。

2月3日

瑞玛的生日宴——克拉里奇酒店。

下午3点，克拉里奇酒店。办理入住，给艾利克斯和莱斯利搭把手，他们把房间布置得像是春天来了。真的很美。

6点45分，下楼去法国沙龙。朋友们一波接一波入场，人人兴高采烈。

8点，晚宴。食物一流，趣味问答环节非常欢乐——大家全程都在用小纸条/黑莓手机/电话传递信息。人人都是一张笑脸。接着，大家开始跳舞，塔拉、莱斯利和希尔顿还唱了起来。派对堪称完美，尽管晚宴时多来了两位客人造成了一点小恐慌。

最后，侍者开始清理餐桌，40多位客人移步大堂，继续喝酒聊天。直到凌晨4点，还没人舍得回家。

2月4日

10点半，在克拉里奇酒店的餐厅吃早餐。

2月5日

英国笔会（PEN）致敬哈罗德·品特。

5点半→温莎，从入口处坐上车，驶入黑漆漆的公园，偌大的温莎大公园，既没有路灯，也没有路标……

7点半，我们才到坎伯兰酒店，足足晚了20分钟。我十分恼火，琳赛却依然保持风度。她这么做是对的，因为再过10分钟，朗诵会就要开始了，而我的气却还没消。可是，因为朗诵材料实在太精彩，所以演出很顺利，后来我们还去开开心心地吃了顿晚餐。哈罗德慷慨热情，他马上就要着手制作广播剧版的《返校日》，现在整个人既高兴又兴奋。他还就伊拉克问题发表了观点，典型的哈罗德风格，语言凝练，一针见血。

6点半，鲁尔斯餐厅。

凯西·莱特和格里高利·罗宾逊设宴邀请莎拉和戈登·布朗……戈登看上去很放松，一见我就问起《蕾切尔·科里》和凯斯·维纳的情况。反倒是莎拉看上去有些紧绷，毕竟大概没人喜欢在周日晚上外出。

2月14日

在家看全英音乐奖。利亚姆·加拉格尔虽说是伟大的摇滚歌手，但论人品，却是个十足的混蛋。在发型和墨镜、大摇大摆的步伐还有愚蠢粗鄙的举止之下，他只会使小性子，谁想理他。

2月19日

模模糊糊有种感觉，仿佛看着我的部分人生被收录进唱机，就像一张唱片一样。这感觉既让我欢喜，又让我懊恼。又或者说，我像是转轮上的老鼠，是谁在操控着什么？更糟糕的是，在工作中，我感觉自己有点被利用了，往大了看，在世界上我又显得无足轻重……尽管在混沌中，我接到了几通电话，电话那头的人对《雪季过客》不吝溢美之词，我心生自豪，这才有了一些意义感。这是极为痛苦的悖论之一。

2月20日

10点45分→松林工作室。

练习坐在理发椅上向后摔倒。

2月23日

6点45分出发，拍摄《理发师陶德》。

塔萍法官的第一天。蒂姆是个快乐的灵魂，他很清楚自己想要什么，很专注，虽然他像个孩子，像是房子里的烟火。更不用提，周围都是像蒂莫西·斯波这样快活的人（他戴着“年轻”时候的假发对着镜子说：“这个人是谁？是早期的崔姬吗？”）。

2月25日

7点半，伦敦守护神剧院，洛福斯·温莱特的演唱会。

了不起的壮举。2小时45分钟热情似火的高歌，其中还包括玛莎·温莱特的精彩客串。凯特·麦克格尔也跳上舞台，唱完又侧身离场。洛福斯向来宾致敬，并用轻弹的方式减轻了表演的负担。不知怎的，一点儿也不像户外演唱会，更像是看了一场魔术。

3月15日

松林工作室。

6点15分出发。

老贝利的一场戏。与蒂莫西·斯波在一起，一整天都很愉快。他不仅才华横溢，而且毫不虚荣，你可以感受到，他是真正地爱他的家人，爱他的船，而且他还非常有趣。就连我们聊到玻璃上的标志时，他都能联想到卡拉奇机场的奇怪标语“此处四肢不全”（BASKET CASES HERE）。

3月21日

《卫报》发表了一篇毫无意义的文章，主题是关于好莱坞的英式口音，文中写到我曾说过“亲爱的孩子”（Dear boy）。这句话绝不会从我口中说出。媒体瞎编乱造。

3月26日

晚上8点，和鲁比还有埃德一起吃晚餐。

鲁比明天将以“杰出美国人”的身份入宫觐见。她想把车停在皇宫的前院。就让我们拭目以待。

3月27日

她还真把车停成功了。

12点半，多切斯特酒店。迪基·阿滕伯勒的午餐宴……我被安排坐在他旁边。（是有人搞错了吗？还是因为我是RADA的副主席？）他先是发言感叹，世人麻木不仁，无足轻重，过一会儿他又悄悄问我：“那人是谁？”我告诉他：“那是弗兰克·卡森*”。他记下几笔，然后不着痕迹地将卡森的名字加进了他的讲话稿中。

* 弗兰克·卡森（Frank Carson，1926—2012），北爱尔兰喜剧演员。

3月28日

在片场排练《漂亮女人》。

德普愿意和我讲讲他女儿的事*，我感到很高兴。我给了他一个拥抱，对他说："你也算是在地狱走了一遭。"他也说了几句，某种程度上，我们算是在片场营造了一个公平的表演环境。这都是源自真诚，一如既往，开了个好头。

3月29日

片场的气氛欢快又专注。约翰尼并不太在意自己的名气，他功课做得很足，听得进去建议，而且自己也很有想法。整个拍摄过程越来越舒服，不过还是有些障碍需要克服，其中有一个大麻烦——我脸上的剃须膏，洗干净了又接着上，反反复复六七次，皮肤受不了。一天下来，卸了妆，脸上都是红斑，一阵阵刺痛。

3月30日

很高兴能和约翰尼·德普一起拍这场戏。他*真的*非常专注，而且很幽默，这两种品质相结合，无懈可击。片场一整天都很热闹。太厉害了，桑德海姆先生。这首歌简约但不简单——不论是歌词还是旋律。天才之作，说的*必定*就是这一曲。

4月16日

凌晨4点，瑞玛起床了，想要静悄悄地出门。

下午，坎帕尼亚蒂科有了新变化：一座大型建筑，一些水泥还有那棵无花果树都不见了。

4月27日

香槟市→芝加哥→纽约。

---

* 德普的女儿患有神经性厌食症。

在飞机上看完了《纽约时报》对《雪季过客》的评论。你能相信吗，全文竟然一丝幽默感都没有？难道写评论会自动屏蔽掉幽默感吗？就这么放不开吗？

5月1日

伦敦。

晚上7点，布鲁顿广场，乌姆餐厅。

鲁比过生日。

就这五个字……可以说是大操大办。负责公关的女士说，她毕竟是个大人物。就是这位女士，全程无视记者霍雷蒂亚·劳森，直到我提到霍雷蒂亚是奈杰拉·劳森的妹妹，她又开始对人家过分热情。A.A.吉尔就挨着珍妮弗·桑德斯坐（他曾经在报纸上贬低过桑德斯），人家当然全程不理他。这是鲁比自己排的座位，可是也没给大家做引荐，所以只能靠猜。座位排得很怪，有人聊得热络，有人气氛尴尬，倒是给猜人名提供了线索。

5月3日

上午7点出发。

约翰尼昨天收工晚，因此今天一切都有些滞后，他快到中午才来片场。工作人员都坐在黑色塑料袋后面，身上穿着纸质防护服，只有我和约翰尼身上喷满了亮橙色/红色的液体，流得到处都是，渗进了裤子和衬衫里。约翰尼的脸也全是红色的。明天差不多还是这个造型。

5月9日

上午6点出发。

最后一场戏。躺在阴沟里，嘴里吐着血，还紧紧抓着洛薇特夫人*不放手，她尖叫着："去死吧，去死吧，你这个混蛋（或者类似的话），去死吧。"

拍摄效果很令人满意，拍完以后，底裤周围一圈还比不上在理发师的

* 由海伦娜·伯翰·卡特（Helena Bonham Carter，1966— ）饰演。

椅子上坐久后那么湿。

5月10日

托尼·布莱尔辞职演讲——他还不如把《我的路》的歌词复印一遍，这样还更节省时间。

5月18日

独自在家。把梯子拖到花园里，往墙上敲钉子，钉子（连着两次）弹到灌木丛中，只好放弃，把梯子收了起来。

下午，和亚当讨论《特兰西瓦尼亚传说》的合约时，又说到了《哈利·波特》，华纳兄弟给演员开的简直就是批发价，根本就是敲竹杠。怎么会因为吝啬贪婪而如此冷漠？不过事已至此，何必还要浪费时间追究原因呢？

5月27日

和戴维还有克里斯去疗养院看维克叔叔。希拉和约翰比我们先到。要怎么做才不像在例行公事？我们几个人围坐一圈闲聊，维克叔叔却把音量调低一个人在看电视。我问他最近过得怎么样，他说："我最近有点儿烦。"

6月4日

坎帕尼亚蒂科。

上午，工人们在花园里干活。终于，我们听到了水泥搅拌车工作的声音。

6月5日

坎帕尼亚蒂科。

科西莫从米兰赶来，依旧是那个了不起的他——向我解释一切，和施工方沟通，帮我清理电脑和手机系统，收拾潮湿的厨房墙壁，同时以最谦逊的姿态向我们展示了他对花园的改造计划，考虑周全，品味不凡。不过，鉴于当地州立委员会对建筑抗震性有专门要求，他的方案还得修改。

6月11日

坎帕尼亚蒂科→罗马→伦敦。

清晨。现在就像开了一家小旅馆，我一直就觉得我会很喜欢。打扫卫生，忙前忙后的，都是些基本的小事，却很能治愈人。

9点20分，在飞机上翻看这本日记。见了很多人，去了很多地方，到处吃吃喝喝。却没有多少思考，也没有什么创造，做成的事也很少……

6月14日

第比利斯。

2点10分，书展。《哈利·波特》大型粉丝会。孩子们人手一本书，闪光灯闪个不停。

7点，万豪酒店（女王的生日宴）。唐纳德*吹奏风笛助兴，并分别用英语和格鲁吉亚语致辞。随后，大家来到一家河景餐厅，伴随着格鲁吉亚舞蹈，唐纳德又举着风笛出现了。他还真有点儿明星相。

7月1日

从今天开始节食。

7月4日

8点半，河边咖啡馆……围坐在一起的有特莎·乔韦尔、西蒙·沙玛、艾伦·鲁斯布罗格，鲁斯今天当值。大家互通有无。“《哈利·波特》后面还有吗？”《卫报》的编辑问。“最后一本七月底出版，到时便会霸占你们的头版。世界大事。”我主动透露道。

7月6日

J.K.罗琳在乔纳森·罗斯的节目上透露，《哈利·波特》第七部当中还会有两个［主要］角色死亡。

---

* 唐纳德·麦克拉伦（Donald MacLaren），英国驻格鲁吉亚大使。

7月8日

12点半，在会员餐厅用午餐。和安娜贝尔·克罗夫特拼桌，吃的是水煮三文鱼和草莓。餐厅的宾客构成相当温布尔登，一个黑人、亚洲人或工人阶级都看不见。我心想，来这儿吃饭的人，在餐桌上聊的话题，肯定都是花园、遮阳篷、高尔夫、孩子的教育、保险和伦敦至菲什加德的干道（A40）。

男单决赛。怎么说呢，相比起费德勒的内敛，我更喜欢纳达尔的外放，不过，这两人阴阳调和，近乎完美。

7月20日

《哈利·波特》最后一部出版日。

晚上11点15分→坦布里奇维尔斯，水石书店。

我猜会有二三十个人排队等待零点发售，结果现场大约聚集了三四百人。队伍往前挪得很慢。排了1小时的队，是时候采取行动了。走到保安面前，友好地问道："你看过这个系列的书吗？"他说没看过。"那你看过电影吗？"他说看过其中一部。"电影里面有我。"哦，没错！我告诉他，如果我和大家一起排队，可能会出现骚乱。"那我马上去叫经理。"（经理很快就出现了。）"哦！您好您好！"

7月27日

……我已经看完了最后一本《哈利·波特》。斯内普英勇牺牲，后来波特告诉他的孩子们，斯内普是他所认识的最勇敢的人之一，他还给儿子取名为阿不思·西弗勒斯。这是一场真正的成人礼。七年前，正是罗琳向我透露了一小则信息——斯内普深爱着莉莉，这才给了我坚持下去的理由。

8月1日

一时心血来潮，终于看完了《哈利·波特与火焰杯》。罗杰·普拉特掌镜，画面很美，镜头语言充满了迈克［·内威尔］的人文关怀。瑞玛指出，这是整个故事当中最复杂的一本，也是最难拍的一本。因此，导演功不可没。

8月5日

［为拍摄《酒业风云》[1]。］

→前往芝加哥→旧金山→索诺玛产区。

8月10日

9点45分出发→纳帕河谷，蒙特莱纳酒庄。

下午，与吉姆·巴雷特本人［酒庄主人］一起拍摄的一场安静的品酒戏。此人风度翩翩，谈起史蒂芬·史普瑞尔*时饱含深情。我再次重申，我的唯一初衷便是向S.S.致敬——表态时一气呵成，还不失幽默。

下午晚些时候，拍S.S.吃肯德基的场景。很不符合他的人设。

8月11日

索诺玛。

今天还在蒙特莱纳酒庄。今天开的这辆车，脚刹和车像是相互不熟，接着拍和比尔［·普尔曼］谈判的场景。拍摄过程有些棘手，他好几次向我提出，我的台词太干脆，他有可能被晾在对话中，他说得有道理。不过，我也提醒他，我的表演空间是二维的，可他的表演空间却是三维的。他是个肯动脑子的演员，所以很快我们就找到了折中的表演方式。

8月13日

索诺玛。

休假。

下午4点，在水疗中心做按摩。技师手法不错……就是话太多。结束

* 史蒂芬·史普瑞尔（Steven Spurrier，1941—2021），英国葡萄酒专家、葡萄酒商，《酒业风云》的人物原型。

后他还磨蹭了好一会儿，应该是在等小费，可我穿着浴袍，身上没带钱。

8月15日

索诺玛。

6点半，品酒戏，第一天。

选址美丽却荒唐，在一座19世纪的废墟当中，连个屋顶也没有。这是个老酒仓吗？32度的天气，在露天品尝世界级的葡萄酒，有点蠢。

选址的不合逻辑滋生暴躁情绪，为了让剧情合理，我必须在现场做很多思考。好在扮演评委的六七个演员帮了大忙。他们都住在洛杉矶，试镜时总能相互碰见，因此临场发挥得心应手，开放又慷慨。

8月17日

索诺玛。

叙事模糊，效率低下，迫使我的脑子过度思考，人丧失了幽默感。这一天算是挨过去了，可我怀疑，工作人员的士气受到严重打击，兰道［·米勒，导演］也很受挫。凡是镜头第一，故事第二，就会出现这种情况，可如果没有故事，镜头就会缺少驱动力，缺乏深度。

8月18日

7点左右，瑞玛来了。

8月19日

索诺玛。

上午10点。开车去索诺玛城镇广场，在小街的餐厅里吃鸡蛋卷，发现右边隔壁有家鞋店，周仰杰（Jimmy Choo）和莫罗·伯拉尼克（Manolo）都在打折。兴奋不已，各买一双，抱着一个小购物袋满载而归。

8月20日

9点上戏，今天这场戏，我的台词是“我是个混蛋……”，仍然觉得在片场活跃气氛是件难事儿……

8月28日

去格伦埃林拍最后两场戏。性感的艾丽莎·杜什库饰演酒吧女招待乔。（后来在化妆车上，我看到她腰上文了一句话“慈光引领”[2]。）她说：“这是我在阿尔巴尼亚文的。”“谢天谢地，还好他们没有拼错。”我说。

9月8日

→伦敦。下午4点左右到家。花了两个小时翻阅信件、整理信件、开支票。

吃了份披萨。喝了点格鲁吉亚葡萄酒，美味。看了会儿电视，难看。

上床睡觉。醒来。继续睡。又醒来。

9月11日

坎帕尼亚蒂科。

今天上午，科西莫和迈克尔都在，所以和他们聊了聊水槽、墙壁、栏杆、桌子、植物和屏风的事。总有一天，这些东西都会有的。我反复强调“上了年纪的人需要一个扶手”。迈克尔最后问道：“你说要来的老人是谁？”“我自己，”我说，“等这个园子建好我都老了。”最好要有植物，这样就不会像是把好莱坞搬到了坎帕尼亚蒂科。

9月13日

坎帕尼亚蒂科。

参观凯西·范·普拉格的房子，她家正是一个意式住宅该有的样子。再加上打理和维护，主人少不了要犯头疼。

凯西和瑞玛上楼去了，我独自在楼下看《纽约先驱报》。看到粗体黑字印着安妮塔·罗迪克[3]这几个字时，我打了个冷战。眼睛继续往下扫，又看到“讣告”二字。安妮塔脑溢血突发去世，享年64岁。毫无疑问，这世界又痛失一人。

9月30日

8点半，丹尼斯·劳森的生日派对。

今天就他一个彼得·潘，被几个小仙女簇拥着，还有好几位达林夫人，和几个胡克船长。无忧无虑的派对。派对上摆着希拉的照片，仿佛她也到场了，这样的场合，她肯定很喜欢。

10月20日

6点，查尔斯·格拉斯*对话莱昂纳德·科恩，然后是问答环节。

提问：科恩先生，您有没有想过将书名改一改，比如改成《成就感》？

科恩：成就感有什么用？

10月25日

12点半，多切斯特酒店，RADA商务午宴。

保险经理人、RADA合唱团、迪基·A.和诸位校友的年度聚会，相当美味的食物、尼古拉斯·帕森斯致辞、猜真假游戏、抽奖、拍卖。

迪基问起《皮格马利翁》的情况，我们探讨了ITV的庸俗化效应——放电影时，插件同时还播着小广告；片尾人员表，字小到难以辨认，如此种种，不知什么时候才是个头。与此同时，大家今天都度过了愉快的时光。

10月30日

上午9点，皇家宫廷剧院理事会/董事会。

是别人劝我来的，真不知道“我来做什么”。在RADA，多少还有事需要抗争一下，而到了这里，一切都是玫瑰色的，真的，我把独立自主都丢了。嘿嘀。让我们拭目以待，过一年再看。

---

* 查尔斯·格拉斯（Charles Glass，1951— ），美国记者。他们讨论的正是莱昂纳德·科恩的新书《渴望之书》（*Book of Longing*）。

11月9日

12点，声乐课。

我唱了一曲《上城，下城》和《你我是朋友》，马克·M.很满意。要说受虐狂，非我面前这位丹尼尔·雷德克里夫莫属，他说："这是我七年来第一次连休三天。"

11月25日

《理发师陶德》工作日。

1点15分，《理发师陶德》放映会。

蒂姆拍了部精彩的电影。约翰尼开车，海伦娜懒洋洋地坐进副驾，他俩倒是般配，蒂姆也不退缩。好样的，蒂姆的心真大。

11月26日

经过一番协商，我们最终决定不在卧室进行采访……采访开始，多数记者的表情都略显呆滞。"和我们讲讲关于剃须刀的事。"这位女记者，这个饭碗还是别端了吧。

12月6日

纽约。

下午1点半，与连姆和娜塔莎约着吃午餐。地址在第55大街，拜堵车和红灯所赐，我们迟到了15分钟。食物很棒，账单贵得可笑，不过，管他呢，我喜欢这一对儿，而且能像今天这样畅所欲言，花点小钱算什么，毕竟这是在纽约。不过，只要娜塔莎在，总有一个令人着迷的时刻。突然间，她像是受够了生命中的这一刻，看了一眼手表，人就离开了。

12月10日

→伦敦。

上午9点半，到达希思罗机场。

回到家。整理邮件。订购一棵圣诞树。出门买菜，然后回家做饭。取圣诞树快递。试试灯亮不亮。3分钟后，灯灭了，为什么？装饰圣诞树呗。最后上床睡觉。

12月16日

10点15分，沃斯里餐厅，简·B.、萨尔曼·拉什迪、马丁·艾米斯、伊恩·麦克莱恩，还有“一个美国人”同坐一桌。我们朝我们自己那桌走时，萨尔曼起身和我们打招呼。我对他说，他们那桌应该集体起个名儿。他提议“被剩下的一桌”。

12月17日

7点，鲁比切换到脆弱模式。尽管智慧、清醒、机智如她，过日子有时也得争分夺秒。总有更好、更有用的事等着她，总有更幽默、更有地位的人，不是昨天才和她见过面，就是今天刚给她回电话。不过她现在偶尔还是会和老朋友叙叙旧。

12月20日

今天我读完了艾德娜·奥布莱恩的手稿［《恋爱中的拜伦》］。这是我读过的最疯狂的小说，就好像有人搞错了，把2、3行文字混在了一起。晚上她给我留言说，她的出版商拒绝了这本书。这种漫不经心的残酷，无疑是拜伦式的。

12月24日

带着圣诞礼物去看望维克叔叔，也是为了缓解我内心的歉疚。他穿戴整齐坐在床上，我赶紧出去让工作人员给他倒杯热茶。显然，他先是拒绝离开餐厅，然后又拒绝坐在他的椅子上。我轻声询问后他才说，这是在“抗议”，为什么抗议，他却记不得了。我让他自己边用吸管喝茶边看电视杂志，也就是说，我溜了。

11点半，圣詹姆斯教堂圣诞弥撒。为了证明我们需要上帝，布道甚至提到了斯大林。大部分时间，我虽然盯着会众，心里想的却是为什么我们家附近没有维特罗斯超市。

12月30日

4点，克拉里奇酒店。芭芭拉·福莱特的生日宴。

宴会准备了去皮三明治、茶、香槟。芭芭拉对着麦克风说："一分钟后我们开始唱生日歌，然后我希望所有人都来跳舞。"肯送给她一辆捷豹汽车（毫无疑问，是红色的），车就停在酒店门外。然后，他们像孩子一样双双跳起舞来，这就是他们无尽的魅力之所在。

6点上车→希思罗机场。

8点半→开普敦。

注释

1《酒业风云》(*Bottle Shock*)，由兰道·米勒执导，艾伦·里克曼、比尔·普尔曼、克里斯·派恩等主演的剧情片，讲述了1976年美国加州葡萄酒产业诞生与崛起的故事。

2 "慈光引领"（lead kindly light），出自约翰·亨利·纽曼（John Henry Newman，1801—1890）的诗歌《慈光引领》。

3 安妮塔·罗迪克（Anita Roddick，1942—2007），英国著名化妆品公司美体小铺（Body Shop）的创始人，1985年当选为"英国最杰出的女实业家"。

2008

— 南非

— 《理发师陶德》首映

— 盐湖城

— 《酒业风云》

— 圣丹斯电影节（《诺贝尔赎金》）

— 多丽丝 · 莱辛

— 《哈利 · 波特与混血王子》

— BAFTA

— 安东尼 · 明格拉

— 罗素 · 布兰德

— 蒂姆 · 伯顿和海伦娜 · 伯翰 · 卡特

— 坎帕尼亚蒂科

— 汉弗莱 · 利特尔顿

— 坎帕尼亚蒂科

— 旧金山

— 《酒业风云》首映式

— 安妮 · 赫斯特和杰伊 · 麦金尼

— 《债权人》

— 纽约

— 洛杉矶

— 拒绝 CBE 勋衔

— 《诺贝尔赎金》首映

— 纽约

— 哈罗德 · 品特

— 丹尼尔 · 雷德克里夫

1月1日

开普敦，坎普斯海滩。

5点半醒来，海滩上还有人在叽叽喳喳地说话，声音很轻。向窗外望去，有一群人整晚都待在海边，有人身上湿漉漉的，有人身上是干的。躺回床上，谢天谢地，又睡着了。算是睡着了吧，海滩上的人声越来越大，一直持续到中午11点。又一次向窗外看去，草滩上挤满了人，全都是从城里过来度假的家庭——为了这一天——组成了一个大型聚会。

1月3日

普林格尔湾。

清晨6点整，也就意味着整整失眠了6个小时。是因为时差吗？还是因为刮风（外面的确狂风呼啸）？还是因为食物？那个人不是保证说，咖啡绝对是低因的。我虽然的确是错过了跨年夜，但这事儿不应该有什么象征意义，反倒是说明人活着应该具体一点儿，不要拘泥于泛泛的仪式感。这一晚上思绪万千，这还只是其中一个想法。

12点半，鲁比、埃德和麦克斯到了。鲁比满面红光，因为她发现普林格尔湾也是一个极乐世界。

1月9日

普林格尔湾→伦敦。

6点半，乘车→开普敦。路封了，所以尽早出发。

10点45分，乘维珍航空→伦敦。你好，安眠药。你好，安眠。

1月10日

伦敦，《理发师陶德》首映礼。

8点10分，飞行中。或许是因为多动症，我有种冲动，想要重买一本日记，换一支好写的笔，将过去十天发生的事记录下来。不过，有这种想法，或许只是为了重温新年的第一周：在厕所里迎来新年，昨天又因为一场山火终止了假期。

下午6点，汽车→莱斯特广场。

现场似乎到处是摄像机、麦克风，还有很多只手塞过来节目单、书、纸片。“如果你是一块馅饼，你会是什么口味的?”入场，找到了约翰尼和蒂姆——在广场上已经和海伦娜与吉姆打过招呼了。7点半，登台。然后逃到希克斯餐厅吃晚饭。

9点15分，去皇家法院参加派对，棒极了。

1月14日

路易丝·布尔乔亚特展。

泰特现代美术馆。

赶在本周闭展之前来一次，他们都说这个展特别好。当然，路易丝才不会在乎所谓“他们”，她94岁高龄还在坚持工作，并且对威尼斯双年展嗤之以鼻，她始终保持着创造力。展厅与展厅之间，有的相互补充，有的相互对立。既粗野，又具有侵略性。完全有机的展览，观众能够“捕捉到”一种精神，同时也很有活力，鼓舞人心。

1月15日

迈克尔·格兰达吉［导演/制片人］来电，问我是否愿意在丹玛尔剧院（Donmar）执导斯特林堡的戏剧《债权人》。通常情况下，制片人选导演不会第一时间想到我，这次主要靠伊恩·麦克迪阿梅德*推荐。又是这样，圈子里就是这个工作方式，全凭感觉。

1月16日

6点半，华纳故居，《理发师陶德》放映会，RADA专场。非常有钱的人对故事/戏剧/电影的反应就是和普通人不一样。这是真的。他们笑得更矜持，投入的情感更少。他们更在乎抓紧自己所拥有的东西。

* 伊恩·麦克迪阿梅德（Ian McDiarmid，1944— ），苏格兰演员、导演。

1月18日

芝加哥。

→盐湖城。

出发去参加《酒业风云》的放映会，8点半正式开始。这是我第一次看成片，提心吊胆的，可随着剧情的发展，故事逐渐展现出伟大的胸怀。确实，每隔一段时间，就需要一部像这样的片子出现，而且观众似乎也是这么认为的。

1月19日

圣丹斯电影节［《诺贝尔赎金》］。

本·莱昂斯［记者］采访我……我感觉92%的时间都是他在说话。

1月20日

圣丹斯电影节。

11点左右，休息室。在电台接受完采访，合照，接受主办方赠送的礼物。继续合照，简短的聊天之后，我把一块不想要的手表送给了瑞秋*。（后来发现那块表价值1万美金。）

2点半，看《菲比梦游奇境》。

艾丽·范宁是个天生的演员。她从哪里学的这个演法？此外，要是有人能给电影提几个建议，质量就会大大提高。学校礼堂里举行了一场完整的音乐剧彩排，校长怎么可能注意不到？

1月21日

圣丹斯电影节。

10点，三角洲酒吧（这是个文雅的场地），万元手表一事的道歉环节。

---

* 瑞秋·泰勒（Rachael Taylor，1984—　），澳大利亚演员。

1月22日

帕克城，圣丹斯电影节。

希斯·莱杰去世了。我在纽约见过他一次……安静、克制、才华横溢。他的死讯给今天一整天都蒙上阴影。电影、电影明星、电影节、各种采访、公关人士、律师、颁奖典礼都无关紧要了。

1月23日

下午1点左右回到家。今天除了自我反省，无事可写。除了时差反应和坏心情，今天一天（从下午到傍晚）就是拆包裹、拆信件、扔废纸、干坐着。现在，时钟在我身边嘀嘀嗒嗒，希望可以睡得着。

1月24日

经过几天深刻的自我反省，我感觉被肤浅的思想边缘化了。然而，这些肤浅的思想都来自舆论制造者。

1月28日

到约翰路易斯百货公司——他们家比以往任何时候都更像一座神庙，是准备供奉什么吗？百货公司，就是卖东西的地方，这是常识，不加调料，不添香气。毫不夸张地说，我觉得在他们家商场里一点儿鲜艳的红色都找不到——然而，到处又都是小心思，想要装饰——不对，用词不当——应该是想要充实人们的生活。我们去那里是为了买个煎锅。

1月30日

6点半，华莱士典藏馆，英国笔会致敬多丽丝·莱辛。

多丽丝·莱辛——她的到场让我很高兴。她非常时尚，灰色的卷发，红色的天鹅绒礼裙，始终保持着微笑，但面部肌肉没有变化。茱丽叶特·史蒂文森迟到了，不过没有影响表演，虽然我不确定我们选的材料是否适合大声朗读。

2月4日

《哈利·波特》第6部。

《哈利·波特与混血王子》。

拍摄第一天。

谢天谢地，我还穿得上袍子，没有把接缝处撑破。

2月7日

8点15分出发。

停车场里，狗仔队严阵以待。格洛斯特大教堂的回廊冷得要命。

在这一部当中，我有一个新的合作伙伴，[扮演德拉科·马尔福的]汤姆·费尔顿。这一史诗般的系列电影目前已经拍到了第六部，仿佛就在昨天，这些演员还是一帮小毛头……可现在呢？我在房车里找到玛吉，她显得很脆弱——同时又挺淡定的。

2月10日

9点，看BAFTA颁奖典礼。《理发师陶德》的（被迫）缺席让一切毫无意义。应该找谁投诉？除非另有阴谋，不然根本说不通。多年以来，此类颁奖典礼被捧得太高，难免有些尴尬，名不副实。这就相当于把演技/导演之类的东西当作鸭脖，人们为了做鹅肝酱，强行给鸭子喂食。

2月11日

有一阵，玛吉说她觉得特别累，说着，她的手从我的双手间划过。

2月12日

苏菲·汤普森带着鲜花来看望玛吉，她人可真好（她姐姐[艾玛]也一样，姐妹俩从玛吉当年出演让·布罗迪一角起，就一直是她的忠实粉丝）。

3月3日

6点45分出发。

天文塔之战和邓布利多之死。奇怪，单从剧本上看，这场戏缺乏戏剧性，不过，这都是因为电影剧本的因果关系太绝对。要么合并叙事，要么简化叙事。我们对单个角色的动机的了解（或记忆）不足，因此无法理解他们的心理活动。又或者说，我们并不关心他们怎么想。今天，斯内普有两句台词是这么说的："我向你保证。我发誓。"我提出意见（今天成功了）：这几句词儿很让人摸不着头脑，把冲突都淡化了。

"这台词你非说不可吗？"回到家，瑞玛问我。

"也不是，但我打赌，明天我还是得说。"

3月4日

大卫［·海曼］同意删减台词，然而不出所料，他在其间找了个可行（？）的理由，在拍其中一条时说"就试一下"。我不知道他的压力来自哪里，实在荒谬，但是能理解，我敢打赌，他最终还是会用那一条。*

3月10日

"抽出你的魔杖。"就这么一句台词，逗得海伦娜·伯翰·卡特笑个不停。周四的表演怕是要陷入滑铁卢……海伦·麦克洛瑞[1]虽然说自己很紧张，可是看见这混乱的场面，却很自得其所。她还评价了几句，说斯内普的家设计建造得一点儿也不符合主人的性格。

3月17日

回到山坡上拍摄。刺骨的冷，海伦娜的乳沟暴露在寒风中……我说出那句颇具讽刺意味的台词："没错，是我。我就是混血王子。"我们距离导演的帐篷只有100米的距离，因此只拍了两条，就收工了。一条带强烈感情的，一条不带感情的，以防万一。

---

* 大卫·海曼在成片中没有用那一条。

3月18日

下午2点，回到格罗夫［酒店］。

酒店客房普普通通，窗外，高尔夫球场似乎一望无际。接着，电视上，1点新闻开始播报“奥斯卡获奖导演”——时间突然慢了下来，我的脑子里飞快地闪过认识的人，可是我怎么也想不到“安东尼·明格拉今天去世了”。一切都太不真实了。我的手捂住嘴，仿佛是拙劣的表演。和茱丽叶特打了个电话，她的情绪非常激动……然后，告假回家。7点15分，在茱丽叶特的坚持下，我们去英国电影协会看了一场《无敌女子侦探社》，这是安东尼在博茨瓦纳拍的电影，也是他生前最后一部作品——温柔、寓言般的故事，（显然且不出所料地）完全忠于原著。故事与真正的博茨瓦纳并无关系，却像是一个信号，一股蒸汽，这是明格拉式的奇思妙想。

3月20日

新闻中还有另外两则讣告，头一则是曾出演过《最后的夏日葡萄酒》的演员布莱恩·王尔德，后一则是保罗·斯科菲尔德*。而在晚些时候的另一份公告当中，竟然压根儿没提斯科菲尔德的名字，足以证明这个时代的无礼和懒惰。

3月27日

6点半出发。

一整天都待在斯内普的书房里，和海伦娜还有海伦一起。有趣，身边一个戏剧演员，一个电影演员——两位都很优秀，不过海伦需要有人和她互动，海伦娜则完全是靠自驱力，就算你对着她说中文也无所谓。

4月5日

安东尼·明格拉的追悼会。

即使缓一天提笔，仍然无法接受这个事实。首先，追悼会现场仿佛电影

* 保罗·斯科菲尔德（Paul Scofield，1922—2008），英国演员。

中的一幕，太不真实了，我接受不了。有400人前来吊唁，布莱尔和切丽来了，戈登·布朗也来了。环顾四周，看到了英美两国电影业的很多熟面孔，我还是接受不了。整场追悼会（包含弥撒）共3个小时，从模糊到清晰，从晦涩到深刻，从近乎令人生畏到让人深深触动。安东尼从不会令人生畏，不过这场悼念仪式的确呈现出了他的许多面。出现这样的效果，肯定跟票房及他的明星身份有关。至于蕾妮·齐薇格，这层身份反而困住了她。

4月23日

7点15分出发。

回到哈利·波特的浴室，脚不入镜，所以穿着惠灵顿靴子。今天一整天，不是拍这个镜头，就是补那个镜头。当丹陷入过度反应的旋涡时，我温和地提出两点，一是两个角色要相互尊重，二是可以慢下来，等一秒再做回应。建议奏效了，奏效了一小会儿。

4月25日

关于拉塞尔·布兰德在《乔纳森·罗斯秀》上的表现。

我喜欢拉塞尔，但是老天，我讨厌他那副明明性格乖张又野心勃勃，还要故作天真的样子（参见瑞奇·热维斯）。你们这些混蛋，做人要诚实。那种“我？我算什么？”的鬼话就省省吧。

4月27日

下午1点，去修道院医院接鲁比。[2]

嗯，事情就是这样了……医院很大，白色的外观看上去很老旧，我们开车进正门时，鲁比正好往外走。

在巴恩斯教堂路的瑞娃餐厅吃完午餐，回去参观医院——黄色的墙壁、幽闭恐惧症、食物的气味、病房里的廉价木质橱柜、小小的电视屏幕。医院的活动包括戏剧工作坊、自信培养课和手工课（这个课适合鲁比？）。尽管医院的环境不尽如人意，鲁比还是在勇敢地和疾病抗争，尽量不依赖药物。我们聊起了老友的近况，大家都觉得要精简友谊，精简生活，不再自负。这些道理永远不会变，我们早就知道。

4月28日

2点半，和戴维·格雷格*见面。一见如故，是我的感受。我们十分投缘，不过，现在做决定还为时过早。还得在排练室再感受一下，看看他是否有活力，能不能专注细节。

5月1日

伦敦大选。

8点半就醒了。

断断续续地打着盹，11点半才起床。在酒吧喝了咖啡，12点坐车回家。然后立刻出门去投票。有个戴着蓝色光荣花的蠢女人问我们要电话。“不行。”瑞玛厉声回绝。“哦，”那个女人说，“哦，好吧，政见自由……”我们出门时，她还不肯放弃。“希望我能说服你们……”愚蠢至极。我面不改色，对着鲍里斯·约翰逊就是一阵咒骂，今天的《卫报》直接引用了我说的话，绝对是给我骂人壮了胆。英国选民再次证明，他们从不为了任何事投票。“谁让我们失望了……我们就和他一刀两断。”

5月3日

天气够暖和，可以坐在外面的阳台上，边喝咖啡边看周六的《卫报》，鲍里斯·约翰逊的破事儿放在国际上都算没趣的。罗马市长贝卢斯科尼是个法西斯，法国有个萨科齐，美国总统现在换成麦凯恩了？布什应该还没卸任，卡梅伦要奋起直追了……上帝保佑我们。

5月9日

约好了8点去蒂姆·伯顿和海伦娜·伯翰·卡特家吃晚餐。晚上7点半，

---

* 戴维·格雷格（David Greig，1969— ），苏格兰剧作家，负责改编奥古斯特·斯特林堡的戏剧《债权人》。

贝蒂接上我，很快来到蒂姆和海伦娜的梦幻世界。他们家点缀着童话般的灯光，花园做成了洞穴模样，几乎每个房间里都摆满了玩具。这样一对不可思议的夫妇，养了一双天真无邪的孩子，他们心里想什么全写在脸上，一副“我怎么这么好运”的表情。

5月24日

天空新闻台（Sky News）充斥着反布朗的宣传。英国人真是够压抑的……难怪只配拥有卡梅伦和他那一帮小喽啰。

5月25日

坎帕尼亚蒂科。

美丽，宁静，阳光明媚的午后。直到鲁比打来电话，说她把护照落在家里了。埃德开车把护照给她送到斯坦斯特德机场，可还是晚了6分钟。他们没赶上航班，现在改飞罗马。我给梅兰妮*打电话，让她通知亚历山德罗。他本来要去接鲁比还有从比萨赶来的马西娅，都已经上路了，接到通知，立马掉头往罗马方向开去，最终接上了鲁比夫妇。他们到家时，已经是夜里11点半。

5月26日

和鲁比就修道院医院的情况长谈了一次。我觉得，这家医院在某种程度上为那些头脑清醒却不快乐的人提供了一个喘息的空间。

6月9日

坎帕尼亚蒂科——伦敦。

6月15日

是哀悼也是欢宴。汉弗莱·利特尔顿的追悼会以他的《荒岛唱片》开

* 梅兰妮·帕克（Melanie Parker），艾伦的私人助理。

场，紧接着就是精彩的致敬环节。一帧帧过往画面闪现：巡演最后一站，他在哈默尔史密斯的阿波罗剧场奏响《后会终有期》（*We'll Meet Again*），曲罢，全体起立鼓掌。还有公众自发在莫宁顿街站*献花悼念他的场面，也让我们潸然泪下。汉弗莱不可替代。

兰道打来电话，说《酒业风云》的放映会上，观众5次起身鼓掌，而且我获得了西雅图最佳男主角奖——这个奖对他们，对电影，都是好事。

7月4日

7点45分，巴比肯艺术中心，《黑卫士兵团》。

叹为观止。那种精确、严谨和投入的程度让我折服。演员的动作如运动员/舞者一般灵巧，导演水平和舞台设计都十分出色。这出戏就足以证明"就凭西方军事史上最糟糕的决策，耗时300年打造的军队，只消几年工夫便能毁于一旦"。

7月5日

凌晨2点睡，凌晨4点45分起，凌晨5点出发去希思罗机场。我，能做到。

7月8日

坎帕尼亚蒂科。

托斯卡纳艳阳天，山上的家差一点儿就要大功告成，我们还是头一回在这个家里待一整天。萨布丽娜过来修理枝叶。修理也是我想干的事，趁瑞玛看书时，我要把花园、橱柜全都修理一遍……

7月9日

这就是我一直梦寐以求的日子。凉爽的早晨，村子在断断续续的关门

---

* 伦敦地铁的一个站名，同时也是BBC四台的广播节目《抱歉我一无所知》中的游戏环节的名字，汉弗莱自1972年起担任该节目的主持。

声中醒来；午餐来一盘甜瓜、火腿、奶酪和西红柿，然后度过炎热、宁静的下午时光；在凉棚下一边吃晚餐，一边看着落日的余晖慢慢消融。一切仿佛一本廉价的小说。

下午，电工来给冰箱通电。没过几秒，冰箱里就装满了葡萄酒和啤酒，开瓶器就在隔壁的橱柜里。

7月14日

上午，逛迷你市场，买了香茅蜡烛，又在咖啡馆就着卡布奇诺吃了帕尼尼。村庄里，商店里，哪儿都有我。

7月24日

途经达拉斯，抵达旧金山。

7月25日

旧金山。

晚上天气凉，想找一件能护住女士肩膀的衣物。去萨克斯百货逛了逛，不幸没找到。

7月26日

卡利斯托加。

晚上9点，《酒业风云》首映。

视听都很棒。着迷（说的就是今天的观众），他们喜欢这部电影。当然，电影也配得上观众的喜爱。散场后，我们又都聚到酒店，继续喝葡萄酒。安静地溜回床上。

7月27日

卡利斯托加。

9点半，还没见到化妆师。

11点，找到化妆师→蒙特莱那酒庄，媒体采访日。第一场是电话采访，这个该死的女记者居然质疑电影的准确性。隔着电话，她看不到我咬牙切齿，不过我提醒她，我们拍的并不是一部纪录片，或许她可以不用那么较真……

7月28日

卡利斯托加→洛杉矶。

出版和广播业圆桌会议。与《每日新闻》和《洛杉矶时报》的人员进行了一对一座谈。谈话正进行到一半，传来了明显的轰隆声。整栋楼开始摇晃，持续10秒后恢复平静。5.4级地震！这是自1994年以来最严重的一次。

8月1日

8点半出发。

10点40分的航班延误至12点→纽瓦克。

11点左右，抵达安妮·赫斯特*（孙女）和杰伊·麦金纳尼的家。

8月2日

去汉普顿。

早上6点，《乱世佳人》宅前的草坪上悠然站着一只鹿，薄雾笼罩着翠绿的草地，阳光穿过紫藤花丛洒在地上。在房前的泳池里游了把泳。

晚上8点，和安妮·H.、杰伊等好友共进晚餐。很快，我们发现周围全是些狂热的民主党人——好家伙！在这里你甚至可以尽情表达对中东局势的困惑。桌上摆着不少好酒，杰伊可以喝个痛快了。

8月10日

来自38WT的报复。

……杂物间遭了水，足足没过了脚踝，我一手拖把一手水桶，孤军奋战。瑞玛在打电话，希望能安排一个水管工周日过来——感冒因子在我体内

* 传媒大亨伦道夫·赫斯特（Randolph Hearst，1863—1951）的孙女。

欢快地霍动，把大脑逼至瘫痪状态，根本记不清电话号码和地址。这房子铁定对我们意见不小。好像每次回来，都有这样，或类似这样的一通折腾。

8月17日

沃斯里餐厅，和帕蒂·洛夫还有哈丽特小聚。

今天是帕蒂的生日。

我们坐在餐厅正中间的位置。哈罗德·P.和安东尼娅就在我们后桌，隔壁则是卢西安·弗洛伊德和他的朋友们。亲爱的日记，真是见鬼了，我走到哈罗德跟前，愉快地打招呼："最近怎么样？很高兴见到你。"他则提醒我，他38年的老友西蒙·格雷不久前刚刚去世。我脱口而出——"我刚从美国回来。"哈罗德几乎是一口打断我，显然不接受这个说辞——于是我解释说美国没报道这则消息（与此同时，安东尼娅的手紧紧按着哈罗德的手）。他接受了我的解释，于是我们转而聊起了《债权人》和斯特林堡。差一点儿就天崩地裂，我是那么地喜欢他。

8月25日

《债权人》第一天。

读剧本。着手制定一些基本的原则：忠于台词，认真聆听。三位演员*的扮相和台词都很棒。哪里需要给出意见，哪里需要做大改动，也都很明确了。

8月27日

下午，和兰道聊天。《酒业风云》反响不错……所以我能飞去芝加哥参加奥普拉的节目吗？

9月4日

在电视上首次得见萨拉·佩林的尊容。好家伙，这种三脚猫现在都敢

---

* 指安娜·钱斯勒（Anna Chancellor）、欧文·蒂尔（Owen Teale）和汤姆·伯克（Tom Burke，艾伦的教子）。

参加总统竞选了。

9月6日

《债权人》。

10点半，排练室。

顺了一遍戏。或者像彩排通知里写的那样：磕磕绊绊先过一遍。然而实际效果却要比这两种说法好得多。安娜、欧文和汤姆三人都很靠谱，随时准备投入创作。不过仍有很多内容需要消化，还得继续排练，继续延展——不过现在我们有两周时间了。

9月10日

1点半，制片会议。

对我来说，这次的讨论重点是要不要让杰曼·格里尔参与创作。她一来，准得就抵制婚姻制度辩论个几百回合。我就怕这个，所以我坚决反对她来。

9月28日

一手消息，保罗·纽曼逝世。他是个出色的演员，优秀、谦逊、尊重家庭和事业。我和琳赛曾在纽约和他共进晚餐，那是段无比珍贵的回忆。

9月30日

《债权人》点映。

从一开始演员们就很在状态。观众似乎也是如此。演出结束后，人群久久不散，酒吧里挤满了人，兴致勃勃地讨论着三位主演的独到之处。

10月1日

迈克尔·格兰达吉打电话说，到目前为止，所有媒体都在“大肆吹捧”。尤其是《卫报》，对欧文更是不吝溢美之词……

10月3日

7点半，《债权人》。

他们到底演的什么鬼玩意儿，还以为自己在RSC呢？一个个演技浮夸，嗓门巨大，到了更衣室里，又一个个面露难色。感觉自己像是比尔·香克利*……

10月5日

《债权人》终于获得《观察家报》的认可。因此，不管别的媒体如何唱衰，这出戏都已算得上丹玛尔剧院的大热剧目。

11月5日

奥巴马赢了。

凌晨3点才睡。看样子，奇迹已经出现。

早上8点，继续守着电视机。奇迹的确出现了。52%的美国人有着无与伦比的想象力。

11月6日

工党以6 700票的领先优势在格伦罗西斯选区获胜。或许是因为，选民接受不了卡梅伦和奥巴马同台的画面。

11月17日

下午4点，乘车→希思罗机场。

6点半，飞往纽约。

11月18日

希拉里·肖尔［电影制片人］接上我，送我去休斯顿街的地标剧院，

---

* 比尔·香克利（Bill Shankly，1913—1981），苏格兰人，利物浦足球俱乐部经理，著名的暴脾气，每每球员表现不佳，必定破口大骂。

参加格斯·范·桑特关于哈维·米尔克的新片《米尔克》的首映。之后在柏威里酒店（The Bowery Hotel）举行的庆功派对，绝对是签名猎人的天堂。风云人物全部出动。我和劳伦·白考尔、斯坦利·图齐、杰夫·高布伦、弗兰西斯·麦克多蒙德（和科恩兄弟），还有詹姆斯·夏慕斯*都有交谈。环顾四周，还看到娜奥米·沃茨、娜塔莉·波特曼、大卫·布雷恩和米基·洛克。

11月25日

洛杉矶。

12点，洛根接我去租车公司。日记就是为了在这种时刻派上用场。我上车，尝试三把倒库，把车开出了停车场，一脚油门下去，油门太滑溜，先和前车（轻轻）追尾，然后屁股又贴上后车。在等事故文件结果的过程中，收到电话留言，我将被授予CBE勋章……

11月27日

写了一份得体的信，先致谢，然后婉拒了CBE勋章。

4点，去参加雷亚·普尔曼和丹尼·德维托的家宴。70位亲朋好友欢聚一堂，他们家是完全的好莱坞风格。每一个房间里，每一张沙发上，都是轻松舒展的社交氛围，就像雷亚和丹尼的性格一样。客人们一看就是多年的老友带着孩子们来玩儿。还有个意外的惊喜，今天有幸和阿瑟·莱萨克聊天，这位传奇般的声乐老师如今已经99岁高寿。

12月2日

洛杉矶。

《诺贝尔赎金》首映。

12月5日

洛杉矶。

---

* 詹姆斯·夏慕斯（James Schamus，1959— ），美国编剧。

清晨静悄悄的，这显然意味着电影评价不好。这种情况又来了。

我觉得，回顾这次洛杉矶之行，算是一次成长。有没有可能，在这座城市的节奏不要那么赶，就带一丁点儿好奇心就行？现在这一切听上去太累人了。

12月8日

洛杉矶。

下午和兰道聊天［谈论《诺贝尔赎金》］，他受到了全方位的打击……你还能怎么说？片名没起好，营销策略不对，但电影本身没有问题。

12月13日

在纽约过周六。格林威治村第12街上，第4街和格林威治大道中间的这一片，很有社区的氛围。这边街角有家克鲁尼咖啡店，那边街角有家舒适小屋咖啡。步行去格林威治第6街的派对用品店买了树灯和其他节庆用品，然后往北走，去了趟第18街的家居用品店，再回到第12街的美食店铺，最后回到温暖的家——外面可真冷。

12月18日

下午2点，瑞玛从伦敦出发。

12月23日

圣诞节大扫荡。书店，蛋糕店，超市，又去书店。瑞玛去约翰·巴雷特［美容院］做护理。所有要去的地方没个先后顺序。又跑了一趟书店。

12月24日

伊恩·里克森*打电话告诉我，哈罗德·品特走了。就像我当初给安东尼娅的信中所写，人们习惯性幻想他会永远活下去。而他也的确如此，一

* 伊恩·里克森（Ian Rickson，1963—　），英国剧院导演。

直活在我们心中。

12月26日

1点半，看《午夜巴塞罗那》。

伍迪·艾伦的这部片子就像《女性周刊》里那种废话文学。

12点半，盒子夜总会。歌舞/杂耍/滑稽表演凌晨1点半才开始，弗朗西斯卡［瑞玛的妹妹］先带我们参观了这里的洗手间，里面可真是应有尽有（有软垫座椅、搁脚台、水平杆和镜子），也让我们对接下来的变装表演有个心理准备——一位裸体舞男从他的屁股里抽出来一个装满药丸的安全套。看他如此卖力地追求表演效果，这个动作最后竟呈现得相当纯洁。

12月29日

下午1点，和丹尼尔·雷德克里夫在克鲁尼咖啡馆吃午餐。仿佛就在昨天，他还是个12岁的孩子，一转眼他已经19岁了。他是什么时候长大的？他敏感，善于表达，聪明，而且在纽约拥有一套三居室。

注释

1 海伦·麦克洛瑞（Helen McCrory，1968—2021），英国演员，在《哈利·波特》系列电影中饰演纳西莎·马尔福。

2 鲁比·瓦克斯因身患抑郁症在心理治疗中心修道院医院进行治疗。

2009

— 纽约

— 奥巴马就职典礼

— 娜塔莎·理查德森

— 都柏林，詹姆斯·乔伊斯奖

— 坎帕尼亚蒂科

— 伊恩·麦克莱恩

— 艾德娜·奥布莱恩

— 尼尔和格莱尼斯·金诺克

— 《哈利·波特》

— 连姆·尼森

— 艾伦·卡明

— 鲁比·瓦克斯

— 披头士乐队

— 《哈利·波特与死亡圣器（下）》

— 拉尔夫·费因斯

— 都柏林

— 约翰·莫蒂默

— 纽约

— 盒子夜总会

1月3日

纽约。

去康涅狄格州，找玛莎·克拉克[1]。

11点48分→温代尔，哈莱姆谷。

玛莎来车站接我们。第一站先去看望格雷先生，它是匹眼睛受了伤的马，同时还拜访了当地的马语者兼护士和她那痴迷《哈利·波特》的女儿。回到玛莎家，才进门几分钟，我就想在这里常住，想拥有这栋房子，想借用这栋房子。阿希尔·戈尔基在20世纪40年代建造了这栋房子，直到现在，这里依旧让人心驰神往——通透的采光，画廊长廊，巨型窗户……一整天都忙着给炉子添火，周围到处是书本。晚餐吃的是鸡肉，玛莎的思维如喜鹊般跳跃，从激情转向阴谋，从挣扎又跳回激情。

1月5日

纽约。

和特蕾莎·丽贝克*一起吃午餐。她告诉我，最近导演敲编剧竹杠，都是以“修改糟糕的剧本”（黛安·伯格的原话）为名，进而索取编剧的部分收入。真他妈令人发指。

或许演员也是时候以牙还牙，向导演索要版税了。

1月9日

纽约。

12点，盒子夜总会。跳舞的日本女孩很是惊艳，脱衣舞反着跳——赤裸着身体，从不同部位抽出衣服，鞋竟然藏在假发里。真是令人难忘。上床睡觉时已是凌晨4点，真够疯狂的。

1月14日

伦敦。

---

* 特蕾莎·丽贝克（Theresa Rebeck，1958— ），美国编剧。

整理信箱，该存档的存档，该丢的丢。盯着我的美国运通卡账单，多少有些难以置信。

1月20日

贝拉克·奥巴马就职日。

3点半，波多贝罗路，电子电影院，参加露西·罗杰斯举办的就职日放映会。

如果你不能去现场，这就是“在场”的完美方式。来的人包括凯西·莱特、鲁比·W.、丹尼和蕾拉、玛利亚·弗罗斯特拉普、艾里克·费尔纳［来自进行式电影公司］、理查德和苏·艾尔、菲利帕·延托布［艾伦·延托布之妻］、杰迈玛·汗、杰里米·金［餐厅老板］、黛博拉·豪尔［电影制片人］、特莎·乔韦尔。

不知何故，从奥巴马参选之初，我们就被深深触动，这一切都是一种进步。他演讲时，措辞简短，显然有意而为之，但内容引人深思，他所提出的优先事项也很值得玩味。

1月24日

1点半，在斯科特餐厅吃午餐。

隔壁桌很有意思，一群女士相约吃午餐，有林恩·巴伯、维吉尼亚·艾恩赛德、特蕾西·艾敏和另外两位。奈杰拉·劳森和查尔斯·萨奇也来吃饭，他在门外抽烟时我们聊了几句。他是个右派，语带讽刺。不过，他和瑞玛很快就交上了朋友。

1月26日

8点，沃里斯餐厅。

卢西安·弗洛伊德似乎常和我邻桌而坐。我最深的渴望就是说出（1）“我能讨一幅画吗?”，或者（2）“画我吧”。真的，只要能和这位天才巨擘搭上线，我什么都愿意做。

1月31日

瑞玛过生日。

2月8日

BAFTA之夜。老天，我们还得再给自己颁多少奖才算完？新闻上，澳大利亚山火肆虐，加沙已沦为废墟。

2月10日

7点半，三轮车［剧院］，《大马士革》。

这出戏的灵感来源，是戴维·格雷格和几位青年作家一起完成的中东之旅，他们在旅途中遭遇了一种完全不同的感性情绪。剧本反讽、轻柔，但绝不妥协，一如戴维本人。而且这次的选角也非常精准，当某位角色说出“我是乌克兰变性钢琴家”时，每个字都掷地有声，他的话是完全令人信服的。

2月17日

纽约。

晚上8点，去米内塔巷接玛莎·克拉克、苏珊娜·伯蒂什和斯蒂芬妮·卡尔顿·史密斯［艺术家］，出发前还不忘在人行道上当着弗兰克·迈考特的面为德·瓦莱拉辩白几句……

2月20日

第165大街，摩根士丹利儿童医院。

给一群5—12岁的孩子朗读故事，接着去病房看望了几位小患者。成排的吊水架和孩子们茫然的表情让我陷入沉思，我真的很想抱抱他们，只是，孩子们看上去一碰就要碎了。

2月21日

生日。又一年生日，只不过今年是在纽约……

2月22日

奥斯卡奖。

除了西恩·潘战胜了米基·洛克，整晚都在意料之中。凯特摘得影后桂冠*，谢天谢地，因为奖项揭晓时，显然摄像机正对准了她的孩子们，想录下他们的反应，乍听之下，这是个相当可怕的主意，不过也说得通，为什么不呢？和往年一样，3个小时的颁奖礼，越往后越尴尬，毫无意义，拖沓冗长。更别提奎恩·拉蒂法对着安东尼、保罗·纽曼和西德尼·波拉克的照片唱《我会再见到你》（*I'll Be Seeing You*）的场面了，简直俗不可耐。

3月8日

6点，参加BAFTA典礼。

7点，马克·西瓦斯[2]的追悼会。

天知道他会对自己的追悼会做何感想。就该趁他还活着的时候，把追悼会提前给办了。

3月9日

7点半，丹玛尔剧院，《靠近我》。

伊恩·麦克迪阿梅德根据安德鲁·欧哈根的小说改编而成的剧目。如一曲挽歌，富于理性，向内求索，引人反思。真的很像伊恩的风格。

3月14日

9点半，戴维·黑尔的《墙壁》。

到底是戏剧还是演讲？得以一听，荣幸之至——但我完全可以自己看一遍剧本啊。

3月17日

今天是我记忆中最悲伤、最不真实的日子之一。一大早，拉尔夫·费因

---

* 凯特·温斯莱特凭借《朗读者》获奥斯卡奖。

斯从纽约打来电话，他那边才上午7点，"出大事了"，娜塔莎在加拿大滑雪时摔了一跤，摔得很重，她以为自己没事，结果人却倒下了，现在脑死亡。这会儿，连姆已经飞去接她了，为的是让亲友们有机会和她做最后的道别。事情就是这样，突然一下子，人就没了。放下电话，我动也不动，呆坐了一个小时，然后才站起来，丢了魂似的走来走去。给连姆发了一条信息，接下来的一天，接电话，取消预约。整个人是恍惚的，太不真实了。无与伦比的姑娘，世界上最伟大的女主人。人生的每一天、每一分、每一秒都过得认真，过得充实。她的活力、魅力、才华、愤怒、同情心、慷慨、自我、笑声、小把戏、聪明、智慧、讽刺、乐趣、敏捷、诚实、脆弱、即兴还有秩序。在最深沉的笑声中，她总能预知事情的走向，却唯独猜不出自己会这样离去。

3月18日

连姆和娜塔莎的私人助理乔安娜打电话说，纽约时间下午6点，他们决定送她走了。

午夜，娜塔莎已经去了。难以想象，从此身边再没有那个雷厉风行的她。她那一句话话音未落，就抬起下巴，脑子飞快转动搜寻下一个话题的样子；她推开家门热情迎客的样子，再也见不到了。

3月19日

一整天，新闻上全是她的笑脸，微仰着头，妙语连珠。后来，连姆、朱莉［·理查德森］和瓦妮莎［·雷德格雷夫］在回家路上，遭到了狗仔的猛烈纠缠。

今天同时还是国家剧院致敬斯科菲尔德的日子。我应付不来。待在家里，漫无目的地走来走去。

3月21日

前往纽约和康涅狄格州。

瑞玛大胆尝试在网上订票，6点55分→纽约。

3月22日

娜塔莎的葬礼。阳光明媚，万里无云。

娜塔莎躺在棺材里，周围都是照片和海报。她看起来像是橱窗里的模特，化着妆，光彩照人，却浑身僵硬。劳拉·琳妮说得对，是她，又不是她。前来吊唁的人有塞兰和海伦、梅丽尔·斯特里普、米娅·法罗、拉尔夫·F.、[约翰·本杰明]·西基、艾丹·奎因、乔莉、汤姆·H.、瓦妮莎、琳恩[·雷德格雷夫]、安妮·罗斯*以及杰玛·R.，还有另外五六十人。迈克尔和丹尼尔[连姆的两个儿子]若无其事地和朋友们说笑，而且看起来意外地镇定，这或许是件好事。丹尼尔至今都感觉整件事情是“假的”。因此，毫无疑问，丧母对他们的打击会是后知后觉的，兄弟俩得独自承受。进屋吃了午饭，然后走去美丽的小教堂，右转时经过一群小报记者，各个举着长枪短炮……这是一场为她量身打造的追悼会，连姆的开场动人、风趣、坦诚；瓦妮莎朗读了《冬天的故事》中的牧羊人选段；琳恩念了一段《圣经》的选段，念得很美；乔莉、卡洛（娜塔莎的兄弟），还有他的妻子詹妮弗一起唱了颂歌；拉尔夫念了首关于太阳的诗；凯瑟琳的母亲格里泽尔达、佛朗哥还有瓦妮莎，一起唱起了意大利语歌。

后来连姆……告诉我们大家，娜塔莎捐献的器官——她的“心脏、肾，不管你们信不信，还有她的肝”——均已经成功移植。医生说，她的心脏年龄只有25岁。

3月23日

出发去纽约。

上午7点，从昨天开始，我就一直在想一件事：连姆会没事的。某种程度上，即便他深爱娜塔莎，他也会走出来的。不光我这么想，昨天的追悼会上，他甚至自己也这么说。“这一切是怎么发生的？这个女人出现了，她说：‘好吧，我们会结婚，还会生好几个孩子，不妨现在就开始。’”要知道，这是个带着狗一起奔跑，坐在河岸上钓鱼的男人。某种程度上，他就

---

* 安妮·罗斯（Ann Roth，1931— ），美国服装设计师。

这样被哄进了一种由派对、房产和责任组成的家庭生活。昨天追悼会结束时，他还说："可你知道吗，不知道多少次，我一听到'我们出去吃饭吧'这句话就唉声叹气的，我总是最后一个离开的。我已得到教训了。"

3月27日

都柏林。

1点20分，接上我们，开车前往都柏林大学学院。

2点15分，詹姆斯·乔伊斯奖。有种被一大群医学院的学生挑挑拣拣的感觉，不过他们都很开放，也很慷慨。

4点半，在去利默里克莫恩的路上，正好有时间看完《秘密手稿》*。老天，我的评论能有点新意吗？

6点左右，和塞巴斯蒂安、艾莉森以及老教区长诺卡纳纳见面。

3月28日

中午，开车进山，走到山谷的酒馆吃午餐，在迷人的利默里克乡间散步。是叫利默里克吗？威克洛。是时候和塞巴斯蒂安谈谈他精彩的作品了。故事开篇像一曲抒情的挽歌，典型的S.巴里风格，接着，作者开始有意识地向狄更斯靠拢。

4月8日

7点半，《瘟疫笼罩英格兰》。

尼古拉斯·德·容［剧评人］的戏，讲述了吉尔古德［因同性恋］被捕的故事。不时会有一些出色的部分，但称不上是一部戏剧。看到一半我心想，"像一部电视电影"。结果中场休息时，尼尔·巴特利特**告诉我，剧本确实要被改编成电影，很可能由迈基·F.***和西莉亚·伊姆里主演，这两位都是优秀的演员。剧场外，评论纷纷赞不绝口。我只能说"不夸才怪"。

---

* 《秘密手稿》（*The Secret Scripture*），塞巴斯蒂安·巴里（Sebastian Barry，1955— ）的小说。

** 尼尔·巴特利特（Neil Bartlett，1958— ），英国导演。

*** 迈克尔·菲斯特（Michael Feast，1946— ），英国演员。

4月19日

今晚电视上在播《怒犯天条》。尽可能看了一会儿（其实就是没一会儿），我就受不了了。为什么创作的初衷和最后的成品相差如此之远？

4月21日

前往比萨和坎帕尼亚蒂科。

4月23日

突然想起，今天是莎士比亚的诞辰。斯特拉特福的记忆涌上心头，那年手捧着水仙花游行的情形，还有冲南非大使喝倒彩的情形，往事历历在目。

预算做出来了，有的部分要交50%的税。

晚饭前，接了好几通电话。瑞玛差不多快把《秘密手稿》看完了。“我就知道是他，一开始我就知道……”我忙着剥蚕豆，给荷兰豆掐头抽丝剔筋，掰芦笋。瑞玛给我搭了把手，把这些加到了烤土豆上（幸亏我弄掉了一大半），做了点叫不上名字的鱼，这就=晚饭了。

4月28日

在披萨餐厅吃午餐，观看教皇在震后的拉奎拉慰问民众。[3]

5月2日

看完了《大牌明星》。想象力和完成度都可圈可点，遗憾的是我对意大利的政治史知之甚少。然而，就算影片只在开场简单地一笔带过贝卢斯科尼，我还是觉得他全程都阴魂不散。

5月8日

11点半左右，上路。里窝那→比萨→机场。在安飞士（Avis Car）租的车，现在完璧归赵。坐上机场摆渡车，比罗马机场那次开得平稳得多。回到盖特威克机场，一片混乱。去南航站楼赶火车，这趟车不是盖特威克快线，可以先上车后买票。结果就是，在维多利亚站差点被罚款，决不能让这种事发生。出站后，排队打车，一个中国家庭直接站到了队伍最前面。“你们得排队。”我们好心提醒。“没事，我们带着小孩呢。”我心里想：“你们的婴儿车，块头和我的箱子差不多。”别怪我们不客气，我们正准备警告这家人，结果发现一个坐在轮椅上的女人被她的朋友推着，使了劲往队伍前面挤。欢迎来到英格兰。

5月22日

独立艺人经纪公司来电。

“周日能不能乘（私人）飞机去戛纳颁个奖?”对不住，有派对要参加。

7点半，干草市场，皇家剧院，《等待戈多》。

奇怪，这出戏我竟是头一回看。本场的制作水平，在充满灵魂和毫无灵魂之间切换。两个非常有名的演员等待着什么发生，让人很难信服。尽管如此，今晚每个人都贡献了很多欢乐。评论居然会说这部戏过于民粹主义，真是疯了。这出戏多半是歌舞杂耍风格，伊恩·麦克莱恩细腻的表演充满了惊喜，西蒙·卡洛扮演的瞎子波卓非常难忘，罗纳德·皮卡普扮演的幸运儿十分动人。

5月24日

伊恩·麦克莱恩70岁大寿。

一个魔术师、一个杂技团，朋友们欢聚一堂。正如伊恩所说，来的都是家人，在一个晴朗的5月傍晚，全部聚集在这栋温馨的房子里。大卫·欧文*出远门了，所以我们借用了他家的阳台。阿米斯特德·莫潘和德娜［·哈默斯坦］似乎是专程飞回来为伊恩祝寿。

5月25日

7点半，沃斯里餐厅，和艾德娜·奥布莱恩小聚。

* 大卫·欧文（David Owen，1938— ），英国政治家，他是伊恩·麦克莱恩的邻居。

艾德娜兴致很高。她的新戏［《闹鬼》］反响不错……今天在《卫报》上，她透露说自己已经78岁了——真是难以置信。席间，她给我们讲了不少故事，包括她和大卫·欧文、约翰·福琼*与约翰·弗里曼**的风流韵事，她对丹娜·H.的厌恶，她和哈罗德·品特（在《名利场》杂志上）的对决，她在地下俱乐部和贝克特搭讪的事。她还说，伊丽莎白·鲍恩***曾经说过，她“有才华，却疯癫”。

6月7日

头疼，呕吐，乏力，浴室还被淹了。屋漏偏逢连夜雨，却是我咎由自取。

下午2点，国家剧院，致敬品特活动的彩排。

伊恩［·里克森］态度特别好，他坚持要给我们多种选项。“你觉得……怎么样？”或是“……这样你看行不行？”。我不知道他为什么要这样。其实直接告诉我们他想要什么就行。

7点，演出。

“啊，我爱演员，”我们下台后，艾琳·阿特金斯就感叹道，“他们一上台，戏就来了。”有些演员的确就这么厉害，可对于我们今天的表演来说，琳赛和吉娜·麦基都演得不错，我却在台上瞎忙活——我清楚今天的素材很有难度，气自己只能蜻蜓点水地演一演。

6月11日

吓死了。我（不知道从哪里）染了感冒，结果新闻上一整天都在讨论猪流感。“别犯傻了，”瑞玛说，“要得猪流感，你肯定得和这个那个接触过……”

6月21日

哪儿也不必去。

---

* 约翰·福琼（John Fortune，1939—2013），英国讽刺作家。

** 约翰·弗里曼（John Freeman，1915—2014），BBC记者。

*** 伊丽莎白·鲍恩（Elizabeth Bowen，1899—1973），英国籍爱尔兰作家。

谁也不必见。

不必做任何事。

外面阳光明媚，空气凉爽。

可以随便换台，看些无聊的电视节目。

有几封信需要回复。

晚餐烧点羊腿。

这是漫长的一天……

6月28日

下午1点，去尼尔和格莱尼斯·金诺克家吃午餐。

詹姆斯·诺迪和埃莉［他的妻子］也在。瑞秋*抱着小女儿格蕾丝来和我们打招呼。过了一会儿，她儿子乔自己跑了过来，他一身巫师打扮，穿着巫师袍，手里握着扫帚，连珠炮似的问了我25个关于哈利·波特的问题。除了这个让我措手不及的小插曲，午餐吃得非常愉快（一直吃到晚上7点……），听到了很多内幕消息，到现在还无比震惊。工党没救了，戈登不愿意下决心，海泽尔·布赖尔斯**和曼德尔森（当然）积怨已久，米尔班德早已失信，（我想）不得不承认卡梅伦手段了得。还听到一个大八卦，［杰弗里·］阿切尔***本质上和马多夫****是一丘之貉（震惊……），不过也大快人心。尼尔很喜欢我们送他的礼物，是一盒近乎全新的二手棋盘游戏《吐出照片》（*Spitting Image*），里面的人物有他、戈尔巴乔夫、里根、撒切尔等。"哦，还有大卫·欧文，他前两天才做了场演讲，三句话离不开'我'。"

6月29日

8点，瑞玛启程去意大利。

---

* 金诺克夫妇的女儿。

** 海泽尔·布赖尔斯（Hazel Blears，1956—　），工党政治家。

*** 杰弗里·阿切尔（Jeffrey Archer，1940—　），英国作家，前保守党议员。

**** 伯纳·马多夫（Bernie Madof，1938—2021），美国诈骗犯和金融家。

7月1日

3点半，去UCH［大学学院医院］看望米里亚姆·卡琳。

米里亚姆正躺在一个严实的“容器”里，她还在生气，嫌人们为什么要救她。不过，生气归生气，她的火气时不时会被其他话题打断，比如这会儿，她最关心的就是海泽尔·布赖尔斯的话题。

她才换了髋关节，（可能）还得了十二指肠溃疡和细菌感染，可她却全然不在意。她想向我“炫耀”她的走路技术，还对各类问题充满好奇，有趣得很。明明丢了半条命，却比我认识的任何人都要有生命力。

7月2日

《哈利·波特与死亡圣器》上、下两部的合约终于谈妥了，大家都小心翼翼地维护了尊严。

7月3日

汤姆·伯克想找我聊聊。聊什么？在哪聊？怎么聊？聊多久？他所获得的工作应该要配得上他赢得的尊重。我们人人都该这样。

7月7日

5点15分，天上下着大冰雹，去参加《哈利·波特与混血王子》的首映式。到了莱斯特广场（又遭遇倾盆大雨），湿透了的影迷兴奋地大声尖叫着。从后门离场，出来就是莱尔街，回家，吃披萨。

7月9日

纽约，《哈利·波特与混血王子》。

自然历史博物馆，庆功派对。

我有多想大吃大喝，就有多想把三个大卫*的脑袋按在旁边的墙上撞。

* 《哈利·波特》的制片人：大卫·海曼、大卫·叶茨（David Yates，1963—　）和大卫·拜伦（David Barron，1967—　）。

我能理解人物的发展，也能理解那些厉害的特效（眼花缭乱），但是故事在哪里？？？

7月11日

6点，去找连姆……喝一杯。虽然他看上去很平静，却感觉如此失神。上次我去他家公寓做客，娜塔莎就坐在他现在的位置上。

7月14日

迟到了——翻阅《浮生若梦》(*Les Ephemeres*)的剧目介绍，我忽然想到，我见过皮娜·鲍什，和亚莉安·莫努虚金*认识，还与蜷川和斯图鲁阿**合作过。这些人都是绝对的戏剧大师，是他们塑造了我的想象力，向我展示了戏剧的多种可能性。一种真正的荣幸之感油然而生。

7月19日

今天发现自己被各种文件包围了：会计、银行、电工、装修工、健康保险、其他保险、慈善机构，还有剧场理事会。不是这家的议程，就是那家的年报，不是合同，就是发票，简直要把房子给压垮了。

忙着将所有文件分类、存档、寄出，电视上同时还放着英国高尔夫公开赛……真不可思议，那么多肥胖的男人居然把高尔夫当运动。挥一杆，穿过美丽的乡间和成群的观众，然后冲着小球再挥一杆。

8月24日

《哈利·波特》。

三个大卫来房车看我，我不得不压住火气，但不是很成功。我试着将想法组织成语言，提出“过程”和“叙事”之类的词，或许我们能就后面的拍摄达成共识。即便是到了这一阶段，时间依然自会证明。

---

* 亚莉安·莫努虚金（Ariane Mnouchkine，1939—　），法国导演，执导了《浮生若梦》。

** 罗伯特·斯图鲁阿（Robert Sturua，1938—　），格鲁吉亚戏剧导演。

戏服上身很紧。

8月27日

和鲁比、埃德一起吃完饭。

埃德还在伤感，因为马蒂离家上大学去了（第一个周末她会回家）。她明显还是想当演员，所以，祝她在社会学专业好运。

9月1日

3点半，去米里亚姆·K.家喝茶，一起的还有阿兰［·柯德勒］和尤哈［阿兰的丈夫］。

米里亚姆连茶壶都拿不稳，但不知为何，她看上去精致极了——头发做了造型，手指做了美甲，桌上摆着蛋糕，聊不完的话题，填不满的好奇心。她家里全是书，而且她还是广播四台的忠实听众。不仅如此，她至今依旧散发着女性的魅力，她还能敏锐地记起早年的爱人们，“我从来都想不到，我竟然同时拥有米奇*和斯坦利·瓦尔斯基**”。不管从哪个角度看，她都堪称国宝。

9月2日

8点，杂耍剧院，艾伦·卡明的单人表演。

很难给今天这场演出下个定义。艾伦的个人魅力毋庸置疑，而且他勇敢、真诚，不缺好故事。他的选曲也都是原创，很有挑战性。只不过，当他说要“演绎”这些歌曲时，我觉得他还是少一些演（麦克风是特写镜头的近亲），多一些思考为妙。而且，艾伦·C.本人比他展现出来的要更阴沉，也更坚定，真实的演出会显露这一点。

9月4日

7点，修道院医院，鲁比现场演出。

---

* 罗伯特·米彻姆（Robert Mitchum，1917—1997），美国电影明星。

** 斯坦利·瓦尔斯基（Stanley Kowalski），田纳西·威廉姆斯（Tennessee Williams，1911—1983）导演的电影《欲望号街车》中的角色。

好消息是，鲁比终于又要登台了。可是演出还处在阵痛期，鲁比一紧张，就把责任都推在朱迪斯*头上。上台后，她一开始演得一塌糊涂，又很快稳住阵脚，靠着十足的勇气和演技，赢得满堂彩。这是场勇敢、动人的演出，需要一些微调，但很快就拉回正轨，就好像所有演出一样，都带着点不可预知。

9月5日

今日在家……连着看了两部关于披头士的电影（纪录片），难免缅怀起过去。所幸我们都亲历过那个时代，人手一张《白色专辑》，一边听，一边清楚地意识到，自己买到的这张唱片，将成为永恒的经典。时至今日，那些歌依然刻在我们骨子里，每一段前奏的和声，每一段合唱，每一次摇头，都能触发对那段光辉岁月的追忆。那些年的老友，派对，爱恋，舞动，紧身毛衣，紧腿裤和宽腿裤，短夹克，还有尖头皮鞋，如蒙太奇一般，略过记忆。

9月10日

下午3点，和大卫·叶茨［《哈利·波特》导演］谈话。出于某种原因，一谈起《哈利·波特》，我就容易心直口快。我发现斯内普和伏地魔的最终对决这场戏有个致命的硬伤，而且我的判断绝对没错，所以我也没和他绕弯子。然而，大卫·叶茨却不为所动。他看上去真的在听你说话，其实却固执得很。一个劲儿点头表示赞同，实则非另有计划绝不改变，至少我看上去是这么回事。

10月5日

《哈利·波特与死亡圣器（下）》。

拍摄第一天。

凌晨5点，起床……5点45分出发。

染上了感冒/病毒/别的什么毛病，整整一天，一塌糊涂。

说不了话，自然也演不成戏。不幸的是，今天两样都得做。

---

* 朱迪斯·欧文（Judith Owen，1959— ），威尔士歌手、创作人。

晚上8点回到家，彻底缴械。

10月7日

6点45分出发。

拉尔夫·F.一整天相当惊艳，让人刮目相看。自由、自律，活脱脱的伏地魔。

和纪录片团队聊天，他们的工作就是从旁记录——又一次给他们喂点素材。

10月8日

把我的所有台词重拍了一遍。第一天的镜头必定是相当惨不忍睹。

10月9日

又全部重拍了一遍……肯定是哪里出了大问题……台词本身也很要命。

10月15日

詹姆斯·麦克唐纳［剧院导演］来找我谈《约翰·盖勃吕尔·博克曼》（*John Gabriel Borkman*）的合作，还谈到其他的一些可能性。

10月16日

收到詹姆斯·麦克唐纳的信息。他说（估计是随口一说），你看斯特里普和克洛斯怎么样？

10月30日

都柏林。

8点半，市中心，烧烤酒吧。

和弗兰克*一起吃晚饭。

* 弗兰克·麦吉尼斯（Frank McGuinness，1953—　），爱尔兰编剧，由他执笔改编易卜生戏剧《约翰·盖勃吕尔·博克曼》。

今天我们避而不谈《博克曼》，不过，弗兰克聊起天来就像是在打牌——洗牌、发牌、出牌，乐趣丛生，毫不严肃，他总能逗你发笑。

10月31日

10点45分，和詹姆斯·麦克唐纳还有弗兰克·麦吉尼斯一起喝咖啡。

说定了，［2010年］9月我过来，我们在都柏林的艾比剧院演《约翰·盖勃吕尔·博克曼》。

11月3日

2点，［摄影师］卡洛斯·卢米埃尔给我拍照。

我的老天，时尚摄影。我最怕的就是扮俏。现在我还得应付这类工作，感觉又怪又不适应……我感觉自己很肥。

11月15日

下午7点，致敬约翰·莫蒂默。

又一次，演员嗅出线索，察觉可能，然后拼凑在一起，实现不可思议的效果。演出相当美好，真诚，动人。对我来说最棒的环节，莫过于看约翰在牛津辩论协会舌战怀特豪斯*和朗福勋爵**。他发言时，一针见血又魅力过人。

11月16日

上午7点出发。《哈利·波特》彩排。

今天彩排的这场戏，叫作“船屋”，又称“斯内普之死”。[4]

在空旷的录音棚里，大卫·叶茨给拉尔夫和我讲戏。大卫这人有着最好的脾气，和最正的主意。他讲戏时，更喜欢具体告诉演员故事是什么，你是谁，你是怎么想的，你应该怎么站，怎么走位，如何做，用什么样的眼神。拉尔夫和我（在船屋）各有想法，我可以看到的是，大卫在最大程

---

* 玛丽·怀特豪斯（Mary Whitehouse，1910—2001），英国教师、保守党活动家。

** 朗福勋爵（Lord Longford，1905—2001），英国贵族，社会改革家。

度地让我们自由发挥。因此，我们的表演开始有了一些气口。

11月17日

11点，萨瑟克大教堂，约翰·莫蒂默的追悼会。

一场精心策划的悼念仪式（全程多次提及上帝，牧师还将约翰比作信奉耶稣的无神论者，他会不会认为这是在与魔鬼做交易？）。所有人都来了，尼尔·K.致辞，艳惊四座，无人能及。

11月25日

《哈利·波特》，6点15分出发。

去尖叫棚屋……

又湿又冷，风嗖嗖地刮，工作人员都离得老远，所以拉尔夫和我只能一点点朝布景走去。大卫·叶茨这个依旧顽固的家伙，还是坚持让V［伏地魔］用一句魔咒杀死我。（无法理解，更别提广大读者的抗议和愤怒。）

尽管如此，和拉尔夫配合得很棒。他直接、真诚、有创意、自由。

回家和瑞玛（逻辑鬼才）讨论，她说："他要杀你不能用魔咒，因为只有阿瓦达索命咒才能杀死你，而且一击致命，你一死，这场戏不就没法儿收尾了吗？"

11月26日

《哈利·波特》，6点15分出发。

斯内普之死。这场戏贯穿了一整天的拍摄，不同角度，不同景别。快十年过去了。至少，今天这场戏缩到了只有两个演员……大卫一激动，就显得无助又可爱，而且他就站在旁边看着我们表演。这恰恰证明，当一群演员跳出纸面上的剧本，共同琢磨故事，构建空间和场景，能实现非凡的效果。斯图尔特·克雷格*设计的船屋，营造了一种讽刺的、永恒的氛围。我之前还和大卫提到过，这个景搭得很壮观，还有点日式建筑的味道。

* 斯图尔特·克雷格（Stuart Craig，1942— ），《哈利·波特》电影美术指导。

12月1日

去纽约。

12月2日

白天我们去逛家具店，发现一模一样的两盏灯，在惠氏家居（Wyeth）卖7 200美金，在家具城却只要799美金。

12月3日

8点，看《连绵之雨》（*A Steady Rain*）。丹尼尔·克雷格和休·杰克曼演了一出戏，又或者说，他们就是在舞台上讲了个故事。散场后，去了化妆室……丹尼尔和休刚刚把他们汗淋淋的短袖给拍卖了（捐给艾滋病慈善机构），成交价4万美金。

12月18日

10点，和詹姆斯·麦克唐纳谈过了。先向西德尼·库萨克发出邀约。他推荐了玛丽·马伦*，我推荐了哈丽特［·瓦尔特］。

12月25日

穿过高线公园去第20大街。

12月29日

天气奇冷，所以去吃午饭的路上，我转过身来，背对着风倒着走，结果被树外面的一圈小护栏绊倒，整个人倒下时，右关节先着地。

12月30日

11点，去圣文森特医院看急诊。拍X光片，固定夹板……是扭伤还是骨折来着？实在是没劲。

---

* 玛丽·马伦（Marie Mullen，1953—　），爱尔兰演员。

下午，米勒天然气公司来人了。有燃气泄漏。

12月31日

9点，和帕梅拉［·德尔克，地产经理人］还有安德鲁［其丈夫］小聚。

10点，盒子夜总会。这里比平常还要混乱，上菜晚了足足两个小时，喉咙都要喊哑了。不过好在还有反转脱衣舞给他们找补一下，跳舞的是个体操运动员，一个带把的变性人……舞技了得。我们忙着吃纽约牛排的时候，帕梅拉和一个裸男大跳热舞。

注释

1 玛莎·克拉克（Martha Clarke，1944— ），美国戏剧导演。

2 马克·西瓦斯（Mark Shivas，1938—2009），英国电视制片人。

3 2009年4月6日，意大利拉奎拉市发生6.3级地震。

4 在《哈利·波特》原著中，伏地魔在尖叫棚屋杀死了斯内普，但在电影中，这一场景被改在船屋。

2010

— 纽约

— 凯特 · 温斯莱特

— 《小混乱》

— 苏珊 · 萨兰登

— 南非

— 阿索尔 · 富加德

— 鲁思 · 罗杰斯

— 迈克尔 · 甘本

— 《哈利 · 波特》杀青

— 纽约

— 《债权人》

— 《午宴之歌》

— 坎帕尼亚蒂科

— 沃尔泰拉

— 《哈利 · 波特》庆功宴

— 都柏林（《约翰 · 盖勃吕尔 · 博克曼》）

— 琳赛 · 邓肯

— 菲欧娜 · 肖

— 布莱恩 · 弗里尔

— 纽约，《小混乱》

— 《牙买加》

— 哈丽特 · 瓦尔特女爵士

1月1日

纽约。

凌晨2点45分。宅在家里。蜷在床上。换了本新日记。

1月4日

今天干的事：等燃气公司来抄表，和美国医疗系统讨价还价——他们第一句话永远是“你准备怎么付款”。专科医院的外科大夫明天会给我打电话——都是为了这点讨厌的、总好不利索的小伤。

1月5日

拖了好久才去圣文森特医院取片子。“上楼，把表填了。”“下楼缴费，10美元，拿着表回来取CD。”——他们把我的腕关节X光片刻在了CD上。

1月7日

9点半，克鲁尼咖啡馆。

和凯特·温斯莱特边喝咖啡边聊天。凯特光彩动人，她很喜欢《小混乱》的剧本，这也算是开了个好头。

接着，去画廊看展——《克利姆特与维也纳黄金时代的女人》。

接着，去专科第145医院。霍奇基斯医生立刻消除了我的所有顾虑。

1月9日

下午1点，赞帕餐厅（Zampa），和苏珊［·萨兰登］见面。我才知道分手是苏珊提出来的，站在她的立场上，不管从哪个角度看，分手都是个明智的决定。不过蒂姆或许不会这么想。

1月12日

返回38WT。

凌晨3点半（伦敦时间上午8点半），在飞机上倒时差时，突然产生一种感觉，在纽约生活一段时间之后，看伦敦的眼光会发生变化。什么该留，什么该丢，什么才是重要的，都看得清楚了。从两种不同的角度注视着时间流逝。

10点左右，一路堵车，坐了好久的车才回到38WT。家里乱七八糟，到处是灰，黑着眼圈、哀怨的家政工人科妮莉亚站在房子的另一头（“我早上7点就来打扫了”）。

这里与纽约差别巨大，我的生活忽然被一堆文件、财物之类的东西淹没，于是我瞬间产生了一股冲动，要去改变、丢弃、摆脱、重组、精炼、简化。

1月14日

《哈利·波特》。

6点半出发，昨晚一夜无眠。

第305场，尖叫棚屋——西弗勒斯·斯内普之死。

棚屋冷得要命，地上的雪还没化。我的司机克里斯说，“这里面比外面还冷”。这场戏除了我还有丹、艾玛和鲁伯特，我们一起工作得有十年（？）了吧（这次艾玛是趁着布朗大学放假才赶回来拍戏）。我的脖子被想象中的巨蛇“纳吉尼”*咬得满是血，他们三个还是那副表情，皱着眉头，喘着气。我发现我想不起来这些年具体拍某一场戏的情况，因为所有决定都是开会时就商量好的，而不是在现场。大卫·叶茨帮我们分析了每个角色此时此刻心里的想法，以及他们为什么会这么想（有点闪回的意思……），我本来还有个小创意，应该是用不上了。

1月17日

2点45分，河边咖啡馆。

大卫·海曼一进门，就对我和丹尼尔在尖叫棚屋的那场戏称赞有加。于是我趁机让他展开讲讲，再顺便向他讨几件道具。我还想知道，要是这个电影里用了美国演员会怎么样，要是找不到制片人该怎么办。和有些人聊天，

---

* 纳吉尼，一条绿色巨蟒，在《哈利·波特》中，这条蛇是伏地魔的宠物。

我就是停不下来，尤其是遇上他们这群又聪明又愚蠢的人，就大可不必了。

1月20日

詹姆斯［·麦克唐纳］打电话说，有人向他推荐了菲欧娜和琳赛。

1月21日

今天上午得到消息，三月之前《哈利·波特》都没我的戏。

正好给我的脑子腾点地方。

1月25日

2点15分，洗牙。

残忍的女魔头。她要么就是碰到了我的神经，疼得我龇牙咧嘴，要么就是清洁喷头放水太多，让我被抽吸管呛到。她手上的刮刀在我的嘴里吱吱作响，她还一直让我回答她的问题，要不然就是给我上课，讲红酒和薄荷茶会对牙齿造成哪些影响。赶紧放我出去。

2月7日

看安东尼娅·弗雷泽关于哈罗德·品特的回忆录*。她把日记当作朋友，我记日记却更多是在发牢骚。真是遗憾，不该这样的。这本书里关于塔莎**的部分要是再细节一些，再多些私人描述就更好了……

2月12日

开普敦。

5点半，乘车去富加德剧院。

剧院位于第六区，在一栋既像教堂又像仓库的建筑里。马克［·多恩福-梅，导演］效仿皇家宫廷剧院和青年维克剧院，也保留了灰泥墙壁（与

---

* 《能否别走？我与哈罗德·品特的一生》（*Must You Go? My Life with Harold Pinter*）。

** 娜塔莎·理查德森。

幽灵）。剧院很漂亮，彩排室也很夺目，看得见桌山的屋顶更是让人惊叹。《魔笛》一如既往地引人入胜，看得出来，创作者绝没有沾沾自喜。编剧阿索尔·富加德介绍了这栋建筑的背景，还说戏里的演员一散场就回家。

2月15日

开普敦→伦敦。

2月21日

晚上9点在酒店看BAFTA颁奖礼。

乔纳森·罗斯还得再练练讲笑话的水平。我们不应该这么偏心美国电影。瓦妮莎很美，但我实在不知道她的发言是想讲什么。[1]

2月25日

6点15分，乘车前往莱斯特广场。《爱丽丝梦游仙境》首映礼。

下雨了，那些已经等候多时的影迷可真不容易。签名、拍照、继续拍照。排队觐见查尔斯和卡米拉。他说："你还在拍《哈利·波特》吗？"她说："好久不见你了。"接着，电影开始。故事令人陶醉——怪诞，深刻，复杂，美妙。

2月26日

7点半，《真爱不死》。

劳埃德·韦伯的音乐剧新作（《歌剧魅影2》）。我觉得这部剧的旋律，很快大家就都会哼了。上一部开幕曲就能抓人的剧还是《有风景的房间》，两位女主唱*相当惊艳。剧情是什么来着？

3月8日

11点，和鲁思·罗杰斯见面。

---

* 美国演员席爱拉·博格斯（Sierra Boggess，1982—　）和英国演员丽兹·罗伯逊（Liz Robertson，1954—　）。

帮她准备明天葬礼上的致辞。去世的人是罗丝·格雷*，她长达25年的伴侣。平日里总会把一切打点妥当的露丝，现在突然变得不堪一击。她准备了一篇动人的致辞，风趣又感伤。我叮嘱她，明天讲话时一定要注意呼吸，最好用荧光笔把重要的内容标注出来。

下午3点15分，《哈利·波特》，和迈克尔·甘本一起彩排。

很快开始又很快就结束了，这场戏的要求很清晰。回房车的路上，甘本说他很怕背台词，总怕记不住词。接着他又告诉我，他很快要出演《克拉普最后的录影带》**——我怎么听着有点不对劲？？

3月10日

今天的戏只有我和迈克尔·甘本。他自从生病后，身体就不好。昨天的预热对他来说可不是在开玩笑，台词对他来说是个大问题。因此我们借助了一些技术辅助，为什么不呢？记忆受损很不好受，让人难以放松，失去自由，也无法与人交流。拍戏时，我的周围全是提词板和自动提词器。可即便这样，只要他稍微施展一些魔法，轻松、迷人的演技便信手拈来。

迈克尔的人生故事很是精彩。他以前在百老汇找过一份修摩托车的差事（没有工钱），[专修]英国牌子的车，单纯是为了缓解孤独，消磨时间。还有天晚上，他要演[戴维·黑尔的]《天际线》，可是门却打不开了，于是他干脆一脚将门踹倒，翻了过去。

瑞玛说，鲁思今天在葬礼上的表现很好。我给她打了个电话，接电话的是理查德[·罗杰斯]。不一会儿，鲁思就给我回了电话。今天上午，她念稿子给理查德听的时候，没忍住哭了，在去葬礼的出租车上，她心里还惴惴不安的，可一上布道坛，她就平静了下来。了不起的女孩！

3月11日

7点45分出发。

* 罗丝·格雷（Rose Gray，1939—2010），英国厨师、烹饪作家。
** 塞缪尔·贝克特（Samuel Beckett，1906—1989）创作的独角戏。

傍晚，戈德里克山谷，斯内普进屋找莉莉的一场戏。这场戏需要高度集中注意力，工作人员十分敬业，一直在寒冷的屋外待到夜里9点半。制片人不见踪影，伙食水平再创新低，有康沃尔面团、香肠卷、白色肉卷，还有抹了一层人工芝士的白面包，芝士都化了。这些糕点都是在最便宜的面包房现买的，送来时都快凉了，叫人毫无食欲。

3月12日

这是最奇怪的感觉，斯内普这么多年一直装作漠不关心，现在却要一股脑将所有情绪宣泄出来。拍这场戏时被打断可一点儿也不好玩（当然又是一句“抱歉”也没有）。

“你不会介意，对吧？”

“不对，我介意。”

“哦，好吧，别这样。”

“是你问我介不介意的。”

“没错，现在我知道是我错了。”

3月22日

6点40分出发。

斯内普成为校长。

折磨人的台词——大段独白——有点费脑子。

3月24—25日

一大堆角度要拍，一大堆孩子叽叽喳喳，玛吉等得要发疯。

3月29日

6点15分出发。

《哈利·波特》杀青日。有些难以相信。故事大结局，我觉得就连丹尼尔也觉得不可思议。到处都是摄像机，应该是在拍纪录片。“所以现在感觉如何？”我都还没来得及伤感，也不知道该如何形容这种感觉，只好指着摄像头说："保密。我是不会和这玩意儿分享的。"这个摄影师上午还是有同情心、能与我产生共鸣的朋友，下午却变得爱管闲事起来，让我下不来台。

故事被摄像机封存，结束了。谢谢你，乔[2]。

4月6日

10点，看整点新闻，电视上说科林上周末去世了。*老天竟如此不公，让一个家庭承受这么多悲伤。

4月7日

［《债权人》。］

下午4点，演出。有一些激动人心的事情发生了。特别是安娜［·钱斯勒］的表演，真没想到她可以演得如此自如。她和汤姆［·伯克］的对手戏也是火花四射，太精彩了，一如人生……

4月10日

《债权人》征战纽约。

11点半，乘车去希思罗机场。司机对我说："我讨厌你在《一条叫旺达的鱼》里的角色。"

4月14日

合成彩排开始了。要是这只是场技术彩排就好了，我担心欧文［·蒂尔］退缩了，他居然想让自己的角色更温和一些，这是什么奇怪的想法。不过，我们一整晚都在奋力推进，直到11点才结束彩排。技术组的工作人员棒极了，演员也很体恤他们。我为什么会感到惊讶？

4月15日

下午4点，第一次带妆彩排。

---

* 英国演员科林·雷德格雷夫（Corin Redgrave，1939—2010）因心脏病突发在家中去世。

欧文终于入戏了，如果开幕之夜能达到今天这个效果，那我是满意的。

4月16日

7点半，首场预演。

怪害怕的，所有人一直笑个不停。这倒是我始料未及的。演员们也受到了干扰，因此他们开始有意推进剧情的发展。表演不能停。

4月20日

《债权人》开幕之夜。

7点半，演出。

开场不错，可是后来感人的力度有些下降，也可能是我个人的听觉问题，感觉只用了平时83%的力。

4月22日

纽约特有的景象。评论界一片狂热，电话响个不停。

4月26日

看《控方证人》。

大家欢聚一堂，除了乌玛·瑟曼，她因为椎间盘问题“去看医生了”。

5月1日

上午，安娜打来电话。“我遇到麻烦了……”她不仅睡不着，头还没来由地疼。我让她打车来我这里。

联系巴利医生，该去哪家医院？圣文森特医院已经关门了，第60大街与第10大街上还有罗斯福医院和圣卢克医院。在医院陪安娜一直待到下午5点，挂盐水，量血压，做断层扫描和磁共振扫描。没什么大碍，可她头疼一直不消。医生给她开了布洛芬，说她应该是病毒性感染，可以回家。今晚演出取消。

5月2日

今天也得取消演出。昨晚安娜的头疼更厉害了，又去了趟医院。医生给她做了腰椎穿刺，确诊她得的是脑膜炎。这个病显然听上去更糟糕，恐怕得一周才能好，而且没有对症的抗生素，只能靠止疼片缓解，全靠休息。和安娜谈过之后，我们决定去接欧文，然后一起乘火车去贝弗利和拉伊市。今天是个大晴天，欧文在海边游完泳，乘船出海去了，我和安娜坐在海边看书。最后我们去贝弗利俱乐部提早吃了顿晚餐。

5月3日

回家惊闻琳恩·雷德格雷夫去世的消息，宛如一出希腊悲剧，那个可爱明艳的女人就这么走了。

5月6日

11点10分，乘车去“奇普里亚尼42号大街”餐厅。

“女性在关切”慈善晚宴。

是只会关心购物、午餐宴和拉皮手术的女性吧。

就算她们是*真的*关心，也是排在那些娱乐项目之后。

回到家，电视上只说戈登输了大选，英国目前面临悬浮议会的可能，此外再无确切消息。终于有一次，票数是对的；终于有一次，连美国人都啧啧称奇。

5月16日

《债权人》封箱。

下午3点，纽约最后一场演出。

这真是演员发挥得最好的一场，是我所见过的最精彩、最自由的表演之一。观众好像全部起身喝彩。

6月7日

约翰路易斯百货——冰箱的事儿还没完。直到今天，问题还没有解决。

明天要再查一下电脑，量一下尺寸。

6月10日

终于买好冰箱了。配送需要10天。

6月22日

《午宴之歌》。

下午3点，和尼亚尔［·迈克考米克，导演］、克里斯托弗［·里德，编剧］还有艾玛一起讨论。

艾玛有一大堆想法，我试图保持镇静和纯粹。她很有天赋，因此控制欲很强，又很脆弱，也很难敞开。不够有好奇心。

6月27日

大考在即，好好记台词。

6月28日

漫长的一天，“记忆部门”（这个比喻似乎很贴切）顺利完成工作。艾玛从不畏缩，永远在场，永远保持掌控力。那天晚些时候，她告诉我，她一回到房车上就哭了。

6月30日

现在拍摄进行到更有难度的部分——配合叙事的慢镜头。在餐桌前一坐就是好几个小时，腰酸腿疼，还要保持高度的注意力。好吧，也不算太高。这两天笑声不断，尤其是和汤普森女士一起工作时，我要是脑子不听使唤，她会及时用腹语的方式提醒我。“把手伸出来。”“是另一只手。”

7月8日

《午宴之歌》，杀青日。

6点55分出发。

先配合艾玛，拍手部特写、眼神特写、喝红酒的特写，还有食物的细节镜头。然后，艾玛再配合我，同样的镜头来一遍。最后，再拍1989年道谢和道别的闪回镜头。

下午4点，杀青。一段温情的发言之后，皮耶［·威尔基，制片人］送给我一大瓶（1.5升）1999年的堡林爵香槟。《哈利·波特》剧组应该和人家学学怎么做人。

7月12日

意大利。

坎帕尼亚蒂科。

7月14日

凌晨6点，游泳。

气温和水温一个温度。而且这个花园泳池的好处在于，可以放心裸泳。只有我、空气、清晨的阳光和池水。

7月16日

沃尔泰拉。

4点→圣吉米那诺，这地方以后绝不会再来，毫无生气，就会坑游客，人人摆着一张臭脸。

5点左右，返回沃尔泰拉。桑德拉来酒店接我们，并带我们在沃尔泰拉古城简单逛了逛。

7月17日

沃尔泰拉。

理清下一步想做什么，什么时候做。然后去取明天表演要用的文本，是一首但丁的诗。

晚上10点，在圆形露天剧场的阴影中。

朗读《全世界是个舞台》（摸黑下台阶走向舞台，没扭到脚踝真算个奇迹，而弗朗西斯卡还穿着高跟鞋）。接着，弗朗西斯卡充当报幕员，西蒙走上台来了段最爱的独白。

7月28日

漏水了，积水成洼，一股子臭味。

7月29日

9点，水管工圭多要来维修……

不过在此之前，上午7点，先来杯早茶——牢记圭多的指示，先别通水槽——然后继续读尤金妮亚·切特科维茨的故事集，读完最后一部分，我就得一头扎进《博克曼》的剧本了（这次来意大利，我阅读、消化、回复的文件，足足有几英寸高，可真是一项成就）。尤金妮亚的这本书称得上真正的写作。字斟句酌，语言犀利，颇有质地。而且故事也都狡黠、大胆、撩人。

7月30日

一夜暴风雨后。

上午7点，找了把干椅子坐在门口，屋里没电。全村都断电了，楼上的洗衣机里囤了一大堆湿答答的毛巾，到处点着蜡烛，都快燃尽了，冰箱门敞着，里面的存货也知道自己时日无多。暴风雨后的宁静。

下午7点开始，一直到11点，又是风雨大作，电闪雷鸣，水漫金山。场面很是壮观，竟让人看着有点新鲜，真真“电光四射”。不对，电都叫暴风雨给掐了。每隔二十秒闪一次电，夜晚变白昼。我们不过是大自然卑贱的奴隶，尽力阻止房子被水淹。现在，是时候来杯茶了，天蒙蒙亮，鸽子成排站在屋顶的瓦片上，像往常一样傻乎乎的。它们估计昏睡了一整晚。

7月31日

做了个奇怪的梦。我（好像）在洛杉矶，正在参加什么晚会，演员个个都盛装出席，我是观众。（我先是跟着鲁比找了个位子坐下，却发现不是我的座位，又起身往后面走，路上还拒绝了一个红发女孩的搭讪，最后终于找到了我的位子。）开场表演，观众们全都站起来，一大群人又喊又跳的。我只是看着。有一群身穿蓝色缎子的胖女人见我不会跳舞，非常不满。我挤出人群，溜到外面，结果被一群狗仔追赶。我用手捂住脸，杀出一条血路。其中有个记者相当咄咄逼人，但使的法子却很有创意。我猛然停下，怼上去索性让他拍。其他人愤而离去。大结局。

8月1日

比萨→伦敦。

8月4日

糟糕，我们在浴室门厅发现了霉块，地板也鼓起来了。返潮了？水管又破了？怎么还没完没了了？

8月7日

1点45分，坐车去利夫斯登工作室，参加《哈利·波特》的庆功宴。

钱没有白花，尤其是餐饮部的经费。到了下午2点半，几乎没剩什么吃的了。接着，我们玩起了模拟人生和扭扭乐（疼死我了）。

8月9日

看《午宴之歌》。深奥得令人不安。撇开电影的质量不谈，看着自己，就很难保持客观。

8月10日

初步判断，水管破了，这就意味着，得在破裂处放一台除湿机，随时吸水，天知道这种情况得持续多久。

8月17日

克里斯汀·林克莱特［声乐导师］给我上课。只用一个半小时，她就对我的发声知识进行了再教育。只需记住一条口令即可。呼气吸气的感觉很棒，还可以感受到后颈部和舌根处在发声。可就是左耳聋得厉害。

8月23日

上午10点，都柏林，艾比剧院。

《约翰·盖勃吕尔·博克曼》，第一天。

我在彩排室见的第一个人是琼·柏金，她刚参加完艾美奖，一下飞机就立刻赶来。这已经是她第三次获奖。

詹姆斯发言后，我们开始读剧本，雾气消散，山峦逐渐清晰。

汤姆·派伊向我们展示了布景，美丽、冷淡、通透。我们都感到一阵寒意袭来。琼设计的戏服也很美，关注细节，充满热情与关怀，给我们开了个好头。

8月24日

彩排第二天，硬币开始呈现它的两面性，问题来了。剧本开始有贝克特的影子，昨天的戏服今天再看显得过于隆重，弗兰克写的对白有些地方听上去略显笨重，我觉得口音有问题，菲菲杵在那儿活像件多余的道具。戏剧本身会给我们指明方向，詹姆斯虽默不作声，却察觉到了这些问题。

早早回家，没有碰酒。健康饮食现在是我的口号，玛莎百货在向我招手。

8月29日

一周没喝酒，昨晚干掉一瓶，今天早上头疼得像车祸现场。

8月30日

过步行桥时（台阶不平），眼睛朝前看，下一秒就结结实实地一脚踩空。一整天都在后怕。手也擦伤了，裤子右腿膝盖上还蹭破了一个洞（是我独一无二的一条裤子）。磕磕碰碰，那都是小时候的事，今日一摔，一整天都还能听到着地时的声音，直到现在还胆战心惊。

9月1日

休息日。

其他人都在排练第一幕，琳赛很紧张。菲菲要求剧务去找些角色儿时的“物件”放在彩排室……

排练结束后，琳赛打电话说，屋里看起来就像《拾荒父子糗事多》的片场。不过，看到菲菲这样上心，一切都会好的。

9月5日

7点半，谢默斯·希尼做客艾比剧场。

美好的作品，读得很美。布莱恩·弗里尔也来了，在酒吧里，我们都聚在他身边。他说他都不怎么动笔了。我说：“给我写点东西吧，十分钟就行。”短短的约稿，似乎提起了他的胃口。

9月6日

一整天，都要和这个该死的听力问题做斗争。空调的声音，热水壶的声音，铁路和交通的声音，每发出一阵低沉的声音，都像是一种持续的嗡鸣和回响，宛如置身水底。

排练……唱唱跳跳，没有实质性进展。其间出现了一个声音，一种态度。与之形成反面的当然是琳赛，她推进、求索，以无比的坦诚。

昨晚与菲菲在酒吧里的对谈仍然如鼓声在耳边回响，沉于水底的感觉也愈发强烈。

9月8日

乘车去［都柏林］灯塔医院。

本来是要做磁共振，可是前台却一问三不知。后来来了位年轻的南非女士，先领着我去做了听力测试（左耳的听力现在和右耳一样了）。结束后下楼，终于做上了磁共振（脑袋和脖子都伸进仪器里——砰砰砰，噼噼啪啪）。下午1点，回去接着彩排。

下午，毫无参与感，只能看着菲菲独断专行。我们一直排练到傍晚，除了我用一段“即兴表演”证明了我的观点，赢回了一些地盘，此外再无进展。

9月23日

第三幕。

今天，耿希尔*变得不一样了，更平静，也更投入。她的态度有点像“你是想让我什么都不做吗？那就这样”。不过，这也算是进入正题了……

9月27日

下午2点，彩排。

第二幕。台词现在还不算一气呵成，我想，也需要个过程。

6点，从头到尾排一遍第二幕。

必须得说的是，詹姆斯坐在导演椅上，传递出来的能量非常有限，菲菲和琳赛都有点儿慌。琳赛是嘴上不说，心里没底，菲菲则是拳打脚踢，全表现了出来。

9月28日

10点，第三幕和第四幕，进度之缓慢令人堪忧。这个时候，詹姆斯的不回应已显而易见。他不停地讨论，没完没了，但就是不给指导建议。

9月29日

10点，艰难前行。

或许今天是关键的一天……

排练时出了好几次糟糕的状况，这出戏的结局隐约可见。

这样的局面，迫使我们开诚布公地谈一谈。詹姆斯需要发挥监督和指

* 由菲欧娜·肖饰演的角色。

导的作用。琳赛应该从菲菲的阴影中走出来。至于菲菲，她的所作所为历历在目，她“用力过猛”（“那是因为我觉得我们毫无进展”），她独断专行，她出风头时决不允许别的演员干涉。

明天绝对会是新的一天。我话虽说得重，但我不感到愧疚。不论之后我们会不会闹僵，话说出口，覆水难收。毕竟，我们都已经是成年人了。

10月1日

10点半，彩排。

我应该是要感冒了。神经紧绷，不得缓解。所有人都拿不准台词，不知道哪一部分可以，哪一部分不行。面对这样的情况，詹姆斯似乎蛮不在乎。

下午7点，和琳赛还有菲菲回到斯宾塞码头酒店，就着马天尼和红酒，我们坦诚地聊了聊，想出对策，继续向前。

10月4日

……今天一睁眼，整个人就不想下床。去看医生，第83次犯鼻窦炎了。继续吃抗生素，继续用喷雾和滴鼻液。还能怎么办？

10月6日

第一场预演。

我们做到了，艾勒[3]，我们做到了。

10月8日

1点半，彩排。

7点半，演出，很多地方都可圈可点。啊，想想那些可怕的日子，每个人都不容易。

10月9日

下午4点，彩排。7点半，演出。

我以为我们已经就第三幕达成了共识，结果到了傍晚，答应好的事全从窗户上丢出去了，我们活像一出滑稽剧。

凌晨2点，和琳赛还有希尔顿回到酒店。

能聊的话题就一个，真的。

10月12日

7点半，演出。

真的，每个人都筋疲力尽，只能硬撑。到了第三幕，菲菲又开始不按剧本出牌。和她的对手戏，变成了和她的较量。在生活中，她是个出色、慷慨、开放、快活的人。在艺术工作中，堪称噩梦。

10月13日

7点半，媒体之夜。

正如他们所说，效果尽如人意。

10月15日

……詹姆斯蹑手蹑脚靠近门口，探着头朝一边看，脸上还赔着笑。很显然，媒体评论有好有坏，从大家的沉默和回避中（除了琼，感谢她）可以看出，批评声是冲着我来的。现在，我倒感觉像是拖后腿的人了。希望这种情绪尽快消失。

10月18日

瑞玛回家了……

6点左右，这唱的是哪一出？

菲菲来到我的化妆室——明天我们谈谈？——我们需要换个导演——现在这个水平配不上BAM*——我说不定会退出……她又是这样，不和人沟通，自顾自说个不停，因为害怕，所以手忙脚乱。

---

* 布鲁克林音乐学院（Brooklyn Academy of Music）。

10月20日

下午3点，和琳赛聊天。商量出几个不错的法子。属她最勇敢，虽然感冒了。

7点半，演出开始，第三幕还是跟不上趟。不过，啊，缺个导演……到了这个节骨眼儿，只要有个导演就成。

10月26日

7点半，第三幕——噩梦。

演出结束后，詹姆斯竟然说“太棒了，这个布景在纽约也能用”……我的妈呀。

10月27日

12点，先在酒吧和詹姆斯谈完，再去办公室找菲利*。詹姆斯看上去就像受了伤的小动物，但是，我们也都很受伤！我让他先开口。他（自然）还是固执得不行。

10月28日

菲菲直到下午4点才现身，所以除了（小声）和她同步一下进展，没时间说别的。演出一开始，这场应该还不错，因为观众都笑得前仰后合。可是后来，他们一听到有些老台词，不是大笑，就是窃笑，并且以为整出戏以一句“拜托……”收尾。我们在台上的遭遇真是再创新低。

后来在酒吧，大家心里都不高兴，对着有些人却还得保持微笑，其间可能吐露了太多真心话，也可能还不够多。堪称滑铁卢。

10月30日

2点半，第三幕——就是个笑话。

7点半，第三幕——依旧是个笑话。

* 即菲利·马克·康霍尔（Fiach Mac Conghail，1964— ），2005年至2016年担任艾比剧院的总监。

关起门来讲，最有可能出现的情况是，琳赛不接受另一个女演员排练的时候一样，上了台又是一个样……最后会是这出闹剧大获全胜吗……

10月31日

7点，烧烤酒吧。

菲利、琳赛、菲菲和我四人摊牌。做好准备，场面可能会很难看。推拉了好几个回合，好几位导演的名字先后被否决。等我和琳赛回到家，我才戳破了窗户纸，房间里的大象其实就是菲菲想要退出。那就随她去吧。

11月2日

6点，化妆室，菲菲“想要在酒吧谈谈”。她脸色很难看。

7点半，演出，如果我头这么疼还能演好，那么我在任何情况下都能演好。

10点15分，菲菲整个人颠三倒四的，还想要装无辜，就是不肯承认是她自己去意已决。我们都忍无可忍。“菲菲，你必须得退出，明天就去和菲利说。”

11月3日

7点半，演出，她彻底脱轨了。某种程度上来讲，我也一样。被她搞得晕头转向（不是比喻）。

11月4日

5点半，剧团开会。不出所料，菲菲姗姗来迟，一句话也没有。我向她展示了我的事业规划。她立刻就决定，她也要理清自己的戏剧事业……会间休息时，她告诉琳赛“好莱坞的人联系我了”。闹剧没完没了。

11月11日

上午11点，彩排。

菲菲希望波克曼是爱耿希尔的。我无话可说，只能援引台词。我们相持不下，但没有人态度强硬到能直接打断她。他们的婚姻已经完蛋了，无力回天，到此为止吧……昨晚我只睡了3个（还是4个？）小时，没力气争了，但也不会屈服将就。

7点半，演出。我都是怎么做到的？不知怎的，我们撑到了最后。

瑞玛来了。

11月16日

7点半，演出。

开场前，先是有人说我的台词落音不对，接着又有人抱怨票房不理想，越想越气。不要从舞台后方开场，也不要在第二幕的大部分时候脸冲着舞台后面或者角落比较好。用这样积极的态度展开沟通该有多好？这点要求过分吗？

11月20日

下午2点，午间场。

演出进入倒计时了，每逢这种时候，总好像在盯着一条陡坡，力不从心。我们永远也爬不上去了，顶峰永远也不会出现。一分钟接着一分钟，一句词接着一句词，就这么结束了。

7点半，（艾比剧院）封箱。

随着演出告一段落，这出戏未来的方向（以及我们可能永远到不了的地方）变得更加清晰了。琳赛和我登上山顶了。

10点左右，酒吧。

倍感轻松，解脱了，成就感油然而生。不论怎样，我们最终做到了。完整地，全情地。

11月22日

伦敦。

一整天没有踏出家门一步。

其间，接到茱丽叶特的电话，她听上去垂头丧气的，生活全是妥协。

休*不在（人在加拿大），孩子们都得她来照顾，女演员过了50岁接不到戏，再次回想起当年她和F.S.合作时的噩梦……这可真叫人悲伤，她曾经是那么快活的一个人。我（一如既往，且常有）的震惊在于我居然根本没有真正关心过（行业内）他人的处境。

11月23日

温坡街55号，医生的化验室。等验血结果的时候，看了好几本杂志，从一本《时尚》杂志中得知，"艾玛·沃森的制片人"曾送给过她一块古董劳力士手表。

12月3日

去纽约。

12月6日

拉塞尔·布兰德在《杰·雷诺秀》上的样子简直没法看。他现在顾不上打扮自己了，只是忙着寻找事业的下半程。他的头发剪短了，只穿了一件毛衫，打着领带。与之前的疯狂相比，他现在这个形象倒是古怪得讨人喜欢。

12月10日

《小混乱》。

9点半，演员开始就位。

10点15分，凯特·温斯莱特来了。这感觉既亲切又奇怪，我认识她时，她才19岁，一转眼，就已经35岁了。

10点半，《小混乱》首次剧本研读会。

下午1点，巴布托（Barbuto）意大利餐厅。

桌上有凯特、盖尔［·伊根，制片人］、安德里亚［·考尔伍德，制片人］、编剧艾莉森［·迪根，编剧］，还有瑞玛和我。凯特依旧让人捉摸不

* 休·布罗迪（Hugh Brody，1943— ），茱丽叶特·史蒂文森的丈夫。

透，她似乎在进退之间来回摇摆。

12月19日

牙买加，蒙特哥湾。

乘坐老掉牙的美国航空。

延误了1个半小时才起飞（我们后面还得转机），架子上一本杂志也没有，耳机只有一只耳朵能听，飞机餐难吃到离谱……到了迈阿密，联程航班更是地狱。延误了不说，飞机上还没有乘务员。我们从纽约飞来的时候她明明还在……在蒙特哥湾落地。找了个司机，直奔圆山［别墅酒店］。白色的围栏，白色的窗帘，白色的床单，殖民时期的家具，还有热水浴池。在月光下来杯朗姆酒。

12月20日

虚无的一天。脑子里还想着在飞机上读过的剧本《埃斯特雷马杜斯的画像》(*Extremaduran Portraits*)。接着，读《午夜之子》(*Midnight's Children*)，这真是我看过的最精彩的剧本了，只可惜，选角还没开始就结束了。

12月25日

12点来到海滩，等到下午1点，圣诞老人乘船而来。他黑皮肤，却一大把白胡子，（操着一口浓重的牙买加口音）说："老天，你们国家可真热。"

回房拆礼物。

8点，吃晚餐。什么菜都有，唯独少了烤土豆、小卷心菜和圣诞布丁，还应该再添支蜡烛，也让我们看看清楚这一晚上都吃了些什么。

12月28日

先去迈阿密→纽约。

直奔前台核对账单，然后陷入了沉思。

现在是上午10点。昨天一到机场，就发现5点25分的航班延误到了6点25分，接着又推迟到7点10分，后来这趟航班连值机地勤也取消了，不再有人通报航班状态。再后来，原定乘务组因为连续飞行时间太长（这时候已经8点半了），需要换人（9点05分，9点半，9点55分）。几经波折，终于飞抵肯尼迪机场，简直像干了一件大事。然而很快（实际上是漫长的苦刑）就被浇了冷水，足足等了3个半小时才拿到行李。突出重围后，摇摇晃晃回到家，进门已经是凌晨4点半。屋里寒气逼人，仿佛从童年开始就被人遗忘了。

12月31日

哈丽特·瓦尔特女爵士，太好了！

注释

1 瓦妮莎·雷德格雷夫（Vanessa Redgrave，1937— ）获颁终身成就奖。

2 指《哈利·波特》系列小说的作者J.K.罗琳。

3 耿希尔的妹妹，琳赛在《约翰·盖勃吕尔·博克曼》中饰演的角色。

2011

— 纽约

— 《约翰·盖勃吕尔·博克曼》

— 反削减公共开支抗议

— 奥利·戴华纳，私人教练

— 《谋杀》

— 汤姆·康特奈

— 《神偷艳贼》

— 卡梅隆·迪亚茨

— 米里亚姆·卡琳

— 《哈利·波特与死亡圣器（下）》

— 安娜·梅西

— 坎帕尼亚蒂科

— 纽约

— 《研讨会》

1月1日

新年第一天，又是在纽约度过。

1月6日

BAM，第一天。合成彩排开始……一天下来，非常愉快。尽管身体提出抗议，脑子却尽力跟上彩排的步调，中间有好几次，不得不躺下休息一会儿。不过，后来在里昂餐厅，菲菲、琳赛和我（抿着威士忌酸酒）一致认为H*是个充满魔力的场地，让人不自觉地感到精神为之一振，又轻松，又振奋。这出戏和属于它的语言体系开始成型。

"我们有一出戏。"菲菲说。

1月7日

上午9点半，BAM，继续第四幕的技术彩排。

下午2点，带妆彩排，似乎还不错。霍华德·戴维斯［导演］挺满意，我们自在又充满灵感。

7点半，首场预演。

演到筋疲力尽，我都忘了多喝水。不论如何，（如以往一样）我们都坚持到了最后。

1月8日

第二场预演。

和可怕的感染做斗争。不知不觉，我们竟擦出了真正的火花，呈现了一场精彩的演出。一些特别的事正在此悄然发生。

1月10日

下午晚些时候，道格·麦格拉思**向我推荐了一个极其乏味的角色，我

* 布鲁克林音乐学院的哈维剧院（Harvey Theater）。

** 道格·麦克格拉斯（Doug McGrath，1935—　），加拿大演员。

不禁疑惑，经纪人是用来做什么的？

1月14日

7点半，演出。

今天这场戏演得艰难。有趣得很，瞧都不瞧BAM的工作人员……在纽约，耻辱只能自己承受。

10点15分，走出剧院，打了辆车回家。看“评论家选择奖”，今年的第一场演员盛典，越看越尴尬。演员根本就是免费的电视广告位，被尴尬地反复拉出来交易。难怪《在某处》*颗粒无收。

1月18日

7点半，演出。

观众席两次响起手机铃声。第一次的肇事者显然说了声抱歉；到了第二次，是个坐在前排的观众，手忙脚乱，在包里一通乱翻。

1月19日

7点半，演出。

有种感觉，病毒的恶魔马上就要找上门。确实如此，观众席一声咳嗽，一阵烦躁，我就知道大事不妙。老天，这场和自我的斗争何时是个头。

1月20日

7点半，演出。

观众失去了控制，听什么都想笑。演出前，剧方提醒过观众，已有人投诉看戏受到影响。感觉自己整晚都在扯着嗓子喊。

10点15分，维诺咖啡馆。

一看大家的脸色，就知道评论不好。

---

* 《在某处》(*Somewhere*)，索菲亚·科波拉（Sofia Coppola，1971—　）执导的电影。

1月23日

下午3点，演出。

奇怪，当我推开脑子里的困惑和恐惧后，我开始享受这出戏了。你必须要藏起心中的野兽，不能反过来被它支配。

1月25日

1点半，布伦达·柯林*把她关于尤多拉·韦尔蒂的剧本带进了我家厨房。她是个优秀的演员，但是这出戏还缺些身份认同。我提了几个建议，都是小建议，却很关键。

7点半，演出。

观众都闹腾得很，甚至有些调皮（居然有人大喊“斯内普”）。

1月27日

[在萨沃伊酒店吃完午饭，]冒着雪走回家，一到家，胃就开始难受，可真会掐时间。

7点半，演出在即，姜茶、冰袋、水一起上，誓将胃里的翻涌遏制在萌芽阶段。

不知怎的，演出获得了一些张力，散场后亚当·伊萨克［演出经纪人］赞不绝口。后来我才意识到，我自己的经纪人对我的作品几乎毫无表态。这是什么意思？

2月2日

7点半，演出。

不论是事前预判，还是事后复盘，这个戏都不该一天演两场。声音、体力和精力都不堪重负，脑袋（记忆力）被榨干，技巧无从谈起（身心俱疲）。最后，全靠意志力在苦撑。

* 布伦达·柯林（Brenda Currin，1946—　），美国演员。

2月4日

7点半，演出。

依然在和病毒做抗争。

10点半，维诺咖啡馆。

克里斯汀·米尔沃德和几位朋友也在。今天我绝对忘不了，我和她关系这么好，可直到我准备离开时，她才开口和我打招呼。

2月6日

下午3点，封箱演出，顺利收官。

7点半，蓝丝带面包房。呃……我是不会选这个地方［举行庆功宴］的，我猜他们是看中了这里的服务。大家相互拥抱道别。菲菲在我旁边坐下，为自己辩白……

2月7日

下午7点，接受BAFTA采访。

就不告诉你我偷了哪一样道具，也不告诉你罗琳提前和我说过什么。

2月8日

7点，乘车去BAM。

参加了两场《虎胆龙威》的放映会。第一场做了电影推荐，第二场参加了问答环节。谁能猜得到呢？场场爆满，观众热情高涨，热烈喝彩。

2月26日

《一步登天》。

首场预演，精彩，稳了。丹尼尔［·雷德克里夫］唱跳都很老练，舞跳得极好，不说话的时候还是看着有点出戏，台上的走位未经设计，所以走得有些尴尬。只要稍加点拨，他一学就会。

3月2日

凌晨1点，盒子夜总会。

有一场表演，音乐一响，有个女人开始对着麦克风放屁。当然了，一丝不挂。

3月8日

11点45分，帝势艺术学院（Tisch School）。

除了一些痴迷《哈利·波特》的问题，一切都很顺利，有个男孩问我最近在看什么书。“你是指小说吗？”“没错。”我一本也想不起来，我都是随便看看，或者读一读剧本，或者干脆避免阅读。

第14街有个裁缝手艺一流，我从他那儿取回了西装，然后回家打包，行李一大堆。

飞机上，坐在我旁边的是［平克·弗洛伊德乐队的］罗格·沃特斯。他人很好，健谈，聪明。

下午回到家，还是老样子——分类信件，拆信，扔垃圾，整理箱子，换床单，长吁一口气，把衣服挂进衣橱……

3月14日

断舍离开始。这个东西好看吗？那个东西还用得着吗？有没有哪样东西让人感到压抑？这么大一幢维多利亚式的宅子，需要很多家具。

3月18日

11点10分/11点半，拜访里德医生。

验血，（真正意义上）从头到脚都亮起红灯，全面检查一番。

3月26日

琳赛接上我们，然后开车去皮卡迪利广场，参加反对削减公共开支的抗议游行。下车后，径直先去喝杯咖啡，吃个三明治，然后跟着游行队伍往特拉法尔加广场走去，等了很久才拿到横幅，上面写着“我们要公平”。

走到公园巷，一看到多切斯特酒店，我们就走不动了。下午4点，我们和琳赛、海登［·格温］一起走进酒店，学着社交名媛的做派，享用了由（去了面包皮的）三明治和蛋糕组成的下午茶。

3月28日

去李斯特医院拜访尼尔·沃克医生，我的皮肤状况堪忧。在检查了我的痣、粉刺、红血丝和鳞屑之后，他依然无法找出症结所在，只是建议我多涂润肤霜，增加胆固醇摄入，避免恶化。我注意到，他自己的皮肤很好，所以……

3月31日

趁着瑞玛去参加理事机构大会，我在家煮了道红酒烩鸡，味道好极了。我现在味觉不灵敏了，所以尝起来有点淡，不过非常鲜美。

4月6日

10点半，拜访约翰·盖纳医生*。

测血压，听诊，他对影视行业颇有微词。

4月8日

8点，和健身教练奥利·戴华纳有约。

他们说得没错，强度很大，但一分练一分回报。一天下来，我能感到身体起了变化——全身都是毛病。

4月11日

8点，奥利·戴华纳的健身课。

过程很受罪，但还扛得住。一整天下来，我能感受到效果——身体被唤醒，很庆幸我来了。

---

* 约翰·盖那（John Gaynor），曾为多个影视剧组担任医疗顾问。

4月14日

继续追《谋杀》*，边看边走神，[因此]自然是跟不上剧情。当然，瑞玛却看得津津有味。

4月18日

8点，奥利·戴华纳的健身课。

他现在开始给我加练了……

3点半，《神偷艳贼》(*Gambit*)剧本研读会。

收获不少。卡梅隆·迪亚茨是个人物，坦诚又风趣。科林[·费尔斯]待人还是那么周到，好奇心也强。

至于剧本？绝对不适合在桌上围读，因为这个片子的精髓就在于反应镜头、剪辑和对同类型经典电影的致敬。台词有时是真的搞笑，有时是故意搞笑。迈克尔[·霍夫曼，导演]对修改剧本持开放态度，我们的工作就从这里开始。

7点，和奥利·戴华纳见面。

天呐，这可不好玩，熬着夜又喝了些好酒——虽然有些酒(如往常一样)在说故事的过程中洒出来了。但他还是逼着我讲完了，要不是有人推着我，我可做不到。

4月20日

迈克尔很没有自信，犹犹豫豫，总觉得后面还有更好的点子，这让我有些不安。

汤姆·C.来找我闲聊，说起了菲利浦·拉金、阿尔伯特·芬尼、他的老狗、他的新狗，以及对某位演员的厌恶(此事说来话长)。他是个74岁还穿着短裤的老顽童，可谁叫他是汤姆·康特奈，他是我小时候的大明星。

看了一部卡梅隆[·迪亚茨]之前演的科幻片，对我理解这个演员很有帮助。工人阶级出身的年轻女孩闯荡模特圈，一举成名后，片约不断，

---

* 《谋杀》(*The Killing*)，美剧。

换了好几个有名的男朋友。看似是个一分钟就能讲完的故事，其实都是她前20年人生的总结。

4月23日

下午，继续看《谋杀》。太精彩了，英国电视应该自觉羞愧。

4月24日

又看了一集《谋杀》。

每个人都贡献了绝佳的演技，即便再小的角色也演得很有说服力。

只剩6［集］就要大结局了……

4月29日

奥利·戴华纳，他对我越来越狠了……

王室大婚*在即，科妮莉亚用吸尘器给家里来了个大扫除，凯斯·B.把所有的玻璃擦得锃亮，我和瑞玛都很兴奋。不过说来有趣，这场婚礼也是一出戏。主演人选至关重要，舞台布景是固定的，有可能演砸，也可能带来惊喜。至于剧本，就交由公众做解读，交由历史下定论吧。

4月30日

和艾莉森过了一遍《小混乱》的终稿。

2点，去维特罗斯超市采购。

下午，终于追完了《谋杀》。

我总是掉线，但这部剧制作精良，全程演技炸裂。堪称佳作。

5月2日

丹维尔疗养院**，与米里亚姆·卡琳共进午餐。

大家一致认为，可以以这个疗养院为背景，创作一部戏，或者给《骇

* 威廉王子和凯特·米德尔顿（Kate Middleton，1982—　）的婚礼。

** 专为娱乐界人士设立的疗养院。

人命案事件簿》写一集剧本……演员依旧处于迷茫的状态，坐在轮椅上的老人凝视着前方。米里亚姆还是那么喜欢较劲儿，不过这一回是和她自己，她期盼着能早点去瑞士，早点结束这场痛苦。谁又能责怪她呢？是布莱恩能，还是巴里能？巴里已经90多岁了，衣着品味依旧无懈可击，衬衫外面套着夹克，再系一个领带，亲自端咖啡给我们喝。“谢谢你，服务生。”我说道。“是管家。”他马上纠正我，脸上带着微笑。戴安·谢丽登*举着照相机。她是在寻找一些故事正在发生的证据吗？

5月7日

晚上8点，家宴。

客人包括凯斯·维纳、埃德·米利班德及贾斯汀［他的夫人］、米兰达［·理查森］、亨丽埃塔·G.、罗南·班内特**及乔吉娜［他的夫人］，还有拉希拉和她的朋友玛丽。

凌晨2点，当我和瑞玛关上家门开始打扫时，我们俩异口同声说“灾难”。

饭菜倒是很可口，就是上菜太慢了，9点半第一波菜才上桌，10点半第二波菜才做好，太尴尬了。不过，拉希拉过的是巴基斯坦时间，所以对她来说正合适，而且她对香料的要求堪称完美主义。埃德明天一早还要上安德鲁·马尔的节目，但他表现得很有耐心。我筋疲力尽，又很紧张，都没法好好聊天。

5月9日

《神偷艳贼》第一天拍摄，夜戏。

3点半出发，纽波特帕格内尔，泰林汉姆庄园。

夜戏的噩梦（很惨，不是指睡梦中那种）。倦意袭来，顾不上吃饭，记不得喝水，结果就是，语无伦次，品味和判断力顺着泰林汉姆的草地飞出

---

* 戴安·谢丽登（Dinah Sheridan，1920—2012），英国演员。

** 罗南·班内特（Ronan Bennett，1956— ），爱尔兰小说家、编剧。

九霄云外。

凌晨5点半，瘫倒在床上。

5月10日

10点40分醒来。

大约12点，和科林、卡梅伦、迈克［·洛贝尔制片人］、迈克尔·H.还有其他几位制片人一起，围着餐桌吃早餐。大家聊起了阿根廷、音乐、电影、火车，还有方言的问题。拨弄着食物，喝着咖啡，聊聊天，真高兴。

下午，难忘的卡拉OK之夜，之所以难忘，是因为我的左手大拇指撞到了车门上。我都好久没有这么疼过了。要晕过去的那种疼法。我估计，这下手指要变黑了。

迈克尔·H.是个很矛盾的人，既有决断力，同时又优柔寡断。这让人有些不安，但他清楚自己想要什么。

5月11日

说对了，指甲盖变黑了，手指隐隐作痛。穿裤子扣扣子时，需要想点新办法了。

5月15日

宅家日。明天的这场戏，我准备偷几句鲁比的台词。

5月16日

凌晨5点50分出发。昨晚11点半上床，两点半就醒了，之后再也没睡着，现在5点又得起。进组以来有几天的拍摄难度特别大，今天就是其中一天。场地是亨利小镇外的一座山丘——去什么托斯卡那，英格兰到处都是坡——人物是我和一群持枪的劫匪，台词足足有两页，反复滑倒，站起来，摔一脸泥，又趴倒在泥地里，发疯似的咆哮……一直拍到晚上6点才收工。脑子里想的全是泡个热水澡。从眼皮到脚踝，没有一处不疼。

5月24日

4点20分出发……凌晨4点……

又累又饿，尤其是在地窖里拍摄，根本无法判断时间。出来往房车走时，看到有人在咖啡馆里吃午餐，我大吃一惊……那个时候已经是下午3点半……

5月25日

早上6点起床，挥别启程去意大利的瑞玛。

继续睡回笼觉，10点才起。

我一直有点期待拍卖会的戏份儿。可现实情况是，迈克尔·H.又犯了犹豫不决的老毛病，加之迈克·洛贝尔在现场盯得很紧。结果就是，一个好点子给稀释了，变没劲了，取而代之的是一个乏味的、弱化冲突的镜头。以防万一呗。

5月27日

今天去探望了两个病人——没办法，只能放在同一天。

下午3点，圣查尔斯医院，安娜［·梅西］。

苍白、平静、美丽的安娜，她就只是那么呆呆地望着，像是在寻找一个原因，忽然又像以往一样与人争辩几句："我不觉得M.是个特别友善的人。"（我一直以为她将他视为英雄）。可还是爱她。

下午5点，圣约翰与圣伊丽莎白医院，米里亚姆。

她妆发一丝不苟（出于他人之手），随时准备接待前来探视的人。随时准备和来客聊天说笑，哪怕大量服药让她的眼皮都快睁不开。看谁敢稍坐一下就走。

5月31日

上午6点，出发。沙班达尔*的办公室，拍沙发上的长镜头。我，卡梅

---

* 沙班达尔勋爵（Lord Shabandar），艾伦在片中演的角色。

隆还有科林同时出镜……有人记不住词，我的特写一直拖到下午才拍……迈克尔成了受气包，又可怜又防备。我什么时候才能控制住自己，不要冷冰冰地吓唬别人？虽然我这么做于事无补，却好歹推进了进度。至于“我们要不读一下剧本？”这是当务之急吗？——这场戏的关键全在于镜头。

6月2日

上午6点，出发。

一丝不挂一整天。

好吧，至少还穿了条肉色内裤。他们都说，过一会儿你就忘了。但这回我可没法忘，我是全场唯一半裸（八分之七裸吧）的人。事实就是如此，不过还是得谢谢你，奥利·戴华纳，就算上周缺课，苦练还是见了效果。

6月3日

米里亚姆·卡琳走了。她是这样一颗高尚的灵魂。直到临走，她也没能如愿在“尊严机构”安乐死，但是她却始终保持着体面和尊严。她的寻欢作乐，她的刚毅，还有她的激情，将在我们心中永存。

6月6日

和菲利普·赫德利讨论了下周米里亚姆的葬礼。必须要操办得符合她的地位，得确保RSC有人出席，董事会的马尔科姆*也必须到场。演员们在追悼会上会自己看着办的。

6月8日

重返伊灵电影公司（Ealing Studios）。

卡梅隆再一次证明了她是个多么有天赋的喜剧演员：天生的节奏和精准度，而且她也真诚地接受了自己这一点。

---

* 马尔科姆·辛克莱（Malcolm Sinclair，1950— ），时任董事会主席。

6月9日

读《只是孩子》。帕蒂·史密斯在书中写道，（因为一次买不起两张门票）他和梅普尔索普会轮流去惠特妮博物馆看展。罗伯特曾和她说“总有一天我们的作品也会在里面展出”。我就是在那里见过他，在他的个人回顾展上……

6月11日

又看了一点《死囚之舞》（*Monster's Ball*）。女歌手Lady Gaga公布了她在帝势艺术学院的求学背景。现在我明白了，人们就该严肃地把她当回事。因为她接受过正规训练。她的表演有章法。

6月12日

7点半，去斯坦利·图齐和费莉西蒂[·布伦特，他的伴侣]家做客。

真有意思，看到别人在厨房里也是手忙脚乱的。“土豆不够了，再做点玉米糊。”

6月14日

米里亚姆·卡琳下葬。

10点，接上塞尔玛，然后前往戈尔德斯格林火葬场。上帝保佑菲利普·赫德利，现场一切尽在掌控。不为米里亚姆做点什么的人，统统不要进场。直到11点28分，菲利普还在门外守着，我还以为是外面出了什么混乱。不过，追悼会准时开始，我以诗朗诵《不再畏惧》做开场，接着菲利普上台讲了20分钟……不知不觉，追悼会就进入尾声。哈利特朗诵了克里斯蒂娜·罗塞蒂的诗作，接着换海伦娜·K.上台，贾恩·S.*的发言没什么好说的，理查德·迪格比·戴**也上台讲了很久（讲话中还引用了莫琳·利普

* 贾恩·萨金特（Jan Sargent），英国导演、编剧。

** 理查德·迪格比·戴（Richard Digby Day，1938— ），英国戏剧导演。

曼，以及米里亚姆自己发表在《卫报》上的文字），很是睿智。

6月25日

简短地和安娜还有大卫·哈金斯*说了几句话。他觉得安娜听上去有点糊涂了，所以应该是把我当成了乌利。我觉得不会，可大卫告诉我，安娜有90%的时间都在昏睡，没有疼痛。他们觉得，她可能随时会断气。一整天，我都不知做何感受。我在电视上调出格拉斯顿伯里音乐节的转播。音乐总能带你去到另一个地方。露茉（Rumer）、手肘乐队（Elbow）、酷玩乐队。英国音乐统治世界。

6月27日

8点半，奥利·戴华纳。

这堂课绝对是想要了我的命。昨天睡得太晚了……

7月3日

男单决赛，纳达尔对战德约科维奇。

令人难忘的比赛。极具反差的一天。在主入口的阳台上，加入格洛斯特公爵夫人这一桌，开始享用午餐。

偏偏是不该赢的人拿了冠军［德约科维奇］——这个人张扬又自负。不过，比约恩·博格竟然专门过来想和我合张影。“你在开玩笑吗？”我气急败坏地回道。约翰·梅杰说：“你可真是给我带来了不少乐子。”我忍不住回敬：“真希望我也能对你说同样的话。”他倒是有风度，还笑得出来。

回到家。收到乌利的短信，是用俄语写的——安娜走了。

7月4日

肯辛顿市政厅。瑞玛当上了高级市政官，她发表了一篇火药味十足的演讲，让我很是为她感到自豪。

---

* 大卫·哈金斯（David Huggins，1959—　），英国演员，安娜·梅西之子。

和大卫·哈金斯聊完，安娜留下遗愿，要我在她的葬礼上致辞。我们订好了日子，但这对乌利来说可不好受，他作为俄裔犹太人，希望葬礼能尽早举行。

7月7日

《哈利·波特与死亡圣器（下）》。

结束了，上半部。

前往特拉法尔加广场——1小时车程。

一下车，到处铺着红毯。一个大屏幕，一个舞台，主持人和成千上万的影迷尖叫着，高唱着“斯内普，斯内普，西弗勒斯·斯内普……”。蜿蜒的红毯直通莱彻斯特广场，晚上8点，放映正式开始。我越看越觉得不安，电影临阵换马，改讲斯内普的故事了，而且镜头还失焦了。然而，观众却非常满意。我到后面再骂人吧。此刻所有人都兴奋不已，我一个人也抓不着（而且谁说话我也听不见）……

7月8日

中午12点半接上乌利，带他去安格鲁斯餐厅吃饭。这个复杂的男人，痛失安娜，他说遗体要是火化，人死便不能重生。永远是右派的那套观点，然而却是出于爱与关切。

7月13日

第125场戏，已经连着拍了两天。

疲惫，暴躁，偶尔毒舌。

快8点，和科林［·费尔斯］、斯坦利还有费莉西蒂一起吃饭。

我们是个快乐的团队，大家很聊得来，总是欢声笑语的。科林的独白很逗，全是发自内心的感受，斯坦利对伦敦爱得不行，想要定居下来。

7月15日

趁着清晨的静谧，在餐厅完成了安娜的颂词。

12点半，西伦敦火葬场，万灵公墓。

戴维·黑尔候在大门外，他说道："好吧，这就是安娜，要么一切从简，要么就在威斯敏斯特大教堂举行葬礼。"

下午2点，安娜的追悼会。平静，有序，优雅。开场放了莫扎特的作品，接着大家一起祷告，我、佩妮·威尔顿、牧师先后致辞，最后以舒伯特的作品收尾。我感觉我的发言肯定有半小时那么长。我觉得挺好，安妮肯定会这么说。

7月20日

《神偷艳贼》最后一天。

在劳斯莱斯的后座里坐了一天。

卡梅隆看上去胸有成竹，一切尽在掌控中（也因此让导演和制片无计可施），实则并没真的做什么功课。她这几周横跨大西洋两头飞，还能记住词才令人惊叹。不管怎么说，本来也就不难，我们这几场戏不够流畅，他们倒是给我提了意见。我猜，这就是明星的地位和经费的去处。

7月27日

特立独行的乌利，明天他就要启程去巴勒莫了，8月中旬他还会去趟圣地亚哥（那时候我们会在意大利），可他这一次又是不告而别。他不大喜欢英格兰，葬礼对他来说又太难接受。"没有开棺，没有最后的亲吻，直接火化，重生无望。"而且今晚我才听说，追悼会上的笑声，尽管符合时宜，却让他困惑不已……

7月30日

9点15分，［萨默塞特宫的］庭院，《虎胆龙威》放映会。现场聚集了数千名忠诚的粉丝，人人都带着软垫、毛毯和睡袋。我举着麦克风，享受了一把摇滚巨星的待遇。真是难忘。先在汤姆小厨吃完饭，然后在广场上看了15分钟电影。镜头很美，让人再次感叹这部电影的技艺精湛。每个镜头都起到了推动剧情的作用。

8月1日

看了两部关于［鲁伯特·］默多克的纪录片。应该归功于尼克·戴维斯*、汤姆·沃森**、克里斯·布莱恩特***，我猜还有艾伦·鲁斯布罗格，是他们促成了这一切。多说一句，老天，时机是多么重要。

8月7日

坎帕尼亚蒂科。

8月11日

艾米丽·扬［雕塑家］从巴蒂尼亚诺来做客，我们吃了猪排和蔬菜杂烩，然后听她细数自己的人生经历。我喜欢她，但是她对我们就一个问题也没有？？

8月13日

在村子后面散步。老城墙外围架起了脚手架，顺着城门往外走，就走到了圣玛丽亚教堂，再继续走就是但丁披萨店，吃了个帕尼尼，喝了杯咖啡。是克劳迪奥付的钱……

8月17日

7点半，游泳。

8点半，沿着托斯卡纳的山坡、村庄、石子小径和树林散步，走了好几个小时。边走边听威尔·哈顿对默多克事件的分析——杰里米·亨特****看上了［戴维·］卡梅伦的位子（如果是他，我非得用铁链子把自己拴在议会门口的栏杆上不可）。艾伦·R.[1]是个真正的英雄，长期支持着尼克·戴维斯的调查工作……

---

* 尼克·戴维斯（Nick Davies，1953—　），英国调查记者。

** 汤姆·沃森（Tom Watson，1967—　），工党政治家。

*** 克里斯·布莱恩特（Chris Bryant，1962—　），工党政治家。

**** 杰里米·亨特（Jeremy Hunt，1966—　），保守党政治家，时任英国文化大臣、体育大臣。

8月20日

今日气温36.1℃。

8月21日

37.1℃。

天气热得像蒸炉，不过建筑工人倒是很会盖房子——也许他们观察到一天中最热的时候，鸽子在电线杆上站不住，全躲进了松树枝。

9月3日

在飞机上看完了艾德娜的短篇小说集《圣徒与罪人》（*Saints and Sinners*）。文字是她的画笔，她的歌喉。若要给她这本书做个总结，借用书中最后一篇小说《旧伤》（*Old Wounds*）的结尾再合适不过：这是一种无名的东西，因为给它命名就等于剥夺它的真实性。

下午4点10分回到家，冲完澡已经4点半，出发去切尔西药用植物园参加汤姆·斯托帕德*的派对。今天要是谁给这个地方投一枚炸弹，恐怕英国戏剧界一多半的人都得没了。我根本就挪不开脚，但是派对很有趣，也有点儿吓人。晚饭是在卡拉菲尼（Caraffini）吃的……主要是因为在派对上，我根本挪不到餐桌跟前。

9月13日

去纽约。

路上听了阿黛尔的《21》。她就是为音乐而生的。

尼森和路易斯送我去第13大街西321号。路封了，4辆联合爱迪生**的作业车堵在门口，楼里电梯停了，我拎着两个箱子爬上了7楼……电话、电视、电脑都没法用，水龙头里冒出的水都是褐色的。

---

* 汤姆·斯托帕德（Tom Stoppard，1937—　），英国剧作家。

** 联合爱迪生（conEdison），能源公司。

9月30日

［关于戏剧《研讨会》（*Seminar*）。］

老天，这样我还要忍吗？有四个演员，也不知出于什么样的原因，就是不肯认真分析一场戏；还有两个演员，忙着探索自己的发声，想在音调上玩出点花样。导演明明有很多明智的建议，却一个也不向外提。有时候，我的精神放松下来，我们还能取得点成果。因此，我必须保持开放，不拒人于千里之外，不批判，信任别人……

10月1日

12点40分出发，排练。

还是同样的情况，我不理解。

10月10日

11点，排练。

现在大家真的需要记住台词了。一天，一小时，一分钟都不能再浪费了。

10月11日

12点，杀虫人员举起手电筒，检查床垫（没发现虫子），取走了样本。

10月12日

11点，排练。顺完整场。特蕾莎［·丽贝克，编剧］来转了一圈就又走了。一句鼓励的话也没有，老天，这出戏就归她一个人吗？我在电梯上逮住了她，在混乱中投了几枚手榴弹——“现在，这出戏是我们的了。”

10月16日

11点，彩排。

我又紧张，又怨恨，整场戏还有那么多需要设计的地方，之后却不得不先做一次完整彩排。老天，箭在弦上，这种压力实在令人惶恐。

下午2点，完整彩排，一片混乱。台词乱飞，整体不成型。哈米什*演得很好，莉莉［·拉比］还是在背台词，特蕾莎唰唰地翻剧本……我越来越生气。只能说，我们终于演完了。

10月20日

11点，排练。

哈米什终于表达了几点对文本的困惑——说得好——接着我们着手解决了问题。怎么花了这么长时间才有人开口？是因为害怕吗？每个人都被自己的才华裹挟住了。

下午顺戏时，大家相互较劲，搞得人神经紧张。演出时间缩短了4分钟，不过，我也就是在日记里写写，所有人还是以自我为中心，每一句台词都要表现，很多时候我都不明白他们在说什么，还有很多“如何”未能解释。演员们都如此有才华，却吃力不讨好，鼓励和赞美都是徒劳。

10月23日

12点半，继续推进。合成彩排第一天。

睡眠不足，像是尼亚加拉瀑布憋在一根管子里，终于，身体和脑子脱节了。

另一方面，舞台布景看上去不错，戏服也不错，场地堪称完美。因此我开始审视我本人和大家的现状。我没法知道别人都是怎么想的，或许只要我们大家实事求是（我们在乔·艾伦餐厅聚了一次餐，还算开心），这出戏就会慢慢浮现……

10月26日

下午8点，媒体公演。

我以为只来50个人，结果坐满了一屋子，我们勇敢地迎头而上。演出中观众笑了好几次，都是支持的笑声，让我们更有劲头。莉莉贡献出了她

---

* 哈米什·林克莱特（Hamish Linklater，1976—　），美国演员。

最真实的表演。我们重振精神后，这部作品的未来愈发明朗。

10月27日

晚上8点，首场预演。

从入场开始就特别紧张，一直持续到后面。又像往常一样，要和我自己的心魔做斗争。

10月28日

8点，演出。

还是紧张。当我念错了一个词，有那么几刻，所有观众都出戏了。

回到家，我满脑子都是愚蠢的担忧，甚至连最坏的情况都想到了。然而这时，瑞玛投下一颗炸弹，立刻将我从困苦中解脱出来——鲍伯·罗杰斯*死了。现在还没人知道出了什么事。以前我总是一脸不可思议地盯着他，因为他总能立刻和孩子们打成一片，他这人完全没有判断力，却有着一颗伟大的心。又一次，我因为有人离去而回不过神来……

10月29日

上午11点出发。

昨晚都没怎么睡——都怪楼下雷吉的贝斯声，一直吵到凌晨6点。

10点左右，和斯坦利［·图齐］及瑞玛到达中央酒吧。

斯坦利以往时而尖刻，时而温暖，这次却对演出没什么话说，他感到格格不入。

回到家，楼下的雷吉又在举行一场震耳欲聋的聚会。他不应门铃，酒店也没有房间了。我只能吞下安眠药，戴上耳塞，祈祷早点入睡。

10月31日

上午9点，验血。

---

* 理查德·罗杰斯（Richard Rogers，1933—2021）和鲁思·罗杰斯（Ruth Rogers，1949—　）之子。

这是迄今最轻松、快速、无痛的一次。

上场之前，我要怎么控制这种情况？惊恐发作？快要晕倒？汗流不止？反复念叨台词？手臂沉重？难以呼吸？难以集中？上半场演得简单，到后面好多了。

回到家里，看到屋外摆放了一双鞋，是拉尔夫·F.来了，他留下来享用了一顿愉快的晚餐。

11月5日

晚上8点，演出。

（按山姆*所说）除了一个不稳定的开场，这场演出很成功。大脑与身体全程在战斗——身体在中场休息时陷入了休眠，以为今天的工作已经完成了，与大脑的联系掉了线，没想到之后又得开工。

11月8日

1点半，接受《洛杉矶时报》记者帕特里克·帕奇奥的采访。

当他的问题里蹦出“反派”和“冷笑”这两个词时，我就知道他问不出什么开创性的问题。

11月11日

晚上8点，演出。

不知道这场的观众都是从哪里来的，全失控了。

11月17日

断断续续一直睡到11点。大约下午2点回到公寓。**感觉休息够了，但还是不舒服，腿没劲，头也疼。

下午5点，去剧场。

* 山姆·戈尔德（Sam Gold，1978— ），导演。

** 为了睡个好觉，艾伦前一晚住进了酒店。

巴里［·柯恩］来了，听诊后发现我的左肺有积液，可能是肺炎。立刻上抗生素。

今晚的媒体之夜取消。我意识到，这还是我第一次错过演出。给媒体的理由是“急性呼吸系统感染”。回家，吃晚餐，暖和起来，看电视，睡觉。

11月18日

就让抗生素发挥作用吧，我现在正式确诊为行走的肺炎患者。

下午5点，前往剧场。

舞台测试。和其他人一起排练了第二场戏。表演亮起绿灯。交叉手指。祝我们好运。

下午8点，演出。除了嗓子哑，今天的演出生机勃勃，充满活力。

11月19日

下午2点，演出效果虽然不错，但结束时感觉身体耗尽。

晚上8点，演出。下午6点，6点半，7点的时候，我都觉得今天可能演不了了。没力气，眩晕，但不知怎的，我们还是坚持到了谢幕。可是问题在于，连演两场已经把我掏空，感觉炎症都要突变了。

11月20日

6点半，开幕之夜。

要多顺利，有多顺利。

11月21日

《纽约时报》一边夸，一边不忘嘟囔了几句。后来从山姆那里得知，其他媒体全部叫好。

11月22日

晚上7点，演出。

感觉身体恢复正常，不用再扒着家具了。

11月27日

下午3点，演出。今天的观众就像在看棒球赛。跟着台词鼓掌，随意进进出出，还有个难忘的时刻，有人放了个屁。好像因为这样，我们几个演员都不敢相互对视。

12月1日

下午2点，出发。

在反复地让我“向上看、向下看、向左看、向右看、看最上面一行、看最下面一行、看是红色还是绿色”之后，眼科医生说：“如果10天之内视力恶化，你可以去找这个视网膜医师看看……”

晚上7点，演出。

巴里·霍普金斯*和他的朋友把开场时间记成了晚上8点……

在化妆室里——安娜·温图尔、卡洛琳（安娜·W.那毫无魅力的女儿和她的朋友们），还有苏珊娜·伯蒂什。

12月4日

突然，健康就回来了……正好能赶上周末的封箱演出。

7点半，演出。感觉今天的观众都很蠢（开场前我还和杰弗里·芬恩［制片人］说这事）。我担心这出戏在宣传的时候，被当成了那种无脑的情景喜剧。

12月13日

9点，看视网膜医生。散瞳后，他给我的眼睛里滴了无数滴眼药水，才终于举着手电筒，看清了我的眼角，进而判定我分泌不出眼泪，也就是说，视网膜脱离。6周后再回来复查。回家的路上去了趟裁缝店，然后去了趟第13大街（买吸尘器）。

---

* 巴里·霍普金斯（Barry Hopkins，1953—　），美国演员。

12月14日

晚上7点，演出。

相比之下，今天剧场静悄悄的。不过戏演完后，所有人都站起来了，感谢各位。

12月16日

晚上8点，演出。

晚上10点，中央酒吧。

等到了罗伯特、艾琳娜和克洛伊·库什曼［插画家］，他们竟只字不提《研讨会》。有时候，人们简直无礼到不可理喻。

12月19日

12点45分，拜访本杰明·亚瑟医生。他给我开了点中药和维生素D，还给我打了一针，咽喉立即得到明显改善。而且，他还差不多医好了我脖子疼的毛病。

12月21日

晚上7点，演出。

前排有个人总是不合时宜地大笑，实在太恼人。满脑子都是他的笑声，不想都不行。

12月29日

无法想象这段日记以后读起来会是什么样。差不多从开幕夜开始就被疾病牵着鼻子走。其中零零星星有几天是自由的，但是大部分时间，都像在开碰碰车，忙着躲疾病。

12月30日

下午2点，演出。

明显感觉好多了。还是得一直捧着纸巾擤鼻涕，但至少头不晕了。这是好事。

8点，演出。

观众兴奋过了头，都不知道要如何比喻，不过很欢快就是了。

12月31日

下午2点，演出。

演到最后一场戏，几乎是在舞台上爬。每一根动脉，每一根骨头，身体每一窍都疲惫不堪。

注释

1 艾伦·鲁斯布罗格（Alan Rusbridger，1953—　），英国记者。

2012

— 纽约

— 伊丽莎白·珀西

— 《研讨会》

— 波姬·小丝

— 瓦妮莎·雷德格雷夫

— 凯文·克莱恩

— 梅丽尔·斯特里普

— 多伦多

— 莱昂纳德·科恩

— 萨凡纳，《朋克地下城》

— 基恩·麦克雷

— 纽约

— 新奥尔良

— 飓风伊萨克

— 《白宫管家》

— 简·方达

— 奥普拉·温弗瑞

— 坎帕尼亚蒂科

— 大卫·贝利

— 奥巴马连任

— 《小混乱》

— 马提亚斯·修奈尔

— 《神偷艳贼》挨批

1月3日

上午11点，打电话给《泰晤士报》的帕特·希利［记者］，跟他约了周六的采访。

一整天都在张罗各种事情，劝瑞玛早点儿动身。既然弗朗西斯卡病得这么严重，她最好今天就坐飞机赶过去。

1月4日

上午跟瑞玛通了话。弗朗西斯卡挺过来了，这就已经是个奇迹了。瑞玛、彼得［瑞玛的哥哥］和梅兰妮·帕克三人现在都聚在牛津了。

1月7日

瑞玛发来邮件——弗朗西斯卡走了。真不敢相信，一个坚忍、不屈的灵魂就这样逝去了。我不断同身边的人讲起她：一位了不起的女性离开了我们。向她致敬。

1月10日

下午3点，去见亚瑟医生。

用药剂量加大，注射谷胱甘肽，还做了套很棒的颈部按摩。

然后去百货商场买（了）件外套。

1月11日

晚上7点，演出。

开始反胃。这段时间的日记可以直接寄给《柳叶刀》[1]了……

1月15日

得知了伊丽莎白·珀西去世的消息。她、托什卡、迈克尔·麦卡利昂、罗伯特·帕尔默，还有琼·坎普，他们都是我的良师。我如今的事业，我所取得的成就，全得益于他们昔日的打磨。[*]

1月17日

晚上7点，演出。观众的反应参差不齐——有人止不住地笑，有人沉默不言，也有些人在不停地咳嗽。之后又一次感到不适。波姬·小丝道了声“谢谢”。空气中弥漫着一丝怪异。

1月21日

昨晚下了3寸厚的雪。

晚上8点，演出。洛福斯·温莱特在台下，看着挺高兴。

1月24日

奇怪而有趣的一天。一早得到消息，《哈利·波特》只拿到了几个技术类奥斯卡提名。倒没什么可意外的，但（下午）还是忍不住腹诽起评审组那群蠢货，他们的评选标准堪称离谱——（1）儿童电影，不行；（2）关于弗洛伊德的电影，不看；（3）莎士比亚，没门儿；（4）查理兹·塞隆饰演的抑郁症女人，不够格；（5）（优秀的）仿作，好极了……我感觉心上被什么冰冷的东西攥了一下，或许我也长了点见识。

1月26日

3点45分，去见亚瑟医生。注射，抽血，看看问题到底出在哪儿。

晚上7点，演出。剧院里太热了，我也紧张得不行。但我们的表演还是慢慢地把观众的注意力拉了回来。

2月2日

晚上7点，演出。今晚瓦妮莎在现场，我很难不在意。再有杰夫·高布

---

* 艾伦在RADA曾受过他们的教导。

伦*、珍妮丝·霍尼曼**……

9点，奥索餐厅。

瓦妮莎还是和往常一样，什么都能聊，唯独不谈她自己。她想好好聊聊这出戏、她的观后感、她对观众的观察，还想聊聊特蕾莎[2]。某种程度上，她在试图找出戏中令她不满意的点——就当下来说，她的看法对我们很有用。

2月3日

4点15分，见亚瑟医生。

我的病情让他有点摸不着头脑。谁不是呢？好转、生病、又好转，就像过山车一样。

2月13日

休息日，几乎什么也没做。看了个叫《省钱折价王》的节目，简直是人类文明之滑坡。里面的人每天把优惠券从杂志上剪下来，然后去超市兑换70罐狗粮、30瓶维生素饮料、80包尿布，诸如此类，就这么放在家里囤着，以防万一。关键是没花什么钱。

2月17日

12点半，坐车去BAM。

1点半，歌剧《女首席》(*Prima Donna*)的带妆彩排现场(洛福斯·温莱特配乐)。

音乐非常好听，唱词却很愚蠢。一段华丽的女高音竟然配上一句“我要报警!”，洛福斯在现场狂笑不止。

2月23日

下午4点出发，去参加《查理·罗斯访谈》。

---

* 杰夫·高布伦(Jeff Goldblum，1952—)，他接替艾伦饰演莱昂纳德一角。

** 珍妮丝·霍尼曼(Janice Honeyman，1949—)，南非导演。

他5点15分到场。然后我们在指定的位子就座——不巧，他感冒了。可他真的很棒，没按提纲上的来，聊到哪儿算哪儿。要不是时间所限，我觉得我俩能聊上好几个钟头……

2月26日

下午5点，拜访玛丽亚·艾特肯和帕特里克·麦格拉思。杰克·达文波特也在。他们住在佩斯大学附近，挨着布鲁克林大桥——晚餐是在附近的意大利餐厅吃的。这三人有趣，迷人，聪明，还很慷慨。

2月29日

晚上9点，中央酒吧。

和大卫·格劳斯曼［作曲家］还有鲍勃·克劳利一起。可讨厌鬼鲍勃在另一张桌子上待了40分钟（说什么“我定了两桌”）。所以他错过了卢·里德。卢和金［·凯特罗尔］一起来的，他们刚看完《推销员之死》，金说话的语气就像个男演员。

3月13日

收到了卡希尔医生的留言。说是看不出来有什么问题。或许之前是染上了什么阿米巴虫，现在已经好了。不过，还是感到疲惫不堪。

3月15日

9点，中央酒吧，和凯文·克莱恩小酌。

原本没打算去那儿的，但临时改变了计划，不得不说，是个明智的选择，因为格雷格·莫舍［导演］和同伴克里斯塔也来了，接着还忽然碰见了朱莉娅·罗伯茨夫妇。

3月29日

大事件：梅丽尔[3]来捧场了。可把莉莉吓坏了（她逃到了楼上）。

4月1日

封箱演出和庆功宴。好吧，其实就是在玻璃屋酒馆享用自助餐饮。

下午3点，演出。算得上我们演得最好的一次，堪称奇迹。表演时没忍住落了几滴泪，谢幕时更是泪流满面。

4月28日

11点半，和费莉西蒂还有斯坦利·图齐一起，开车去韦斯特切斯特郡的南塞勒姆。

7点左右，梅丽尔·斯特里普来了。“我就知道你在这儿，”她说，“我正在调马提尼。”晚餐是慢炖兔子配玉米粥，吃得很开心，聊得更是愉快，一直持续到凌晨2点半——大到宇宙世间，小到琐碎心事，无所不谈。梅丽尔女士身上真的有股强大的力量。哪怕观点相左，也得承认她的所见、所思、所感都颇有见地。

5月7日

发现一整天不约人、按自己的节奏来很不错。以后得多留些时间给自己。

5月13日

多伦多。

这次离开纽约，我隐隐有种烦闷的感觉，觉得自己正在遭受一场无声的、有组织性的欺压。我敢说，这种行为本身会让我变得更强大，但就当下而言，旁人躲闪的目光和僵硬的笑容只会让我感受到轻视和贬低。

5月14日

莱昂纳德·科恩获奖。

梅西音乐厅，格伦·古尔德奖颁奖。

8点半，莱昂纳德·科恩音乐会。

坐在这些音乐家中间，我感到无比孤独，但走上那个舞台，受到那样的注目和礼遇，却不失为一段难忘的经历。歌词美极了，莱昂纳德的发言也掷地有声，充满力量。

5月16日

伦敦。

5月17日

在一个相对简单的环境里待了8个月，多了个随时添置新物的习惯，还都是些不怎么用得到的东西。得来场大清理了。

5月27日

下午1点，鲁比等人。

在花园边聊边吃，午餐吃得很愉快（饭是埃德做的，鲁比穿着睡衣接待我们，头发上全是染发剂和银箔）。肖恩和鲁伯特·艾弗雷特说话的口气就像是法庭评论员，潇洒、轻率，但又极其诚实。回去的路上，鲁比说她曾问过他的事业问题。"千辛万苦不过回到了中游。"他这么回答。

6月3日

女王登基60周年钻禧庆典。距加冕典礼已过去60年了。那年我妹妹身着女王同款，一举赢下了化妆大赛。

6月14日

10点，RADA理事会。

不过四个字母[4]，再一次引爆了晚间争吵环节。难以置信，都2012年了，怎么还能听到这种争论。还有一屋子中产阶级白人在大谈特谈"多元化"，而这里（除了邦尼·格里尔）再也找不出另一个"多元的"代表了。

6月19日

签证终于下来了……希思罗机场。乌玛·瑟曼也在，从休息室到飞机上，我们都挨着坐。“你懂接生吧？”即将临盆的瑟曼女士如是问道。

6月21日

［关于电影《朋克地下城》。］

2点→萨凡纳。

6月24日

11点彩排。

老天，这片子要怎么剪。

剧本研读会就如同在翻杂志——电影也一样。

6月26日

《朋克地下城》。

大部分时间都在一个美丽的南方老房子里取景。房主竟同意我们把一架钢琴从她那漂亮的木质楼梯上扔下去，简直疯了。所幸避开了扶手，但在对面的墙上砸出了个小洞。

7月5日

6点35分出发。全力投入到《朋克地下城》的拍摄中。

三个小演员疯狂吐槽警察乐队的《罗克珊》(*Roxanne*)，那个架势可真不得了。

基恩［·麦克雷］(饰演斯汀)是个来自阿拉巴马州的美国小伙，却操着一口纯正的英式口音。就为了说好那一句台词，他一整天都在说英音。

7月11日

必须记录在册的一天——J.B.* 又在给自己加戏了。下午那场戏他明明一句台词都没有，却一直在调麦——不是不让他调，但能不能跟其他三个

* 贾斯汀·巴萨（Justin Bartha，1978— ），美国演员。

演员商量一下？

7月16日

找了个更安静的去处，一待就是一整天，无须刻意发挥，希利·克里斯托［艾伦饰演的角色］的情绪便自然地流淌出来。顺利拍完了电影的结尾镜头。饰演雷蒙斯乐队的三人，乔尔［·大卫·摩尔］、朱利安［·阿科斯塔］、史蒂文［·舒布］，表现得都很棒。

7点左右瑞玛来了→8点到嘉力鲍迪（Garibaldi）餐厅吃饭。

7月17日

雷蒙斯乐队的戏份儿今天杀青，传声头乐队（Talking Heads）开拍。这两部分拍得都很精彩——对传声头乐队的演绎堪称入木三分。绝非只是戴上几顶假发、流于表面的模仿。

7月26日

萨凡纳的拍摄结束。

7月30日

去纽约。

8月6日

奥运会开始了。

马术跳跃障碍赛的选手真了不起！

8月22日

7点半，索迪餐厅。

和斯坦利·图齐、菲［·费莉西蒂］还有派蒂·克拉克森*小聚。席间派

* 派翠西娅·克拉克森（Patricia Clarkson，1959— ），美国女演员。

蒂对谁都是一通赞美，真想问问她是不是听说过《小混乱》……但我忙着享用美食，无暇理会。

8月23日

7点半→新奥尔良，入住温莎苑酒店。

8月24日

走在皇家大街上，天意般地，拐进了一家珠宝店。买了款镶着四颗黄水晶的钻戒。*

5点15分，去片场，拍预告片。

半路下起了雨，“滂沱”二字都不足以形容它的声势。司机几乎看不见前车。拍摄被迫叫停……

8月27日

飓风伊萨克预计今晚登陆。整个上午都在看新闻。除了我们，绝大多数人都已撤离。我们有种预感，可以先等等，静观其变。但接着就接到警报说，万一停电，酒店可能会彻底瘫痪，因此剧组给我们订了飞往亚特兰大的机票。

搭乘晚上7点（延误至7点35分）的航班抵达亚特兰大，洛伊斯酒店。酒店对面有家意大利面馆，进去饱餐一顿，这时已是午夜，除了我们再无其他食客。

8月30日

去纽约。

达美航空真是想钱想疯了，屡次刷新下限。先是托运一个小件行李要价25美元→现在，在亚特兰大，得付50美元才能进头等舱休息室。休想。

---

* 这里指的是同瑞玛结婚的事。

8月31日

10点半，大卫·格拉瑟带着一束花来接我们。车停在楼下。在这个美丽、明媚的日子里，我们驱车前往布鲁克林，到法院去找大卫的父亲（后来才知道他已88岁高寿了，真不可思议）。他聪明，温暖，体贴，又善于倾听。难怪他能当上法官。我和瑞玛结婚了。事情轻巧得就好像医生趁你不注意的时候往你胳膊上扎了一针。然后老法官给我们讲了个笑话，很有趣的笑话。我们走回布鲁克林大桥，在巴布托餐厅吃了午餐。一切都是那样地合乎时宜、恰到好处。

9月1日

下午4点半，瑞玛→肯尼迪国际机场，去罗马。

9月4日

6点10分，和塔拉一起看《寻找小糖人》。

这是部关于“迷失”的歌手罗德里格斯的纪录片，简简单单的片子，但很是感人。人们对他的评价没错——他超越了时代；他的音乐很震撼，他的那份自洽和沉静叫人惭愧。

9月8日

1点45分→肯尼迪国际机场→回新奥尔良。

晚上8点，俏女郎餐厅。同希拉里［·肖尔］、李*一家人还有简·方达共进晚餐。不得不说，简真是活力四射，好奇又性感。她一见到我就迫不及待地（替她的朋友F女士）打听起我的婚姻状况。她还有些脆弱。

9月9日

《白宫管家》。

8点45分出发→特效妆试镜。

---

* 李·丹尼尔斯（Lee Daniels，1959— ），电影《白宫管家》（*The Butler*）的导演。

我想这就是试镜的意义所在。我能感觉到我的脸被一层橡胶牢牢糊住，没办法调动肌肉做表情。于是我们换了款质地更轻薄的假体。简的南希[·里根]扮相美极了。

9月10日

《白宫管家》。

片场，临时演员们“没头没脑”地四处窜动。李把他们哄得团团转，叫他们以为自己地位颇高，而简则一脸紧张。我们在楼梯顶候场时，我说：“瞧瞧我们俩——演员演演员，演的还是一对白宫的演员。”简希望我们下台阶的（三步）步调一致，于是嘱咐我“先迈左脚”，我没做对，可能是因为我们俩都想安排对方。

9月12日

简戴着一副巨大的墨镜站在大厅里，身旁是她的继女，还有阿什文化中心的卡罗尔——简仍是那么地包容、好奇，全情投入。

参加员工晚宴，和一组临时演员打了个交道……奥普拉的节目组也在那里，我一副里根的扮相，就没接受他们的采访，但没过多久，片场的合照就被传得到处都是，真该死。奥普拉干脆改名叫“推特宣传大使”好了。这一天的收尾颇有李·D.之风，我们来了段里根宣誓就职的戏，因为事先没排练过，所以拍得乱糟糟的。所有人都没在最佳状态……但演完后，李却哭了。

9月13日

→去纽约。

8点45分，给奥普拉写了张（但愿能）和她和解的字条。

飞行中。影视信息播报按钮真的很方便，动动手指就能看到其他人在做什么，以及烂番茄指数、有多少人想看这部电影、有多少影评人看过/喜欢/不喜欢这部片子等等。鉴于奥普拉发了那篇推文，电影上映前肯定就有人迫不及待发表评论了。

9月14日

2点15分，开车→纽瓦克。

接待员说："我刚刚还在看奥普拉的访谈……" 两天过去了，我忍不住懊恼起来，给奥普拉写的那些话要是能再刻薄点儿就好了，"如果你想认真做节目的话，就别整天去马戏团凑热闹"——就该这么写。

9月15日

到了坎帕尼亚蒂科，看到一块晦气的标志牌——上面用英文写着"污染区"。被害妄想症犯了，总觉得这是在针对村子里的英国人。

9月16日

该死的蚊子……我们身上每一处都喜欢得不行，驱蚊剂又没带够。不是我瞎想，要是它们哪天学会了驾驭自己的力量，那整个世界都得落入它们之手。

9月28日

晚上7点，斯坦利和菲的婚礼派对。

肖尔迪奇酒店。

我最先看到的人是梅丽尔·斯特里普和汤姆·克鲁斯，似乎在预示着什么。秋高气爽，屋顶泳池外的房间里吵吵闹闹的。不用说，自然是拜外面那堆狗仔所赐。

9月29日

3点半，中殿。

菲和斯坦利的婚礼。

艾米丽·布伦特和姐姐苏珊娜合唱一曲《求主垂怜》，克里斯蒂娜则献唱了披头士的《我会的》(*I Will*)，至此，婚礼流程结束。菲菲还是那么美丽、光彩照人；斯坦利开心得过了头，颇有喜剧演员斯坦·劳莱之风。

来客还有梅丽尔·斯特里普、科林·费尔斯、史蒂夫·布西密、朱利安·摩尔、比尔·奈伊、奥利弗·普莱特*、艾丹·奎因、托尼·夏尔赫布、伊万·麦克格雷格。布伦特兄弟可以进军演艺圈了。一大桌的功夫菜，很美味。快乐、有趣、充满爱的一天。

10月9日

跟泰勒**去看弗里兹绘画大师作品展。她相中了好几样作品:《圣母与基督双联画》，以及苏巴朗、卢西安·弗洛伊德还有奥尔巴赫的画作，在纠结到底买哪幅……也有可能把它们全部收进了囊中。苏巴朗那幅画作价值90万英镑。大卫·贝利也在那儿，他见了我直呼没认出，说我看上去老了很多。

11月7日

一大早，打开电视。心突然悬了起来，还好——奥巴马赢了大选。好样的，美国。

11月13日

几乎一整天都在改《小混乱》的剧本。终于大功告成，寄去了伦敦。一页页剧本之中，藏着鲜活的故事。

11月15日

经会议讨论，[《小混乱》] 制片组今天向马提亚斯·修奈尔***抛出了橄榄枝。

11月21日

11点半，马提亚斯·修奈尔试戏。

他比我预想的还要放得开，笑呵呵的。虽然他还年轻，稍欠火候，但

* 奥利弗·普莱特（Oliver Platt，1960— ），出生在加拿大的美国演员。

** 泰勒·汤姆森（Taylor Thomson，1959— ），加拿大演员兼电影制片人，第二代舰队男爵肯尼思·汤姆森（Kenneth Thomson，1923—2006）之女。

*** 马提亚斯·修奈尔（Matthias Schoenaerts，1977— ），比利时男演员、制片人、涂鸦艺术家。

我还是毫不犹豫就定下了他。他母亲也跟着来了，一个魅力独到的女人。她是位译者，主要翻译贝克特的作品。我因为病着，说了一大堆废话。但好在事情还是得到了推进。

11月24日

终于拜读了《卫报》炮轰《神偷艳贼》的文章。苦难经历能教会你的唯一一件事就是：你总能迈过去这道坎的。

12月4日

见贾斯汀·维尔［泌尿科顾问医师］。好吧，病情又起了变化。他说虽然指标只上升了一点儿，但还是得重视起来。*

12月5日

约了黛博拉·米登还有琳赛·邓肯在丽思卡尔顿酒店喝茶。和琳赛交谈是种享受。她对自己所做的一切都抱有极大的热情，而且体察入微，也从不说虚伪的客套话。我们聊得很愉快、很放松，双方都觉得这样的小聚每年都可以来一场。

12月7日

下午1点，阿莱恩斯［医疗服务公司］，做核磁共振。

其间他们问我是想听古典乐还是轻音乐。还是轻音乐吧，古典乐太难消受了。

做完磁共振，必须得去塞尔福里奇百货买盏茶壶。

12月11日

磁共振没什么问题。接下来去找大卫·兰多［肿瘤医师］。

结束之后，听了会儿西蒙和加芬克尔（Simon & Garfunkel）……“回

* 这一诊断是基于艾伦的前列腺检查报告所得出的。

首往昔，美妙如诗。”

12月13日

晚上8点，叶夫根尼*在波特兰广场88号的公寓里办了场派对，那是我的梦中情房，气派的门厅，宽敞的房间，正适合招待约翰·马尔科维奇、露丝·威尔森**、凯拉·奈特利、劳埃德-韦伯、埃德·米利班德、尼克·克雷格、休·格兰特、杰迈玛·汗、汤姆·霍兰德、大卫·弗罗斯特、斯蒂芬·弗雷、克里斯汀·斯图尔特、爱德华·圣奥宾等来宾。

12月14日

1点15分，见朗道医生。

他给我制订了一套治疗方案，但复杂的术语让我很是摸不着头脑。好在有杰伊·史密斯帮忙解释。

去塞尔福里奇百货买圣诞拉炮。

12月21日

1点15分，见朗道医生。

CT扫描显示没有问题。

午餐时分一切正常，但渐渐地大脑变得混浊，到了晚上就开始天旋地转。

12月22日

有点失眠。

也不想出门社交。

12点的钟声敲响。

提不起什么兴致，但在家待了一下午后，还是找回了一丝平静。晚餐

---

* 叶夫根尼·列别杰夫（Evgeny Lebedev，1980— ），俄罗斯寡头，《独立报》和《伦敦标准晚报》的股东之一。

** 露丝·威尔森（Ruth Wilson，1982— ），英国演员。

吃了牛排，还看了残奥会开幕式，也让状态有所好转。

12月24日

11点半，圣詹姆斯教堂。

午夜，颂歌仪式，其实就是弥撒，歌没唱几曲，不停地坐下、起立、答句、聆听圣言。我们举着蜡烛聆听布道，却没有受到感召，道词里还非常主观地引用了鲍勃·迪伦。就是些关于道路/旅程的内容……

注释

1《柳叶刀》(*The Lancet*)，医学期刊。

2《研讨会》的编剧。

3 指梅丽尔·斯特里普。

4 指LGBT。

2013

— 《小混乱》

— 鲁比 · 瓦克斯

— 巴黎

— 凯特 · 温斯莱特

— 德克斯特 · 弗莱彻和达莉亚 · 伊贝尔豪普泰

— 理查德 · 格雷弗斯

— 玛格丽特 · 撒切尔

— 海伦 · 麦克洛瑞

— 斯坦利 · 图齐

— 坎帕尼亚蒂科

— 安迪 · 墨菲

— 梅尔 · 史密斯

— 威尼斯

— 艾玛 · 沃森

— 纽约，《摇滚地下城》

— 约翰内斯堡

— 灌木丛中的圣诞夜

— 赞比西河上

1月7日

伦敦。

不堪重负。身体出了故障，不怎么能尿出来。若是再不解决，这日子恐怕得过一天算一天了。

1月8日

从9点40分开始，一直到下午3点……不停地喝水，等着上厕所，吃了一个三明治，一到家就全给吐了。

1月9日

今天情况有所好转。11点终于解手了。朗道医生来家里，给我解释了解手难的原因。

1月11日

下午6点，国家剧院，乔赛琳·赫伯特*讲座，主讲人是克里斯托弗·汉普顿。

与其说是讲座，不如说是克里斯托弗在讲乔赛琳的故事。院方应该没有给他规定题目范围，无所谓，他怎么讲都有意思。

1月15日

下午，筋疲力尽。总归要经历一个困难时期。

1月16日

读完了菲利达的新书。**她的风格如此狡黠，看似和盘托出，实则点到为止。很有人情味儿，当然也很风趣。回忆兄长时，文笔极好。

---

* 乔赛琳·赫伯特（Jocelyn Herbert，1917—2003），英国舞台和服装设计师。

**《荷兰有多少骆驼？痴呆症、母亲和我》（*How Many Camels Are There in Holland? Dementia，Ma and Me*）。

1月22日

和艾莉森沟通完［《小混乱》的事］，简直不可思议。很少有编剧敢对着导演连说三个“不”还不用承担后果。

1月23日

听说凯特·温斯莱特的档期和另一部电影撞车了，而且四台的电影公司（Film 4）也亮了红灯……看来那时候拍《冬天的访客》，绝对是赶上好日子了。

1月24日

看《权利的堡垒》，全程睡了过去，看《问题时间》（*Question Time*），被内容之乏味惊得全程睁大双睛；接下来又扫了眼《乔纳森·罗斯秀》，电子钢琴一响起，埃迪·雷德梅恩被迫表现得像只猴子，噩梦。

1月27日

看完了《四重奏》，玛吉［·史密斯］和汤姆［·康特奈］魅力非凡，比利·康诺利也完成得非常出色。这是什么老年人俱乐部？我们一起搬进去吧。

1月29日

12点半，鲁伯特·彭利-琼斯迷人、舒展，他拥有你能想到的所有美好品质。也提醒了我，他曾在国家剧院出品的戏剧《权利》中饰演路易。我有印象，他在戏里跳过一支舞，那支舞很长，难度系数也很高，可他跳得棒极了。显然，他比我们任何人都更熟悉戏中那个朝代，只是他太谦逊，不愿意炫耀。

2月4日

《小混乱》。

第一场重要的制片会议。

2月7日

11点，鲁比从洛杉矶回来了。和出发前预想的不同，她此行备受冲击，有两段存于iPhone手机上的视频为证。其一，凯丽·费舍向鲁比展示了她母亲（DR）*给狗新造的木质雨棚，为的是能让狗在雨天撒尿时不被雨淋。其二，她的东道主劝她效仿安吉琳**，戴上金色假发，穿上紧身荧光粉礼服，再安一对足球那么大的假胸，复刻这位歌手当年上《花花公子》时的造型。

2月12日

布伦海姆会负责凡尔赛宫的拍摄场地，克莱夫登的餐厅可以作为路易在凡尔赛宫的卧室。那里很美，法式建筑，外面还有花园。我们可以把脚手架搭在窗外。完美。

2月19日

收到邮件，资金现已到位。现在要做的，就是不负泰勒的期望，还有让她开心。

2月25日

下午2点，希腊街，选角。

演员当导演，挑选其他演员。这让我感到很不适应，尤其是有些角色，台词实在太少。在回家的车上，［选角导演］妮娜·古德对我说，和既做演员又当导演的人共事很愉快，这才让我的负罪感减轻了一点儿。然而，看到一年一度的奥斯卡，火又冒了上来。这就是我们干的好事，也太把自己当回事了。我们正与世界渐行渐远，因此不得不强装门面。

3月2日

12点，约见艾伦·库拉斯［电影摄影师］。

---

* 黛比·雷诺斯（Debbie Reynolds，1932—2016），美国女演员。

** 安吉琳（Angelyne，1950— ），美国现象级歌手，曾因在加州广告牌上的撩人造型，于20世纪80年代名噪一时。

又一位具有国际精神的艺术家加入主创阵容。我请她坐下来，和我一起看了部BBC二台制作的关于凡尔赛宫的电影。

7点半，萨沃伊酒店。

帕克剧院募资拍卖会晚宴，我和西莉亚·伊姆里结伴出席。出师不利。商场关门了，我们改从河滨入口进场，西莉亚还排在前面上场。不知道主办方提前帮我们预定的餐厅是哪一家，也不知道是用谁的名字预约的。直到后来嘉宾陆陆续续入席，我和西莉亚才找到彼此，接下来的整个傍晚，我们只想好好歇歇。

3月4日

乘欧洲之星前往巴黎。

看见凯特和艾伦这么投缘，我也很开心，我们三人一路畅聊，直至巴黎北站。来接我们的是贝特朗[1]，他的大巴真不赖，即刻动身去凡尔赛宫。今天这里不对游客开放，因此我们得以独享镜子大厅。经导览讲解，我们才发现漏掉了很多历史事实。像是路易躺上床时，有80人在现场看着；他30岁之后，便不再跳舞；而且他一个人睡，诸如此类。

3月11日

晚上8点，与德克斯特和达莉亚小聚。

德克斯特的新片《阳光利斯》非常迷人，但节奏和风格还欠点火候。

回家路上，收到盖尔［制片人］发来的邮件，内容与泰勒*有关，让我大为震惊。也证明了我的判断，切莫将资方和朋友混为一谈，盖尔的邮件恰恰证实了，有钱人是如何被靠他养活的人耍得团团转。

3月14日

7点45分出发，到达有着美丽花园的切尼斯。

然而这些天我总感觉寒意渗入骨髓，无论是在室内还是室外。到了黄

---

* 即泰勒·汤姆森，关于《小混乱》的投资问题。

昏我已筋疲力尽，脚都冻成了冰柱，只想回车里开上暖气，喝杯热茶。

3月17日

1点半，与贝琳达和马特小聚，大卫、爱德华和米兰达也在。

随着聊天深入，我发现自己陷入一种平静的无力感，爱德华永远是先抛出一个问题，就等我上钩，然后引导我透露更多。相当于无休止的评述——他和谁学来的这一套？是诺埃尔·考沃德、戈尔·维达尔，还是杜鲁门·卡波特？

3月18日

凯特和我一起顺剧本。她确实是下了功夫，角色的每一次踟蹰，每一句倔强的台词，她都有仔细斟酌。这些才是剧本的细腻微妙之处。推动剧情的每个细节，我们都不能忽视。

3月25日

下午4点，和剪辑师尼克·加斯特见面，幸好，我还算喜欢他。人际关系不好处，我们要一起共事几个月，却无须做朋友。他自己对拿下这份工作已经胸有成竹，既然如此，我们俩合得来，那是再好不过了。

3月28日

回家收到一条悲伤的消息，理查德·格雷弗斯去世了。亲爱的格雷弗斯，我永远也不会忘记，当年他在斯特拉斯福德扮演皮拉莫斯时，几乎什么也没做，就将1500名观众逗得捧腹大笑。还有他在《历史系男生》中的台词功底，抑扬变化，灵巧至极。一代大师。

4月8日

……玛格丽特·撒切尔去世的日子。瑞玛都看不得电视上的报道。通过追忆一个人，多年来回忆一幕幕重现，再加上电视上那些失实、盲目的谄媚，我竟感到一阵恍惚。

4月15日

《小混乱》，开机第一天。切尼斯。

4月16日

6点15分→切尼斯。

难忘的一天，先有马车相撞，后有我把对讲机当电话使，逗得大家狂笑不止。

另外，凯特的丈夫*来探班，他在片场的存在感太强，让人分心。

4月17日

6点15分→切尼斯克莱夫登。

作为演员，凯特毫无保留。但她自己却很少袒露心扉，我从没见过她打听同组演员的事，也从没见过她对谁说一句“好样的”或是“谢谢”。旁观这一切，我觉得很奇怪。她竟如此小心翼翼筑起心墙。

4月22日

6点25分出发→汉姆别墅。

书房中。

动笔时，刚刚结束很不平静的一天。不知道是因为房间太小，屋里人太多，还是有什么别的原因，今天我们开工晚了。尽管凯特和马提亚斯都没有卡词，也都很专注，但今天的戏份儿还是差点儿没拍完，这还是在拍摄时间延长了一小时的情况下。尼克·加斯特的到来，更是一点儿忙也帮不上。他做事温吞，我猜这就是他的风格，可真让人郁闷，到了现在，我都记不得今天有什么出彩的地方。

4月26日

第二周结束了。

---

* 爱德华·阿贝尔·史密斯（Edward Abel Smith，1978— ），或内德·罗克诺尔（Ned Rocknroll），凯特·温丝莱特的丈夫。

收藏室，指导马提亚斯和海伦［·麦克洛瑞］……海伦还是老样子，狂野，出人意料，不过每个镜头我都（稍微）让她收着演，同时又给她自由发挥的空间。因此，她和马提亚斯的神秘与克制擦出了不少火花。

4月30日

哇，这一天可真够要命的……演员没记熟台词，真没辙，还有各种奇怪难料的乌龙事件，让我们比进度晚了好几个小时。

5月7日

凯特和马提亚斯今天拍了些不错的镜头，在床上。

5月12日

12点，去找伊恩·麦克莱恩吃早午餐。他即将动身去新西兰，然后再去纽约，这一走又是几个月见不着人。他家总是聚集一大堆朋友，人人相见甚欢，只有伊恩一人在炉灶前忙活。

5月14日

7点45分，出发。

大雨滂沱，人像是在泥里洗澡。洛克沃克花园［凡尔赛宫］看上去就像《勇气之母》的片场。还真别说，非常合适。史蒂芬*很温柔，却总是弄巧成拙。好在他这场戏是和凯特合作，她什么情况都能应对。我们冒着雨，蹚着泥，继续前进。

5月19日

急需休一天假，宅在家里。翻翻剧本，看看有没有漏掉什么……清理楼下花园门上的水垢和椅子上的鸽子屎。之后坐在院子里，就着茶吃水果蛋糕，自从搬来这还是第一次。晚餐吃的是烤牛肉。

---

* 史蒂芬·威丁顿（Steven Waddington，1967—　），英国演员。

5月20日

第六周。

下午1点，汉普顿宫。

老天，我可太难了。搞定了媒体，却搞不定斯坦利［·图齐］。他说他今天一直在忙着完成一篇写作。人类使用词汇的方式五花八门，从来都让我感到惊奇。就我本人而言，我用词总是符合文法。然而斯坦利，慷慨热忱的斯坦利，他居然对我说“如果你这么做，就等于杀死了它”（我就这么做，下次还这么做，动作只会更快、更轻）。我想对他说的是（没说出口，也不会说出口）“你没法儿杀死没有生命的东西”。

5月22日

拍花园暴雨的戏。三个演员淋成落汤鸡，片场水漫金山。多年以前，这个花园应该经常举行露天舞会。而现在，油布卖力地扇出狂风（假的），片场入镜的（可见的）部分大雨滂沱（假的）。很快，电闪（还是假的）之后，雷鸣接踵而至。

5月29日

10点10分→克莱夫登。

和斯坦利一起，转场国王的卧室。他本来就没几句词，就这样还说不全……真可惜，他对什么都感兴趣，唯独顾不上记台词。不过他现在心情好得很，新婚燕尔，有三个孩子，又搬到了伦敦，置办了新家。谁还顾得上演戏呢？

6月7日

今天是正式杀青的日子。凯特现在已经怀孕16周了吧，却还是毫无保留地投入。一天拍下来，她已经筋疲力尽了，却依旧无比专注，难以置信。今天也是马提亚斯杀青的日子，这个可爱、好学的灵魂又要重新出发了。祝他在未来的许许多多项目上一切顺利。

6月9日

《小混乱》，最后一天。

像一场只有一名选手的接力赛，凯特从一架马车跳上另一架马车，从书桌跳转到浴室。灯一亮，一熄，就到了和凯特说再见的时候。迅速又利落，她很快就向前看了。不论做什么，她都全身心投入。从奈德到孩子们，从这一部电影到下一部电影，从孩子们烤豆子到举办［一场］派对。该投入情感时义无反顾，该抽身离去时绝不回头。

庆功宴。气氛很是欢乐，奇西克庄园是个很棒的场地……可是一想到突然就要和这些人道别了，你曾将自己的想法、内心、不安、雀跃与他们分享，也曾和他们一起大笑，一起发呆，一起打哈欠……此刻有种莫名的怅然若失。

6月10日

哇，像是被火车撞了一般，浑身都疼。怎么回事？我知道这是怎么回事，只是没料到身体已经到极限了。我猜测，这是身体长时间处于紧绷状态所致。难怪左膝盖也缴械了，和右边膝盖各疼各的。

一整天排山倒海的疲惫。一靠在软乎的东西上，立刻就睡着了。

晚饭在家吃，因为常识告诉我“别出门。就在家吃点牛排和薯片”。

6月11日

坎帕尼亚蒂科。

维亚乌伯托大街26号的大门敞开了，同时敞开的还有门上新画的爱心。艳阳天，我们在露台上给软垫换了罩子，然后坐在藤架下，开一瓶白葡萄酒，坐等超市开门。

6月14日

在维奇亚·奥利维拉（Vecchia Oliviera）餐厅吃晚餐。

我们一进门，热情好客的披萨厨师就将我们引到一个餐桌，他甚至敞开双臂让我们自己选位子，因为现在是晚上8点，我们是唯一的客人。科尔塔多后来到了，帮我们点单，我问他：“近来可好？”“世道艰难。”“新政府的人怎么样?”“他们都是一丘之貉。”漫步在小城，所见很是凄凉，广场上的餐桌和椅子都不见了，商店也都关着门。我们离开餐厅时，店里才添了8位客人。

6月16日

把遮阳板收起来，用鞋带绑住——权宜之计。

6月26日

比萨→伦敦。

上午9点，收好软垫，行李装箱，倒掉垃圾，然后启程去比萨。

在飞机上用iPad看《卫报》。谢谢你了，凯瑟琳·班内特，当然也少不了你，南希·班克斯-史密斯（既然都说到这儿了，还有你，玛丽娜·海德）。[2]你们没完没了地写一些从简·奥斯汀和多萝西·帕克时代就解决不了的问题。我猜，是因为你们的文笔太精湛，男人学不来，或者还在努力追赶。真真强权即公理。

6月27日

《小混乱》开始剪辑。

我肯定要到处挑毛病。尼克肯定要为自己辩白。不过他得大胆地先把他的粗剪亮出来。问题显而易见，尼克的动作场面剪得真的很好，可到了对话场面，他有时找不到重心。我们花了一下午时间，理清了部分场景。到了傍晚，都筋疲力尽。

7月2日

现在，我可以感觉到电影逐渐有了自己的生命。一方面，我恨不得明天就像变戏法似的把片子剪出来，另一方面，我又恨不得24小时不停地修改。不过，我不知道要怎么样再删30分钟。除了删减叙事，无从下手。

7月6日

12点15分，温布尔登。

在餐厅，和一群优秀的冠军和决赛选手共进午餐，他们是玛格丽特·考特、比利·简·金、弗吉尼亚·韦德、安·琼斯、安吉拉·莫蒂默、玛蒂娜·纳芙拉蒂洛娃、玛蒂娜·辛吉斯、玛丽亚·布埃诺、克里斯汀·杜鲁门、亚娜·诺沃特娜和哈娜·曼德利科娃。

我先和玛丽亚·布埃诺聊了聊，又和比利·简·金说了几句话，不过还是喝茶时和弗吉尼亚·韦德聊得最久。我怎么会不感到意外，她也在写剧本，不过她足够有趣。当然了，比利·简·金也很有趣。还有件开心事儿是坐在米兰达·哈特旁边，她讲到有个傻瓜评论员读她的唇语，逗得我笑个不停。

7月7日

安迪·墨菲温布尔登夺冠！

12点，和克里斯汀·林克莱特约着吃早午餐。

这个女人聪明、主动，对什么都感兴趣，还是个苏格兰人，所以当然不会错过见证安迪·墨菲夺冠。决赛的每一秒都扣人心弦，真正诠释了勇气、专注与精确。

7月18日

1点15分，拜访朗道医生。

先是我的所有医生，现在又是我的剪辑师——某种程度上，他也是医生——所有人都无比悲观。这是件好事吗？

7月20日

接到克里斯·古尔［艾伦老友］来电。他刚一开口问："你收到消息了吗"，我就知道他要说"梅尔去世了"……后来回到家，问帕姆要了他家的地址。又是因为心脏病突发，就发生在斯努·威尔逊*葬礼的后一天。天妒英才，他们就好像托比·贝尔奇和法斯福特，每每大笑，总遭人扫兴。

---

* 斯努·威尔逊（Snoo Wilson，1948—2013），英国剧作家、导演，同样因心脏病突发去世。

晚上8点，和格里夫·林斯·琼斯见面。

他位于菲茨罗伊广场的家是真的漂亮。梅尔的前同事和朋友都来了，这些人像是完美的背景板，衬托出一段旷世——除此之外我再也找不出合适的形容词——人生。

8月20日

10点半，给盖尔、安德里亚和雷［·库博，制片人］放了片子。

独自坐在剪辑室。只有我和电影。有一点必须要牢记——我的确被感动了。尤其是凯特和马提亚斯在片中展现出最坦诚、最脆弱的一面。显然，要不要接受盖尔和安德里亚的建议，我需要做个决定。可问题在于，我不能给他们拍电影。这部电影中的一切内容都是循序渐进的，需要给观众信息，他们才能去感受。这就好比，我喜欢《生命之树》，但有些人就非常讨厌它。没有什么能让所有人都满意的完美法子。我必须聆听，询问他们的感受，但不是问他们该怎么剪辑。

8月24日

整天独自待在家里，除了冒雨去了趟维特罗斯超市。

《撒切尔：唐宁街岁月》很精彩，各位前部长早就做好了知无不言的准备。接着镜头切到她——油盐不进的硬骨头，目光如炬。

8月29日

下午6点，瑞玛回家了。床的另一半，终于不用空着了。

8月30日

下午3点，放映会。

现在更棘手了。亮点和问题都越来越清楚。摇摆，抉择。

9月2日

10点，迪恩街。

现在片子缩到了2小时17分。

9月3日

威尼斯。

6点45分，乘车→希思罗机场。

9点15分→威尼斯。

到了电影节，先去接待处登记，短暂停留半小时后，先乘车，再换船，来到怡东酒店。举着相机的人像蝗虫一样，乌泱泱一片。

迅速跳上船，逃回威尼斯。闲逛一下午，还给瑞玛女士买了冰淇淋和一个手提包，然后坐船回酒店躺下。睡醒又要坐船，这次是艘气派的水上出租，只载了我们俩，径直往餐厅而去。

9月4日

10点，进入"小镇"散步，遭遇"蝗虫"伏击。在海边逛了一小会儿后躲进一条小街。

9月5日

断断续续睡到快10点。收拾行李。熟悉的感觉袭来，我们如此严肃对待的这一切，其实无关紧要。工作既能收获快乐，也总要接受评判，而后者总有办法剥夺快乐，就像红花油一样。

9月13日

晚上7点45分，赴凯西·莱特的约。

哦，凯西啊凯西……

受邀的客人包括：巴里·汉弗莱斯、特瑞·吉列姆、海伦娜·肯尼迪、鲁比、埃德、埃德、贾斯汀·米利班德、本尼迪克特·康伯巴奇、杰迈玛·汗和萨尔曼·拉什迪。老天，光写下这些名字都觉得累。不过，席间和贾斯汀·M.相谈甚欢（也颇有压力）。艾德人很正直，依旧展望未来。我来了些灵感，对人对事，还是那么好奇。

9月16日

10点，迪恩街。

BBC方面传来一些建议。盖尔说得对，很奇怪，这些像是剧本建议，而不是剪辑建议。不管怎么说，好些建议我们不予采纳，因为他们说的完全就是另一部电影。

我们继续赶工，删减、压缩、调整。BBC的建议当中，有一条引起了我们的注意，是说逻辑顺序可以稍微重组。难以预估这样剪是否可行。

9月17日

上午10点，迪恩街。

狮门影业的济吉［·卡玛萨］发来建议。老天，就非得搞强权主义吗？他希望故事以凯特和马提亚斯为主，关注她脑子里的想法，让观众看他们坠入爱河。其他的一切都不重要，等等等等。

的确，这是个爱情故事。的确，一定要呈现她的想法。但是，叙事也总得有点质感，有个上下文吧。

9月18日

晚上10点，德劳内餐厅。领班像个口技艺人似的，悄悄在我耳边说："今晚来了位客人，我想您应该认识。""哦，是谁？""艾玛·沃森。"

9月21日

周日待在家，这样的一天值得珍惜，值得守护。唯一出的一趟门，是去马里波恩高街采购食物。买了个修理面包机的工具，还买了几个卖相很好的番茄和一个鱼派。

9月27日

12点半，逛哈维·尼克斯百货。它家的所有衣服都像水管工的工服。

10月3日

上午11点，迪恩街。

过了一遍片子。

前半部分明显有所改善。现在迫切地需要配乐。

尼克建议采用一种激进的剪法，最终我选择让步。可后来我意识到，这样剪，在叙事和心理层面都存在很大缺陷，对此，尼克给出了一套标准答复“观众不会发现的”。后来我和他打电话，他还是这套说辞。我们的关系岌岌可危。

10月4日

→纽约，参加《朋克地下城》首映。

10月7日

两小时电话采访。相同的五个问题，一遍又一遍反复作答。

10月11日

上午6点半→希思罗机场（只睡了两个小时）。

回到家，冲澡，收拾，去迪恩街。正好赶上尼克·曼兹［狮门影业］发来建议。我之前一直觉得此人聪明，感知力强，没成想他竟如此冷漠无知，一堆胡扯。

10月16日

下午7点，20世纪福克斯电影院，首次公映。

的确，感觉开场节奏缓慢，配乐非常出戏，很多地方都要打问号。不过观众都看得聚精会神的。

10月17日

上午11点，约了尼克见面。应该是11点半，安德里亚和盖尔到了，他们一上来就夸昨晚的“数据有多好”，还说如果满分十分，演员能打几分。

看到我的反应，他们或许多少有些吃惊……我告诉他们，我对此不感兴趣，比起过分关注数据，我的工作是在操控和真实间取个微妙的平衡，做到了，即意味着数据好。我当时觉得有些迷茫。

10月27日

晚些时候，家中，新闻简报播出了卢·里德去世的消息。思绪拉回了那个纽约的傍晚，他曾在中央酒吧和我同桌而坐。那次他不谈音乐，不谈自己，唯独滔滔不绝地谈起戏剧和表演。

11月2日

12点15分，盖特剧院，《菲洛梅娜》。

我深感困惑。这出戏似乎就仰仗着朱迪的好演技（这倒没错），放任剧本偷懒。观影过程中，我不止一次想举手大喊“不好意思，她为什么不这样？他为什么没那样？”，诸如此类。散场后，我们立刻去杰米·奥利弗的店里奢侈了一把，缓解一下看电影受到的惊吓。

11月6日

《夜视镜盒》（*Gogglebox*）完结了，以后周三可怎么过。这档节目让我爱上英国人。那种人们坐在沙发上，和电视上的陌生人惺惺相惜、感同身受的感觉，再也不会有了。

11月18日

4点40分，打车→英国电信塔，参加为援助菲律宾而举行的电视慈善募资活动。世风日下，女孩儿们为了和并不在场的New Direction组合*说上话，把电话都打占线了。我和茱丽叶特坐在一起，边叙旧边接线，其间偶尔接到几通真心想捐钱的电话。在34层，先后出场的还有杰米·奥利弗、安德

* 2013年11月7日，有史以来的最强台风袭击了菲律宾，将塔克洛班市夷为废墟，造成数千人死亡。艾伦·里克曼和众多名人一起，借用自己的知名度，为菲律宾募捐。参与活动的名人中，还包括单向组合（One Direction，不是New Direction）的成员。

鲁·马尔、斯戴芬·莫昌特、奈杰尔·哈弗斯和菲尔·朱比图等人——都闪避了因为不是单项组合而被人挂断电话的体验。

12月12日

上午10点，拜访朗道医生。

他看上去高兴多了——差点儿比我还高兴——因为他发现我的指标归零了。即便是里德医生那边的指标还是0.03，也说明我的身体没有大问题了。

12月14日

上午。真有你的，NHS（英国国民健康服务体系）。

一发现不对劲，就赶紧打电话去圣玛丽医院。一验血，可能是感染了，赶紧和贾斯汀·维尔联系。本来都说恢复了，这才过去了两天。

12月16日

7点，放映会。

场地安排在Vue电影院，这家影厅位于富勒姆百老汇商场内，商场几乎就建在富勒姆百老汇地铁头顶。

音效糟糕——音乐太轻，效果声太响，还有回声。节奏感觉很慢，但观众非常安静，是那种聚精会神的安静。帕蒂·洛夫来了，喜欢得不得了，还说就该保持这个节奏不要快。

12月18日

上午9点，狮门影业办公室。

看样子，人人都是导演，人人都是评论家。

这样的局面是否就像落入狮坑中的但以理？*……又得接受他们的建议，又想抗拒他们的建议。

* 出自《圣经》，讲述了但以理如何被上帝从狮子手中拯救出来。

2点45分，到达圣玛丽医院，3点半，入住私立病房（Lindo Wing）。*

在侧屋换上从背后系紧的病号服，走入手术室，贾斯汀·维尔一如既往地礼貌，在屏幕上向我展示我的膀胱内部……早上那一通含糊其词后，能够获知真相反而成了一种安慰。

12月19日

上午11点，艾比路。

狮门影业“喜欢”这部电影，而且想帮它实现“最好的效果”（？），所以他们主动提出，加大时间和金钱上的投入，内容如需优化和强化，随时开工。我既困惑又不解。我们才精简了片子，现在他们又说要“增补”……？以为是在织毛衣吗？

下午5点，乘车→希思罗机场。

8点40分→约翰内斯堡。

12月20日

10点左右→撒克逊酒店。

门外竖起高墙，铁丝围起防护网，到处都是摄像头。酒店内，泳池、绿植，一片静谧。

12月21日

8点20分→约翰内斯堡机场。

我们要去诊所打黄热病预防针，有个投机分子给我们指了路——“给我蓝色那张（100兰特的钞票），不对，是蓝色那张……”结果只给了他一张红色的……

接着，出发去马翁（1个半小时车程），11点40分抵达，然后再坐上一辆四座直升机，越过丛林前往蒙博。

* 艾伦的例行癌症筛查。

12月22日

凌晨5点醒来。

这个清晨，目之所及，有300只水牛，一群长颈鹿，成群的鸟儿飞过，还有一颗2 000年的老树（这一派景象忽然出现，不知从何处而来），午饭前，大象走近，来了个大特写，狮子在打盹，秃鹫在树上伺机而动——昨夜一只水牛惨遭毒手，凶手吃光抹净，只剩下一颗脑袋和一副骨架……还有成千上万只苍蝇的嗡嗡声……

12月24日

凌晨5点，最后一趟蒙博野游。

凯勒姆［导游］火眼金睛，很快就发现太阳下有5只野狗。这群动物每三个月才现身一次。接着，一场穿越丛林的大追踪开始了，沿着野狗捕猎午餐/晚餐的路线，我们时而全速前进，时而刹车等候。

12月25日

晚上7点，美好的圣诞惊喜。

灌木中清出一片空地，我们在这里吃了晚餐。牛肉，火鸡，一张大桌，点满蜡烛，狮子在附近咆哮……真令人难忘。同住的那对墨西哥夫妇本想单坐一桌，可即便是他们也能意识到，场地本就特殊，设施都是公用的，这时候还想独处，实在有些荒唐，这才不情不愿地加入了我们。

12月27日

2点半，坐飞机去野生动物保护区。

12月28日

……非凡的几个小时，一路追着野狗的踪迹，终于找到它们的猎物，是只黑斑羚羊。等我们赶到时，只剩下几根骨头。显然，不到两分钟，野狗就将整只羚羊生吞活剥了。接着，又看到一群狮子守卫着前一夜的猎物，是只被咬断了脖子的河马，倒在树下，一动不动。

12月29日

凌晨6点，睁开眼。

出去检查河马的尸体，狮群正在狼吞虎咽，三只鬣狗乖乖候在旁边。

12月31日

坐上一辆五座汽车，一小时后到达卡萨内。打车，换摩托艇，再打车，45分钟车程后，来到托卡莱亚。赞比西河就从我们的房门前流过……

4点半，只有我们两个人，船夫唐纳德载着我们，漫游于赞比西河之上。难忘的体验。200多米之外，［维多利亚］瀑布的水雾像原子弹爆炸一样往外冒。6点半，回到房间，快速洗完澡后换了衣服；7点15分，吃晚餐，9点用毕。拿着一瓶香槟，摇摇晃晃地回了房。再见了，2013年，这样地难忘。

注释

1 贝特朗·费弗尔（Bertrand Faivre，1966— ），《小混乱》的制片人。

2 三位都是《卫报》的评论作家。

2014

— 赞比亚

— 开普敦

— 菲利普 · 赛默 · 霍夫曼

— 托尼 · 本

— 鲍勃 · 霍斯金斯

— 伊恩 · 麦克莱恩 75 岁生日

— 坎帕尼亚蒂科

— 里克 · 梅奥尔

— 纽约

— 海伦 · 麦克洛瑞

— 理查德 · 阿滕伯勒

— 《小混乱》首映，多伦多

— 《天空之眼》

— 迈克 · 尼科尔斯

— 开普镇

1月1日

上午8点，维多利亚瀑布。

我不确定自己原来的想象是什么，但确实没想到会和瀑布靠得这么近，让我不禁生出一种想跳进去的冲动。瀑布对感官的冲击如此之大。瀑布飞流直下，冲撞出水花，那种壮阔将大脑中无意识的部分区域包裹其中。

1月2日

前往约翰内斯堡，再到开普敦、普林格尔湾。

戈弗雷开车来接我们，带我们在利文斯通逛了一圈，这趟真值。尤其是当地的市场……另一处还有卖二手包的小摊。除此之外，这里的每一栋建筑看上去都像一座教堂，就连老国会大厦电影院也不例外。

11点左右到达机场。排了很久的队，然后乘下午1点15分的航班前往约翰内斯堡。下飞机后，赶到B航站楼转机，乘下午5点的航班去开普敦。丽莎已经在到达大厅等着了，我们都钻进她哥哥的车里前往普林格尔湾。

观看《针锋相对》（*HARDtalk*），鲁比的发言很精彩，人很在状态。

1月3日

吃完午餐打了个盹儿。然后去海滩上遛狗，接着就得出发去渔人餐厅吃晚饭，要是迟到了，史蒂芬我们可惹不起。我第一个到，暂时稳住了他。其他人一进门，他就说“我记得我说过7点半开饭……”不过，他也就是做做样子，立刻上手准备食材，鱿鱼、虾、剑鱼满当当摆了一桌。我们临走时，他才放出重磅炸弹，说这可能是我们去他那儿吃的最后一顿饭。因为他4月就要退休了。

1月5日

回到家，面对回不完的邮件、寒冷的天气，一切都和假期的体验完全相反。坐着看电视上的垃圾节目时，我意识到，这可能就是21世纪的冥想方式。脑子里什么也不想，彻底放空。

1月11日

《为奴十二年》。

呃……他们都说这部电影很棒。可我还会看第二遍吗？不会。这部电影到底讲了个什么故事？切瓦特［·埃加福］应该拿奥斯卡奖吗？不。*他倒是很入戏，看上去忧心忡忡，气喘吁吁的。可这就够了吗？［迈克尔·］法斯宾德的表演则非常细腻，能够让观众理解他的角色。不知为何，我总是在关注演员的表演，忽略了剧情。

1月23日

回家的路上，被迫去了趟迪恩街的特易购超市（Tesco）。这个连锁超市也太扯了，大把大把地裁员，就是为了让顾客自助结账。货架上的货都不全，只有一种水果。店里人手不够，想让店员去取一瓶伏特加得等15分钟。再也不会光顾了，在这里购物的效率，堪比政府拖沓的办事效率。

1月26日

下午1点半，应邀赴泰勒·汤姆森的宴。

泰勒还是老样子，邀请了形形色色的人，有人会最后一个到（当然是菲菲），还有人最先一个走（切丽和托尼），席间的对话都经过精心设计……托尼像是躲在什么保护壳后面，切丽则比以往任何时候都脆弱。

1月31日

瑞玛的生日。

晚上9点，棚屋餐厅。

餐厅里都是年轻人，闹哄哄的，不过他们给我们在角落找了一张桌子，这样我和瑞玛加起来的高龄就不会让全场尴尬。

---

* 他没有得奖。

2月2日

看新闻才知道，菲利普·塞默·霍夫曼过世了。我感到非常震惊。他不仅演戏很有深度，戏路很宽，在业界颇有领袖风范，同时还是我们在纽约的邻居。我曾经见过他一次，那是在BAM，我演完《博克曼》之后——我看到他在第八大道吃早餐。他过着平凡的生活，却取得了卓越的成就。

2月4日

［关于《小混乱》。］

一整天安安静静地待在家……该死，电影发行方对剧本创作一无所知。根本没人教他们如何做电影发行或市场推广，不过他们倒是很会恪守一条业界准则——改剧本。如果他们改得好，我是能听得见，也能看得出来的。但我现在发现，他们的修改无疑是给一只精瘦的动物加了几斤赘肉，只会让它的行动变得迟缓。

2月7日

为艾伦［·库拉斯，电影摄影师］、凯特和马蒂亚斯举办放映会。他们喜欢这部电影，或许甚至说得上是爱这部电影。尽管凯特提建议时很直率，“我们就不能……吗？为什么我们不能……呢？”

2月17日

5点半，白金汉宫。

我们被分成两组，每组站一排接受女王的会见。正好从我和塞尔玛中间开始分组，我这一组有安吉拉·兰斯伯里、史蒂夫·麦奎因、简·霍洛克斯、莱尼·亨利、卢克·崔德威*。和之前一样，女王握完我的手，继续握下一个人。

接着我们移步去楼下的音乐会——舞厅场地很大，没有麦克风，什么都听不见。接着，一个声音在我耳边说：“剑桥公爵夫人想要见您。”她人

* 卢克·崔德威（Luke Treadaway，1984— ），英国演员。

很好，也很健谈。大约和100个人聊了天，不可思议。

2月24日

上午10点，迪恩街。

今天，我都能感受到尼克的疲惫，到了下午，他甚至开始偏头痛。不过他也知道今天很关键，而且只此一天，明天片子就得送审，所以他只能照着我的建议修改。我知道我们已经取得了长足的进展，但没想到却还是到了临阵磨枪的境地。现在只希望我们能保留住去年12月的成果。

2月26日

7点半，帕蒂·洛夫的家宴，受邀的还有哈丽特、盖伊［·保罗，她的丈夫］、艾尔·肯尼迪。

也没人管管哈丽特——不是说她不好——这些天她一说起自己就停不下来。她甚至送了我一本生日书，里面有她自己的专访。她这个样子，盖伊一句话也不说，只是充满爱意地看着她，我们也都由着她来。不过，今年圣诞节，她送给他的礼物，是给他报了一个普鲁·利斯的烹饪班。（她自己讨厌做饭。他不会做饭，但毫无疑问，很快就要学会了。）

3月5日

今天我们看了两集《重任在肩》。非常好看——这部剧用的都是非常有趣、不惹事儿的演员。大部分时间，你可以强烈感受到斯堪的纳维亚风格对这部剧的影响，这是好事儿，然后马上又接几个典型的英式桥段。总的来说，这部剧很经典。

3月12日

6点45分，拉蒂默中学慈善募捐。

真是时光飞逝，我站在学校的大厅里，50年前我就站在同样的位置完成演出，50年前“我们在伍德巷玩游戏时下雨了”，我还很丢脸地弄掉了毛巾，哎呀。我立刻就喜欢上学校的新校长。这里就像一个大家庭，贴着瓷砖、挂满荣誉校友的大厅就能证明这一点。我的工作就是偶尔来提醒一下大家，金钱并不是人生唯一的考量。

3月14日

……托尼·本去世了。今晚在电视上，罗伊·哈特斯利发表了长篇演讲悼念本，可即便这么做，也无法掩盖他对本的憎恨。尼尔说，本如果不入政坛，人们的生活会比现在更加困苦，但他自己的人生道路无疑会走得更加顺畅。我记得有一晚，《私人生活》散场后，我与本和梅丽莎共进晚餐。那一次我根本没有从他身上看到罗伊·哈特斯利所说的“目中无人”——只看到他的绅士风度、好奇心与温暖。我为他的勇气可嘉起身喝彩。

3月25日

9点45分，片子开始大变样，再看一眼，服装、发型、角色都焕然一新。或许这样的悬而未决是件好事——只改动一点点——可后期制作还是像一杆枪顶在我的脑门上，持续让我恼火不已。艺术和产品绝对是两回事。

3月30日

1点半，萨沃伊酒店。

与凯西·莱特和杰夫雷［·罗宾逊］小聚。

我们在一张河景餐桌前坐下，和这一对边吃边聊，总是充满欢乐——话题在轻松的闲聊和深刻的政治问题间任意切换。我发现，杰夫雷恰好在参与一项公共运动，呼吁撤销对史蒂芬·沃德*的指控。而且，他和凯西还是曼迪·赖斯·戴维斯的朋友。

* 史蒂芬·沃德（Stephen Ward，1912—1963），英国整骨医生，是英国政治丑闻“普罗富莫事件”中的关键人物。

4月30日

坐在对口型后期制作公司的大厅里，眼睛盯着接待台后面的电视屏幕。电视声音开得很小，人们不是在吃饭，就是在聊天。我从新闻标题上看到鲍勃·霍斯金斯去世的消息。亲爱的鲍勃——直率、热情、脆弱，无论对待他的才华还是对待生活都十分诚实。晚上我给帕蒂·洛夫打了个电话。我第一次见到他时，他们俩还在交往。我们试图想起一些有趣的旧事。

5月3日

去顿特书店随便逛逛，拿了一本林恩·巴伯的新书*。一想起她之前对纳达尔的采访（她在采访中明里暗里另有所指，就差惹上诽谤官司），我就提醒自己要学会拒绝。

5月5日

银行假日。

下午1点，与夏琳·S.和约翰尼一起录音。

夏琳女士的家很棒，就在伦敦动物园对面。接着，我们绕到房子后面约翰尼的马厩里录歌。最后，歌差不多是在厨房录好的。我紧张得不行。这首歌有点像一首二重唱——我和夏琳合唱的？？我不知道他们是否真的对我的唱功满意。再一次证明，紧张坏事。

5月23日

下午3点，对口型后期制作公司。

谢天谢地。之前还有一些需要解决的问题。现在，他们都搞定了。电影完成了。

5月24日

2点，《狼厅》。

---

* 《奇异的事业》（*A Curious Career*）。

就像是某种奇怪的混合产物——我知道我人在剧院里，但这出戏听上去就像一出广播剧，看上去就像一本书被搬上了舞台。不过，其他人都很满意。

7点半，《提堂》。

这个才更像是戏剧。也许是因为冲突更强烈，留白更优雅。（饰演克伦威尔的）本·迈尔斯似乎也有所成长，不再畏首畏尾。

5月25日

下午3点，伊恩·麦克莱恩的75岁生日派对。

阳光，鱼子酱，葛姆雷的雕像作品远望着河水流过，派对还请来一位非常厉害的魔术师。

和艾德娜一起坐出租车回家，她跟我讲了菲欧娜·S.、谢默斯·希尼和她在爱尔兰大使馆争抢诗歌朗读的故事，我这趟车坐得可真是意义非凡。这三个人最后嘴里都念叨着“这不公平”。

5月31日

坎帕尼亚蒂科。

克劳迪奥来“修剪”橄榄树顶部的时候，我还在床上。他把树砍得剩一半了……

6月5日

坎帕尼亚蒂科。

我在花园里画画时，伦敦正在举行一场［《小混乱》的］放映会。两项完全相反的活动，却不无关系，就像我在片场、剪辑室工作时一样，画画时，我的手也是跟着眼睛走。

6月8日

晚上10点，在瑞玛女士的坚持下，我们来到（荒凉的）广场，走进一家马西莫的酒吧，喝了杯格拉巴酒，买了点葡萄酒。“味道如何？”我们问道。“难喝”是显而易见的答案。我们之前就说想写封信——看来此时此刻必须动笔。真是荒唐，看到一个村庄就这样没落。多年来，先是车库、面包店、家居用品店、花店、红酒吧，现在又是杂货店和酒店。

6月9日

此刻，里克·梅奥尔*已离我们而去。里克——看似主导一切，内心却总是那么脆弱。他走得太突然了。我很震惊。坐在阳光下，我无法接受这个事实。鲁比给我回了邮件："他是我见过的最美丽的人。心痛、心痛。"

6月10日

琳赛发邮件告诉我凯文·埃尔约特**也不在了。如她所说，"他做得很好，不是吗？"典型的琳赛，总是一语中的，动情却不煽情。凯文确实做得很好。

下午1点，与萨布丽娜和汤姆·斯托帕德（汤姆爵士和斯托帕德夫人）共进午餐。这是他们周末举行婚礼之后第一次外出，萨布丽娜非常幸福。"我喜欢说'我的丈夫'。"

6月11日

上午8点45分，亚历山德罗的替身马里奥开车接我们前往比萨。

早些时间，我读了很多关于里克的报道，其中包括林恩·巴伯在2000年对他的一次采访，他的才华在采访中显露无疑。今天，《卫报》的文章写到，他的离开和他的能量一样，叫人猝不及防。

亲爱的里克——那么外向又那么低调，那么狂野又那么脆弱。

6月16日

上午11点昆瓦迪斯。

---

* 里克·梅奥尔（Rik Mayall，1958— ），英国喜剧演员。

** 凯文·埃尔约特（Kevin Elyot，1951—2014），英国剧作家。

盖尔。

每一句都话里有话，和发行商对话只能靠猜。“他们觉得这不是一部冬季电影。”“可能明年上映会更好。”

6月17日

芭芭拉［里克·梅奥尔的妻子］打来电话。她想让我在里克的葬礼上朗诵。

6月19日

里克的葬礼。

11点15分，驱车前往迪蒂舍姆教堂，路不远。天呐，德文郡可真美啊……教堂也是。

12点15分，芭芭拉、罗西、希德、邦妮*到场。一场美丽、个人风格鲜明的悼念仪式开始了。结束时，几乎像一出喜剧，灵车和人都爬不上山坡……

里克被安葬在一座小山丘上，俯瞰着乡村美景，山下有个很漂亮的农场。本·埃尔顿、凯文·麦克纳利**、里克的弟弟发表了讲话，有人朗读了一首伯恩斯的诗。

6月25日

前往纽约。

7月2日

11点，克鲁尼咖啡馆。

乔丹·霍夫曼［影评人］撰文纪念《惊爆银河系》上映15周年，他在文中抽丝剥茧地分析我和蒂姆是否相处融洽，还探究了我和蒂姆的角色是

* 芭芭拉和里克·梅奥尔的孩子们。

** 凯文·麦克纳利（Kevin McNally，1956— ），英国演员。

不是我俩的映照。我感到很惊喜……这个角度很独特。

7月19日

答应参加多伦多［电影节］——今天终于传来消息，合约都谈妥了。凯特到时应该也在多伦多，可能是在她家门前的草坪上出席电影节，只有一个脚趾踩在红毯上。

7月20日

前往慕尼黑。

下午3点，乘车→肯尼迪国际机场，在休息室里遇见朱利安·施纳贝尔*和他的助手凯特，他正要去那不勒斯度假……他告诉我，自己也想拍一版《香水》，不过被贝尔恩德［·艾辛格，制片人］“埋葬”了。他还邀请我们去波西塔诺附近的一个岛上共进午餐。

7月21日

7点15分，慕尼黑，在汉莎航空休息室与朱利安·S.聊天。他明显是个儿子奴，这次他来慕尼黑，就是为了接1岁的儿子去意大利。难怪他能创造出好的艺术作品，因为他是一个真实的人。他、杰夫·昆斯，还有艾未未，一说到艺术家就免不了要把三个人相提并论。

到达那不勒斯，大约一个小时的车程之后，便可到达波西塔诺·勒·西雷纳斯。

7月22日

7点45分，应邀去酒店的酒廊和理查·基尔父子一起喝一杯。可理查在海里遇到了大浪，所以我们只在大堂匆匆见了面……他和我想的一样，热情、聪明、开放。

---

* 朱利安·施纳贝尔（Julian Schnabel，1951—　），美国画家、电影人。

7月23日

吉冯尼电影节。

3点半，和各位参赛者一起参与媒体问答环节。提问的媒体分别来自卡塔尔、澳大利亚、韩国等国，问题机智又感人。亚克力材质的奖杯，像是《哈利·波特》的道具。

7月24日

下午4点左右，我们和泰勒一起前往港口，乘小艇前往帕瓦蒂号
这是一艘设施齐全的豪华游船，泰勒在接下来的两周租来出海使用。我们绕过峭立的岩石，驶入岩洞，一路上风景非常壮丽，最后，我们停船回望，卡普里岛闪烁着星星点点的灯光。不过，我们现在过的是丹吉尔时间——泰勒忘记让厨师开饭了，结果我们晚上10点半才吃上饭。美味但荒谬。等我们乘船返回波西塔诺，进房门时都已经凌晨2点了。

7月26日

前往伦敦。

7月29日

斯坦利发来邮件，他刚看完我的片子，很喜欢。但我并不喜欢没人知会我一声就看了我的片子。亚当*也说喜欢，但他至少还知道讲礼貌。

8月13日

7点半，国家剧院，《美狄亚》。

海伦·麦克洛瑞完全掌控了这个糟糕的舞台，但制片方显然不清楚想要通过这部戏实现什么目的。美狄亚退出舞台时落下的树叶，是尾声处毫无必要的煽情。

德劳内餐厅。

---

* 亚当·詹姆斯（Adam James，1962—　），英国演员。

海伦一进门，就为迟到表示歉意。“自媒体之夜之后，这还是导演［凯莉·克拉克内尔］第一次现身。我还以为她会给我一些指导，我都自导自演五个星期了。”我的个天啊。

8月21日

6点40分，乘希思罗机场快线赶8点50分的航班→比萨。

8月24日

坎帕尼亚蒂科。

回到家，收到迪基·阿滕伯勒*去世的消息。亲爱的迪基。

8月27日

看完《小混乱》的预告片，惊恐万分。整部电影2分钟就讲完了。他们偷了电影里删掉的对话当旁白。多看几遍，我才搞明白他们为什么要这么剪。可如果我是观众，看了这个预告片，我会怀疑为了这部电影到底值不值得去影院。前方盖尔来报，海报设计的像个巧克力盒子。得了，好戏开场了。

8月31日

上午10点，《小混乱》。

演职人员专场放映会。这是种很奇特、难以名状的体验。看电影的人，是帮着你制作这部电影的人。你心里明白，他们铁定会支持你，但一定不会撒谎。

9月3日

下午3点，《天空之眼》健康检查。医疗服务相当完善，甚至会摸你的脚趾……

---

* 理查德·阿滕伯勒。

9月11日

评论出来了。有人夸，有人骂，有人不在乎。我的头皮又是一阵紧绷，这熟悉的感觉。世界其他地方，又是静悄悄的，没有反应。

9月12日

前往多伦多。

9月13日

6点半，前往多伦多莱汤逊音乐厅。

电影首映。

放映结束后，全场先是鸦雀无声，接着爆发一阵笑声。2 000名观众起身鼓掌，热烈的掌声持续了好久。片子直触他们的内心，掌声是他们直接、全面的肯定。

9月25日

7点半，与马雷亚和迈克·尼科尔斯小聚。

有机会听迈克谈古论今是人生一大幸事。他学识渊博，旁征博引，时而嬉笑怒骂，时而兴高采烈。他谈到菲利普·赛默·霍夫曼时说："我觉得是我害死了他。"谈到奥逊·威尔斯时说："真是怪事，我和他吃了顿饭，发现我竟然很喜欢他。"他还聊到了伊莱恩·梅*、斯科特·鲁丁**、斯特里普和《大师班》，还有托尼·库什纳。曾有人邀请他出演哈姆莱特（"上帝啊，还是别了吧"）——要知道，他已有83岁高龄，虽然他能回忆起不少名字，但还是有更多故人旧事想不起来了。

10月10日

7点15分→伦敦。

* 伊莱恩·梅（Elaine May，1932—　），美国喜剧演员、导演、演员。
** 史考特·鲁丁（Scott Rudin，1958—　），美国电影制片人。

听艾德·希兰和冰金乐团（艾莉森）的歌。她唱的可能是什么古英语，我一个辅音都听不见。

10月17日

伦敦电影节，西区奥登电影院。

5点35分，走红毯。“这个项目吸引你的是哪一点？”第10次回答这个问题。

7点45分，看完了电影的最后半小时。观众都聚精会神的，放映结束后掌声雷动。

9点左右，联合社交俱乐部。朋友们都深深地被电影吸引。

10月23日

下午1点，彼得·格雷格森*。

彼得说起话来慢条斯理的，他几乎在每一个问题的结尾都一笑而过。只有个别情况下，他才会是那个提问者，或是那个倾听者。我认为，他把提问和倾听的时间，都留给了音乐。

10月24日

凌晨。

看完《天空之眼》的剧本，我在脑子里设想了一下每个场景的画面，有几场戏重复得厉害，不过这兴许就是找我们来帮忙的原因，化腐朽为神奇。

6点半的车→希思罗机场，9点半的航班延误至10点20分。在飞机上可能就睡了两个半小时，太颠簸了。

10月29日

开普敦。

* 彼得·格雷格森（Peter Gregson，1987—　），大提琴家、作曲家。

嘴不听脑子使唤是个严重的大问题。在飞机上没睡够，落地前两小时，醒了一次，过了半小时，又醒了一次，记忆力严重损伤。

10月30日

时而头脑清醒，时而在混沌中苦苦挣扎，并没有那种充实的感觉……憋在一个燥热、尘土飞扬的房间里，戏服因为修身，所以紧绷。现在还找不到角色的感觉。

11月1日

最后一个上午，快乐的上午。开普敦艳阳高照，我们先在一座殖民地风格的老式俱乐部完成拍摄，又转场至教堂广场上的一家手工玩具店。我之所以如此放松，是因为角色生性如此，不用什么专业术语。如果以后我还想多一点儿这样的好心情，就得谨慎地多给自己一些时间。

11月5日

伦敦。

一整天筋疲力尽。就连在四台看《格雷森·佩里：你是谁？》的时候，也睡了过去，这可是我近期最喜欢的电视节目。

11月20日

迈克·尼科尔斯去世了。9月我和他吃过两次饭，一次晚餐，一次午餐，两次见他，都觉得他忽然苍老了许多，可还是如传奇一般。这无疑是因为我等凡人需要他永垂不朽。我记起梅丽尔·斯特里普曾说过一句话——“他负责点燃人们的梦想。”也正是他，让我们心中的那团火生生不息。

11月25日

7点半，史蒂芬·金诺克*筹款活动。他现在是亚伯拉昂选区的议会代

* 史蒂芬·金诺克（Stephen Kinnock，1970— ），工党政客，格莱尼斯和尼尔·金诺克之子。

表。很高兴又见到格莱尼斯和尼尔，可是史蒂芬的演讲水平还有待提高。光照着稿子念可不行……

12月18日

南非。

从第一海水浴场出发，沿途所见：拍画报的人、扎脚的岩石、冷饮小贩、在沙滩遮阳椅下做按摩的人、躲太阳的救生员、蹦跶的海鸥，走到第四浴场，原路返回，倒着将刚才的景儿再看一遍。海滩熙熙攘攘，海水却丝毫不受打扰，我们在海的眼中，不过是一粒粒尘埃。

12月31日

火辣辣的阳光直射海滩。于是，我们躲进了海边的V&A［购物中心］，然而外面太热，里面又不够凉。那就来杯啤酒，来杯可乐，吃一个橘子。

2015

— 南非

— 杰拉尔丁·麦克伊万

— 巴黎

— 鲁比·瓦克斯

— 海伦娜·肯尼迪

— 格拉斯哥

— 佐伊·沃纳梅克

— 墨尔本

— 米瑞安·玛格莱斯

— 理查德·阿滕伯勒的追悼会

— 布拉格

— 凯斯·维纳

— 巴黎

— 坎帕尼亚蒂科

— 纽约

— 洛杉矶

— 验血

— 古德伍德赛车

— 输血

— 纽约

— 哈里街

— 琳赛·邓肯和希尔顿·麦克雷

1月2日

昨晚我吃了什么来着？好像就没怎么吃。新年刚到，胃就开始跟我作对。

1月4日

凌晨6点，梦到了英国乡下的一栋房子……

上午10点，碧安卡过来给我们三人做按摩。不知怎么就睡着了，而且睡得很熟。“你得多抬抬腿。”她这么建议。“是因为腿肿吗？”我问。“没错。”“都是斯达汀害的。”

下午4点，去海滩走走。印度洋很温暖，但风浪很大，吹得人头晕目眩。只得作罢，回到岸边看看蛎鹬去。

1月5日

天灰蒙蒙的，海面也是波涛汹涌。我想，今天就别游泳了吧。

上午9点，羊角包配咖啡作为早餐。然后开始收拾行李，希望别太重。算了，不管了。

下午5点半，丽莎开车送我们去机场。左边就是卡耶利沙［小镇］，广袤无垠，一望无际。

1月7日

开始清理屋子。可能得花上不少时间。

晚些时候收到了几封邮件，里面都是些关于《小混乱》路演、新闻发布会和首映礼的注意事项。从理论上讲，如果不是要赶回都柏林FF［电影节（film festival）］，还赶得及去一趟澳大利亚和西海岸。

1月11日

3点半，去看望杰拉尔丁［·麦克伊万］。花了好久才找到她的病床，差点儿没认出她来。看到那曾经旺盛鲜活的身躯成了如今这副枯槁憔悴的模样，那感觉说不出的震撼和怪异。她面色发灰，静静地睡着，嘴角微微下垂。塞尔玛轻轻叫了叫她，她醒了后看着我，伸出右手抚摸我的脸，说了句“我的上帝”。

1月13日

今天开始清理橱柜，这是个大工程。该丢的丢，该留的留。找到了几封本不应该遗失那么久的信件。脑子里有个念头一闪而过，但被其他更具体的事打断，不见了踪影。

1月15日

瑞玛早早就去了巴尔比*。剑桥公爵夫人今天要来。这位公爵夫人可是位重要的保守派……

1月23日

去巴黎。

圣阿布耶酒店的房间小得离谱，但浴室设计得非常完美。而且从这儿去谢尔什米蒂街（Cherche Midi）只要几步路。

1月24日

早餐后，沿着谢尔什米蒂街一路走到了莉莉斯［一家精品店］——这家店竟然还开着。

1月25日

去伦敦。赶在早餐前把票换了，然后乘车前往巴黎北站，搭乘12点40分的火车→圣潘克拉斯火车站。

1月27日

晚上7点，鲁比家。

---

* 北肯辛顿的一所小学。瑞玛是理事主席。

她准备了些鸡肉、土豆和沙拉，还跟我们讲了她美国之行的骇人经历。我想她大概是有些怀念过往的时光。

1月28日

费舍尔餐厅。

和海伦娜还有伊恩一起吃晚餐。他俩滔滔不绝的，我只能见缝插针，找准时机插几句话进去。这夫妻俩简直无所不谈，还提到海伦娜和雷吉［·纳德森］在圣诞节那天大吵了一架——坦白说，这是雷吉自找的。

1月30日

去纽约。

刚进门就接到塞尔玛的电话，说亲爱的杰拉尔丁去世了。

1月31日

瑞玛的生日。

上午和克劳迪亚、格雷格［杰拉尔丁的子女］还有露易丝［杰拉尔丁的助理］聊天。露易丝说起一件讽刺的事，那天杰拉尔丁的几位言语治疗师坐在她床边自说自话（我想就是字面意思），然后露易丝把她的手机轻轻递过去，屏幕就停留在杰拉尔丁的维基百科页面，一位护士惊呼："哇，你以前是个演员！嘀，你还是国家剧院的！"杰拉尔丁回道："一直都是。"

2月3日

9点，和莉莉还有哈米什在中央酒吧小聚。酒吧之夜，杰克·吉伦哈尔和露丝·威尔森就坐在另一张桌子上，贾格尔则坐在他俩身后那桌；马修·布罗德里克也来了，没多久还有格伦·克洛斯，等等。不过我们四个人还是玩我们自己的，感谢各位。

2月9日

去伦敦。

2月11日

清理办公桌。

一直在浏览影片放映相关的新闻。澳大利亚那边传来消息，说放映会票卖光了，问我还会再排一轮片吗？

焦点［影业，发行商］还在等着片子在美国的上映日。

2月17日

11点出发，去萨拉·舒格曼位于希尔内斯的新家待了一天。像是进入了一个完全不同的世界。肯特县宽阔低洼的地面上散落着起重机、旧工厂和烟囱，到处都是奇形怪状的房屋——堆叠着的集装箱旁矗立着一扇门，穿过那扇门，眼前便是两座乔治亚风格的美丽露台，其中一座就是莎拉家的。她的房子里有一大片花园，邻居们也都很有趣——透过楼上的窗户就可以看到大海。这里现在住着她的两位威尔士朋友，一个画家一个装潢师，他们把屋内粉刷成了18世纪的淡雅风格，漂亮极了。我们在附近一家酒吧里吃了些煎蛋卷和薯条，这间酒吧里有个踏板，直通退潮后的海面。

2月18日

下午1点，RADA培训委员会。

我始终觉得有必要提醒他们：1）我是个演员；2）我是个导演；3）我在RADA待过，所以4）不要教我怎么做事。相反，他们反而该向我请教才对。好在事情还是得到了推进。

2月19日

上午9点，接到澳大利亚打来的采访电话。

好赖是通越洋电话，但问的还是那六个老问题，没什么新花样……

2月21日

在格拉斯哥过的生日。

9点，搭乘希思罗机场快线。

11点半→入住布莱斯伍德广场酒店，酒店装潢用的都是中纤板制品。午饭稍微垫了点儿，下午3点做妆发，接着接受苏格兰电视台和纸媒的采访。

晚上6点，格拉斯哥电影节——《小混乱》。

先是简单的开场，然后和艾伦·亨特及科琳·奥顿*前往两个胖女人餐厅。房间布置得很棒，但餐品太杂了。回到电影院参加映后问答环节，很愉快。观众情绪很高。

回酒店接上肖恩［·比格斯塔夫］、艾莉森［·坎贝尔］还有安德鲁［·缪尔］，去索奇霍尔街的奥克斯与芬奇餐厅加个餐。一天下来，累得差点儿崩溃在餐桌上，但看到观众对电影如此喜爱，也算不虚此行。餐厅还送了我们一块帕夫洛娃蛋糕……

2月23日

在希基餐厅和佐伊与高恩夫妇吃饭。老天，佐伊还真把桌上的马提尼酒都灌进了肚子里。老天的老天，她喝完后还能脑清目明地主导刚才的谈话。高恩一脸担忧，但并没有阻止她。上帝保佑他。

2月24日

下午2点，杰拉尔丁的葬礼。说实话，整整一天我都没能接受杰拉尔丁已经故去这一事实。我们一边吃着三明治，喝着普罗塞克起泡酒，一边聊起她来，就好像她从未离去一样。即便是此刻，在写下这些文字的当下，也还是有种不真实的感觉。也许就像葬礼时一位宾客所说的——一生中，总觉着有些人根本不会离去……

2月27日

去谷歌查了查杰罗姆·埃勒斯**，想看看他最近在忙些什么，这样在澳大

* 两人分别是格拉斯哥电影节的联合导演和制片人。

** 杰罗姆·埃勒斯（Jerome Ehlers，1958—2014），澳大利亚演员、作家。

利亚见到他的话还能打声招呼。没想到他去年8月就去世了。他是那样高挑、清瘦、有趣又浪漫……老天真是不公。

余下的时间里都在家收拾东西。去了趟洗衣店。晚餐吃的是鱼派。看了会儿《影视看台》和《狼厅》。没剩几个小时可睡了。

2月28日

去墨尔本，途经新加坡。

路上随手买了本《时尚芭莎》，封面是凯特，直勾勾地盯着我。

看了《星图》。如果说朱利安·摩尔在《依然爱丽丝》中的表现是可圈可点，那么在《星图》里她的演技则堪称惊艳。这个角色的颠覆程度，足够让奥斯卡评委们晕得四处找呕吐袋了。无畏，振奋人心，这就是柯南伯格，也是这个职业的疯狂所在——不过这行儿混进来不少迈克·李口中的蠢货，让你只想跟他们离得越远越好，一点儿边都不想沾上。

3月2日

墨尔本。

我们断断续续睡了几个小时，11点左右才从床上爬起来。喝了杯咖啡，拿上一本《孤独星球》，在墨尔本的街头巷尾逛了起来，最后在亲亲小馆吃了午饭。我们大胆地点了份丛林咖喱——但吃到一半就放弃了，嘴巴里火烧火燎的。沿着小路走到河岸，途经联邦广场（墨尔本充满活力，但建筑很糟糕），然后坐上3点半的渡船游览亚拉河，再返回住处。

3月7日

下午4点，看米瑞安·玛格莱斯的新戏《剧本》（*The Script*）。

米瑞安，她活得很真实，表里如一，从不掩饰内心的想法。但此时此地，这场表演却算不上精彩。她和伴侣在一起43年，两人却相隔甚远。以色列活该被人厌恶。后来，我和她在街上喝咖啡时，聊到了这些。

3月12日

晚上7点，《小混乱》放映。我是站在后排的楼梯上看的，完犊子，打回重剪吧。不过观众的反响倒很热烈，看得出来，整个问答环节他们都很开心。照旧问了那五个老问题，不过内容更长了。

3月15日

下午1点→悉尼机场。

4点10分→新加坡。

3月16日

伦敦。

凌晨3点左右看了《新包法利夫人》。影片是在波西·西蒙兹的漫画版基础上翻拍的，拍得很美。

凌晨5点下飞机，穿过漆黑一片的街道，6点左右到了家。厨房的桌子上像往常一样堆满了东西，但没什么破碎——好运常在！行李归位，回复邮件，处理媒体请求。

3月17日

威斯敏斯特教堂12号。

理查德·阿滕伯勒的追悼会。

沿着教堂的中央通道朝里走，两侧都挤满了人；穿过中殿，进入唱诗班区和圣坛，想找个座位坐下——是种从未体验过的感觉。我被安排坐在伊夫林·罗斯柴尔德*和安娜贝尔·戈德史密斯夫人**中间。伊夫林把我挤得不像样，还丝毫不觉得有什么不妥；安娜贝尔则是用绷带吊着胳膊。真是受罪，我怎么就不能再瘦点儿。塞尔玛坐在我对面，旁边是朱迪和芬蒂［她的女儿］；迈克尔·凯恩和夏奇拉夫妇还有肯·B.坐在我右手侧，阿滕

---

* 伊夫林·罗斯柴尔德（Evelyn de Rothschild，1931—2022），英国银行家。

** 安娜贝尔·戈德史密斯夫人（Lady Annabel Goldsmith，1934— ），英国社交名流。

伯勒一家则坐在唱诗班区。普特南开了唯一一个玩笑。本·K.读《甘地自传》读得投入，不知道的准以为那书是他写的。席间，我的座位卡掉在了地上，还好伊夫林提醒了我。如果迪基还在，他绝对会爱上这儿的音乐和排场。拿不准这些人都信仰的什么宗教。和苏切一家还有莎拉·克斯托曼*一起在德劳内餐厅吃了午饭。

3月18日

上午9点，史蒂芬·韦利·科恩**找上我，邀请我担任RADA主席，真是出人意料。直觉告诉我，这事儿绝不能答应："你得找个知名度更高的人来。""那你可太低估自己了。"史蒂芬坚持。我要真答应了，建制派那帮家伙怕是要把我啃得骨头都不剩。

3月19日

布拉格。

5点半出发→希思罗机场。

7点20分，出发去布拉格。

步行穿过查理大桥，在一片能眺望河景的露台上吃了午餐。余下的时间里都恍恍惚惚的，部分是因为不知道从哪儿冒出来几十个摄影师，对着我们拍个没完，闪光灯照得人眼花——这些照片并不会发出去，也不知道拍来干吗。新闻发布会，电视采访，领奖，给《小混乱》接洽了两家电影院，在气派的市政厅参加幕后派对（这时出现严重的时差问题）。时隔30年再次见到J.J.艾布拉姆斯，还碰见了金·诺瓦克，很开心，也很有趣。"我和吉米·斯图尔特刚刚在一块玩儿。"

3月21日

早上6点起床。收拾行李，喝咖啡，在iPad上看到一个好消息——凯

---

* 莎拉·克斯托曼（Sara Kestelman，1944— ），英国男演员。

** 史蒂芬·韦利·科恩（Stephen Waley–Cohen，1946— ），英国剧院老板、经理。

斯·维纳当上了《卫报》的编辑！！！8点吃早餐，8点40分出发去机场，乘11点的飞机去伦敦。“能跟你合张影吗？”登机时，一个男人来找我合照，不给拍就不走，他就这么堵着过道，后面的乘客没法通行，只能一个个排在他身后等着，我只好妥协。他倒好，靠着两个座位冲镜头咧嘴大笑，我站在他一旁，脸都要气歪了。

3月22日

崩溃的一天。频繁跑行程的疲惫、时差、连日仿佛在啃自己的肉一般的无聊采访所带来的沮丧感，如此种种交织在一起。

3月24日

下午1点，戈林酒店。

和海伦·麦克洛瑞一起，接受《我们的故事》节目采访以及《独立报》的拍摄。海伦还是一如既往地好脾气，摄影师本也是一样——但化妆师和公关都对打光极其不满。然后亚当［·雅克］来给我们做采访，他显然是有备而来，一直在把我们往他的问题里带……结束之后，我们去楼下吃了龙虾煎蛋。

4月2日

看［大选］辩论看了两小时，爱德华的表现无愧于己，但赢家还是妮古拉·斯特金。我就知道。她是那样真诚，心口如一。

4月7日

2点半，国家剧院。

汤姆·斯托帕德的《难题》。

在黑漆漆的剧院里坐了1小时40分钟。台上大多是年轻演员，他们根本不理解自己的台词是什么意思，又是为什么要这么说，也就无法准确传达感情——而这一切都只是为了让剧本更加“有趣”。这该怪谁呢？

4月10日

往返巴黎。

闹钟一响——大概是早上5点40分吧——我就知道6点的时候准会有辆车等在外面。总算是赶上了。

圣潘克拉斯街8号，和狮门公司的公关罗娜·曼一起，搭乘欧洲之星去巴黎，然后坐车抵达柏悦酒店。在我那间豪华米色套房里待了差不多一小时后，化妆师凯莉来了。她是个英国人，在法国待了8年，跟一个法国人结了婚，现在很想念伦敦。然后是电视采访，和热情的分销商萨米·H.一起吃了午饭。接着是纸媒采访，4点20分结束。居然这么早就结束了？那还待在这儿干吗？飞奔到巴黎北站，坐上6点40分的车回家。

4月11日

8点，和达莉亚、德克斯特共进晚餐，来的还有休·杰克曼、克里斯托弗·沃肯、塔伦·埃哲顿*、伊赫斯·贝尔本**、杰米·奥利弗。厨师是个立陶宛人。这就是当晚的情况……

4月17日

一早上没什么消息出来，我心里大概有数了。后来还是保罗向我透露了一些情况，他说我们有场硬仗要打。观众的评价是很高的，至于评论界——有人不愿去看。我敢打赌，有人连片子都没看，就洋洋洒洒地把影评给写好了。

下午3点，乘车去播音室。接受伊迪丝·鲍曼和詹姆斯·金（广播一台主持人）的采访，以及《克莫德与梅奥》电影专访。他们都对电影给出了相当正面的评价。

8点10分，在梅菲尔区的寇松影院做映后问答。其间不止一次听到有人说“真的美极了”。

---

* 塔伦·埃哲顿（Taron Egerton，1989—　），威尔士演员。

** 伊赫斯·贝尔本（Iris Berben，1950—　），德国演员。

4月24日

前往纽约，途经柏林和维也纳。

在协和厅[1]等待5点05分飞往纽瓦克的航班。某种扭曲的无力感包裹了我的内心——它悄无声息地破碎崩塌，又将孜孜不倦地自我修复，最终会是什么样？我不知道。这［《小混乱》］就是我的作品，哪怕我会因此遭到否定，再导不了戏，我也认了。但在写下这些文字时，我又觉得我不该这么想。我需要获得一些能量，否则就会感到空虚。

4月25日

7点半，白宫记者晚宴。

希尔顿酒店里足足坐了2 000人，在里面找到了《卫报》的凯斯一行人，以及克里斯·奥菲利［艺术家］和大卫·田纳特夫妇。奥巴马和米歇尔坐在最上面的桌子上，从我这儿看过去，就是俩小黑点儿，但不少人都在朝他们那边看。半岛电视台的人说他们是我的粉丝。“我也很喜欢你们。”“真的吗？这儿的人都觉得我们是恐怖分子。”

我们这桌聊得很愉快，哪怕大家都心照不宣地避开了某个话题——我的电影。

4月28日

BAM，凯伦·布鲁克斯·霍普金斯*的致敬音乐会。

8点半，玛莎·温莱特和洛福斯竟然也来了，真是意外的惊喜。他们表演了由母亲凯特创作的二重唱，令人心醉。保罗·西蒙和一个来自布鲁克林的大型合唱团还有一些优秀的舞者，在屏幕上共同表演了《归乡》和《时间飞逝》［更为人熟知的名字是《书夹》(*Bookends*)］。劳瑞·安德森在屏幕上演奏了一曲动听的小提琴独奏。向了不起的凯伦致敬。

---

* 凯伦·布鲁克斯·霍普金斯（Karen Brooks Hopkins），布鲁克林音乐学院名誉主席。

5月11日

早上7点→帕丁顿。

火车取消了，但没等到任何解释和道歉，警卫看都不看我们一眼，其中一个甚至还咧嘴笑了。7点40分离开火车站，着急忙慌地打给梅兰妮和英国航空，好在他们把一切都安排妥当了。办理了值机手续，赶在登机前5分钟抵达登机口。

马里奥现在人在比萨，那里阳光灼人，酷热难当。跟他聊了不到两个小时，我们就到了坎帕尼亚蒂科——这里跟玛丽·赛勒斯特号越来越像了。晚餐时，我们凝视着落日，想象着能否放任此刻的时光静静流逝。唔……

5月14日

慢吞吞吃完了早餐，然后在村子里散步。这儿的路已经开放了，停在半山腰的拖拉机就是证明。

5月18日

在镇广场跟安东尼奥碰了个面，然后买了灯泡、手电筒还有香茅蜡烛。给我们六个月时间，铆足干劲儿，没准儿能创造个奇迹出来，让加比与塞尔维利奥餐馆和咖啡馆在这儿开家分店……村子就能重焕生机。

5月20日

打包。收拾房间。行李装车。

9点半，出发去比萨。

5月21日

11点半，候诊室的扩音器里响起我的名字，是里德医生的护士喊我去抽血。她喊人时毫不客气，下针却很轻柔利落，直戳静脉，没让我产生任何不适感。

5月26日

布鲁塞尔。

12点，乘车→圣潘克拉斯车站。

和凯蒂（狮门公司代表）一起去布鲁塞尔→阿米戈酒店。接受纸媒采访，一直聊到下午2点才结束，然后去和发行商一起吃晚餐。

晚上9点20分，去电影院参加问答。影院里漆黑一片，只有一束灯光直直打在我身上。观众席传来热情响亮的叫好声。是冲我来的吗？还是为了刚放完的那部电影？凌晨2点才上床睡觉。

5月27日

去海牙和阿姆斯特丹。

5月28日

阿姆斯特丹。

10点，荷兰媒体日。这时候我已经很累，一个记者坚称我把这个故事当成是银行业危机的寓言，真是叫我目瞪口呆……

下午5点→国立博物馆。维米尔笔下倒牛奶的女人、伦勃朗的自画像、提图斯的画作，都让人移不开眼。

5月29日

伦敦。

7点半，巴比肯艺术中心。

上周在这儿看了场《哈姆莱特》。

今晚看的是《海边的卡夫卡》，跟艾德娜一起，我俩都觉得整场演出是以一种卡夫卡式的风格在呈现，而绝不只是讲述了一个叫卡夫卡的男孩的故事。脑海中一如既往地飘过一些难忘的画面。

和德劳内夫妇、塞尔玛、艾德娜还有西玛斯·米尔恩（塞尔玛的侄子）*

---

* 他同时也是《卫报》的记者兼政治助理。

小聚。

6月1日

参观了马里波恩、诺丁山、荷兰公园、切尔西以及河边的几处房产，价格都在300万到450万英镑之间，真是有趣。但没一个合适的，不是这里不行就是那里有问题。倒是有套房子让我印象深刻，它（按我们的要求）位于伯蒙德西街，是南华克区一个房产中介联系介绍的，由一个美国的股票经纪人出资建造——他现在搬去了摩纳哥。这是个只有五间房的夜总会，房间上下排布，并由环形楼梯依次相连。顶层设有台球桌，露台上还有浴缸（当然有）。真是疯狂。

6月5日

8点50分，去见乔纳森·芒特［房产中介］。

出发去克勒肯维尔和肖尔迪奇。这儿有些街道非常美——不过你得周五和周六晚上再过来看看，才知道你喜不喜欢。

6月7日

去纽约。

6月8日

9点，清洗窗户。

我就算了吧，这活儿还是得他们来：那些吊绳和安全钩能够保证他们的安全。

6月9日

12点，史蒂夫过来安装电视。新遥控器非常好用。我们还在他的推荐下买了一个新的DVD播放器，还订阅了网飞。

6月16日

《每日新闻》记者乔·纽梅尔。

这是我接受过的最聪明的采访之一。问题都问在了点子上，很有见地。

6月21日

洛杉矶。

10点15分，乘车去肯尼迪机场。

纳尔逊带我们走了一条别致的线路——沿着河，一直行驶到斯塔顿岛。这一个小时里，我看到了一个未曾见过的纽约。某个时刻，一些塔楼看起来就像苏联建筑群。

6点，在A.O.C.餐厅（前身为奥索酒店）和玛西亚·费雷斯滕共进晚餐。为什么一切都越变越糟了？这家餐厅珍藏着许多我们在洛杉矶的美好时光和快乐回忆——午餐、晚餐、贝弗利中心、弗雷德·西格尔［服装］店、阳光，还有对未来的期待。今晚，食物还不错，服务过于热情，食客们难以捉摸。

6月22日

9点半，接受《洛杉矶时报》（苏珊·金）的采访，并站在一堆植物中间拍照。努力引导她问点儿有新意的问题，但她就是拿定了主意……

6月29日

10点，在西卡莫小厨吃早餐。

早餐后驱车前往大峡谷、穆赫兰道还有圣莫尼卡。这趟旅程让我重新熟悉了这里。但左足弓和小腿疼痛难忍，让我行走困难。

7点左右，玛西亚来接我→到处都是倒数“3，2，1”拍照的游客，太吵了。逃去了马路对面的莫扎餐厅，那儿有塞斯蒂·罗索（Sesti Rosso）红酒和一些美味的食物。路上我提到了腿疼的事儿，玛西亚马上行动，帮我预约了足病医生，还向巴特核实了情况。

6月30日

上午10点，跟巴西那边通了电话，然后去看足病医生和心脏病医生，做超声波检查，验血——果然有些血液凝块，但很小，而且都是在不怎么要命的静脉里。尽管如此，听到诸如血栓、血块、调整治疗方案之类的字眼，还是不免有些恐惧。

7月1日

下午5点，抵达洛杉矶国际机场。

在休息室用了晚餐。晚上9点上了飞机，机上正在播放《小混乱》……这立刻提醒了我从哪里来。幸好吃了片安眠药，倒头就睡。

7月2日

下午5点左右到家看温网，很遗憾，纳达尔输掉了比赛。他的强迫症可能已经开始影响他的发挥了，尤其是在面对像达斯汀·布朗这样善用技巧、敢于冒险的对手时。达斯汀在球场上是那样自由不羁，似乎不受任何约束。

刚到家那会儿，我们还没觉出房子里有什么不对劲的地方。但等等——楼下的烟雾报警器叫了起来，我们一头雾水，只好叫了消防队过来。（我们以为）他们把问题解决了，可睡觉的时候，警报声又响了起来，我们把盖子拿掉，它还是响个不停。如此这般折腾了两次，彻底没辙了。

7月3日

约见血液科医生。除此之外，今天的疯狂事儿还包括：差点目睹希瑟·沃森成为温布尔登传奇（但不得不说，她确实打得很出色），研究烟雾报警器的电池到底藏在哪儿，回复一大堆电子邮件，一整天盯着窗外的阳光，以及上床睡觉时突然来了场暴雨……

7月6日

温网比赛日。整个人定在沙发上目不转睛一动不动，生怕稍一动弹，就会害安迪·穆雷的下一个球打出界。

7月7日

下午3点，圣玛丽医院。

医生给我验了血，还开了药方。接下来三个月每天都得服用不同的药，说是有助于稀释血液。

7月9日

7点半，市政厅音乐及戏剧学院。

《红男绿女》音乐剧。

受地铁罢工影响，我们到那儿时差不多已经7点45分了……循着熟悉的曲调走了进去。演出结束后，玛丽娜*表示她再也不想演音乐剧了——“哗众取宠、华而不实的玩意儿。”不过这些年轻演员的表现恰恰凸显了这类戏剧的底色：夸大现实、接戏生硬、进出场突兀。

7月13日

2点45分，惠灵顿［医院］。

照着指示进行各种检测。

7月14日

5点半，在哈利街跟朗道医生见面。

就在此刻，记下这些日记的当下，心境有所不同了。**

7点45分，看了《36通电话》***。

后来为了转移注意力，在酒吧里跟杰里米·B.还有几个朋友聊了会儿天。

回到家，彻底崩溃。

7月15日

一整天都在睡觉，梦一个接一个。

---

* 即玛丽娜·拜（Marina Bye，1993— ），鲁比·瓦克斯和埃德·拜之女。

** 就在这天，A.R.得知自己罹患胰腺癌。

*** 杰瑞米·布鲁克（Jeremy Brock，1959— ）创作的戏剧。

邮箱被大量邮件轰炸。吃药。别跟我说话，找别人去吧，为此先帮他们与别人搭上线……

7月16日

12点，奥文顿花园。

看了一套带三个露台的公寓，但感觉就像是把郊区搬到了布朗普顿路上来。那儿离维多利亚和阿尔伯特博物馆、公园等地方都很近，非常棒，但伦敦的景色却让人窒息……？

7月17日

8点半，威茅斯街35号［医院］。

一整天，新面孔一个接一个地出现。感谢上帝，爱人一直陪在我身边。

下午吃了一锅鹰嘴豆泥配蔬菜棒，简直是天堂。

7月19日

晚饭备餐期间，出发去惠灵顿医院做超声检查，“以防万一”。白色，白色的房间，白色的灯光，试着克服这一切，看起了《末路驱魔人》第二集。

回家，吃晚饭。

7月20日

下午2点，哈利街93号。

大卫·兰多把我们介绍给了托比·阿肯瑙（医生），我很喜欢他。

7月22日

9点半，白金医疗中心。*

* 艾伦开始定期预约化疗。由于担心脱发，医生给了他一顶贴身的冰帽——一顶像头盔一样的帽子，里面装满了冷凝胶——可以防止脱发。事实证明，这并没有什么必要。

一期化疗开始。

7月24日

8点，费舍尔餐厅，和罗恩还有凯伦·鲍恩小聚。不错的选择。德式小香肠（原料是小牛肉和鸡肉）、酸菜、土豆沙拉、辣根、黄瓜沙拉，还有两个相识最久的老朋友，他们谈起往事来就像是在聊某段精彩的冒险经历。

7月26日

12点，梅兰妮·帕克过来帮着搬东西。空盒子进，满盒子出。我们聊起了她女儿伊登，小姑娘患有自闭症（也不完全算，但属于自闭症谱系），但聪明极了，也极富创造力。我参与过的每个项目的脚本、往来信件、笔记还有研究报告都装在这些白色的无印良品文件盒里。它们承载着我的想象。

7月29日

9点，白金医疗中心。

9点半，见阿肯瑙医生。

上午10点，在拐角处等候的车平稳准时地把我们送到了古德伍德赛车场，又是一次前所未有的经历。我去那儿原本是为了颁发萨塞克斯杯的，但卡塔尔酋长变更了计划，于是我和萨沃伊酒店的首席执行官一起颁发了接下来比赛的奖品。奇怪，但午餐非常愉快。

7月30日

蒙塔古广场。

相隔几周，再来看看1号公寓。这儿的确很完美，位于美丽的广场中央，离达马里波恩高街只需10分钟脚程，沿途还有咖啡馆、清洗店、蔬果店、农贸市场和维特罗斯超市。

7月31日

现在WT成了剪辑室。里面这些抽屉、橱柜和架子，要么就扔掉，要么就留着，要么就送人。给新一批家具腾点儿地方出来。

8月2日

茜拉·布莱克。*

我总感觉我们是一起长大的。她是我们这一代最优秀的人，只是站在披头士乐队的身边。她的直觉很强大。她很清楚自己是个巨星，同时保有自尊，坦率又淳朴。那个周六晚上，我们坐在梅尔家谈心，真的很愉快，只希望我能再多了解她一些。

8月5日

9点半，白金医疗中心。

第二个疗程开始。

下午3点半到家。如果药物之间不会相互排斥，那就可以重复用药，这样效果来得更快。

8月6日

这段时间得清空橱柜，打包装箱，忙得团团转还得努力控制自己的情绪。冷静。

8月7日

1点半，蒙塔古广场，和卡洛琳［房产中介］一起。没错，即将在这儿开启新的伦敦生活。但我俩还是一起勾来划去，反复修改着想法（园景房就不搞了，浴室得重新弄一下，床还是用我们自己的，或者就用楼上那张沙发床）等等。

8月10日

又清空了一个橱柜。真是耐不下性子打包。公寓渐渐空了，风呼呼地

* 茜拉·布莱克（Cilla Black，1943—2015），英国歌手、主持人，她于前一天（8月1日）去世。

穿堂而过。

8月12日

真可怕，这么大的储物空间，居然还能有这么多物件堆在这儿。橱柜和架子上堆满了已经收纳好的、但我们连见都没见过的东西。

8月13日

晚上7点，莫尔菲尔德眼科医院。

穆蒂克先生手熟，专业，有魅力。右眼最近老是闪白光，确实是因为年纪大了，或者说叫黄斑退化，我记得他这么说。回到家，正适合吃块鱼派。

8月14日

去哈维尼克斯百货。那儿的饭店真是没救了。现在知道了也好。但我们给简挑到了一件合适的羊绒衫。

7点半，给简·伯蒂什过生日。

30个朋友聚在一起，搞了个寿星绝不会喜欢的惊喜。“我臭脸了吗？”简后来问。这是场朋友间的甜蜜聚会，不过被我搞砸了，在他们点生日蛋糕蜡烛的时候从台阶上摔了下来，掉进了花园里的露台。真是没脸待下去了。

8月15日

吃了意面和沙拉当晚餐，然后一起看《妙女郎》，这片子瑞玛还从没看过。史翠珊的完美表演自不必说，威廉·惠勒[2]的剪辑功底也让我深深着迷——引人入胜的节奏，巧妙的剪辑，他只消动动手指或手腕，就能牵着你的思绪跟他走，沉迷于故事当中无法自拔。

8月17日

箱子越装越多，头脑中闪过一个想法，这些东西我从来看都不看一眼，现在直接就从架子上装箱。卧室门外的垃圾桶此时显得很是诱人。不过，我已经在精简行李了，文件也都已经压缩打包了，或者就暂且将它们存放起来吧。

8月18日

11点，律所。

玛格丽特·朗（遗嘱专家）是我们的律师，她通过探索和引导，让我们对情况有了一个大致的了解。（史蒂芬·韦格·普罗瑟［律师］之前已经给我们来过一遍了……）

8月29日

办公室看起来就像被炸弹轰过一样，纸扔得到处都是，瑞玛当机立断开始撕纸，减轻了我们的工作量。

上楼去，真是倒吸一口冷气，所有保存好的食谱也都乱成了一锅粥。把它们按顺序码放整齐，或许我们真能用上超过12本食谱。

8月31日

晚上8点，洛坎达·洛卡特利餐厅。

周年纪念晚宴。

你点菜时可得小心。金枪鱼沙拉其实就是把有嚼劲的热金枪鱼块放在一池博洛蒂豆泥里（但吃起来还是很奇怪），而小山羊肉分量大得足够养活好几个牧羊人了。我不太清楚这里的目标客群是谁。但听也能听得出来，再说了，食物才是重点，而不是人。吃完饭，5分钟就到家了

9月2日

9点半，白金医疗中心。

收到了一封来自汤姆·提克威的关于《小混乱》的邮件。写得棒极了。一个好导演就是能理解你想要表达的每一处细节。这到底是个怎样的世界？

9月3日

上午9点，为了恢复正常，约了蒸汽房的维修工过来。显然，一切都很好。

花了一天时间，把瑞玛的食谱按照顺序重新粘在一起。新闻里播放着布达佩斯火车站［难民］的悲惨画面，而英国首相在镜头前试图响应英国公众舆论，同样惨不忍睹。混乱重现。妮古拉·斯特金当然很容易占据道德高地，但卡梅伦也该抓住这个机会。

9月7日

8点半，等着去白金医疗中心，结果地板忽然近在咫尺……*

9月9日

去惠灵顿医院。

9月15日

回家。

9月17日

2点半，去见理疗师。

她做事儿没问题，但就是笑个不停。我决定每次她笑的时候都严肃地盯着她的眼睛看。

9月19日

下午4点，和玛格丽特·赫弗南还有她丈夫林赛见面。

他带了本关于伊姆斯兄弟的书和一本十四行诗诗集。我们的朋友总是如此热心——善良而又彬彬有礼。

---

* 艾伦中风了。瑞玛拨打了999，几分钟后救护车就到了。他先是被送往伦敦大学学院医院，然后转去了国家神经病学医院。一两天之后他便好转了，说话也恢复了正常，还能走到卡卢西奥餐厅去。他的亲友们此时才得知他罹患胰腺癌。

晚上8点，和鲁思叫了河边咖啡厅的外卖。

感受到了来自鲁思和咖啡厅的关怀。羊肉，蔬菜，火腿，马苏里拉奶酪和番茄，杏仁蛋糕，柠檬蛋糕，覆盆子，无花果，豌豆，还有小李子。

9月21日

12点，和语言治疗师莉兹面谈。

她的思维有点天马行空，知识很渊博，涉猎广泛。她告诉我要多读书。

下午2点，阿兰·柯德勒来访，带来了巧克力和祝福。

9月23日

上午9点，白金医疗中心。

3点半，同萨拉·舒格曼见面。

坐在洒满阳光的露台上，边吃巧克力饼干边喝茶，和萨拉聊她在希尔内斯的快乐日子，她即将成行的加利利之旅，还有她在伊斯坦布尔过的生日。生活就是这样，你只要有意争取，它就会抛出这样的机会给你。

10月2日

7点半，斯科特酒吧。

同瓦莱丽·阿莫斯*、福里斯特·惠特克、瓦希德·阿里**小酌。

10月3日

下午4点，和伊恩·麦克莱恩、弗兰西斯·巴贝、西恩［·马提亚斯］还有一位美国朋友约着一起喝茶。

* 阿莫斯男爵夫人（Baroness Amos，1954—　），工党政客。

** 阿里男爵（Baron Alli，1964—　），工党政客。

10月5日

12点，去蒙塔古广场。*

10月7日

白金医疗中心。

10月9日

下午5点，和莱拉、丹尼小聚。

走去公园看鸭子，然后回来喝茶。

10月11日

走去如今已超大的维特罗斯超市，然后回来。

10月12日

一天都在家待着。

10月13日

2点，爱比特表店。

吃午餐。

10月21日

白金医疗中心。

10月22日

9点，白金医疗中心。

输血。

---

* 艾伦仍有在蒙塔古广场置产的计划，还和好友卡洛琳·霍尔达维一起去参观。这笔交易花了大约6个月时间；但艾伦没在那儿住过一天。

晚上7点半，给玛西亚·费雷斯滕过生日。

10月23日

8点，和约翰·哈特在克隆尼烧烤餐厅吃饭。

10月24日

11点半，见了莎拉、安迪还有孩子们。

7点半，和德娜·哈默斯坦在鲁比和埃德家小聚。

10月26日

在家待了一整天。

11月4日

9点，白金医疗中心。

11月5日

收拾行李，为明天的出行做准备。

11月6日

4点→纽约。

11月7日

7点半，BAM。看大卫编导、温迪表演的舞蹈？*

11月8日

在标准［酒店］吃早餐，然后去惠特尼——阿奇博尔德·莫特利——最精彩、充满活力的展出。

---

* 美国芭蕾舞演员温迪·惠兰（Wendy Whelan，1967—　）和美国编舞家大卫·诺伊曼（David Neumann，1965—　）。

11月23日

上午11点，在现代艺术博物馆看毕加索雕塑展。

下午2点，与艾伦·W.和彼得·K.小聚。

下午5点，和玛丽·伊丽莎白［·马斯特兰托尼奥］还有帕特·奥［康纳］见面。

11点睡觉。

11月24日

等着4点半被酒店叫醒。

5点半，乘车去肯尼迪机场。

11月25日

9点半，白金医疗中心。

11月26日

9点半，哈利街。

11月27日

下午1点，和朱迪·霍夫兰德、汤姆、夏洛特还有罗斯玛丽聚餐。

11月29日

7点半，和艾德娜在沃里斯餐厅聚餐。

11月30日

下午2点，RADA。

给格伦·古尔德录音。*

* 艾伦为格伦·古尔德基金会解说了一段视频。

12月9日

9点，白金医疗中心。

12月10日

［上午］10点，德文郡街18号［诊所］。

12月11日

6点半，和西恩·托马斯见面。

见了康纳和西沃恩。

迪恩街52号［诊所］。

12月12日

12点半，肖尔迪奇市政厅。

2点半，《手提箱里的死狗》（*Dead Dog in a Suitcase*）*。

7点半，同琳赛和希尔顿小聚。

注释

1 英国航空的豪华休息室。

2 威廉·惠勒（William Wyler，1902—1981），美国导演，代表作《罗马假日》等。

* 由卡尔·格罗斯（Carl Grose，1975— ）编剧、迈克·谢泼德（Mike Shepherd，1947— ）执导的音乐剧。

后记
Epilogue

瑞玛·霍顿

艾伦最后一次写日记是在12月12日，但一段时日以来，他已经因病痛的折磨越发虚弱，写的东西也越来越少。整个秋天他都精神不济，没什么食欲，还时常感到不适。但我们几乎还是像往常一样度日，看电影，看演出，见朋友，出去吃饭，或是待在家消磨时光——它们早已成为我们生活的一部分。艾伦仍然完成了一些工作，但不得不放弃了他参与的那些电影项目。

大部分时间，艾伦都坐在沙发上看电视。那时他最喜欢的两个节目是《不要告诉新娘》和《我的梦幻婚纱》。

11月那次纽约之行非常重要。我们再次住进了那间公寓，参加了迈克·尼科尔斯的追悼会，还见了很多对我们来说无比重要的朋友。艾伦很爱纽约。

自那以后，他的身体每况愈下。到了12月中旬，情况进一步恶化了。他病痛缠身，常常虚弱不堪，大半时间都在睡觉。我们都清楚他只剩几个月时间，而不是几年了，但仍然希望化疗能起点作用，也许能抑制住肿瘤的扩散。所以我们没改变计划：圣诞节还是打算和好友萨拉·舒格曼以及其他朋友一起过，就在她位于希尔内斯的那栋漂亮的房子里；新年则要在诺福克度过。

到了12月19日那天，我确信艾伦需要住院，不巧那天我们邀请了他哥哥戴维及妻子克里斯共进午餐，还约好晚上去看佐伊的演出。可艾伦就是这样，尽管身体那么难受，也不愿让他们失望。我和医疗顾问谈了谈，他同意让艾伦第二天一早再入院。我们照做了。

那之后他再也没离开过医院。我们知道圣诞节计划泡汤了（那天很多朋友和家人都来看望了他）。我想他们都很清楚事情的严重性。艾伦仍对新年计划不死心，年前那晚他叫我回家收拾东西，可当我拎着两个小行李箱回到病房时，我就知道这趟旅程无法成行了。他太虚弱了。

跨年夜那天很奇怪。我白天一整天都待在那儿，但艾伦一直昏昏欲睡，所以我8点左右就离开了。第二天他告诉我，他11点50分醒了，还在电视上看了烟花。

艾伦生命的最后两周过得不同寻常。很显然，他已时日无多。顾问告诉我们，他的病情太过严重，很可能挨不到圣诞节，但他们对此无能为力，只能尽量让他不那么痛苦。他们的确做到了。

那段时间，艾伦的病房俨然成了一个沙龙间。贝琳达做了一株能摆在桌子上的圣诞树，艾玛拿来一盏落地灯、几个靠垫和一个沙发罩，还有一个泡茶器。米兰达则在窗户上装了个鸟食槽。艾伦还让我从家里带过去一盏漂亮的台灯。

每天都有不同的朋友过来探望艾伦。有时他会告诉我他想见谁。其他时候，他们说来就来了。房间里总是充满了欢笑，躺在病床上的艾伦永远是笑得最大声的那个。

他还和我们的好友、室内设计师卡洛琳·霍尔达维一起，设计了我们那间新公寓的家装。甚至还加了一条说明："你最好装个该死的猫门。"卡洛琳照做了。

葬礼是艾伦亲自设计的，交由伊恩·里克森（戏剧导演）操办。在哪里举行、由谁发言、放什么音乐，这些都是他自己定的。他在考虑葬礼上播放自己哪部电影里的哪段镜头时，我和伊恩就坐在他的床边。

他被深爱着他的人围绕着，直到1月13日都还在主导身边的一切。但自那之后他就失去了意识。2016年1月14日早上9点15分，艾伦离开了我们。我就在场。他走时没有痛苦。他只是这么走了。

艾伦从确诊到离世，前后仅六个月时间。胰腺癌就是这样，平均不过三个月左右，因为目前缺乏有效的检测手段，患者也没有特异性症状，因此很难在早期被发现（我已成为英国胰腺癌社区组织的受托人，希望筹集资金开展胰腺癌诊断的相关研究。如果能有一套有效的诊断方法，当时艾伦或许还有一线生机）。

艾伦去世当天，有几位好友来了：鲁比、海伦娜、艾玛、塔拉和侄女莎拉。晚上大家聚在鲁比家里。朋友、回忆、泪水，还有许许多多。

2月3日上午，艾伦在家人和好友的陪伴下被火化。葬礼于当天下午在伦敦剧院区中心的演员教堂举行。伊恩请了一众明星过来，其中就有J.K.罗琳。梅根·多兹表演了一段《我的名字是蕾切尔·科里》。音乐放的是汤姆·威茨的《放克名流》（*Uptown Funk*）和《携之同行》（*Take It with Me*）。唯一一段艾伦的作品片段来自彼得·巴恩斯的《革命见证人》。最后所有人合唱了《太阳不再闪耀》（*The Sun Ain't Gonna Shine Anymore*）。然后按照传统，理查德·西姆斯先生让我们“最后一次起立为艾伦鼓掌”。

附录
早年日记

1974年至1982年间，艾伦·里克曼一直断断续续地写日记。而从1993年起至其去世，他则保持着更为频繁和规律的记日记习惯。以下节选自艾伦的早期日记，自1974年他从皇家戏剧艺术学院毕业起，记录了他在伯明翰话剧团、布里斯托尔老维克剧院和皇家莎士比亚剧团的巡演经历。

约1974年

好的表演就如同一枚炮弹，瞄准观众，致命一击——那种冲击，观众只有在当时当下才能体验。至于炮弹的构造或是它所造成的破坏等等，只能留待体验过后再慢慢研究了。但说到底，任何一种比喻都不够精确——因为化学的变量太大，难以构建一个恒定的等式：艺术家千千万，唯有演员以自身作为工具。这工具，不仅仅为彩排和演出所用，还要在生活中谋得一席之地；演员必须为使用这工具创造条件，而唯一的途径就是通过他自己。梅纽因敲锣为晚餐助兴，却没有劳烦小提琴，因为他的那把斯特拉迪瓦小提琴方才打蜡抛光，此刻正躺在天鹅绒衬里的琴盒里修养。而演员的工具则没那么好命，他们得在高峰时段去挤地铁，无法时时获得滋养。好的表演可遇而不可求，是由时间、情绪、才华、信任共同浇灌出的易碎品。很多时候，我们只是在凭借模糊的记忆，试图重现某段曾自以为成功的表演罢了。

*

我越来越觉得，天赋这件事，有就是有，没有就是没有。演技没法教，学校能做的，无非是认可有天赋的学生，并告知其与天赋相伴的责任。对于没有天赋的学生，则是传授他一套应对的技巧，而这又取决于授课老师自己有没有天赋。演技的习得是自发的，越演越会演，却又不像钱生钱，因为你最初不知道源头出自哪里。如果你觉得你知道，那就说明你没有天赋。

1975年3月，曼彻斯特

有段时间，我的自信心严重受挫，摇摇欲坠。不知怎的，我挺过来了，现在的我，自信又强大。我曾经相信的，现在更加坚信不疑，并不是因为有前辈的先例为证，反而恰恰是因为，这是条鲜有人踏过的路。这里人人满口大道理，真正成事的人却一个没有。不是因为他们没有努力，而是因为我们这一行，单靠“行动”是不能成功的。想要取得任何意义上的革新，还得靠老办法、笨方法，譬如实操（application）和自律（discipline）。结果就是，人们干脆两眼一闭，因为他们不愿意直面风险、危机、挑战、坦诚或激将。就连全身心地将自己交托于一个形象、一个想法、一个角色、一出戏或一个观众这么简单而美好的事，他们也做不到。

*

演员并非天生比其他人更神经质，只是他们的感官会时不时经历一两次重塑、净化，然后再回到污浊的现实世界。结果就是：变得神经质。即使他们没有彻底改变，可能也比大多数人更接近生活的真相。结果：精神病。（总的来说，都是自负心理作祟，害人精神紧绷。）

持续的鼓励是关键的滋养。

*

盯着页面上的台词，一看就是好几个小时，思索文字间暗藏的意义。可是，一念出声，立刻就少了那个意思。

1975年8月，莱切斯特

重复饰演同一类型的角色，对演员来说是致命的毒药。

虽说戏如人生，但人生需要足够丰富，才能够反哺表演。

同时要抗拒这种沉入自我潜意识的诱惑。

1975年12月，莱切斯特

两个人，你在场，我也在场，这就是我们之间的互动，这就是所能做到的互动，这种互动的即时性，唯有在剧场才能实现。正因如此，我们庆祝戏剧，也怵惕戏剧。舞台上的转瞬即逝，既是对表演的提醒，也是对创作的鼓励。所以，无论舞台被布置成一间商店、一个游戏厅、一座宫殿，还是一个公交站，演员都要先搭建起一个坚实且灵活的框架，然后注入正确的精神。瞧瞧小孩子如何摆弄一个小盒子就明白了。

*

身体内有股子劲，推动着我前进，像一支箭，始于一股勇气，然后冲破喉咙，冲向大脑。有人将这股劲称为“自信”，然而自信却不常在，倒是疑虑、困惑、不安、懒惰等等这些情绪，常常打着自信的幌子在人前晃悠。如今，我似乎已经摆脱了迟钝和模糊，朝着一个目标，就能勇往直前。

1976年1月—5月，谢菲尔德

如何形容现在这一阶段？非常关键。我塑造的这三个角色*，都达到了喜人的高度，也触探到了相当的深度。我肯定是做对了一些基本的构建，因为当我尽可能地打开思路时，我的想法得到了验证，剧情得到了发展。所以，永远不要改变，即使有天会感到幻灭，即使人人都说“这不过是个工作”——这句话像疾病一样蔓延。

* 这三个角色分别来自：《康乃馨小队》（*The Carnation Gang*），由斯蒂芬·波利亚科夫执导；《符咒》（*Nijinsky*），由瓦斯拉夫·尼金斯基执导，以及易卜生的《我们死而复生》（*When We Dead Awaken*）。

1976年7月

天生双鱼座，想法行事都是典型的双鱼座。生活向左，工作向右，归根结底是同一条鱼尾。时刻保持客观，保持距离，对于身为演员的我来说，是相当宝贵的品质（大多数情况下，演员怕的是缺少惊喜，而我意识到了这点）。可在处理感情问题时，我的表现却堪称灾难。要么我就安安稳稳度日，规避各种烦恼，要么我就左顾右盼，将自己的想法强加给别人。我什么时候才能学会顺其自然？是谁在我眼前放了这样一个隐形的显微镜？既让我明察秋毫，又让我蒙蔽双眼。我所享受的，不过是发自内心的开怀大笑，现在却越来越像珍宝一样难得。

1976年10月，伯明翰

周日在伯明翰，不经意地朝窗外一瞥，看见两个女人正穿过马路，朝街对面的廊柱走去，成排的柱子后面，是一连排的商铺。此情此景，让我想到在祖父母家附近的街上度过的许多日子，大多是些周日，那时候的我踢着罐头，走街串巷，为这些砖墙回廊而着迷，拉也拉不走，一定要自己用脚量一量走廊到底有多长，有多宽。我记得，那种好奇心带来的悸动，一直跟随着我，虽不至于让我变得孤独，却一直让我自觉“与众不同”。我只是一直在“期盼着”，期盼着当下的到来。

1977年5—6月

伯明翰—利物浦—苏黎世—阿姆斯特丹—海牙—鹿特丹—埃因霍芬—科隆。

1977年9月1日，在去往布里斯托尔老维克剧院的火车上

工作时，脑子里两股力量在打架。

既要坚持，又要放手。

最内在的情绪，必须要外化出来。

*

这是我的脑子。它思考，它聊天，它迷人。它担心，它大笑，它受伤。

我的脑子里有一百种美妙的点子，我为它感到自豪。

这是我的身体。它看着滑稽，总出故障，穿冬衣时最好看，我对它无计可施。我还留着它，是它的运气，因为还要用它架着我的脑袋行走世间，要不然，这身皮囊早叫我抛了去。

1977年11月，布里斯托尔老维克剧院

终于，我来到了这里。驱动我的，如果不是恐惧，便是某种看不见摸不着的力量，这力量在我前方披荆斩棘，为我开路。在这里，还没有哪个角色，是由演员带着动物般的愉悦而创作的。这种动物性可能会带来先入为主的危险。

长存的客观性虽常常让我苦恼，然而假以时日，定有办法证明它的价值。雷欧提斯、尤布和尤赖亚这些角色，都是我尚不熟悉的领域，空有一身孤勇并不足够，因此我需要一位向导，为我指引明路，帮我规避险境。天知道下一个十年会发生什么，但现在我必须寻求专家的帮助，我需要的是最优秀、最开放、最敢于挑战的那批人。我带着想法和决心求助于他们，让他们引领我冲上云霄吧。

1978年1月

最近什么也写不出来，说明我在布里斯托的日子进入了分水岭。最近有两种想法在我脑子里打架，很有意思。其一，从我的脖子向下，整个人陷入了麻木，就好比打开水龙头，蓄水池却是干的，整个人的行动是盲目的。其二，我比以往更加坚信，我要成为的是一名演员，而不是任何人的傀儡，更不是人形对讲机。能让我绝对效忠和侍奉的，只有戏剧（当然，这意味着要对合作的演员慷慨，也要认真听导演的讲解）。有人对我在台下性格的曲解，我才不予理会。

1978年3月20日

今天，是我在RSC的第一天……长久以来的梦想终于成真。打车去尤斯顿的路上，过往人生一幕幕浮现在眼前。我的一贯风格，冒着误火车的

风险，而关于伦敦的最后一个画面差点儿就成了斯坦霍普剧院*，这是我孕育梦想的地方。还是我的一贯作风，路上就已经开始想太多，以至于有种幻灭感——这一次我又是孤军奋战。好在我已备好战甲，这战甲，能够让我生存坚持下去，更多的是为了给我添些勇气，直到我不再需要它的那一天。你好啊！自由的灵魂。在凯列班（Caliban）和爱丽儿（Ariel）之间，还有位费迪南（Ferdinand）。[1]

1978年8月，《安东尼和克娄巴特拉》彩排

真讽刺，这一页竟然是空白。经历了过去几个月的噩梦，回过头来再翻看这本日记，竟不知我那时真会如此乐观。不过，能与彼得·布鲁克合作，足以弥补此前的种种不幸，也让一切能够成形。这一页空白所代表的感受，与我在艺术学校和RADA第一周时的感受是相同的。这空白，是要我打破先入之见，回归纯真。这空白，是给我自由发挥的空间，让我留下自己的痕迹，然后再出发。

数日过后……现在我看出他的脆弱了。他是最纯粹的艺术家，连续8年都在执着于自己的画布，而现在，却叫他进入别人的时间架构，使用别人的色彩。我是否嗅到了一丝恐慌？他试图在这片区域被合理界定之前，先拦住别人的色彩。或许，他也需要勇气。

1978年10月8日，周日，媒体之夜前一天

制作这样一出有难度的戏剧，有些需求回应不到，难免有人暗生不满。然而过去两个月的专注和下的苦功夫，将整个剧团同这出戏凝聚在了一起。加之周二晚上的首演在即，压力越来越大，使得戏中几处关键之处陷入了盲区。之所以说这几处关键，是因为位置不是在开场，就是在结尾。

之所以写上面这一段弯弯绕绕，都是因为我正处在一种极其不安的状态（上周才和鲁比·瓦克斯聊过）。最近我放任自己陷入一种死气沉沉的状态，我的脑子随时都能从身体上出走。没什么能让我感到惊讶，这种现

* 尤斯顿（Euston）路上的斯坦霍普剧院（Stanhope Theatre），1965年，艾伦·里克曼曾在这里表演。

状也很危险。生活变成了一连串习惯。有个声音尖叫着对我说“快行动起来”。我之所以会这样，肯定多少跟我最近无法顺畅表达想法有关，这些想法此时此刻并不在我的脑子里。我这个人，是怀旧和野心的综合体。只有当下，才能链接起过去和将来。快行动起来。

1979年5月21日

当下我身处于失业队伍中，时钟指向89，而我在00的位置。RSC的时光已经成为过去。未来以多张面孔斜睨着我，我紧握双拳，双臂交叉回望。

1979年7月，伦敦，小维克剧院——《绝望的你》*散场后

我怀疑我会从此改行做导演。这场首演看下来，就好像被食人鱼生吞，周围却无人在意。无人反馈，无处释放，恨不得亮出肌肉，抓个人练练。

1979年10月，诺丁汉——《安东尼奥的复仇》**

噩梦不止。究其原因，不过是缺一个导演。我不得不生出第三只眼来自我监督，但这只眼现已不成比例，让我无法再关注任何事。此刻我的愤怒已渐渐平息。我发现，每当我偶然感受到一种能量，只有“在它忽然消失之前”我才抓得住它。然而我的不安又让我太“在意”它的存在，还没等它真正带我开始一段旅程，这股能量就被我抑制住了。现在，我能清楚地看到各种缺点和可能性。缺点一大把，而且近在咫尺；可能性模模糊糊，还远在天边。

这期间看了《悲哀的桃乐丝》[左拉的小说]。身边的人都清楚他们在干什么，这让我感到些许温暖和安慰。

1980年1月，格拉斯哥，市民剧院

新的十年？有份工作，我来这里时就十分渴望，可现在我却把它推掉

---

* 《绝望的你》(*Desperately Yours*)，鲁比·瓦克斯的首场演出。

**《安东尼奥的复仇》(*Antonio's Revenge*)，由约翰·马斯顿执笔，艾伦·里克曼饰演安东尼奥。

了，至今还有些回不过神来。不过，是直觉促使我做出这样的决定，也算是有先见之明吧。此外，我还推掉了两份别的工作，一是出于对身体健康的尊重，二是出于对我自己的尊重。从很多方面来讲，我现在更会识别征兆了，人也学乖了。就今天这场演出而言，我也能非常清晰地看出当前我所面临的障碍。

这段文字不该由淡得快看不清的灰色铅笔写下来，太像在道歉了。

1980年2月，谢菲尔德，克鲁西布剧院

直接或是间接，这家剧院已然开始滋养我的生活。很高兴能感受到这种热血涌动的乐观。重读日记，过去这六年，我似乎越来越迷茫，甚至有些造作。的确，我的包袱更少了，可我也不再那么理想主义。拥有“事业”就意味着参与竞争。没有人只靠动动嘴，就能站上领奖台。领奖台？不要再取悦了，也不要再追赶了，要引领。

1980年6月，伦敦，布什剧院——排练《承诺》[达斯蒂·休斯的作品]

这本日记充满了“决定性时刻”。我只希望，对这些时刻的模糊记忆已经嵌入我的潜意识，也希望过去几个月的努力开花结果。

出演［彼得·巴恩斯的作品］《恶魔本人》（*The Devil Himself*）是一种纯粹的享受，因为我深知优秀的故事能够滋养想象力，演员尽管脆弱，却能够相互信任，因此能构筑奇妙的魔法。

这一次的享受，是因为和理查德·威尔逊合作。是他让我“不要演”，要“表现”。有很多我从戏剧学院时期就只敢小声嘀咕的观点，恰恰也是他的理念。

1980年9月，肯尼迪机场

感官严重透支，我坐在这里，一点点看着溃疡变大。换个环境，所见所听一变，心情能够得到极大提振。今天这页日记如实反映了此次纽约之行。有几行清晰果断，有几行写写划划，还有几行内容重复。某种程度上，

去多伦多是种解脱，提醒我不要再陷入同样的、被人误解的陷阱。不过此去的确能散散心，可以对望尼亚加拉瀑布，欣赏彩虹，还能瞧见游客身穿黄色塑料雨衣，摇摇晃晃爬台阶的场面。

肯尼迪机场，人流熙熙攘攘，文明程度甚至不及早年间的希腊轮渡。麦克风一遍又一遍地呼叫同一位旅客前往“红色电话旁的等候区”。9点15分的航班没位子了——心里一沉——旅客怀抱着一丝希望反复询问，得到的却是乘务员的一脸不耐烦。航站楼里播放着轻音乐，仿佛嘲弄着人在囧途。

1980年12月9日

广播上说约翰·列侬去世了……我的一段过去被抹去了。不对，或许应该说，是被坚定地替换了。只要你足够留意，生活会在不经意间教你做人，就像今天这样。昨夜，一些戏剧奖项在电视上揭晓，有个奖是我梦寐以求的，可我偏偏咬牙切齿，不想与这些虚荣为伍。约翰·列侬的死给了我一记闷声重击。当下看上去意义不大，却不该浪费这样的时刻。（我不想永远都像这样审视自己的情绪，可列侬也曾发出过同样的牢骚：“如果我不知面朝何方，我该如何前进？”）

1981年8月30—31日，从爱丁堡出发的卧铺车厢内——《卡尔马佐夫兄弟》

无尽的讽刺。先是和麦克斯·斯拉福德-克拉克合作这件事本身，再到一言难尽的彩排过程。我又演了个内向的角色，却因为发火泄愤直至展露外向的一面。最终，我对这出戏的记忆，都化作独自在布莱顿［彩排就在这里进行］海滩上度过的午餐时光，还有开场后收获的一致好评。或许，在这出戏当中，我能够找到真正的生命力。拭目以待吧。

俄罗斯手记

9月7日，莫斯科，凌晨1点

在这样的旅行中，一有机会就要把握住。奔波3个小时，我们终于在周日上午5点到达宿舍。凌晨4点，我们才吃上自己带的晚饭，3个水煮蛋，5个苹果，软塌塌的芝士和苹果酱。早餐上的是香肠和豆子，这预示着有什么事将要发生。周日傍晚的莫斯科很是萧条，无事可做，无处可去，无人问津，最后，我们高高兴兴地跟着伊果和谭雅回了家，家中还有谭雅的母亲芙洛拉。美食，红酒，白兰地，友人相伴，乐趣不断。简单的快乐才是真。

周一傍晚

几位卡加利茨基一开口，谁还顾得上做别的事？多年以来，他们的思想一直是大家在餐桌上讨论的主题。他[*]说，布鲁克面对这个世界无话可说。“有时，历史进程尽管艰难，却是英勇的。然而当下，历史进程不但艰难，而且令人不齿。”鲍里斯[**]给了俄罗斯9年，俄罗斯人才推翻了本国的瓦文萨[***]。

周四

国立表演艺术中心。整栋大楼显得十分大气。学生们齐心协力，因此舞台上满是共鸣、回响和力量，这种自发感，非任何演员所能创造。舞台上的生发做得如此彻底，台下的观众都深受震动，不过的确非常动人。这里和莫斯科艺术中心的氛围大不相同。我本来可以多待几个小时，但是作为游客我太扎眼了。艺术中心的指导老师极力邀请我们共进午餐，然后带我们去逛了逛修道院……

莫斯科，列宁格勒火车站——等待夜车

和我们的翻译莉娜说再见，她是位了不起的女性，黑眼睛的吉普赛人，通灵手段高明。她形容自己“迷人却孤独”，还帮我算了一卦：“你需要她

---

* 朱利亚斯·卡加利茨基（Julius Kagarlitsky，1926—2000），俄罗斯评论家，莫斯科国立戏剧学院教授，研究方向为欧洲戏剧。

** 鲍里斯·卡加利茨基（Boris Kagarlitsky，1958— ），俄罗斯左翼社会学家。

*** 莱赫·瓦文萨（Lech Wałęsa，1943— ），现代波兰政治家，诺贝尔和平奖得主。

的忠诚和耐心，但别指望得到她所有的爱，她给不了。她永远能自己照顾自己。你要是对她不好，她嘴上不说，心里全记着。你陷入爱情是常有的事，但你比大多数人要长情，在感情中，你爱猜忌又善妒……”

总的来说，这趟车程愉快又可憎，有趣又悲伤，最主要的是冻得不行。人要是一冻，就什么都顾不上了。

列宁格勒——《卡尔马佐夫兄弟》演出结束后

昨晚在基洛夫听多了喝彩，今天再听，感觉平淡了不少……和（周日）在青年剧院一样，演出又是走一遍过场。不过，他们倒是公开对我们表现出一些兴趣，让我们在别处感受到的孤立感（奇怪吗？不奇怪吧）平添了一分。普希金大礼堂也是个很美的场地……随后，我们和这里的演员举行了正式座谈，其中一位女演员提到了“灵性”，并且在傍晚提供了一场充满灵性、精心设计的表演。今晚，她还特意来给我们捧场，感谢她了。演出结束后，能喝的只有水。“你们怎么不早说。”

写在第比利斯迪纳摩俱乐部球赛之后

格鲁吉亚的确与众不同，这个国家有着自己的声音、景致和气味。称重机和称重员进了地铁站，人和土豆都得站上去称一称。站在美丽的拉斯塔维利剧场中央，感觉被热浪包裹着，有点想一头扎进污水里游个来回。住的酒店是刚刚才建成的。球场看台上，每个座位上都铺着报纸，当地人买条裤子不容易，得好好爱惜。一个半小时的比赛，7 000名球迷，所有人都是同一套反应，着实震撼。这个国家，我一定得再来一次，才能有更深入的了解。当地人维持着一种平衡的生活方式，他们还保留着农民的根，现代建筑并不会让他们显得微不足道。然而，在这个人口与伯明翰差不多的城市，却有着13座剧院。不论原因如何，我都乐在其中。

1981年11月，伦敦

《卡尔马佐夫兄弟》昨夜在西区开幕。明天，我们的戏将在布什剧场上演。又一次，演员们还得充当导演的心理医生。对导演来说，最好的天赋就是演员的想象力，他何惧之有？

老天，如果你的灵魂本就一团糟，你的脑子就偏往阴暗的角落里钻。我感觉自己有一部分自我还停留在童年，必须找到这部分自我，叫他快点长大。否则，我会一直就近寻求安全感，这个提供安全的子宫可能是：情感关系、友谊、公寓，甚至是一张床。我总是这样，爱夸大其词，但我已经意识到，我总是在两个方向间摇摆不定，我需要告诫自己，改变在人。此时此刻，我恨不得冲过去，一把将壁炉台抱住，我也不知道我这是怎么了。

1982年7月

从克里特岛和埃及回来，已有两天。

上午8点——今天上午阳光明媚，天空湛蓝，空气清脆。好天气提醒我，如果我将这本日记视为生活中积极的一面，或许能从中受益匪浅。我得给这些黑色的分行线添些插图。

注释

1 三位均为莎士比亚戏剧《暴风雨》中的角色。

译后记
Postscript

张文婧

2023年年初，编辑在将《疯狂与深情：艾伦·里克曼日记》的翻译工作托付给我时，叮嘱我要译出“教授的深沉”。

这一点我没能做到。

因为当我在艾伦的身后架起过肩镜头，跟随他进入他的世界后才发现，真实的艾伦·里克曼非但不深沉，反而是一个喜欢抱怨生活，又热爱生活的怪老头。

日记中的艾伦，快意人生，爱下馆子，爱请客，满世界飞，总是在装修房子。他敏感细腻，是一个完美主义者，甚至还有点儿“窝里横”。他骨子里温柔正直，对待亲友饱含温情；对待戏剧创作，真挚热忱得像个十多岁的少年。

要说艾伦的语气，恐怕得用“阴阳怪气”（褒义）来形容。可一想到他最好的朋友是喜剧人鲁比·瓦克斯，这份毒舌的英式幽默，又显得顺理成章。

艾伦的生活华丽喧嚣，他总在飞越不同的时区，总是辗转于不同的剧组。随着年龄见长，他参加了多少场欢宴，就送走了多少位故人。

艾伦在2000年1月2日的日记中这样写道："如果要对这些日记的意义做个总结的话……在我萌生了某些想法但不便于说出口时，还能有个地方把这些都记录下来。"

或许，这些日记为艾伦不平静的生活提供了一个锚点，只有通过记录和反思，日子才不至于像刷登机牌时的"嘀嗒"声和闪光灯一样转瞬即逝。艾伦通过这些日记重建生活，掌控生活，认真生活。

在翻译这本书的过程中，除了艾伦本人，他的妻子瑞玛·霍顿也给我留下了深刻的印象。艾伦在日记中写道，瑞玛能"让他安心"，"让他平静"，"打消他的疑虑"。瑞玛的冷静，我们从她的文风中便能看出一二。在艾伦的笔下，他的"动"与瑞玛的"静"完美互补：批改试卷的瑞玛，来回闲荡的艾伦；在酒吧攻克填字游戏的瑞玛，在舞池热舞的艾伦；观鸟的瑞玛，骑马的艾伦。瑞玛是艾伦生活的另一个锚点。

除了对瑞玛的爱与依赖，艾伦一生还与多位女演员结下友谊。他对鲁比·瓦克斯的宠爱和包容、对琳赛·邓肯的冷静与洒脱的欣赏、与艾玛·汤普森的默契，构筑了他在人际关系中的不同层次。通过艾伦的视角，我们得以看到一幅女性演员的群像。艾伦尊重女性，欣赏女性，从心底里为与她们共事、交往感到自豪。

艾伦曾在日记中坦言，从20世纪90年代起，他的日记写得不够直白，不知回看时，是否还能记起隐藏在字里行间的那些加密信息和敏锐思想。在翻译当中，我不自觉地承担起了解密人的角色，并为此深感自豪。在此，我要特别感谢好友刘林苒对译文的通读和建议。这趟翻译的旅程，因为几乎每日与她交流，多了些志同道合，少了些寂寞。

* * *

特别感谢参与中文版注释编订工作的诸位艾伦·里克曼影迷朋友：李童Maggie Li、孙震、果仁、陈雪莹、友蓝、我的cp最甜、小红、reltsuhazel……

纪念永远的艾伦·里克曼。